教育部哲学社会科学系列发展报告
MOE Serial Reports on Developments in Humanities and Social Sciences

海峡西岸经济区发展报告2012

Report on the Development of West Coast Economic Zone of Taiwan Strait 2012

主　编　洪永淼
副主编　郑　鸣　郑若娟　戴淑庚　张兴祥

北京大学出版社
PEKING UNIVERSITY PRESS

图书在版编目(CIP)数据

海峡西岸经济区发展报告 2012/洪永淼主编.—北京:北京大学出版社,2012.9

ISBN 978-7-301-21248-6

Ⅰ.①海… Ⅱ.①洪… Ⅲ.①区域经济发展-研究报告-福建省-2012 Ⅳ.①F127.57

中国版本图书馆 CIP 数据核字(2012)第 219735 号

书　　　名:**海峡西岸经济区发展报告 2012**

著作责任者:洪永淼　主编　郑　鸣　郑若娟　戴淑庚　张兴祥　副主编

责 任 编 辑:姚大悦

标 准 书 号:ISBN 978-7-301-21248-6/F·3341

出 版 发 行:北京大学出版社

地　　　址:北京市海淀区成府路 205 号　100871

网　　　址:http://www.pup.cn

电　　　话:邮购部 62752015　发行部 62750672　编辑部 62752926　出版部 62754962

电 子 信 箱:em@pup.cn

印　刷　者:北京鑫海金澳胶印有限公司

经　销　者:新华书店

730 毫米×980 毫米　16 开本　24 印张　390 千字

2012 年 9 月第 1 版　2012 年 9 月第 1 次印刷

定　　　价:66.00 元

前　言

自 2009 年 5 月国务院颁布《关于支持福建省加快建设海峡西岸经济区的若干意见》之后，海峡西岸经济区（以下简称海西区）发展战略从地方发展战略升级为国家发展战略，从而使得海西区与珠三角、长三角、环渤海等经济区一道成为我国沿海经济带的重要组成部分。而“十二五”规划则明确提出“要充分发挥海峡西岸经济区在推进两岸交流合作中的先行先试作用，努力构筑两岸交流合作的前沿平台，建设两岸经贸合作的紧密区域、两岸文化交流的重要基地和两岸直接往来的综合枢纽”。这些战略举措凸显了海西区在全国发展大局中的战略地位，凸显了海西区在与台湾经济合作中的独特优势和特殊区位。因为海西区的主体福建省与台湾地区具有“地缘相近、血缘相亲、文缘相承、商缘相连、法缘相循”的“五缘”关系，在深化合作方面有其坚实的基础。

而 2010 年 6 月签署并于同年 9 月 12 日实施的《海峡两岸经济合作框架协议》（ECFA），标志着两岸经济整合由功能性整合进入了制度性整合时期，标志着两岸经济关系迈入了一个新阶段。因此，台湾与海西区以及大陆其他经济区的经济整合进程更快了。不过，我们应当清醒地认识到，从区域整合理论来看，两岸 ECFA 属于特惠贸易协定，是经济整合的最低级阶段；两岸的经济整合向自由贸易区、关税同盟、共同市场等目标迈进还有一段较长的路要走。另外，ECFA 的签订意味着两岸的经济合作享有比 WTO 更多的优惠，两岸间的贸易、投资更加自由，两岸间的经济合作更趋紧密。从长远来看，这对于两岸经济合作乃至经济发展具有促进作用；不过，由于目前两岸经济发展所处阶段不同，发展程度有差距，随着两岸贸易壁垒的逐步剔除，大陆竞争力弱的产业即处于劣势的产业将受到严峻的挑战。

由上可知，“十二五”规划以及 ECFA 的签订及实施给海西区与台湾的经济金融合作提供了广阔的空间，也引发了许多需要迫切解决的新问题，诸如海西区与台湾经贸合作的深化问题，海西区与台湾产业的深度对接与整合问题，海西区与台湾金融业的合作问题，两岸的货币清算问题，海峡两岸共同推动平潭开放开发问题，海西区区域性金融中心的构建问题，海西区自身的发展问题，等等。在诸多需要迫切解决的问题中，最重要的是海西区自身的发展问题，因为“内因决定外因”，“海西区自身的发展才是硬道理”。只有解决了自身的发展问题，海西区才能在新一轮区域经济整合过程中力抗“边缘化”，才能起到北承长三角、南接珠三角的作用，才能肩负起促进祖国和平统一的历史使命。基于此，教育部于 2011 年 10 月批准《海峡西岸经济区发展报告 2012》为教育部哲学社会科学系列发展报告培育项目（项目批准号：11JBGP006），要求对“海西区经济发展”这个重大问题进行长期跟踪研究，并及时向党和各级政府部门提供对策性、前瞻性的研究成果。所以，在这种背景之下，对海西区发展问题进行深入、系统的研究具有重要的现实意义和战略意义。

本研究报告遵循理论与实际相结合、定性研究与定量研究相结合的原则，围绕海西区的产业发展这条主轴将整个报告贯穿起来，而对目前亟须解决的重大问题则采取分专题的方式进行深入探讨，从而形成体系完整、重点突出、区域色彩鲜明的区域经济发展报告。本研究报告共有十章、五个专题。各章内容简述如下：

第一章是海西区基础设施。本章在阐述海西区基础设施发展现状的基础上，揭示了海西区基础设施存在的问题，据此提出了因应对策、前景展望。

第二章是海西区现代制造业。本章从夯实区域经济基础、健全生产性服务业体系、加大制造业创新体系建设、实现传统与现代制造业协同发展、完善制造业发展载体、加强区域产业合作等方面提出相应的可操作性对策路径，并对海西区制造业的发展趋势做了展望。

第三章是海西区现代农业。本章概述了现代农业的内涵和特征，分析了海西区现代农业发展的现状，揭示了海西区现代农业发展存在的问题，最后根据海西区的农业资源禀赋提出了一些建设性的思路和对策。

第四章是海西区现代流通产业。本章主要从产业规模、结构、效率的三维视角分析了海西区现代流通产业的发展现状,发现海西区流通产业发展中存在着产业组织规模小、流通产业区域发展不平衡、流通产业城乡差距大等诸多问题,并提出了优化流通产业组织、加强流通产业区域合作、推进城乡流通一体化、实施流通创新战略、提高流通效率等对策建议。最后,展望了"十二五"期间海西区流通产业的发展前景。

第五章是海西区旅游业。本章重点考察了海西区入境旅游市场和国内旅游市场的结构特征,分析了旅游相关产业——旅行社行业及酒店行业的发展状况。基于旅游业发展现状的深入分析,剖析了海西区旅游业发展存在的问题,并进一步提出了促进海西区旅游业发展的对策建议。

海西区的旅游业随着温福高铁、甬台温高铁、福厦高铁的开通而成为新的经济增长点。所以,本章将"高铁时代海西区旅游业发展问题"作为一个专题进行深入探讨。这个专题分析了高铁发展对沿线旅游地的影响,指出高铁已经成为海西区旅游业发展的重要推手,指出了高铁时代下海西区旅游资源配置、产业结构、区域合作以及旅游公共服务体系面临的挑战。

第六章是海西区贸易与投资。本章主要研究了海西区经贸投资的最新发展。首先从海西区经贸和投资两个部分分析海西区经贸、投资的发展现状,接着厘清了现有的问题,最后在此基础上提出对策,并对未来发展的趋势做出判断。

第七章是海西区金融服务业。本章首先从海西区金融业的总体情况、银行业、证券期货业、保险业等角度来分析发展现状,总结现有的发展思路。而后将海西区与台湾的金融合作纳入海西区金融发展的框架下,研究了海西区与台湾的金融合作现状。随后主要通过海西区金融服务业发展现状与中国国内经济发达地区的比较,阐述了海西区金融服务业发展存在的问题。最后提出了因应对策。

由于海西区的金融服务业发展问题是福建省"十二五"期间亟须解决的重中之重的问题,故在本章特地设置了三个专题进行深层次研究。专题7.1是"后ECFA时代两岸货币兑换清算的合作",专题7.2是"海西区两岸区域性金融中心的构建和发展战略",专题7.3是"两岸金融投资合作"。

专题7.1首先分析了两岸货币兑换清算合作的发展现状,研究了兑换与流通的发展现状和货币清算机制的建设现状。其次,研究了两岸货币兑换清算合作存在的问题,从经济层面、制度层面、技术层面三个维度探讨当前影响到两岸货币兑换清算进程的障碍。再次，从正面、负面两个角度研究了两岸货币兑换清算机制的建设效应，更进一步研究了两岸未来的合作趋势。最后，从实务性、操作性的角度提出两岸货币兑换清算机制的政策建议，主要从制度设计、技术设计两个角度来研究海西区先行先试两岸货币兑换清算的机制建设，提出两岸货币清算的路径图。

专题 7.2 在叙述海西区区域性金融中心之争的源起、解决途径之后，对福州、厦门、泉州三地建设区域性金融中心的基础条件进行了比较，而后运用熵值法和灰色关联分析法对三地成为海西区两岸区域性金融中心的条件进行了实证检验，最后论述了海西区两岸区域性金融中心的功能定位、空间布局、模式选择和发展策略。

专题 7.3 在分析目前海峡两岸金融机构合作状况的基础上，展望了未来海峡两岸的金融合作，包括银行业、证券业和保险业合作的重点领域及主要途径。

第八章是海西区海洋经济。本章从海西区的海洋经济的发展现状出发，分别针对其涵盖的福建、浙江与广东三省的海洋经济在传统与新兴产业、科技创新和生态环境等方面存在的问题，结合其与台湾地区和东南亚相临的地理优势，提出了提升海洋经济产业发展水平、加大科技创新的投入和走生态可持续发展之路等发展对策和展望。

第九章是海西区文化产业。本章阐述了海西区内共有的文化资源、海西区文化产业的发展现状及存在的问题，以及海西区文化产业发展成果、趋势与展望。

海西区文化产业尤其是平潭文化产业是福建省“十二五”期间重点发展的产业，故本章特设了“平潭文化产业发展研究”这个专题以对平潭文化产业发展进行深入探讨。本专题在文化产业大发展的大环境中，分析了平潭在文化资源、文化基础设施、文化产业基础、对台合作交流和政策环境等方面的现状及存在的相关问题。随后，本专题还进一步从培育与引进文化人才、构造文化消费环境、引导与扶持文化产业、寻找对台合作的切入点四个方面提出了具体的政策建议。

第十章是海西区生态文明。本章运用综合评价法，设计了生态文明评价体系，利用德尔菲法确定各指标的权重，对海西区 20 个城市的生态文明建设进行评价。根据评价结果，将海西区 20 个城市的生态文明建设水平进行了排位，并分成全面发展、经济薄弱、环境薄弱、经济优势、资源优势、环境优势和相对落后七种类型。在分别对七种类型进行分析后，提出了促进和提升生态文明的政策性建议。

本研究报告的主要观点如下：

第一，作为海西区经济社会发展重要支撑体系的基础设施，包括交通运输体系与能源基地建设取得了重要进展，对海西区经济社会发展的保障能力日益增强，但海西区基础设施建设还存在诸多问题，还不能满足海西区经济发展的现实要求，海西区基础设施建设还需继续加强与完善。

第二，把海西区发展成为东部沿海地区先进制造业重要基地需要良好的制造业基础，需要以先进制造业基地建设为前提条件。目前虽然海西区工业化进程加快，工业基础雄厚，形成了各具特色的主导制造业产业，新兴制造业发展势力强劲，私营个体制造业企业与外商及港澳台投资制造业企业发达，制造业科研投入及其科研能力逐年提高，中小型制造业成为制造业格局中的主体力量，但同时也面临着制造业区域综合竞争力和支撑能力偏弱、技术创新平台缺乏与创新能力薄弱、产业转型升级压力很大、产业规模与集聚效应不突出、产业链延伸和区域性承接与互补性较差等问题，因此，实现传统制造业转型升级与现代新兴制造业培育与发展是海西区制造业结构调整面临的最重大问题之一。传统制造业现代化、技术化、信息化、精细化、高端化和绿色化转型急迫但任重而道远。政府需要从夯实区域经济基础、健全生产性服务业体系、加大制造业创新体系建设、整合科技资源以及推动跨部门、跨区域的科技合作等方面来实现传统与现代制造业协同发展，完善制造业发展载体，加强区域产业协作，建立健全区域产业分工体系。

第三，海西区现代农业发展具有四大优势：优越的自然资源，现代农业的产业结构得到优化，发展现代农业的技术装备和作业水平显著提高，农村劳动力素质得到改善。不过，还存在八大问题，如城市化的质量不高，农民数量多，科学文化素质不高；人均耕地资源少，土地经营规模小；农民收入水平不高，地区差异显著，大多数地区恩格尔系数高于40%；农业产业结构不合理，农业比较收益不高，劳动生产率也不高；海西区发展现代农业的基础设施有待进一步改善，农业可持续发展有待进一步提高；现代农业生产组织和发展现代农业的社会化服务体系还远未形成；农村基层治理机制还不完善；财政支农方面、城乡一体化制度供给和需求等方面仍存在较大差距等，为此，宜采取六大对策来发展海西区现代农业，如构建现代农业发展所需要的现代农业制度；建立适合现代农业发展的海西区现代农村制度；建立属于农民的专业合作协会和农协；在制度创新的基础上，转移农民，在减少农民的基础上提高农民的科学文化素质，开发农民的人力资源转为人力资本；大力增加财政对农业的投入；推进海西区现代农业发展的标准化、品牌化、产业化。

第四，海西区现代流通产业的发展在总体规模、产业结构以及商品存货周转率方面处于全国领先的地位，但在资本效益与人员效益方面落后于全国的平均水平。海西区流通产业效率低的原因源于流通产业组织规模小、流通产业区域发展不平衡、流通产业城乡差距大等多方面的因素。针对现阶段海西区流通产业发展中存在的问题，我们认为，提升海西区流通产业发展水平的关键在于：优化流通产业组织，加强流通产业区域合作，推进城乡流通一体化，实施流通创新战略，提高流通效率。海西区流通产业在经历了“十一五”的稳定增长以后，在未来“十二五”期间将继续保持较快的增长，特别是随着海峡两岸经济合作的进一步深化以及贸易的自由化，海西区流通产业将迎来更加广阔的发展空间。在海西区流通产业发展整体规模与效能提高的同时，流通产业发展的一体化进程将加快。

第五，近年来海西区旅游业发展态势良好，在海西区经济发展以及在全国旅游业中的重要性日益凸显，但与国内其他旅游热点区域相比，其影响力和知名度仍存在一定差距。从旅游资源分布和旅游产品构成来看，海西区拥有丰富的自然资源、悠远的历史文化和独特的地域风格，具有发展旅游业的天然优势，并且初步形成了具有海西特色的系列旅游产品。在旅游客源市场方面，近年来以港澳台游客为主的海西区入境旅游市场人数稳步上升，而且海西区国内旅游市场表现尤其活跃，旅游收入快速增长。在旅游相关产业方面，旅行社行业及酒店行业规模不断壮大，发展势头强劲，但区域发展的不平衡较为显著。基于对旅游业发展现状的深入分析，本研究归纳总结了海西区旅游业发展存在的问题，主要表现在旅游资源的开发及整合、客源市场及结构、商业模式、产业链及价值链构建、投融资体制及旅游业的区域合作等方面，进一步，研究提出了促进海西区旅游业发展的对策建议，指出推进海西区旅游业的发展必须立足资源优势，深化区域内部和区域间的合作，打造“海西”旅游品牌。

本章的专题“高铁时代海西区旅游业发展的战略思考”认为，海西区应从新的战略角度加快旅游产品的优化升级，丰富旅游产品结构，加速旅游业发展方式的转变，使高铁成为推动沿线城市、区域经济和社会全面发展的“触媒”。

第六，在对外贸易方面，2007—2010 年，海西区整体对外贸易总额不断扩大，市场不断开拓，产品多元化程度有所提高，但还是存在产品附加值较低、市场过于集中、贸易摩擦问题严重，以及与珠三角、长三角发展存在较大差距等问题。在利用外资方面，总体利用外资规模不断扩大，引资结构趋于优化。但是，仍面临利用外资地区分布失衡、外资来源仍存在较大的局限性等问题。为此，应继续充分发挥海西区在推进两岸交流合作中的先行先试作用，拟通过政策引导、地区分流来加强软硬件环境建设，努力构筑两岸交流合作的前沿平台，拓展产业深度。

第七，在"十一五"期间，海西区主体福建省的金融业增加值逐年提高，金融相关比率不断攀升。以 2010 年数据为例，福建省金融业实现增加值 696.9 亿元，年均增长 33.2%；金融相关率达 5.21%，较 2006 年提高近 2 个百分点。海西区金融业增加值的增大和金融相关率的上升，反映了海西区金融业的发展呈现出规模不断扩大、金融深化程度不断加深的良好发展态势。海西区存贷款余额的增长，证券期货业实力的不断增强，以及保险业呈现的良好的发展势头，对海西区经济增长的支撑和保障作用越来越突出。

海西区金融业的总体发展对策是：夯实海西区金融业基础，优化海西区金融空间布局，优化海西区金融生态环境；扩大海西区与台湾地区金融机构合作范围，推进海西区两岸区域性金融中心建设，推动闽台金融机构双向互设、互相参股，加快引进台湾地区金融中介服务机构。

本章专题 7.1 认为：第一，未来两岸货币兑换清算合作趋势可按照"先易后难、先局部后整体、先试点后推广、先间接后直接"的原则，逐步建立一个科学合理、完备的两岸货币兑换清算机制。第二，在两岸货币兑换清算机制的制度设计方面，利用海西区尤其是厦门具有的较高的立法权地位，在相关法律制度上先行先试。可以在海西区设立两岸货币清算信息交换小组，建立两岸资金流动监测制度。建议大陆将新台币纳入境内外币支付系统，同时台湾也必须提升人民币在贸易结算中的地位，让人民币真正成为两岸贸易结算的支付货币。第三，在两岸货币兑换清算机制的技术设计方面，建议扩大新台币的兑换对象、种类和波动范围，在试点银行公开宣传及挂牌兑换新台币，将新台币视同外汇进行管理。鼓励海西区试点银行与台湾地区的银行，通过代理行拓展代理两岸货币清算汇兑业务。在此基础上，将对方货币纳入己方央行或商业银行清算账户，通过直联方式以系统直接参与者的身份发起与接收业务，试点建设两岸货币直接清算机制。

本章专题 7.2 的实证结果表明，厦门最有条件成为两岸区域性金融中心，其次是福州，而泉州的大部分指标居于末位，很难与福、厦角逐两岸区域性金融中心。因此，海西区两岸区域性金融中心的构建应当形成厦门、福州两个区域性金融中心,而发展模式应当采取混合模式。目前的发展策略为:充分发挥政府的推动作用,用好“先行先试”政策,打造两岸金融合作实验区,加快形成海西区金融集聚区。

本章专题7.3认为:ECFA协议签订之后,海峡两岸金融合作方兴未艾,银行业、证券业和保险业都出现了良好的合作发展态势。海峡两岸在金融机构准入方面存在单向不对等的状态,台湾金融机构进入大陆的数量远高于大陆金融机构进入台湾的数量,这在银行业表现得最为明显。未来海峡两岸必须探索新的金融合作模式及路径,并在重点领域加快金融合作的步伐。

第八,改革开放以来,海西区海洋经济虽然有很大发展,但从总体上看,目前海洋经济尚处在初步发展阶段,产业结构不合理,海洋开发水平不高,港口开发滞后,海洋开发管理机制不健全,开发投资不足,除以上因素外,还有其他一些因素制约着福建省海洋产业的发展,如海洋意识淡薄,重陆轻海;自然灾害频发;台湾问题的拖延,等等。针对以上问题,我们提出以下建议:发挥对台优势,加强与东南亚、内陆地区的合作,走可持续发展的生态海洋之路,完善海洋生态环境保护体系,创新海洋综合开发开放体制,构建现代海洋产业体系以及提升海洋自主创新能力等。

第九,海西区文化资源丰富,有效需求充足,财政支持力度大,物质基础好,文化创意产业、工艺品制造业、印刷与媒体复制业、文化体育用品制造业具有突出的比较优势,对地方经济尤其是文化产业发展的支撑和贡献较大,预示着海西区调整产业结构和转变发展方式的重要方向和趋势。但是,海西区文化产业发展的弱项或不足也是明显的:丰富多样的海西区本土文化资源尚未得到更为充分的开发和利用,文化产业资源的整合和市场的统一尚未起步;海西区自身的文化产业规模总的来看尚不足以满足本区域内部对文化产品和服务的需求;海西区文化产业内部层次结构不完善,空间分布也极不均衡,除少数大中城市外,新兴业态的文化产业几乎不存在;在全国也没有比较优势,海西区文化产业从业人员不足,既不能满足文化产业大发展的需要,也与海西区文化产业的物质基础不相匹配,其中高层次专业人才更是相对短缺;海西区文化产业内转企改制的步伐相对滞后;公益性、群众性的文化事业中,除博物馆之外,发展状况均低于全国平均水平,尚不足以满足本区域内居民日益增长的文化需要,也与海西区在全国经济较为发达这一地位不十分相称。

本章的专题“平潭文化产业发展研究”认为:要以文化内容创新、业态创新、科技创新为引领,着力发展文化创意产业,促进平潭经济发展;以两岸对接为核心,寻找平潭与台湾文化的产业结合点,加强两岸合作交流,促进两岸文化产业共同发展。

第十,生态文明是经济发展、社会支撑、环境保护和资源利用的和谐统一。大力推进生态文明建设是海西区持续发展的必然选择。通过运用综合评价法对海西区 20 个城市的生态文明建设水平进行的评价表明:海西区 20 个城市的生态文明建设水平有全面发展、经济薄弱、环境薄弱、经济优势、资源优势、环境优势和相对落后七种类型。对不同类型城市的发展对策是:厦门等全面发展型城市应进一步明确生态文明城市的发展目标,大力发展低碳环保型产业;宁德等经济薄弱型城市应通过加强区域合作,积极发展生态产业与低碳服务业;温州等环境薄弱型城市应加强对企业的环境管理,倡导低碳生活方式;福州等经济优势型城市应推进企业低碳转型,加强环境治理;鹰潭等资源优势型城市应进一步调整经济结构,促进铜产业集群发展;漳州等环境优势型城市应大力调整经济结构,突出发展循环经济;最后,属于相对落后型的揭阳市应发展环境友好型特色产业,突出生态文明的社会性教育等。

目 录
Contents

第一章

海西区基础设施

随着海西区在国家对台工作中的战略地位日益凸显，加快海西区经济社会发展日益引起党和国家的关注与重视。在《中共中央关于制定国民经济和社会发展第十一个五年规划的建议》中，海西区首次被列入国家发展规划中。在党的“十七大”报告中，明确提出“将继续支持海峡西岸和其他台商投资相对集中地区经济发展，以形成大陆同胞和两千三百万台湾同胞血脉相连的命运共同体”。2010年5月8日，中共中央政治局常委、国务院总理温家宝到厦门港油轮中心视察时指出：“海峡西岸经济区建设要形成三大通道，一是海港，二是空港，三是陆路和铁路。”加快海西区经济社会发展不仅是新形势下加快海西区自身经济发展的现实需要，而且是贯彻国家“以经促政”政策、推动两岸经贸关系继续走向双赢、实现国家和平统一的迫切需要。在党和国家以及周边省市的支持下，海西区面临着空前的发展机遇，这既为基础设施建设提供了新的契机，也提出了更高的要求。作为海西区经济社会发展重要支撑体系的基础设施，包括交通运输体系与能源基地建设都取得了重要进展，对海西区经济社会发展的保障能力日益增强。

第一节 海西区基础设施发展现状

一、综合运输体系发展现状

综合运输体系是指铁路、公路、水路、航空和管道等多种运输方式优势互补、协调发展、相互配套、紧密衔接形成的一体化系统。综合运输体系是海西区发展的战略性前期工作，在国务院正式批文支持海西区发展以后，海西区以铁路、高速公路、大型深水泊位、省际公路通道建设为重点，以加快构建“畅通、安全、高效、舒适”的综合交通运输体系为目标进行了不懈努力（伍长南，2005）。目前海西区综合交通运输体系建设取得了重要进展。

（一）铁路网络不断完善，内外沟通日益畅通

在 2009 年和 2010 年分别建成并开通了温福、福厦铁路，这两条铁路在技术等级上按照Ⅰ级双线电气化要求施工并通过验收，属于快速铁路。肖厝通港铁路支线修建和峰福铁路峰南段电气化改造也在这一时期完成。以上线路的开通，使海西区对外沟通的铁路线数目在原来 3 条的基础上增加到 4 条。温福、福厦 2 条高速铁路的开通，结束了海西区只有单线、低速铁路的历史，进入双线快速运输动车时代。除了已经完工的建设项目，尚有诸多项目正在施工。龙厦、厦深、向莆、合福高铁等 4 条干线铁路开工建设，南平至龙岩、福州至平潭铁路已经部省联合批复可研，并开工建设 6 条港口铁路支线项目，区内在建铁路约 1 615 公里。随着铁路线路的完善和主要干线的优化升级，铁路运输量也取得了很大的进步。2010 年海西区交通运输系统共完成客运总量 17.39 亿人次，其中选择铁路出行的人数为 6 178.72 万人，占比 4.3%，相比 2007 年的 3.1% 增长了 1.2 个百分点；铁路系统货运量也从 2007 年的 6 019.57 万吨提高到 2010 年的 7 936.04 万吨，占到总货运量的 6%，所占比例逐年提高。

（二）公路里程增加，路网等级有所提升

“十一五”期间，海西区高速公路建设加快推进。仅福建省高速公路建设就完成投资 1 210 亿元，是“十五”的三倍，基本形成“两纵三横”高速公路主骨架，至 2010 年年底全省高速公路通车里程达 2 400 公里，新增 1 200 公里，在建高速公路里程超过 2 200 公里，90% 以上的县市已通或在建高速公路，普通国省道建设全面推进，二级及以上公路里程突破 1 万公里，实现各县城连接二级公路，年万里农村路网工程提前完成，总里程突破 8 万公里，在全国率先基本实现村村

通水泥路；衢州市公路水路建设实际完成总投资157.2亿元，建设通村公路1 445公里，全市通村公路里程达3 410公里，实现通村公路"双百"目标①；揭阳市"十一五"期间完成新、改建公路3 217.6公里，到2010年年底，全市公路通车里程达到6 359.3公里。② 在"十一五"期间，海西区公路通车总里程从18.5万公里增加到20.71万公里，二级及二级以上的公路比例也达到了12.2%。同期，海西区高速公路总里程从3 439公里大幅度增加到5 141公里，所占比例由原来的1%上升到近3%。在运量方面，公路一直在综合交通体系中占据着绝对的领先地位。2010年客运总量增长到17.39亿人次，公路则达到16.55亿人次，所占比例依旧接近95%，货运量则下降到75.1%，可见，公路运输仍是海西区客货运的主要承担者。

（三）沿海各港口蓬勃发展，基本具备深水作业条件

海西区共拥有海岸线6 767公里，占我国大陆海岸线的37.59%，区内海域港湾众多，从北至南依次分布着温州港、沙埕港、福宁湾、三沙湾、三都澳、罗源湾、福州港、湄洲湾、厦门港、东山湾和汕头港等九大天然深水良港，均可开发建设成为10万至50万吨级以上的超大型深水泊位。截至2010年年底共有生产性码头757个，其中万吨级145个，业务吞吐能力达到2.24亿吨，集装箱吞吐能力达到1 542万标箱。区域内有厦门港、福州港、泉州港、东山港、湄洲湾港、赛岐港、温州港和汕头港等八个全国性的沿海港口。③ 2007—2010年，区域内八个主要港口的总吞吐量均在原有的基础上有所提升，从2007年的30 150.48万吨提高到2010年的42 605.18万吨，增长率分别为15.81%、12.87%和8.09%。同时八个主要港口各自的吞吐量也有提高，以厦门港为例，从2007年的8 117.2万吨提高到2010年的12 728.05万吨，增长率达58.8%。在客运量方面，海西区2007年完成1 700.24万人次，占整个区域总客运量的1.3%，2010年则完成1 687.13万人次，占比也达到1.2%（见表1-1）。

---

① 《衢州市国民经济和社会发展第十二个五年规划纲要》，http://wenku.baidu.com/view/6b283f6a25c52cc58bd6be5c.html? from = rec&pos = 0&weight = 20&lastweight = 6&count = 5，2011-09-22。

② 《揭阳市交通运输"十二五"发展规划》，http://wenku.baidu.com/view/0ef01e4b767f5acfa1c7cdee.html，2012-01-21。

③ 这部分数据根据福建省和汕头及温州市的数据进行加总所得。

表 1-1 2007—2010 年海西区八个主要港口吞吐量 单位:万吨

年份	福州港	厦门港	泉州港	宁德港	湄州湾港	漳州港	温州港	汕头港	总计
2007	6 433	8 117	6 215	691	1 612	533	4 246	2 301	30 150
2008	6 702	9 701	7 224	1 007	1 802	631	5 043	2 806	34 919
2009	8 094	11 096	7 666	1 240	1 542	902	5 772	3 101	39 416
2010	7 124	12 728	8 455	1 420	1 755	1 202	6 408	3 510	42 605

资料来源:福建省、温州市、汕头市各年统计年鉴。

“十一五”期间基本确定了海峡西岸北部、中部、南部三大港的发展格局,开展港口管理体制一体化整合,加快港口基础设施建设,港口运输保障能力不断增强。港航建设投资力度不断加强,较之“十五”有很大的进步。主要道路线的完工大大拓展了沿海港口的经济辐射范围。2010 年温福铁路的开通加强了福建和浙江的联系,省际公路网的完善增强了福建和江西的沟通,使得福建沿海诸港口经济辐射范围大大拓展,方便了外省货源到达沿海港口。此外,福建省内包括福厦铁路在内的沿海城市间道路网的完善,加强了沿海各港口之间的交流和联系。闽台海上直航也取得重大突破,率先开通了对台海上直航客滚航线,先后开通 5 条闽台客运定期航线、8 条集装箱定期航线和 21 条不定期散货航线,2010 年闽台海上直航客运量超过 150 万人次。①

(四) 空港运输新航线不断开拓,吞吐量增加迅速

在海西区《关于加快民航发展的若干意见》的指导下,2007—2010 年区域民航事业发展迅速,表现在两个方面:(1) 新航线的开拓,这一时期各主要机场开通了多条国内、国外的航班航线,加强了与其他地区和国外的客货流联系;(2) 吞吐量大,海西区 2010 年共完成旅客运输量 2 986.45 万人次,较之 2009 年增加了 17.33%,完成货邮吞吐量 412 247 吨,较之 2009 年增加了 24.89%。在总的运输完成量中,厦门高崎机场以 13 206 217 人次的客运量居全国各主要机场排名的第 11 名,并以 245 644 吨的或有吞吐量位居第 9 名。此外,闽台航空合作取得重大进展,开通了福州、厦门至台北、台中、高雄等客运航线,以及福州、厦门至台北的货运航线。总之,空港运输在综合交通体系中占有越来越重要的地位。

① 《福建省“十二五”综合交通运输体系发展专项规划》,http://bbs.66163.com/forum.php?mod=viewthread&action=printable&tid=4094624, 2011-05-18。

二、能源基地发展现状

（一）电力发展现状

海西区以清洁、低碳为发展方向，科学规划电源点建设，逐步加快电网建设步伐，合理布局沿海大型煤电，规范水能资源开发利用，抓紧完善电网建设，提高供电能力和安全可靠性①。

1. 积极推进电网建设

截至2010年年底，仅福建省电力装机就实现了翻番，总装机规模达到3 480万千瓦，年均增长14.6%。全社会用电量1 315亿千瓦时，用电最高负荷2 218万千瓦，年均增长分别达11.7%和13%。2009年提前实现全省500千伏大环网，福建电网迈入坚强超高压大环网新阶段。② 同时，完善省际电网建设，推进福建与华东联网第二通道及与南方联网前期工作，构筑“省内环网、沿海双廊”的500千伏超高压电网，实现多通道大容量的跨省联网。③ 将温州市打造成为浙南重要能源基地，形成绿色坚强电网，满足本地供电需求。④ 海西区其他地区强调建设绿色电网，继续加大电网建设投入，优化电网结构，提升输、变、配、用电侧智能化水平，提高供电可靠性，减少输电损耗，促进电源电网承接各类型电源接入能力。⑤

2. 重点工程持续投产

220千伏福州营前变等一批重点工程顺利投产，为福建电网实现“不拉闸、不限电”打下了坚实基础；积极推进特高压入闽、沿海第二通道等重点项目前期工作；成功投运500千伏晋江—大园线路、平潭进岛第二通道等重点项目，加快推进宁德核电送出工程建设，推进仙游、衢江、梅州五华等抽水蓄能电站建设。⑥ 在智能电网建设上，福建九地市电网运行集中监控试点项目有力地保障了电网

---

① 《海峡西岸经济区发展规划》，http://www.fujian.gov.cn/ztzl/jkjshxxajjq/zcwj/201108/t20110818_380916.htm，2011-03-10。

② 《福建省“十二五”能源发展专项规划》，http://www.fujian.gov.cn/，2011-06-01。

③ 《海峡西岸经济区发展规划》，http://www.fujian.gov.cn/ztzl/jkjshxxajjq/zcwj/201108/t20110818_380916.htm，2011-03-10。

④ 《温州市国民经济和社会发展第十二个五年规划纲要》，http://www.wenzhou.gov.cn/art/2011/1/30/art_4244_158045.html，2011-01-30。

⑤ 《梅州市国民经济和社会发展第十二个五年规划纲要》，http://www.meizhou.gov.cn/zwgk/fzgh/125gh/2011-09-23/1316744192d85368.html，2011-04-08。

⑥ 《海峡西岸经济区发展规划》，http://www.fujian.gov.cn/ztzl/jkjshxxajjq/zcwj/201108/t20110818_380916.htm，2011-03-10。

的安全稳定运行。抚州市规划新建扩建抚州桥东等27座110千伏变电站[①];上饶市争取开工建设黄金埠电厂2×60万千瓦机组二期工程,积极推进上饶火电厂4×100万(或60万)千瓦机组前期工作[②];鹰潭市加快电源建设,重点实施贵溪电厂"上大压小"扩建工程,到2015年该市火电装机总容量达到192万千瓦[③];梅州(五华)抽水蓄能电站项目与梅州(大埔)核电前期工作加快推进。[④]

(二) 能源储备现状

伴随海西区能源需求快速增长,其对海西区经济发展的"瓶颈"效应开始凸显。

1. 常规能源保有储量少,开发成本高

海西区煤炭资源保有储量少,矿床规模小,分布不均衡,品种单一(以无烟煤为主)。海西区水能资源较为丰富,但水能开发面临着成本高、效益低等难题。截至2009年年底,福建省水能理论蕴藏量1 168万千瓦(杨洪春,2007),但大多分布在西北部,开发成本高。

2. 新能源资源丰富,开发潜力大

海西区风能资源十分丰富,地区分布高度集中,时间分布相对均匀,风能方向稳定,主要岛屿和半岛地区的风能资源适合大规模开发,是今后可开发的主要能源资源。海西区生物能源产业已经投入运营且发展迅速,已有沼气、生物乙醇、生物柴油和生物垃圾发电(林国庆、林馨,2010)。其中生物质气化发电示范项目运行多年,有着良好的产业基础。海西区潮汐能资源主要集中于三都澳、福清湾、兴化湾和湄洲湾(刘叶志,2006),装机容量和年发电量分别占全国可开发资源的47.8%和45.9%,开发潜力巨大。

(三) 新能源开发现状

海西区具有丰富的风能、太阳能、潮汐能等新能源资源,加强新能源和可再生能源调查、勘探和评价,优先开发技术比较成熟、规模化发展和产业化前景较好的能源品种,发展新能源产业,对于加速海西区建设战略目标的实现和全面

---

① 《抚州市国民经济和社会发展第十二个五年规划纲要》,http://www.zgfznews.com/epaper/newcity/2b/2011/4/11/664763.shtml, 2011-04-11。

② 《上饶市国民经济和社会发展第十二个五年规划纲要》,http://www.srzc.com/news/zt/zhanwangshierwu/zhanwang_shierwu_/2011/0527/108837_10.html, 2011-01-21。

③ 《鹰潭市国民经济和社会发展第十二个五年规划纲要》,http://wenku.baidu.com/view/cb66c4c12cc58bd63186bd11.html,2011-05。

④ 《梅州市国民经济和社会发展第十二个五年规划纲要》,http://www.meizhou.gov.cn/zwgk/fzgh/125gh/2011-09-23/1316744192d85368.html, 2011-04-08。

推进低碳经济的发展具有积极的促进作用。近期需重点开发利用风能发电和生物质能，兼顾太阳能、核能、潮汐能等品种的开发利用。

1. 风能资源优势显著

海西区风能资源主要集中在福建沿海地区。据福建省气象局完成的福建陆地及岛屿风能资源初步评价，全省沿海陆地风能资源总储量为4 131万千瓦，居全国前列，近海海域风能资源比沿海陆域更丰富。经电力勘测部门勘查，初步选出18个条件比较优越的近海风电场，装机规模可达447万千瓦。在"十二五"期间拟投产陆上风电130万千瓦，至2015年全省陆上风电装机200万千瓦。① 按照海上风电规划，推进宁德霞浦、莆田平海湾、漳州六鳌等海上风电基地项目，"十二五"期间建成海上风电装机50万千瓦，并为"十三五"海上风电的发展做好技术与装备准备。②

2. 生物质能已投入应用

海西区生物能源产业发展迅速，生物质气化发电示范项目运行多年，生物沼气在农村广泛应用。截至2009年底，福建省已形成年产40万吨生物柴油的生产能力，投运生物质发电厂3座，总装机2.8万千瓦，投运垃圾发电厂5座，总装机5.9万千瓦（林国庆、林馨，2010）。丽水市等地积极推进沼气等可再生能源项目，启动一批生物质发电工程建设。③

3. 太阳能领域发展迅速

目前海西区初步形成了太阳能级硅材料、硅片、电池、组件、光伏应用产业链和太阳能热利用产业，产能规模在部分领域处于全国领先地位，非晶硅薄膜太阳能电池生产处于优势地位（杜强，2009）。太阳能领域有望成为高新技术产业中的尖端产业，对于构建海西区清洁安全能源体系有着重大意义。

4. 核电进入大规模开发建设阶段

目前，宁德、福清两座大型核电站加快建设，三明核电项目前期进展顺利（郑晓东，2008），温州市开工建设苍南核电厂④，上饶市争取"十二五"期间实施

---

① 《福建省"十二五"能源发展专项规划》，http://www.fujian.gov.cn/，2011-06-01。

② 《福建省国民经济和社会发展第十二个五年规划纲要》，http://wenku.baidu.com/view/826ed120af45b307e871970d.html，2011-02-24。

③ 《丽水市国民经济和社会发展第十二个五年规划纲要》，http://www.lishui.gov.cn/zwgk/zwxxgk/fgw/ghjh/ghjh/t20110812_747944.html，2011-03。

④ 《温州市国民经济和社会发展第十二个五年规划纲要》，http://www.wenzhou.gov.cn/art/2011/1/30/art_4244_158045.html，2011-01-30。

4×100 万千瓦核电站项目[①],梅州市加强与中广核公司的合作,积极推进梅州(大埔)核电前期工作,力争到 2015 年电力装机容量达到 460 万千瓦。[②] 海西区核电产业发展已有良好的开端。

5. 潮汐能资源开发潜力大

海洋潮汐能是一种不消耗燃料、没有污染、不受洪水或枯水影响、用之不竭的再生能源,在海洋的各种能源中,潮汐能的开发利用最为现实、最为简便。海西区潮汐能资源主要集中于福建省三都澳、福清湾、兴化湾和湄洲湾。现已探明可开发潮汐能电站站址 88 处,总装机容量 1 033 万千瓦(刘叶志,2006),居全国第一。

第二节 海西区基础设施存在的问题

一、综合运输体系发展存在的问题

交通设施的发展形势和水平与自然环境密不可分。以福建省为主体的海西区位于中国大陆东南部,西北靠山,东南面海,区域内部山岭起伏,河谷、盆地错落其间。这造成了该区域综合运输体系还存在以下问题:

(一) 铁路路网规模相对较小,设施技术水平落后

海西区的自然条件决定了铁路发展地理条件极为不利。新中国成立后,鹰厦铁路建设列入国家第一个五年计划,于 1957 年建成通车。1959 年外福铁路建成后,福建省铁路初具规模,营业里程为 818 公里。至 2010 年年底,福建铁路营业里程已达到 2 111 公里,其中电气化路段达到 1 498 公里,电气化率达到 71%。改革开放以来,福建省社会经济快速发展,成为全国颇具经济发展活力的省份,但由于铁路路网规模小,路网密度低,不能满足福建省经济社会发展的需要(福建省铁道学会,2007)。

1. 铁路总体规模小,成为经济社会发展的桎梏

区域人口和社会经济发展水平是决定道路运输需求极为重要的两个因子,因此把这两个指标加以比较在一定程度上能说明区域社会对交通运输的内在需求。从表 1-2 与表 1-3 可看出,2007—2010 年海西区人口总数和 GDP 均占全

---

① 《上饶市国民经济和社会发展第十二个五年规划纲要》,http://www.srzc.com/news/zt/zhanwang-shierwu/zhanwang_shierwu_/2011/0527/108837_10.html, 2011-01-21。

② 《梅州市国民经济和社会发展第十二个五年规划纲要》,http://www.meizhou.gov.cn/zwgk/fzgh/125gh/2011-09-23/1316744192d85368.html,2011-04-08。

国总水平的6%，人口数所占比例略高于GDP，二者的极值分别为2010年之前的6.38%和2010年的6.32%。这说明，相对于地区人口，海西区经济稍显疲软，但2010年这一情况得到逆转。分析同期的铁路营运里程可以看出，在这四年里海西区境内铁路里程从3557公里提升到4052公里，增加幅度达13.92%，但是区域拥有的铁路营运里程占全国的比例却始终保持在4.5%左右，极大值出现在2009年的4.74%。这说明相对于区域拥有的人口和经济规模，铁路发展水平明显不足，缺口近2个百分点。此外，通过节点系数法对2007—2010年海西区铁路网合理规模做了预测，并和实际值做了对比分析。通过预测，得到海西区铁路线路合理里程值L，并得到了实际里程拥有数和合理数的比率。根据模型假设，实际铁路里程拥有数为供给，L为需求。若这二者的比值大于1，则说明当前铁路网规模能够满足经济发展需求；若小于1，则说明当前铁路网规模不能满足社会经济发展需求。通过分析计算，在考察期内实际铁路里程和模型预测值比值只有在2009年超过了1，其余年份均小于1，说明海西区铁路里程相对于社会经济需求不足。

表1-2　2007—2010年海西区人口、GDP和铁路营运里程占全国的比率

年份	人口(万人)		GDP(亿元)		铁路营运里程(公里)	
	区域人口数	所占比率	区域经济总量	所占比率	区域里程	所占比率
2007	8 427.21	0.0638	16 329.03	0.0610	3 557.00	0.0456
2008	8 474.73	0.0638	19 191.27	0.0607	3 559.00	0.0447
2009	8 519.85	0.0638	21 095.80	0.0614	4 051.00	0.0474
2010	8 578.86	0.0610	25 162.13	0.0632	4 052.00	0.0464

资料来源：根据相关城市统计年鉴数据整理所得。

表1-3　2007—2010年海西区铁路营运里程①　　单位：公里

年份	r_i	L值	实际铁路营运里程	比率
2007	0.956	3 855.74	3 557.00	0.9225
2008	0.951	3 835.01	3 559.00	0.9280
2009	0.962	3 880.29	4 051.00	1.0440
2010	1.037	4 180.96	4 052.00	0.9692

资料来源：根据相关城市统计年鉴数据整理所得。

① 原模型为：$L=r_i \times C \times \sqrt{AN}$，其中$r_i$为区域国民经济发展指数，取值为区域人均GDP的数值；C为连接系数，根据劳伦基提供的数据进行估计，我国的铁路连通系数以95%的置信度达到1.75；A为节点分布区域的面积，在海西区模型估算中，取值为26.5万平方千米；N为节点数量，此处取值20；L即为模型拟合的合理铁路规模。

2. 既有铁路线路技术标准低,资源尚未有效合理配置

从表1-4可以看出,海西区主要12条铁路线中,除了改造后的鹰厦线和外福线、新近竣工的福厦铁路和温福铁路为双线电气化线路外,其余8条铁路线均为单线铁路;除了横南铁路、赣龙铁路、福厦铁路、温福铁路和漳泉铁路梅大段技术标准为Ⅰ级外,剩余线路均为Ⅱ、Ⅲ级。这说明,除了路网规模小、密度低之外,存在于海西区铁路运输的一个很重要的问题就是路线技术水平低、设备装备差。沟通福建省与周边3省的线路共4条,其中有3条为单线,这3条铁路的总能力为客车27对、输送能力2700万吨,尚不及一条双线铁路的运送能力。

表1-4 海西区主要铁路线基本情况 单位:公里

线路名称	竣工年份	线路长度	等级	正线数目	沟通区域
鹰厦线	1993	712.6	Ⅱ级	单线电气化	闽赣
外福线	2000	186.668	Ⅱ级	单线电气化	闽
漳泉铁路	1995	203.9	Ⅰ、Ⅱ、Ⅲ级	单线	闽
漳州支线	1958	11.458	Ⅱ级	单线	闽
漳龙铁路	1961	374	Ⅱ级	单线	闽
永嘉支线	1989	27.839	Ⅱ级	单线	闽
安丰支线	1989	5.556	Ⅲ级	单线	闽
福马支线	1971	20.8	Ⅲ级	单线	闽
横南铁路	1997	280	Ⅰ级	单线	闽赣
赣龙铁路	2004	290.1	Ⅰ级	单线	闽赣
福厦铁路	2010	272.581	Ⅰ级	双线电气化	闽
温福铁路	2009	298.4	Ⅰ级	双线电气化	闽浙

注:1. 其中鹰厦线和外福线的竣工年份是指进行电气化改造的竣工年份。

2. 梅大段为Ⅰ级干线;大福段和福剑段为Ⅲ级干线,剑长段为Ⅲ级干线;长下段(即天湖山支线)为Ⅲ级支线。

3. 以上数据取自中铁线路火车旅行网,http://www.hclx.net/Category_2612/Index_6.aspx。

铁路干线未形成复线大能力主通道,区域运输能力已经饱和(漳泉线能力有一定富余,但鹰厦、横南的通过能力利用率已达到100%,且运输能力不能转移)。此外,路网布局也不尽合理,主要大港口没有后方铁路,限制了铁路在港口集疏运中作用的发挥。技术标准低、设备配置落后和路网布局不合理导致的行车速度慢和运输结构不合理成为制约地域资源配置的主要问题。

(二)公路交通结构不合理,等级相对落后

判断一个地区公路基础设施是否满足交通体系整体最优的要求,一般通过投资额、公路网分布满足度、公路网连通度、公路总里程、二级及二级以上公路里程

以及县道、乡道公路里程等指标进行分析。考虑到海西区区域自然条件的复杂性,在海西区公路建设方面以 20 个城市为节点采用国土系数法拟合与海西区面积、人口和经济发展水平相适应的公路规模。此外,公路网总里程直接反映路网规模,体现一个区域公路建设发展的总体规模与水平,但二级及二级以上公路里程占公路总里程的比重,在一定程度上反映了路网的性质结构,因此可以用来考察区域公路网技术性水平和结构是否满足经济发展的需求(张娟敏,2010)。

1. 公路网络不甚合理,现有公路功能尚未完全释放

公路网络合理建设规模的确定是一个很复杂的问题,目前权威的方法是国土系数模型,该模型认为,区域公路网的合理长度与区域经济发展水平、人口及国土面积有关,即公路网的合理长度与人口和面积的平方根及其经济指标成正比。相对于特定的经济发展水平,如果公路网的实际长度大于理论长度值,则认为公路网基本上能满足该区域经济发展的需要;反之,则认为现有公路网不能满足该区域经济发展的需要。

国土系数模型相关因子和测算结果如表 1-5 所示。2007 年海西区的实际公路里程为 184 963.26 公里,而经过模型测算的合理规模为 12 112.79 公里,实际公里里程超过合理规模,二者的比率达到 1.53。对此,我们认为:一是由于海西区地形较为复杂,因此经过历年的发展,形成了以公路为主要交通方式的运输结构,公路在综合运输体系中占据绝对优势;二是由于地区经济发展起步较晚,因此对交通需求相对不足,使得现有公路线有过剩的可能。因此,2007 年海西区公路规模能够满足经济社会发展需求,并有过剩的倾向。但同时实际公路里程和合理规模的比值有日渐缩小的趋势,说明随着海西区经济的发展,对公路运输的需求日益增加,现有公路规模的功能得到日益充分的释放。

表 1-5 海西区 2007—2010 年公路交通预测值①

年份	A	P	K	L	实际公路里程	比率
2007	265.50	84 272.11	25.60	121 112.79	184 963.26	1.53
2008	265.50	84 747.30	28.76	136 445.09	190 016.76	1.39
2009	265.50	85 198.50	30.81	146 535.78	202 651.18	1.38
2010	265.50	85 788.60	35.23	168 128.29	207 140.50	1.23

资料来源:根据相关城市统计年鉴数据整理所得。

① 国土系数模型,是目前测算公路网络合理建设规模的一个规范化和权威的方法,其数学模型为:$L = K \times \sqrt{PA}$,其中 K 为经济发展水平系数,在研究我国省域、地市域公路网络规划时,通常采用 $K = 6.87 + 0.0066\text{GNP}$(相关系数 $R = 0.98$)这个回归模型来测算;P 为区域人口数,其单位为千人;A 为国土面积,其单位为千平方公里。

2. 现有公路线路结构不尽合理，技术水平偏低

随着经济社会的快速发展，运输速度的快慢成为决定一种交通方式是否适应经济社会发展的重要因子。由于公路路面和涉及的技术标准直接决定了行车速度，因此二级及以上的里程占所有里程的比例成为公路网络内部结构评价的一个很重要的指标。2007 年海西区二级及以上公路里程为 29 951.55 公里，占总公路里程的比例为 16.2%；2008 年的数据为 31 485.78 公里和 16.6%。在 2009 年海西区加大了针对公路的专项投资，而且某些城市把村道加入到公路里程的统计范围，总公路里程急剧增加，达到 202 651.18 公里，同时二级及以上的公路里程所占比例从 16.6% 下降到 11.9%，与此同时 2010 年有所提高，但也只有 12.2%，与同期长三角、珠三角的数据相比明显偏低。此外，在高速公路方面，海西区公路结构也不尽合理。虽然从 2007 年到 2010 年高速公路总里程从 3 438.68 公里增加到 5 140.88 公里，但其比率只从 1.9% 上升到 2.5%，提高了近 0.6 个百分点。二级及以上公路和高速公路所占比率低，造成大部分国道路段交通量超过设计通过能力，混合交通严重，行车不畅，不利于提高运速和优化资源配置。

表 1-6 2007—2010 年海西区各城市二级及二级以上公路里程占公路总里程的比率

年份	实际公路里程	二级及以上	比率	高速公路	比率
2007	184 963.26	29 951.55	0.162	3 438.68	0.019
2008	190 016.76	31 485.78	0.166	3 967.23	0.021
2009	202 651.18	24 198.94	0.119	4 365.23	0.022
2010	207 140.50	25 200.37	0.122	5 140.88	0.025

资料来源：2008—2011 年海西区 20 个城市统计年鉴。

（三）现有港口资源缺乏有效整合，区域内竞争格局混乱

为了充分利用港口资源禀赋，包括福建、浙江、广东在内的省市不断加大投资力度。就整个区域来看，对交通业投资量从 2007 年的 11.8% 上升到 2010 年的 12.8%，其绝对值达到 1 753.40 亿元，增加 115.53%。在大投入带动下，区域港口生产条件取得了较大的改善，并由此带来货物吞吐量长足的提升，2001—2009 年，福建港口吞吐量连续突破一亿吨、两亿吨和三亿吨大关，年均增长速度达到 17.9%（李文溥、王燕武、郑建清、刘照坤，2010）。2010 年，海西区主要港口货物吞吐量达到 42 605.18 万吨。虽然海西区港口运输取得了较大的成就，然而，与其所具有的港口货运方面无可比拟的优势相比，必须看到海西区优良的港口资源禀赋并没有得到充分的开发和利用。表现在经济活动中，就在于虽然拥有无可比拟的港口自然条件，但是海西区几个主要港口与其他地区港

口相比在吞吐量上存在很大差异。

据2009年港口统计数据，东南沿海港口群在全国五大沿海港口群中货物吞吐量最小，集装箱吞吐量仅高于西南沿海港口群。① 其中环渤海、长三角和珠三角港口群的货物吞吐量分别占全国港口吞吐量的38.4%、29.3%和11.4%，三者合计占到全国货物吞吐量的79.1%，集装箱运输量占到全国近93%的份额。拥有海西区6个主要沿海港口的福建，吞吐量及集装箱运量仅占全国的2.3%、6.5%，且近年来还有下降趋势。这主要是由于，2000年港口管理权限的下放，大大促进了我国港口投资，但是由于各地各自为政，铁路、港口、机场等交通运输基础设施建设缺乏统筹考虑，造成各地在港口发展方面出现了严重的不顾市场需求、盲目建设的倾向，而这一问题在海西区尤为突出。这一方面造成了土地和资金的巨大浪费，另一方面使各个港口优势不明显和总体缺乏竞争力。该地区目前共有8个主要的沿海港口，但在全国的港口中排位靠后。2010年，该地区最大的港口——厦门港以13 930.5万吨的货物吞吐量和582.43万标箱的集装箱吞吐量位居全国各主要港口的第15位和第7位。此外，只有4个港口进入货物吞吐量的前30名，只有5个港口进入集装箱吞吐量的前27名（见表1-7、表1-8）。这说明海西区在海运方面的现有自然禀赋没有得到充分利用，缺乏在全国占有重要地位的大港口，货物吞吐量偏小。其主要原因在于：一是区域内缺乏统一规划，尚未形成良性的协调机制，导致竞争混乱。在这一方面，辽宁省举省建设大连港所得收效，与之形成鲜明的对比（李文溥、王燕武、郑建清、刘照坤，2010）。二是由于没有完善的港后交通网络做支持，导致没有形成海陆联运的格局，因此各主要港口的经济辐射范围受到限制。

表1-7 全国沿海各主要港口城市近些年货物吞吐量比较 单位：万吨

城市	2010年	位次	2009年	位次	增长	位次
上海	65 339.40	1	59 205.20	1	10.4	25
广州	42 341.05	2	37 560.72	4	12.7	20
天津	41 325.40	3	38 111.30	3	8.4	27
宁波	41 216.76	4	38 384.77	2	7.4	28
青岛	35 012.00	5	31 668.37	5	10.6	24
大连	31 399.30	6	27 299.60	6	15.4	15

① 据《全国沿海港口布局规划》，全国将形成五大港口群：长三角、珠三角、环渤海港口群、西南沿海及东南沿海港口群。

（续表）

城市	2010 年	位次	2009 年	位次	增长	位次
秦皇岛	25 877.00	7	24 585.00	7	5.3	29
唐山	25 062.00	8	15 752.00	13	42.1	3
日照	22 700.00	9	18 100.00	10	25.4	8
营口	22 579.00	10	16 552.00	12	28.3	5
深圳	22 091.38	11	19 362.96	8	14.1	18
舟山	22 084.00	12	19 300.00	9	14.4	17
烟台	20 852.50	13	16 926.10	11	23.2	10
南通	15 069.80	14	13 641.40	14	10.5	24
厦门	13 930.52	15	11 096.28	17	25.5	7
泉州	8 455.37	19	7 051.00	20	10.3	26
福州	7 124.77	21	8 084.30	19	-11.9	30
温州	6 408.00	22	5 772.55	22	11	22

资料来源:《中国港口年鉴 2011》。

表 1-8 2010 年全国主要港口集装箱吞吐量 单位:万 TEU

城市	2010 年	位次	2009 年	位次	增长	位次
上海	2 906.90	1	2 500.20	1	16.26	16
深圳	2 250.97	2	1 825.02	2	23.3	12
宁波	1 300.20	3	1 042.34	4	24.7	9
广州	1 255.00	4	1 130.20	3	12.6	21
青岛	1 201.20	5	1 024.57	5	17.04	15
天津	1 008.60	6	870.40	6	15.84	17
厦门	582.43	7	468.03	7	24.34	11
大连	526.20	8	457.50	8	14.54	20
连云港	387.10	9	303.18	9	27.7	8
营口	333.80	10	253.74	10	31.55	6
烟台	154.10	11	140.10	11	10	23
福州	147.05	12	122.20	13	20.3	14
泉州	136.95	13	125.12	12	9.5	24
汕头	94.00	15	82.00	15	14.6	19
温州	41.08	20	39.35	19	4.4	25

资料来源:《中国港口年鉴 2011》。

(四) 空港发展总量不足,总体竞争力偏弱

建设空港对于地面自然条件要求较低,航空运输在区域尤其是地理位置欠佳的地区的交通体系建设中的地位越来越重要。

1. 空港发展总量不足,运输能力有待提高

影响航空客运和货运的主要因素包括经济发展水平、进出口贸易和入境旅游状况,其中又以经济发展水平最重要(驰明,2008)。本部分采用线性回归方法对影响区域航空客货运的因素进行了回归,分别选取进出口总额、人均 GDP 和入境旅游人次及进出口总额、人均 GDP、入境旅游人次和三产增加值等变量,对海西区近年的货邮运和客运量进行了预测,得到海西区经济发展对空港运输的需求,如表 1-9 和表 1-10 所示。①

表 1-9 海西区 2007—2010 年空港货邮运量预测值

年份	进出口总额(亿元)	人均 GDP(元)	入境旅游人次(万人次)	货邮运量(万吨)
2007	7 035.65	19 376.55	550.09	217.89
2008	8 013.30	22 645.29	623.71	255.49
2009	7 650.47	24 760.76	709.96	279.17
2010	10 431.74	29 330.39	792.19	332.96

资料来源:根据相关城市统计年鉴数据整理所得。

表 1-10 海西区 2007—2010 年空港客运量预测值

年份	进出口总额(亿元)	人均 GDP (元)	入境旅游人次(万人次)	三产增加值(亿元)	航空客运量(万人)
2007	7 035.65	19 376.55	550.09	5 943.74	27 140.13
2008	8 013.30	22 645.29	623.71	7 102.39	31 721.43
2009	7 650.47	24 760.76	709.96	8 109.69	34 584.25
2010	10 431.74	29 330.39	792.19	9 422.96	41 133.08

资料来源:根据相关城市统计年鉴数据整理所得。

从 2007 年到 2010 年海西区进出口总额从 7 035.65 亿元上升到 10 431.74 亿元,人均国民生产总值从 1.94 万元上升到 2.93 亿元,入境旅游人次从 550.09 万

① 邮运回归方程为 $Y_{货}=0.001\times X_1+0.011\times X_2+0.009\times X_3-7.236$,其中 $Y_{货}$ 表示航空货邮运量,X_1 表示进出口总额(亿元),X_2 表示人均 GDP(元),X_3 表示入境旅游人次(万人次);客运回归方程为:$Y_{客}=0.045\times X_1+1.482\times X_2+0.489\times X_3-0.296\times X_4-402.173$,其中 $Y_{客}$ 表示航空客运量,X_4 表示三产增加值(亿元)。

人次上升到792.19万人次，增加幅度分别达到48.27%、51.37%和44.01%，同期货邮运量的模型拟合值从217.892万吨上升到332.96万吨，增加幅度近50%，大体与以上各指标相互平衡；同期三产增加值从5 943.13亿元增加到9 422.96亿元，增幅58.54%，航空客运量的模型拟合值相应从27 140.13万人次增加到41 133.08万人次。根据海西区十所民用航空机场2009—2010年的统计数据，2009年海西区货邮运量为330 076吨，远远低于模型测算的值，2010年这一数据达到41.2247万吨，为模型测算值的12.38%；2009年海西区旅客运输量为2 545.35万人次，而模型拟合值为34 584.25万人次，2010年模型拟合值为41 133.08万人，而实际运送量仅为2 986.45万人次。虽然2009—2010年海西区货邮量和旅客运输量以24.89%和17.79%的速度增加，但目前空港发展总量不足，还不能满足经济社会发展对快速交通提出的要求，这就必然要求在未来的发展中需要新建、扩建或者借助周边的机场，以提升机场运输能力。

2. 缺乏区域性枢纽大港，现有机场总体竞争力偏弱

海西区包括涉及4个省的20个城市，但实际机场拥有量仅为10座，为总数的一半。2010年海西区10座机场中只有厦门高崎机场、福州长乐机场和温州永强机场排在全国旅客和货邮吞吐量的前30位，其中高崎机场以1 320.62万人次的旅客运输量排在第11位，以24.56万吨的货邮吞吐量排在第9位，其余包括泉州晋江、汕头外砂、武夷山、赣州黄金等在内的7个机场均排在近40位以后甚至于150位以后。相对来讲，本区域厦门、福州和温州具备发展成为区域空港运输和中转中心的可能（米红、曹晖、庞兰芳，2008）。但进一步分析可看出，虽然2010年厦门高崎机场以24.56万吨的货邮吞吐量排第9位，但其与排名第1位的上海浦东机场的322.81万吨相去甚远，只相当于它的7.6%；其旅客运输量也仅占排名第1的北京首都国际机场7 394.81万人次的17.86%（见表1-11）。这说明虽然海西区目前拥有具有地区优势的空港，但是与同平台的国内其他城市相比明显缺乏竞争力。

表 1-11　2009—2010 年全国各主要城市机场旅客吞吐量和货邮吞吐量情况

机场	旅客吞吐量(人)				货邮吞吐量(吨)			
	名次	2010	2009	比上年同期增减%	名次	2010	2009	2009 增减%
全国合计		564 312 300	486 063 435	16.1		11 289 872.10	9 455 645.20	19.4
北京/首都	1	73 948 114	65 375 095	13.1	2	1 551 471.60	1 475 656.80	5.1
广州/白云	2	40 975 673	37 048 712	10.6	3	1 144 455.70	955 269.70	19.8
上海/浦东	3	40 578 621	31 921 009	27.1	1	3 228 080.80	2 543 393.60	26.9
上海/虹桥	4	31 298 812	25 078 548	24.8	5	480 438.10	439 071.90	9.4
深圳/宝安	5	26 713 610	24 486 406	9.1	4	809 125.40	605 469.20	33.6
厦门/高崎	11	13 206 217	11 327 870	16.6	9	245 644.00	196 025.10	25.3
福州/长乐	25	6 476 773	5 451 196	18.8	22	79 350.20	64 400.90	23.2
温州/永强	28	5 326 802	4 821 527	10.5	30	50 024.20	44 326.00	12.9
泉州/晋江	43	1 997 126	1 655 986	20.6	39	22 931.90	13 792.30	66.3
汕头/外砂	47	1 727 934	1 266 407	36.4	47	10 842.50	9 088.70	19.3
武夷山	65	589 554	535 713	10.1	88	1 047.90	799.7	31
赣州/黄金	80	315 246	189 105	66.7	67	2 205.50	1 459.70	51.1
衢州	115	133 498	128 389	4	121	180.2	172.1	4.7
梅县/长岗岌	143	49 372	33 879	45.7	144	20.9	11.9	74.8
连城/冠豸山	150	41 931	43 460	-3.5	171	0	0	0

资料来源:百度文库,http://wenku.baidu.com/view/a20c81ed102de2bd9605883e.html。

3. 快速交通发展滞后,不能满足两岸人员往来需求

在 2007—2010 年间,海西区出入境人数从 550.086 万人次上升到 792.19 万人次,其中台湾游客数从 93.87 万人次上升到 172.52 万人次,所占比例从原来的 17.07% 扩大到 21.78%,这说明近年两岸交流有愈来愈频繁的趋势。海峡两岸的交流是海西区的独特优势所在,鉴于空港运输在现代经济发展中扮演着日益重要的作用,且随着两岸交流的增多,势必会对交通的便捷性、高效性提出更高的要求,这也在客观上要求加快建设区域战略航空枢纽中心,积极发展航空运输。

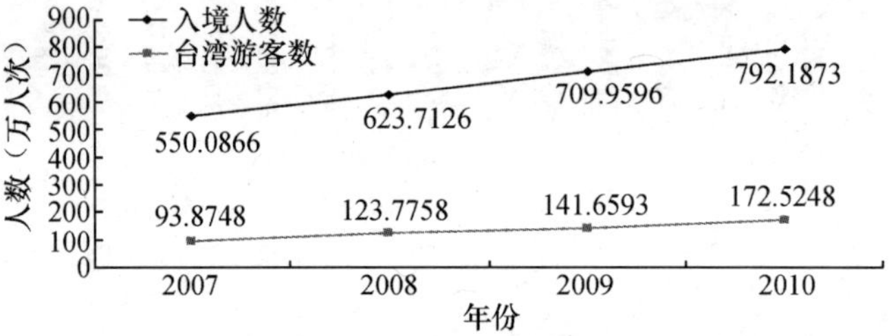

图 1-1　2007—2010 年海西区入境人数分布情况

资料来源:根据相关城市统计年鉴数据整理所得。

二、能源基地发展存在的问题

(一) 电力发展存在的问题

1. 电力结构不尽合理,电力规划严重滞后

以福建省为例,水电、火电、新能源装机比例约为 36.2∶62.0∶1.8。① 火电装机占装机总量的 62%,且大部分是用煤做燃料,水电装机占装机总量的 36.2%,与巨大的水电资源相比,明显偏低。火力发电的小火电机组仍占有一定比例。海西区其他地区也面临同样的问题,亟待进行电力改革,发展新能源发电产业。

目前海西区电力行业的规划指导性与权威性不强,电源规划与电网规划之间、电源结构规划之间、传统能源规划与新能源规划之间、输煤规划与输电规划之间,缺乏统一性、协调性与科学性。现代化电网管理技术仍处于启动阶段,电力工业尚未进入大机组、大电厂、大电网、超高压和自动化阶段。城乡配电网基

① 《福建省"十二五"时期构筑稳定经济清洁安全的能源供应体系对策研究报告》,http://www.fjdpc.gov.cn/show.aspx?ctlgid=128121&id=34031, 2010-07-06。

础薄弱,设备落后、老化,线损率高,造成有电输不出、有电用不上的局面。[①]

2. 电价形成机制不合理,开发建设面临难题

煤电价格联动机制执行不到位,电力资源配置不合理,在厂网不分、供大于求的形式下,发电环节没有公平竞争的规则,垄断经营,一方面用户没有购电选择权,另一方面电价脱离供求关系。[②] 同时,电力开发建设的环境和社会压力加大,发展困难增大。征地拆迁、水土保持、植被保护、移民诉求等成本大幅提升,有的已超过了电力企业的承受能力。

(二) 能源储备存在的问题

1. 能源消费总量迅速上升,供求矛盾突出

海西区对石化、煤炭资源依赖性较大,区域贫煤少油,基本依靠外地调运,石化和煤炭都受到自然资源的稀缺性及其市场变化的影响,供给波动幅度大,缺乏相应的储备制度。随着经济的快速增长,能源消费量不断上升,特别是近几年,海西区工业化和城镇化进程加快,钢铁、机械、化工、水泥等重工业部门发展迅速,能源供求矛盾更加突出。

2. 能源消费结构不合理,能源消费品种相对单一

海西区产业结构层次偏低,第三产业不发达能源消费结构中工业耗能占七成,经济发展对能源需求的依赖性不断增大。能源消费品种相对单一,结构性矛盾突出。尽管海西区煤炭消费比重在下降、油品燃料比重在增长,但以煤为主的能源消费格局没有发生根本性的转变,能源品种结构仍然相对单一。作为缺油贫煤的地区,目前仍有近2/3的原煤由外地调入。

(三) 新能源开发存在的问题

常规能源资源缺乏,能源供给缺口大,外购依存度高,在这样的背景下,海西区大力发展新能源对建立稳定、可靠、安全的能源保障体系,优化能源的供销结构,加快推进海西区建设具有重要意义。

1. 人才储备不足

新能源产业缺乏相应的高端研发人才和终端操作技术人员,制约了产业的发展。以核电为例,福建已有2座核电站开工建设。但福建核电技术人员不足,监督人员的素质、专业知识以及监督手段的水平,满足不了需要,核安全监

① 《江西省能源发展重点专项规划》,http://dqbg.cei.gov.cn/showdoc.asp?blockcode=DQBGJXGH&filename=200307251026, 2003-05-15。

② 《江西省能源发展重点专项规划》,http://dqbg.cei.gov.cn/showdoc.asp?blockcode=DQBGJXGH&filename=200307251026, 2003-05-15。

管面临较大挑战。[1]

2. 新能源发电成本高

受制于新能源产品价格和电网接入等问题，电价较传统能源高，例如，风电发电成本是煤电的 1.5 倍左右，太阳能光伏发电成本则高达 5 倍以上，且电压不稳定，难以大规模推广应用。[2]

第三节　海西区基础设施发展对策

一、综合交通运输体系发展对策

海西区综合交通运输体系应坚持统筹规划、有效衔接、一体化发展的原则，以海港空港、铁路公路、城市中心场站为重点，加强各种运输方式及其内部各环节的紧密融合，建立与主体交通设施能力相适应的旅客集散和中转系统，实现多种交通方式合理衔接。在海西区综合运输体系近期发展中应把铁路、公路、水运、民航客货枢纽纳入城乡规划，重点规划建设福州、厦门两大全国性综合交通枢纽以及其他区域性交通枢纽，在若干交通基础设施条件好、人流物流较为集中的城市规划建设区域性交通枢纽。客运枢纽建设方面重点加强铁路、公路、机场、城市公共交通等的一体化高效衔接；货运枢纽建设方面重点加强铁路、公路、机场、水路的有机衔接。通过对海西区现有综合运输体系的分析，我们认为综合运输体系的发展应着重从以下几方面展开：

（一）完善陆上运输交通网，加强既有设施技术改造升级

围绕“构筑高速铁路，加强出海通道、贯通区域线路、完善海西路网”的总体目标，加快实施纳入国家中长期铁路网规划和海西区铁路网规划的铁路建设项目，构建快捷出省的“三纵六横九环”铁路网，基本上形成以福州、厦门为中心，长三角、珠三角为两翼的放射状、扇面形的快速客运交通干线网，以构筑“两小时交通圈”，密切中心城市间的联系。考虑铁路与港口、机场、公路等的有机衔接和共同发展，考虑干线与支线之间、点线之间的协调发展，在综合交通运输体系建设过程中要实行科学规划、严密考证和合理施工，分步走，形成综合运输能力，实现经济效益最大化。2010 年前，重点建设海西区大容量、多方式、快速化

① 《福建省“十二五”能源发展专项规划》，http://www.fujian.gov.cn/，2011-06-01。

② 《温州市“十二五”能源发展专项规划》，http://www.wenzhou.gov.cn/art/2011/11/14/art_4244_192231.html，2011-11-14。

通道,并与中西部内陆腹地联通,适应沿海地区冶金、重化、建材、加工和能源等重点产业布局与发展的需要,适应中部地区对台贸易货物运输的需要,满足人员和货物的快速流动,基本形成通畅的"二纵三横"组成的综合交通骨干网。2015年前,全面建成通畅的"二纵四横"组成的综合交通骨干网,形成北与北京、西北与银川、西与成都、中与武汉、西南与昆明、南与香港、东南与高雄、东与台北、东北与上海、海上辐射全球的畅通的交通骨干网,加快京福高速福建段、龙岩—长汀、浦城—南平、泉州—三明、宁德—邵武、永安—武平等高速公路建设,构建"三纵四横"的高速公路网。[①]

鉴于海西区沿海和内地之间货运主要以能源、原材料等大宗货物为主,必须充分发挥铁路在综合运输体系和城市密集地区旅客运输中的骨干作用(郭光照,2008),要技术先行,提高复线率和电气化率,推进铁路科技进步,不断提高铁路运输技术装备水平。通过技术水平的快速提升,提高铁路运输的服务质量及运输效率和效益,减少对资源的占用和对环境的影响。此外,还应该重点建设龙赣、向莆、漳潮、龙厦等省际通道和各支线项目,推进海西区沿海对接长三角、珠三角的快速铁路建设,构筑海西区内省际纵横贯通的环形网络和省内外线路通畅、功能齐全、高效运行的铁路运输网络。

(二)整合港口资源,形成海陆联运的运输模式

充分发挥港口优势,加强港口资源整合,完善港口规划,优化港口布局,在巩固发展温州港和汕头港的同时,加快推进海峡西岸北部、中部、南部福州、湄洲湾和厦门港三大港口的整合与建设,构建分工合理、优势互补的集装箱、煤炭、油品、矿石、木材、对台旅客运输和滚装运输系统,打造面向世界、服务周边及中西部地区的规模化、集约化、现代化海峡西岸港口群(李文溥、王燕武、郑建清、刘照坤,2010)。具体目标设定为:福州港——集装箱和大宗散杂货运输相协调的国际航运枢纽港,配套完善江阴港区,培育发展干线集装箱运输,加快发展罗源湾大宗散装货物接卸转运业务,积极争取可门作业区布局,建设油品战略储备基地,建设松下港区国家粮食储备基地并加快建设平潭综合实验区港口物流园区和对台滚装码头;湄洲湾港——大宗散货和集装箱运输相协调的枢纽港,加快建设湄洲湾罗屿作业区大型超深水泊位矿石散货中转基地,东吴港区1 500万吨煤炭中转储备和成品油储备基地,秀屿港区木材加工和LNG战略储备基地,启动江口作业区建设,促进兴化湾区域开发;厦门港——集装箱运输为

① 《福建省"十二五"综合交通运输体系发展专项规划》,http://bbs.66163.com/forum.php?mod=viewthread&action=printable&tid=4094624,2011-05-18。

主、散杂货运输为辅，客货并举的国际航运枢纽港和国际集装箱中转中心，加快港区功能优化调整，东渡港区重点发展国际邮轮、对台客运、滚装和高端航运服务，打造邮轮母港，其中，海沧和嵩屿港区重点发展集装箱运输，刘五店港区重点发展散杂货运输，招银港区在发展散杂货的同时着力构建粮食储运系统，后石港区重点发展通用散货泊位，古雷港区重点发展大型液体化工泊位和通用泊位，有序开发东山、诏安、云霄港区。①

此外，适应国际航运对港口深水化、大型化、专业化发展的需要，积极引进国内外知名企业投资参与港口建设、经营管理和发展港口物流业，开辟新航线，拓展新业务。支持航运企业建立多方战略合作联盟，组建具有核心竞争力的专业海运船队。积极支持海铁联运、河海联运、海陆联运和多式联运，拓展纵深腹地，拓宽服务领域。大力发展“陆地港”，重点建设武夷山、晋江、沙县、龙岩、梅县、衢州、赣州等“陆地港”，支持区域港口企业加强与内陆地区企业合作建设“陆地港”和“飞地港”。加快建设和配套完善疏港铁路、公路等基础设施，建成连接主要港区并辐射内陆省份、长三角、珠三角的运输大通道，建成11条沿海重要港区铁路支线和一批疏港公路，不断拓展港口腹地（伍长南，2005）。

（三）建设和改造重点枢纽，形成以空港为中心的快速客运交通网

追求交通运输的时效性是现代综合运输体系的重要特征，这就对海西区快速客运交通网提出了要求。充分发挥民航在转变发展方式、深化两岸合作、服务周边地区、促进经济发展中的重要作用，统筹规划建设现代化民航基础设施，全面完成10个既有机场扩能工程，并认真开展其余有条件城市的前期研究工作，适时适地发展空港。

构筑区域对外的快速交通通道，积极拓展航空网络和民航市场，开拓国内国际航班航线，加快构筑区域内城市与长三角、珠三角及台湾地区中心城市的空中巴士，与国内及东亚地区主要城市的空中快线。扩大厦门、福州等大型机场开放航权，逐步引入航空运输和旅游服务合作机制。创新民航发展体制机制，壮大民航运力、队伍和产业，发挥厦门航空公司的主力作用，支持引入基地航空公司，促进民航运输和多元化运输方式相协调。加快建设福州、厦门两大枢纽机场航空城和温州航空服务中心，培育和集聚高附加值新兴产业和会展、物流、金融、商贸、旅游等现代服务业②。

---

① 《福建省“十二五”综合交通运输体系发展专项规划》，http://bbs.66163.com/forum.php?mod=viewthread&action=printable&tid=4094624，2011-05-18。

② 《福建省“十二五”综合交通运输体系发展专项规划》，http://bbs.66163.com/forum.php?mod=viewthread&action=printable&tid=4094624，2011-05-18。

（四）完善综合运输网络，构筑海峡两岸长效沟通平台

加快完善两岸直接“三通”基础条件，着力建设海峡两岸海运合作大通道，加快构建两岸航空重要枢纽，积极规划研究对台陆路交通走廊，整合优化对台口岸功能，健全完善两岸大通关合作机制，力争两岸港口、民航、口岸、物流、邮政等方面的合作取得新突破。到 2015 年基本形成厦门、福州两大港对台滚装运输系统，建成两岸空中直航中转枢纽。[①]

二、能源基地建设对策

（一）电力发展建设对策

1. 建设安全、可靠、经济、环保的电源保障体系

以市场为导向，按“就近平衡、分散接入”的电源布局原则，结合资源情况、运输条件、电力需求等因素，合理规划电源项目建设；加快推进电力结构调整，实现多元化发展；优化火电，在便利、安全调度的前提下，首先考虑在沿海煤电老基地扩建，合理扩大生产规模，克服交叉重复布点；充分利用港口资源优势，大力发展沿海大型煤电；以提高火电厂能源综合利用率为目标，提高电力在终端能源消费中的比重，合理发展大型高效发电机组。[②]

2. 构筑海峡西岸现代化坚强电网

大力加强电网建设，构建进出顺畅、安全可靠的电网支撑系统。加快构筑“纵向贯通、横向延伸、交直相济、四省环网”的海西区特高压电网，逐步建立开放的电力市场交易平台，提高电网在更大区域范围内优化配置电力资源的能力，为核电和大型火电提供市场空间。同时注意农村电网改造，如江西省上饶市经玉山、德兴至景德镇的 500 千伏双回电网项目，形成以 500 千伏输电线路为主骨架、220 千伏输电线路为分输网的电力传输网络，实施新一轮农村电网改造升级工程。[③]

3. 挖掘清洁安全的可再生新能源

积极发展具有一定产业基础的太阳能、生物质能和地热能，逐步提高替代

---

① 《福建省“十二五”综合交通运输体系发展专项规划》，http://bbs.66163.com/forum.php?mod=viewthread&action=printable&tid=4094624，2011-05-18。

② 《福建省“十二五”时期构筑稳定经济清洁安全的能源供应体系对策研究报告》，http://www.fjdpc.gov.cn/show.aspx?ctlgid=128121&id=34031，2010-07-06。

③ 《上饶市国民经济和社会发展第十二个五年规划纲要》，http://www.srzc.com/news/zt/zhanwangshierwu/zhanwang_shierwu_/2011/0527/108837_10.html，2011-01-21。

矿物能源的比重[①];优先发展核电,与火、水电相比,核电的发展潜力最大、可持续性最强,海西区常规能源短缺,发展核电是实现能源多元化战略和电力可持续发展的必然选择(陈朝柱,2005),确保“十二五”中后期宁德和福清两座核电站一期工程6×1 000兆瓦如期建成投产,同步加强抽水蓄能电站建设,支撑核电安全、稳定运行;把风能发展纳入政府能源建设计划,积极推动风能规模化开发,加快莆田平海湾、宁德霞浦、漳浦六鳌、温州洞头、瑞安等海上风电示范项目,建设一批海上风能基地;合理开发水电,根据流域综合开发利用规划,合理开发水能资源,科学挖掘水电资源潜力,保障电力的可持续发展。[②]

(二)能源储备建设对策

1. 能源供应向多元化、低碳化和基地化方向发展[③]

按照能源来源多元化、建立能源安全保障体系的要求,以电力建设为中心,提升清洁能源比重,推进能源结构优化调整,多渠道开拓资源,构建“油、气、电”三大能源供给体系,提高能源保障能力。加快建设大能力、低成本、多方向的能源运输大通道,努力建立由企业储备、商业储备、国家战略储备相结合的海峡西岸能源储备体系,构建能源保障体系,增强能源供应能力,加强能源输送网络建设,构筑清洁高效、保障有力、安全可靠的多元化现代能源体系。[④]

2. 增强海陆油气运输能力

建立稳定的石油、天然气进口渠道,完善储运(储备)系统。[⑤] 结合能源消费重点,重点建设若干辐射东南沿海区域的20万吨级以上大型能源中转码头,为建设沿海能源基地服务。陆路通道在调进能源中起辅助作用,在特殊时期将发挥基本供给的保障作用,在将来可发展成为内陆省区从国外引进能源的便捷通道。重点建设沿海铁路、向莆铁路、龙厦铁路和一批疏港铁路支线,促进形成连通海西港口与全国铁路干线网的能源运输大通道。[⑥]

---

① 《福建省“十二五”时期构筑稳定经济清洁安全的能源供应体系对策研究报告》,http://www.fjdpc.gov.cn/show.aspx?ctlgid=128121&id=34031, 2010-07-06。

② 《海峡西岸经济区发展规划》,http://www.fujian.gov.cn/ztzl/jkjshxxajjq/zcwj/201108/t20110818_380916.htm, 2011-03-10。

③ 《福建省“十二五”时期构筑稳定经济清洁安全的能源供应体系对策研究报告》,http://www.fjdpc.gov.cn/show.aspx?ctlgid=128121&id=34031, 2010-07-06。

④ 《赣州市国民经济和社会发展第十二个五年(2011—2015年)规划纲要》,http://www.gzsdpc.gov.cn/fgwadmin001/news_view.asp?newsid=9348, 2011-04-11。

⑤ 《福建省“十二五”时期构筑稳定经济清洁安全的能源供应体系对策研究报告》,http://www.fjdpc.gov.cn/show.aspx?ctlgid=128121&id=34031, 2010-07-06。

⑥ 《福建省“十一五”能源发展专项规划》,http://www.fujian.gov.cn/zwgk/ghxx/zxgh/200708/t20070807_22220.htm, 2007-08-07。

3. 建立油气煤储备制度

石油、天然气、烟煤是海西区缺乏的能源品种，要建立相应的储备制度，在沿海深水港口建设石油、煤炭中转码头和大型储备库。利用罗源湾等沿海深水港条件，建设可门等大型煤炭中转储备基地，保障煤炭供应安全。加强石油（原油、成品油）储备设施的规划建设，重点建设湄洲湾南岸泰山石化、东山湾古雷德石化、湄洲湾北部中原石化等一批商业石油储运项目；积极开展湄洲湾、三都澳原油储备项目前期工作，争取列入国家石油战略储备库建设规划和布局建设，同时结合福炼一体化项目等做好企业石油储备项目建设，初步建立层级清晰、功能互补的海峡西岸石油储备体系。同时，加快完善天然气管网，积极开展福建与粤东、浙南、赣东南天然气输气主干线对接的研究。①

（三）新能源开发建设对策

海西区可再生能源资源比较丰富，优先开发技术比较成熟、规模化发展和产业化前景比较好的能源品种，如风能和生物质能，兼顾太阳能、地热能、潮汐能等品种的开发利用。

1. 重点开发利用风能发电

风力发电在发展初期与常规能源相比产业规模小，获利能力低，需要政府给予一定的支持和相应的扶持政策，把风能发展纳入政府能源建设计划，增加资金渠道和投资力度，制定优惠税收、电价补贴等政策。同时，加快推进沿海风电规模化开发，要按规划分期有序开发条件较好的沿海陆地大型风电场，同时开展近海风能资源评价、开发利用规划，开展海上风电场建设的试点示范，为大规模开发海上风能资源做准备。②

2. 推广发展农村生物质利用技术

海西区要紧密结合社会主义新农村建设，因地制宜，重点是推广发展农村生物质发电、种植能源作物和能源植物，开发新型农村能源产业；发展沼气、生物质固体成型燃料和生物质气化，为农村提供高效清洁的生活燃料；发展生物燃料乙醇和生物柴油，为石油替代开辟新的渠道；规模化开发生物质能资源，实现产业化发展；要继续结合农村畜牧养殖业污染治理，大力发展沼气，同时积极开发其他生物质能，搞好试点示范，促进生物质能开发利用。③ 通过加大科研力

① 《海峡西岸经济区发展规划》，http://www.fujian.gov.cn/ztzl/jkjshxxajjq/zcwj/201108/t20110818_380916.htm，2011-03-10。

② 《福建省"十二五"能源发展专项规划》，http://www.fujian.gov.cn/zwgk/ghxx/zxgh/201106/t20110615_366663.htm，2011-06-01。

③ 《福建省"十一五"能源发展专项规划》，http://www.fujian.gov.cn/zwgk/ghxx/zxgh/200708/t20070807_22220.htm，2007-08-07。

度,推动技术进步,提高技术水平,以努力提高资源利用率,使生物质能能更好地促进经济社会的发展。[①]

3. 提高太阳能利用效率

在绿色能源中,太阳能资源取之不尽,清洁安全,是最理想的可再生能源。海西区气候温暖,阳光充足,特别是中南部地区和沿海岛屿,日照时间长,太阳能资源比较丰富。太阳能的能量密度低,集能面积大,要使太阳能开发具有经济性,需要在科学技术上取得重大突破,大幅提高光电转换效率,降低成本,为此,在发展太阳能的过程中,政府可以通过鼓励民间资本加入开发,并在大学或研究机构成立太阳能利用研究所以加快对太阳能的开发利用(刘叶志,2006)。

4. 开发海洋能资源

海洋能是海西区沿海和岛屿取之不尽、用之不竭的可再生性能源,与水电能源相比,它有循环往复、年内年际变化不大、无丰枯水区别、出力和电能可以预报、无淹地移民等优点。福建现已探明可开发的海洋能中的潮汐能电站 280 万千瓦以上的共有 79 座,总装机容量 1 033 万千瓦,居全国第一,装机容量和年发电量分别占全国可开发资源的 47.8% 和 45.9%,开发潜力巨大(林国庆、林馨,2010)。在科学技术迅速发展的今天,海洋能完全有可能取代煤炭成为未来常规能源中的第一能源。

第四节　海西区基础设施发展展望

在综合运输体系方面,"十一五"期间海西区各地针对本区域交通设施的固定资产投资逐年加大,高投入带来了海西区交通基础设施巨大的变化,从目前海西区交通设施的现状分析来看,海西区综合交通体系已初具规模,网络布局和结构明显改善,技术水平日益提高,运输能力显著增强。交通运输业对经济的贡献率逐年增强,地区国民生产总值和交通、仓储及邮政业的发展呈现出很强的正相关关系,交通运输业对于地区 GDP 的贡献从 2007 年到 2010 年有了很大的提升,于 2008 年突破了 18%,并一直处于上升态势。很显然交通运输业的发展已经和国民经济形成了一种良性的互相促进的态势,但是,海西区交通基础设施的升级和进一步完善是战略性的,不应止步于此。它是一个长期的过程,需要从中央到地方各层级的积极支持和筹建。基于海西区的发展定位和存

① 《上饶市国民经济和社会发展第十二个五年规划纲要》,http://www.srzc.com/news/zt/zhanwangshierwu/zhanwang_shierwu_/2011/0527/108837.html, 2011-01-21。

在于该区域综合交通运输体系中的问题，国务院《海峡西岸经济区综合交通体系发展规划》、《福建省"十二五"综合交通运输体系发展专项规划》及相关省市出台的专项规划对区域未来交通设施的进一步发展做出了详细的规划和说明。从各个规划的内容来看，海西区均从投资安排方面对区域"十二五"规划期间交通运输体系的建设和完善提供了保障。例如，根据《福建省"十二五"综合交通运输体系发展专项规划》，未来福建将以5 000亿元作为建设投资，以"一纵两横"快速线路为骨架，形成"二纵三横"的总体格局，规划里程约4 000公里，其中快速铁路约1 400公里①；温州《"千百十工程"实施意见》指出，未来五年温州将完成交通建设投资额1 000亿元，以亿吨级大港、国际化的机场和骨架干线高速化、次干线快速化、支线密集化的公路网络格局为目标，把温州建设成为长三角和海西区重要的物流基地，乃至全面构建国家级交通枢纽城市②；《鹰潭市"十二五"交通运输专项规划》指出，"十二五"期间，鹰潭市将投资超过30亿元，加快鹰潭市国家公路运输主枢纽项目建设、完善信江渠化工程等③；上饶市交通运输基础设施建设总投资约为330亿元，其中公路建设预计总投资320亿元，建设规模约为3 340公里，其中高速公路280公里。④

在能源基地建设方面，海西区面临难得的历史发展机遇，加快转变发展方式，构筑稳定、经济、清洁、安全的能源供应保障体系，打造东南沿海重要能源基地，以尽可能少的能源消费支撑海西区发展显得尤为重要。未来海西区能源基地的建设将主要从以下方面入手：一是强化电力支撑能力，加强沿海能源基础设施建设。充分利用优良港口条件，积极利用国际国内两种资源，强化能源保障，优化能源结构。二是保障能源安全，打造内外联合的能源新通道。海西区一次能源资源匮乏，要着眼于更大范围的能源平衡和区域布局，建立多元化的能源供应渠道。三是优化结构，引导能源多元化发展。海西区贫煤少油缺气，必须加快对新能源的开发特别是可再生新能源的开发，采取积极措施支持可再生能源的技术开发、市场开拓和推广应用，鼓励生产和消费可再生能源，近期可填补经济发展新增能源需求缺口，远期完全具备替代现有常规能源的可能（刘叶志，2006）。

---

① 《福建省"十二五"综合交通运输体系发展专项规划》，http://bbs.66163.com/forum.php?mod=viewthread&action=printable&tid=4094624，2011-05-18。

② "百个项目千亿投资？温州构建交通枢纽城市"，http://wz.people.com.cn/GB/184376/15394723.html，2011-08-11。

③ "鹰潭交通：构建立体大格局"，http://www.huaxia.com/jx-tw/zjjx/jrjx/2011/04/2362515.html，2011-04-07。

④ "江西：上饶'十二五'期间交通运输建设投330亿"，http://www.zhongsou.net/%E6%B7%B7%E5%87%9D%E5%9C%9F%E7%BD%91/news/11415503.html，2011-06-15。

第二章

海西区现代制造业

把海西区发展成为东部沿海地区先进制造业重要基地需要良好的制造业基础。目前,海西区工业化进程加快,工业基础雄厚,形成了各具特色的主导制造业产业,新兴制造业发展势头强劲,私营个体制造业与外商及港澳台投资制造业企业发达,制造业科研投入及其科研能力逐年提高,中小型制造业成为制造业格局中的主体力量。与此同时,海西区也面临着制造业区域综合竞争力和支撑能力偏弱,技术创新平台缺乏与创新能力薄弱,产业转型升级压力大,产业规模与集聚效应不突出,产业链延伸和区域性承接与互补性较差等问题。在此基础上,本研究从夯实区域经济基础、健全生产性服务业体系、加快制造业创新体系建设、实现传统与现代制造业协同发展、完善制造业发展载体、加强区域产业合作等方面提出相应的可操作性对策路径,并对海西区制造业的发展趋势做了展望。

第一节 海西区现代制造业发展现状

一、工业基础与主导优势产业状况

(一) 工业基础日趋雄厚,工业化进程加速推进

随着改革开放和市场化进程的推进,海西区经济实力日趋增强,工业取得长足发展,工业基础日趋雄厚。数据显示,2006—2010 年,海西区规模以上工业保持年均 20% 左右的增长率。截至 2010 年,海西区经济规模达 25 162.13 亿元,较 2006 年的 13 558.32 亿元增加 11 603.81 亿元,是 2006 年的 1.85 倍,其中规模以上工业增加值 10 628.82 亿元,较 2006 年的 4 735.96 亿元增加 5 893 亿元,是 2006 年的 2.25 倍;规模以上工业增加值占 GDP 比重由 2006 年的 35% 增加到 2010 年的 42%,增加了 7 个百分点(见图 2-1)。

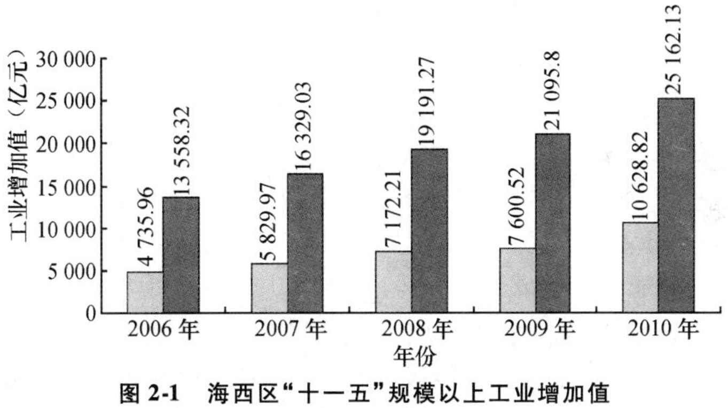

图 2-1 海西区"十一五"规模以上工业增加值

资料来源:《福建统计年鉴 2011》。

近年来,海西区城市化加速推进,城市化集聚效应为工业化快速发展提供了巨大的市场空间、劳动力供给和资本需求。目前,海西区城市化水平略高于工业化水平,但整体上它们互为动力,并取得平衡发展。数据显示,截至 2010 年,福建省城市化率为 57%,工业化率为 41.09%,人均 GDP 为 5 800 美元左右①;浙南地区城市化率为 53%,工业化率为 43.87%,人均 GDP 为 5 100 美元左右;赣东南地区城市化率为 41%,工业化率为 42.87%,人均 GDP 为 2 900 美

① 汇率按照 1 美元 = 6.34 元人民币标准换算。

元左右;粤东地区城市化率为 58%,工业化率为 48.36%,人均 GDP 为 2 950 美元左右。根据工业化演进规律及其发展特征(倪晓宁,2007),海西区整体上已经进入了工业化中期发展阶段,从此海西区工业化进程将加速推进,工业特别是制造业将成为地区经济增长的最主要推动力量,制造业开始向高端化、精细化和装配化发展方向演进,制造业生产内容也开始由以消费资料生产为主向以生产资料生产为主逐渐过渡。

(二) 以制造业为内容的主导优势产业格局形成

在充分发挥地区资源禀赋、区位和政策优势的基础上结合地区经济发展路径特征,海西区 20 个城市在经济发展过程中已形成以制造业为内容的主导优势产业格局,且呈现如下特征:首先,资源型主导优势制造业。海西区中的温州市、宁德市、福州市、莆田市、泉州市、厦门市、漳州市、汕头市、潮州市、揭阳市 10 个沿海城市积极发挥临海资源优势,大力发展临海或临港工业,机械装配、石油化工、船舶维修等制造业发展成为这些地区的主导优势产业;龙岩市、三明市、南平市、梅州市、赣州市、抚州市、上饶市、鹰潭市、丽水市、衢州市 10 个内陆腹地城市积极发挥林业、矿业资源优势,大力发展相关制造业,林业、矿业加工制造业发展成为这些地区的主导优势产业。其次,传统制造业成为主导优势产业。海西区主导优势产业除了电子信息、机械装备、石油化工等战略性产业外,轻纺、服装、鞋帽、食品、建材等传统制造业也发展成为海西区多个城市的主导优势产业。例如,数据显示,2010 年泉州市纺织鞋服、建筑建材、工艺制品、食品饮料、机械制造五大传统优势产业占其规模以上工业增加值的 61.50%。最后,战略性新兴制造业培育与发展势头强劲,传统优势制造业与战略性新兴制造业并存。随着高新技术、适应技术、现代组织管理在制造业中广泛应用以及生产性服务业快速发展,传统制造业转型升级加快,战略性新兴制造业发展势头强劲。新一代电子信息、生物制药、新材料、新能源、高端机械装备、海洋经济等战略性新兴产业成为海西区各大城市重点培育和发展的产业领域。

二、制造业研发(R&D)进展状况

随着海西区经济规模的扩大和经济实力的提升,海西区制造业科研投入逐年增加,科研活动取得一定进展。数据显示,2009 年,福建省 R&D 人员 8.57 万人,其中大学本科及以上学历人员 3.53 万人;制造业 R&D 经费 110.95 亿元,占总经费的 81.94%。但是 R&D 人员和经费投入主要集中在福厦泉三市,福厦泉三市 R&D 人员全时当量为 47 606 人年,占全省 R&D 人员全时当量的 75.2%;R&D 经费 100.9 亿元,占全省总经费的 74.5%;R&D 经费与 GDP 之比平均为

1.47%,其中厦门市为2.02%,远高于全省平均水平。江西省R&D人员5.2万人,其中大学本科及以上学历人员2.3万人,制造业R&D经费57.2亿元,占总经费的75.37%。其中,赣东南地区R&D人员全时当量3 955人年,占全省R&D人员全时当量的11.9%;R&D经费8.7亿元,占全省总经费的11.5%;除鹰潭市R&D经费与GDP之比为1.63%外,赣州市、抚州市和上饶市均在0.2%左右。广东省R&D人员38.35万人,其中大学本科及以上学历人员18.60万人;制造业经费546.8亿元,占总经费的83.7%。其中,粤东地区R&D人员全时当量5 920人年,占全省R&D人员全时当量的2.1%;R&D经费9.7亿元,占全省总经费的1.4%;R&D经费与GDP之比平均在0.35%左右。浙江省R&D人员23.91万人,其中大学本科及以上学历人员9.76万人;制造业经费327.16亿元,占总经费的82%。其中,浙南地区R&D人员全时当量18 500人年,占全省R&D人员全时当量的9.9%;R&D经费32.71亿元,占全省总经费的8.2%;R&D经费与GDP之比平均在0.57%左右。

三、制造业产业结构分布状况

(一)制造业所有制结构分布

由于沿海与内陆腹地市场开放程度和经济发展方式不同,因此沿海与内陆腹地经济成分与所有制结构存在一定差异。总的来说,海西区沿海10城市非公有制和股份制结构所占比例大于内陆10城市。数据显示,2010年,福建省规模以上国有控股工业企业520家,工业总产值2 983.3亿元,工业增加值821.8亿元,实现利润184.6亿元,其中石油化工、有色冶金、机电制造和电子信息四大战略性规模以上国有控股工业企业122家,工业总产值、工业增加值、利润额分别为1 408.3亿元、299.1亿元、87.5亿元,分别占国有控股工业企业的47.2%、36.4%、47.4%;规模以上外商及港澳台投资工业企业5 703家,其中港澳台商投资企业3 705家,外商投资企业1 998家,工业总产值10 657.6亿元,工业增加值28 812亿元,实现利润额915.3亿元,其中石油化工、有色冶金、机电制造和电子信息四大战略性外商及港澳台投资工业企业1 361家,工业总产值、工业增加值、利润额分别为5 047.2亿元、1 191.5亿元、373.3亿元,分别占外商及港澳台投资工业企业的47.4%、41.4%、40.8%。赣东南地区规模以上内资工业企业2 165家,工业总产值2 553.3亿元;外商及港澳台投资工业企业357家,工业总产值459.4亿元。粤东地区规模以上工业企业4 815家,工业总产值2 626.4亿元,其中规模以上国有控股工业增加值156.36亿元,外商及港澳台投资工业企业1 050家,工业总产值958.9亿元,工业增加值258.70亿元。浙南地区规模以上内资工业企业 9 789 家,工业总产值 4 959.8 亿元,外商及港澳台投资工业企业 528 家,工业总产值 389.2 亿元。从地区分布层面看,温州市全部私营企业与个体工业户共 139 939 家,占企业总数的 96%,私营企业与个体工业户工业总产值 4 606.98 亿元,占全部工业总产值比例的 70.7%;丽水市规模以上私营企业共 224 家,占企业总数的 15.4%,私营企业总产值 535.7 亿元,占全部企业总产值比例的 61.7%;衢州市规模以上私营企业共 991 家,占企业总数的 80.6%,私营企业工业总产值 448.9 亿元,占全部工业总产值比例的 53.9%。

(二)制造业大中小型产业结构分布

海西区制造业以中小型企业为主。数据显示,2010 年,福建省规模以上大型企业工业总产值 4 950.6 亿元,工业增加值 1 230.3 亿元,实现利润 416.2 亿元;中小型企业工业总产值 16 950.6 亿元,工业增加值 4 881.2 亿元,实现利润 1 338 亿元,中小型企业分别占工业总产值、工业增加值、利润水平的 77.4%、79.9%、76.3%,所占比例均达到 75% 以上;石油化工、有色冶金、机电制造和电子信息四大战略性制造业主导优势产业工业总产值、工业增加值、实现利润分别为 5 953.1 亿元、1 411.3 亿元、465.6 亿元,分别占规模以上大中型企业工业总产值、工业增加值和利润比例的 45.5%、38.9%、39.1%。海西区其他地区也是同样情况,粤东地区大型企业工业增加值 55.22 亿元,中小型企业工业增加值 928.61 亿元,中小型企业工业增加值是大型企业的 16.8 倍。赣东南地区规模以上大型企业仅有 4 家,工业总产值 433.4 亿元;中小型企业 2 440 家,工业总产值 2 527.9 亿元,中小型企业工业总产值是大型企业的 5.8 倍。浙南地区规模以上大型企业 19 家,工业总产值 891.4 亿元;中小型企业 10 298 家,工业总产值为 3 529.6 亿元,中小型企业工业总产值是大型企业的 4 倍。

(三)制造业轻重型产业结构分布

海西区制造业结构由轻型向重型转变是工业发展的必然趋势,也是现实选择的需要。数据显示,2010 年,福建省规模以上轻工业总产值 9 919.1 亿元,工业增加值 2 940.7 亿元,利润 815.4 亿元;重工业总产值 11 982.1 亿元,工业增加值 3 170.7 亿元,利润 938.7 亿元,其中加工型重工业的工业总产值、工业增加值、利润分别为 6 126.1 亿元、1 608.9 亿元、513.2 亿元,占重工业相对应指标的比例分别为 51.1%、50.7%、54.7%。粤东地区轻型工业增加值 605.76 亿元,重型工业增加值 378.06 亿元。浙南地区轻型工业总产值 2 153.94 亿元,重型工业总产值 4 346.09 亿元,其中温州市规模以上轻型工业总产值 1 597.46 亿元,增长 27.6%,重型工业总产值 2 897.41 亿元,增长 25.9%;丽水市规模以上轻型工业总产值 256.4 亿元,增长 10.2%,重型工业总产值 611.3 亿元,增长 9.4%(2009);衢州市规模以上轻型工业总产值 300.08 亿元,增长 38.3%;重型工业总产值 837.38 亿元,增长 38.6%。赣东南地区规模以上轻型工业 967 家,工业总产值 704.4 亿元,重型工业 1 477 家,工业总产值 2 257.1 亿元。

四、制造业区域空间分布状况

海西区工业在"十一五"期间取得快速发展,工业实力日趋增强。就区域空间分布而言,福建省是海西区制造业的主体区域,福建省工业增加值超过浙南地区、粤东地区和赣东南地区工业增加值的总和。2010 年,福建省工业增加值 6 111.45 亿元,较 2009 年增长 22.89%,较 2007 年的 3 598.69 亿元增加了 2 512.76 亿元,是 2007 年的 1.7 倍。浙南地区工业增加值 2 009.32 亿元,较 2009 年增长 15.20%,较 2007 年的 1 028.86 亿元增加了 980.46 亿元,是 2007 年的 1.95 倍。粤东地区工业增加值 1 243.93 亿元,较 2009 年增长 23.80%,较 2007 年的 652.02 亿元增加了 591.91 亿元,是 2007 年的 1.9 倍。赣东南地区工业增加值 1 264.12 亿元,较 2009 年增长 17.90%,较 2007 年的 550.38 亿元增加了 713.74 亿元,是 2007 年的 2.3 倍(见表 2-1)。

表 2-1 海西区规模以上工业增加值区域空间分布

地区	2007 年		2008 年		2009 年		2010 年	
	增加值(亿元)	增长率(%)	增加值(亿元)	增长率(%)	增加值(亿元)	增长率(%)	增加值(亿元)	增长率(%)
福建省	3 598.69	23.85	4 432.22	20.02	4 675.12	15.33	6 111.45	22.89
浙南地区	1 028.86	21.10	1 274.32	16.43	1 255.52	12.73	2 009.32	15.20
粤东地区	652.02	29.72	795.41	19.68	935.89	15.98	1 243.93	23.80
赣东南地区	550.38	30.18	670.26	23.28	733.98	19.60	1 264.12	17.90
海西区	5 829.95		7 172.21		7 600.51		10 628.82	

资料来源:根据《福建统计年鉴 2011》相关数据计算所得。

第二节 海西区现代制造业存在的主要问题

一、制造业综合竞争力与支撑能力偏弱

(一) 主导产业竞争力支撑单一,多元竞争格局尚未形成

海西区 20 个城市虽然已经形成了各具特色的主导优势制造业产业,但是

制造业产业竞争力过于依赖一种或几种产业，竞争力支撑单一，多元竞争格局没有形成。2009 年，福建省制造业增加值 5 486.51 亿元，其中电子通信、轻纺和非金属矿物制成品业增加值 2 159.09 亿元，占 40%，机电制造、石油化工、有色冶金等战略性制造业增加值 1 512.98 亿元，占 27.6%，两者累积所占比例达到近 70%。赣东南地区的鹰潭市制造业增加值 124.5 亿元，其中有色金属冶炼及压延加工业增加值 94.1 亿元，所占比例达到 75.6%；电气机械及器材制造业增加值 12.3 亿元，所占比例为 9.9%，两者累积所占比例达到 85.5%。粤东地区的汕头市制造业工业增加值 325.1 亿元，其中轻纺和塑料制品业增加值 124.9 亿元，所占比例达 38.4%。浙南地区的衢州市制造业工业总产值 778.3 亿元，其中有色冶金、石油化工工业总产值 276.5 亿元，占 35.5%。

（二）区域支撑作用不足，产业关联和配置能力偏弱

产业关联是不同产业以前向或者后向方式通过产品、劳务、技术等内容的交流与合作建立起相应的经济联系，通过加强产业关联有利于实现产业间资源优势互补和提高产业辐射带动能力（刘宇，2011）。从主导优势产业产品结构层面看，除传统食品加工、轻纺、农林加工业在区域上存在较高的技术关联度外，赣东南地区制造业产品以钨、稀土、铜加工为主，浙南地区制造业产品以不锈钢、日化品、农药化肥为主，粤东地区制造业产品以烟草、陶瓷、五金机械为主，福建省制造业产品以汽车船舶、集成电子、微电子计算机、原油为主。显然，海西区各地区主导优势制造业在产品结构上存在明显差异，主导优势制造业产品在技术、劳动需求和产业投资等方面的关联度和互补性不强，产业资源难以整合，产业链难以延伸和扩展。从区域产业合作层面看，虽然各地区都在大力发展工业园区，期望通过加快工业园区建设促使更多主导优势产业聚集，从而扩大产业内部分工和延伸产业价值链。但是，由于海西区区域性产业合作进程缓慢，各地区工业园区建设并非依托区域性产业空间布局和产业价值链延伸的内在规律进行，产业对口承接特征的区域性产业转移平台和区域性劳动力市场、技术交易市场、商品交易市场、资本交易市场并没有完全形成。另外，海西区位于长三角和珠三角经济区的中间位置，但由于它在整体经济规模和综合竞争实力上远低于长三角和珠三角经济区，中心城市辐射带动能力也不及其他沿海经济区中心城市，因此它的区域性战略地位和作用并不突出，区域性概念将受到极大的挑战，区域性产业支撑作用也难以发挥（见表 2-2）。

表 2-2　2010 年四大沿海经济区中心城市经济指标比较

经济指标	厦门市	上海市	北京市	深圳市
GDP(亿元)	2 053.74	16 872.42	13 778	9 510.9
人均 GDP(万元/人)	5.82	7.33	7.03	9.18
空间 GDP(亿元/人)	1.31	2.66	0.82	4.87
占经济区比重	8.20%	24%	32% 占京津冀	25.40%
三次产业结构	1.1:50:48.9	0.7:42.3:57	0.9:24.12:74.99	0.1:47.5:52.4

资料来源:2010 年各城市国民经济与社会发展统计公报及第六次人口普查资料计算所得。

(三) 制造业技术创新能力薄弱,欠缺技术服务平台

整体上,海西区科研经费投入不足,制造业技术创新能力薄弱,区域差距明显。数据显示,2009 年,海西区 R&D 人员全时当量 91 644 人年,仅占全国水平的 0.4%;R&D 经费 162 亿元,仅占全国水平的 2.8%;R&D 经费与 GDP 之比为 0.65% 左右,远低于全国平均水平的 1.71%。虽然闽、粤、浙、赣四省制造业经费达 1 042.11 亿元,占全国水平的 29.1%,但是作为海西区主体区域的福建省,其制造业科研投入经费仅为 110.95 亿元,仅占闽、粤、浙、赣四省的 10.6%、全国水平的 3.1%。从区域比较层面看,海西区温、福、厦、汕四大中心城市 R&D 人员、R&D 人员全时当量、R&D 经费三项重要指标之和均低于长三角经济区的上海市和珠三角经济区的深圳市。海西区 R&D 经费与 GDP 之比最高的厦门市为 2.02%,低于上海市 0.79 个百分点,低于深圳市 1.39 个百分点。厦、汕、温三市制造业 R&D 经费总和为 56.18 亿元,上海市和深圳市是它们总和的两倍。另外,温、厦、汕三市本科学历科研人员均不足 1 万人,本科学历以上高学历的 R&D 人员相差太大,深圳市是温、厦、汕三市本科学历科研人员总和的 4.78 倍,上海市是它们总和的 5.39 倍。

表 2-3　海西区中心城市制造业科研投入情况

地区	R&D 人员(万)	本科学历以上(万)	R&D 人员全时当量(万人年)	R&D 经费(亿元)		R&D 经费与 GDP 之比(%)
				总计	制造业	
厦门市	2.13	0.99	1.65	35.14	27.70	2.02
汕头市	0.42	0.13	0.27	4.13	3.58	0.40
温州市	2.14	0.67	1.52	26.83	24.90	1.06
深圳市	14.59	8.57	12.37	279.71	257.68	3.41
上海市	17.05	9.64	13.29	423.38	234.67	2.81

资料来源:2010 年以上城市第二次全国科学研究与试验发展 R&D 资源清查统计公报。

二、传统优势制造业转型升级急迫但任重而道远

从区域整体层面看，海西区制造业已经基本上实现了“量的快速积累”，开始向以制造业转型和提升为核心任务即“质的全面提高”的过程转变。不过，海西区20个城市并没有最终完成工业化中期阶段的发展，而且海西区沿海与内陆腹地工业化进程和发展程度极为不平衡，产业内部结构优化程度差距很大。虽然以机器装备、电子信息、石油化工为标志的现代战略性制造业已成为海西区的主导产业，成为海西区现代制造业发展的主要趋势，但是，以稀土钨铜金煤矿、木材、烟草等为原材料的加工业，纺织服装鞋帽、皮革毛皮羽毛(绒)及其制品等轻纺业以及农副产品加工业依然是海西区的主导优势产业，这些传统制造业对地区经济增长的贡献还很大，在较长一段时间内它的地位和作用难以被替代。传统制造业转型升级及现代新兴制造业培育与发展是海西区制造业结构调整面临的最重大问题之一。因此，传统制造业现代化、技术化、信息化、精细化、高端化和绿色化转型急迫但任重而道远。

三、制造业产业规模效应与集群效应不突出

(一) 中小型企业比重过大，规模效应不突出

一定的企业规模和具备足够长的产业链是实现产业规模效应的基本要求。大型企业可以充分发挥它的规模优势，通过前向和后向经济联系方式延伸产业价值链，培育配套服务企业，提高产业集群效应。目前，海西区规模以上制造业企业整体规模偏小，缺乏大型主导企业。数据显示，2010年，福建省规模以上大型企业仅有124家，中型企业2 116家，小型企业16 987家，大型企业与中小型企业数量之比为1:154，中小型企业工业总产值是大型企业的3.4倍。海西区其他地区也是同样现象，粤东地区规模以上中小型工业总产值是大型企业的16.8倍；赣东南地区规模以上大型企业与中小企业数量之比为1:610，中小型工业总产值是大型企业的5.7倍；浙南地区的衢州市规模以上大型企业与中小企业数量之比为1:306，中小型工业总产值是大型企业的4倍，丽水市规模以上大型企业与中小企业数量之比为1:362，中小型工业总产值是大型企业的10倍，温州市规模以上大型企业与中小企业数量之比为1:693，中小型工业总产值是大型企业的3.4倍。而且，海西区主导优势产业的形成主要是基于资源禀赋、行政干预和历史发展路径选择等因素，缺乏市场培育过程，产业空间分工不合理，缺乏跨区域性大型主导企业，“弱、小、散”制造业格局并没有完全改变。据此，制造业规模效应将难以发挥。

（二）开发区空间规模受限，产业集群效应难发挥

实践表明，一区多园是一种有效的开发区运作模式（赵敏，2008），它以一定的园区规模为基础，通过改善投资环境，完善基础配套设施，搭建公共服务平台和专项政策扶持来聚集大量相同或相似产业，培育配置加工服务企业，形成区域性劳动力和技术交易市场，从而提高开发区运行效率和发挥产业集群效应。一定的空间规模是产业集群效应发挥的重要条件，然而海西区开发区的空间规模受限，工业园区规划面积普遍较小。数据显示，海西区工业园区规划面积平均为531.4平方公里，平均规划面积低于天津的630平方公里，上海的1 660平方公里、江苏的560平方公里和浙江的681平方公里。绝大部分工业园区规划面积很小，其中低于100平方公里的有26个，低于200平方公里的有50个，低于300平方公里的有80个，占总开发区数量的47.6%。在这种情况下，海西区由于开发区规模过小，产业空间发展受限，基础配套设施、产业配套技术服务、公共服务、市场服务和人才服务体系建设不完善，结果大型主导企业难以聚集到开发区内，主导产业配套加工企业也难以形成，产业价值链难以延伸，以工业园区为载体的产业集群效应难以实现。

四、制造业趋同与发展阶段区域性差异

（一）制造业存在区域同质性竞争

综观海西区当前主导优势产业结构以及它们的“十二五”规划纲要，容易发现机械、建材、食品、轻纺、医药化工制造业是海西区各大城市共同选择的主导优势产业，而且当前主导优势产业的选择和定位主要是基于行政区划而不是基于区域产业分工的内在规律，造成产业结构和产品结构趋同。还有，海西区多数城市在“十二五”规划中提出“工业强市”发展战略，通过壮大提升传统优势产业和发展战略性新兴产业来构建现代产业体系。但是，多数城市在战略性新兴产业的选择和定位上表现出很大的雷同，它们均把新能源、新材料、节能环保、电子信息、生物医药作为未来制造业培育和发展的主攻方向，产品结构也主要集中在新能源汽车及配件产业、半导体照明产业、太阳能光伏、集成电路、电机光学、特种玻璃、软件产业、电力电器、有色金属材料上。如果战略性新兴制造业的选择和定位不符合各地区现有劳动力、技术水平、人才、资源禀赋、经济基础环境与条件，不遵循区域产业分工和产业技术演进的内在规律，而是简单地通过非市场化手段来培育和发展战略性新兴产业，必然会带来下一轮产业结构趋同。

（二）制造业发展阶段存在区域性差异

虽然海西区各大城市都已进入工业化中期发展阶段，工业特别是制造业对当地经济增长具有关键性作用，但是，海西区 20 个城市工业化进程阶段差异还是很明显的。受地区经济发展水平和资源禀赋因素的制约，海西区制造业发展阶段呈现如下明显的区域性差异：首先，海西区沿海地区制造业发展阶段整体上高于内陆腹地，沿海地区制造业高端化、技术化、服务化和深加工程度较高。其次，海西区沿海地区制造业本身也存在发展不平衡问题。厦门市、泉州市、莆田市、潮州市、揭阳市、汕头市、温州市工业化率较高，而福州市、漳州市、宁德市工业化率偏低。再次，内陆腹地的赣州市、抚州市、上饶市、鹰潭市、龙岩市、三明市、南平市制造业以有色矿、木材为原材料加工为主，非原材料制造业和深加工装配制造业发展相对滞后。最后，海西区重工业制造业工业增加值均大于轻工业制造业增加值，已进入重工业发展阶段。但是，重工业制造业内部结构却有所不同，内陆腹地的赣东南地区以有色矿产为原材料加工工业为主，福建省的厦门市和福州市则以深加工和机械装配重工业为主。因此，如果海西区制造业发展阶段区域性差异性太大必然会影响产业链区域性对接与互补。

第三节 海西区现代制造业发展对策

一、夯实经济基础，增强制造业综合实力与发展潜力

一定的经济基础是提升区域竞争优势、增强区域辐射带动能力的基本条件。为增强海西区产业综合竞争力和发展潜力，就得继续夯实海西区经济基础，在经济增长动力、方式、结构和制度等方面给予充分保障，为海西区战略性新兴产业的培育和发展以及传统产业的转型升级提供更雄厚的经济基础和动力源泉。

（一）充分发挥中心城市的辐射带动作用

纵观其他沿海经济区的发展路径，任何经济区取得快速增长都离不开该经济区中心城市作为“领头雁”的引领、辐射和带动作用，如长三角经济区的上海、珠三角经济区的深圳、环渤海经济区的天津和北京。所以，海西区应以厦、福两市为核心中心城市，温、汕两市为南北两翼次中心城市，积极夯实中心城市经济基础，充分发挥中心城市对周边经济特别是海西区内陆腹地的辐射带动作用（林民书，2011）。

（二）加快海西区产业结构转型升级

海西区整体上已进入工业化中期发展阶段，工业化快速发展，制造业加速向高端化、精细化和装配化转变，产业结构转型升级步伐加快，但是由于海西区各地区经济发展阶段和水平存在差异，因此海西区产业结构转型升级不能一步到位而应分层次逐步推进。核心中心城市在稳定现有第二产业的基础上大力发展战略性新兴产业，加快推进第三产业特别是生产性服务业的发展，次中心城市需稳步推进工业化进程，提高工业化资本、技术、信息、人才含量，并向深加工、细加工、重加工高端化转变，由以生产消费资料为主的工业向生产生产资料为主的工业转变，提高产业附加值；其他城市根据资源禀赋比较优势，积极稳定现有主导优势产业，加快承接中心城市产业转移和实现产业转型升级，同时积极发展战略性新兴产业，增加新的经济增长点。

（三）创新经济发展载体，大力发展海洋经济

海西区除了有广阔的陆地面积外，还有资源丰富的海域面积和漫长的大陆海岸线。海西区现有4 614公里的大陆海岸线、222 886平方公里的海域面积，海域面积远远大于陆地面积，海西区可以充分利用沿海资源优势，以发展港口产业、临海产业、海洋产业为依托，拓展沿海产业群、城市群、港口群发展空间，破除陆地资源发展瓶颈，实现陆地经济向海洋经济延伸，有效开发利用海洋资源，大力发展“海洋蓝色经济”。

二、生产性服务业与制造业协调发展

生产性服务业与制造业相互作用、相互依赖、互动发展（严任远，2010）。一方面，持续快速发展的制造业对生产性服务业产生了极大的需求，拉动了生产性服务业的发展，成为经济增长的重要构成部分；另一方面，生产性服务业具有管理、促进和战略性功能，健全完善的生产性服务体系是现代制造业发展和传统制造业转型升级的前提与基础。目前，海西区制造业面临着发展现代制造业和转型升级传统制造业的双层重任，由此必须加快构建和完善制造业生产服务支撑体系，努力实现生产性服务业与制造业协调发展。

（一）建立区域性金融服务中心

2010年6月，国务院批准将厦门市建设成为两岸区域性金融服务中心。厦门市作为海西区的核心中心城市享有良好的经济效率基础、区位优势、特区和计划单列市政策优势、特区面积扩容后的空间优势。当前，厦门市已进入重化工业的后工业化发展阶段，开始向以服务业为主导的经济发展迈步，虽然厦门

市的金融条件和能力无法比肩深圳市、上海市和中国台湾地区，但依然有可能成为服务海西区的金融服务中心（见表 2-4）。2008 年全球金融离岸外包市场规模以每年 40% 的增速，增加到 1 700 亿美元，其中在 43 起全球大额金融服务外包交易中，离岸外包交易的比例高达 63%。从行业分布层面看，银行业服务外包占据主导地位，占比高达 61%，证券业和保险业分别为 23% 和 16%（王力、刘春生，2011）。所以，厦门市应该以建设两岸区域性金融服务中心为契机，大力发展金融生产性服务业，做强做大地区性金融服务行业，吸引有实力的外国银行、保险公司、信托公司在厦门市设立办事处或分支机构。还有，积极鼓励台湾银行、企业和集团在厦门市设立金融机构，承接境外特别是中国台湾地区的金融服务外包业务，努力发展成为离岸金融服务中心。

表 2-4 中国大陆沿海经济区中心城市与中国台湾地区金融保险业状况

金融指标	厦门市	深圳市	上海市	台湾
金融单位个数	34	387(2008)	910	428
城乡居民存款	1 346.72	6 717.05	16 249.29	236 586.11/52 957.5
企业存款	1 370.23	8 532.59	24 991.39	
保费收入	77.53	361.49	883.86	1 018.59/228
证券交易额	12 500	247 426.62	398 400	301 187.49/67 417
本外币存款余额	4 440.6	21 937.89	52 190.04	295 559/66 158
本外币贷款余额	3 621.72	16 808.12	34 154.17	214 906/48 104

资料来源：1. 台湾资源来源于《中国统计年鉴 2010》、《台湾统计年鉴 2010》。

2. 大陆资源来源于 2010 年厦门、深圳、上海国民经济与社会发展统计公报。

3. 大陆数据单位：亿元人民币；台湾数据单位：左边为亿元新台币，右边为亿元台币折算成亿元人民币。

（二）提高信息咨询、商务服务、技术交流等生产性服务业水平

信息咨询、商务服务、技术交流是生产性服务业的重要组成部分，有助于提高制造业技术水平和加快实现制造业产品市场化。提高海西区信息咨询、商务服务、技术交流等生产性服务业水平需依托福州市、厦门市、温州市、汕头市等重点城市，大力发展信息管理咨询、研发设计、知识产权、资产评估、信用和技术服务等生产性服务业，加快发展法律、会计、广告等中介服务业和商品会展业，推进商品批发和零售交易平台建设。

（三）加快仓储运输物流业发展

随着海西区经济规模的日趋扩大与交通基础设施的不断完善，海西区仓储运输物流业发展迅速。数据显示，2010 年海西区货运总量为 154 037.81 万吨，

港口货物吞吐量为49 966.18万吨(见表2-5)。为加快海西区仓储运输物流业发展,积极在厦门市、福州市、泉州市、温州市、汕头市等中心城市、交通枢纽和港口规划建设一批现代物流园区和综合性物流中心,加快保税区、保税港区、保税物流园区建设和整合发展,加强沿海主要港口、交通枢纽和国际机场等物流节点多式联运物流设施建设,加快形成东南沿海大型国际物流通道。

表2-5　海西区货运总量与港口货物吞吐量　　单位:万吨

地区	货运总量	港口货物吞吐量
福建省	76 576.40	36 977.85
浙南地区	27 678.60	6 408.00
粤东地区	10 539.96	5 576.83
赣东南地区	39 242.85	1 003.5(内陆港)

资料来源:2010年海西区20个城市国民经济与社会发展统计公报。

三、传统优势制造业与战略性新兴制造业协同发展

战略性新兴产业是相对于传统产业而提出的一个新概念,它是战略性产业与新兴产业的综合体(陈柳钦,2011)。与传统产业相比,它具有技术含量高、产业附加值大、产业价值链长、产业关联度高、现代组织管理等特征。事实上,战略性新兴产业与传统产业并不是完全独立的概念,战略性新兴产业的形成遵循一定的产业发展路径。传统产业经过技术改进、核心技术和适应技术的应用、组织管理的创新,也可以直接转型升级为战略性新兴产业。海西区传统产业对经济增长的贡献还很大,且在较长一段时期内战略性新兴产业无法取代它的地位,传统产业与战略性新兴产业将长期并存。因此,海西区应在稳定传统优势产业的基础上大力培育和发展战略性新兴制造业,实现传统制造业与战略性新兴制造业协同发展。

(一)加快传统制造业转型升级

海西区除厦门市、福州市外,其他地区的传统产业所占比重相当大,对经济增长的贡献很大,形成了以传统制造业为主的工业格局。依战略性新兴产业对人才、知识、技术、科技、组织管理、绿色低碳发展的要求,结合当前海西区产业发展现状及其特征,海西区传统产业向战略性新兴产业转型必将是一段漫长的路程。所以,当前海西区制造业发展还需以加快传统产业转型升级为重任。加快推进传统产业转型升级,首先可以通过加大投入,壮大现有产业规模总量,进行资产重组和技术专业化协作,盘活存量,积极改善投资环境,通过招商引资激活增量。其次,通过大力推进产业机制和体制改革、技术和管理创新,不断提高

传统产业技术含量和组织管理水平。最后,通过生产性服务业与传统产业联动发展,以及技术化、规模化、专业化、市场化来改造传统产业。

（二）积极培育和发展战略性新兴产业

随着海西区工业规模的日趋壮大,制造业高端化、精细化、装备化程度不断提高,在稳定传统制造业的基础上,应积极发展高端制造业、新一代电子信息、新能源汽车等战略性新兴产业。同时,海西区具有丰富的森林、海洋、矿产资源,可以充分利用区域资源优势大力发展新能源、新材料、生物和海洋等战略性新兴产业。

在发展战略上,培育和发展战略性新兴产业,首先要积极主动纳入全球和全国产业结构战略调整,坚持市场导向,以市场运作方式整合地区资源,发挥地区科技、人才、智力比较优势,选择适合该地区的战略性新兴产业,防止盲目跟从。其次,以项目合作和产业对接为手段、工业园区建设为平台、人才科技建设为支撑、政策扶持为保障,加大对新兴产业的投资密度和强度,在更大范围、更广领域和更高层次上参与区域产业合作竞争,建设规模大、结构优、水平高、效益好的新兴产业基地。最后,按照制造业高端化、深加工化要求,发展与传统制造业相关联的战略性新兴产业。例如,五金、轻纺、有色金属加工、食品加工业是海西区的主导优势产业,按战略性新兴产业技术和产业标准,发展与此相关的加工设备制造业,如发展高档机织与针织服装、高端纺织面料和特种纺织品、高技术纺织机械设备及关键零部件制造业,发展有色金属、服装制鞋、食品饮料生产加工等关键技术研发和设备制造业,扩大战略性新兴产业产生的策源地。

四、加强制造业工业园区建设,提高产业集群效应

（一）加快工业园区建设,提升制造业基地作用

工业园区作为产业基地建设的重要载体,能够聚集大量主导优势产业及其配套产业,不断扩大产业规模,增强产业聚集与扩散能力。当前海西区有一定工业园区基础,国家级开发区有 21 个,其中福建省 19 个;省级开发区 147 个,平均每个开发区规划面积 531.4 平方公里(见表 2-6)。工业园区经济成为海西区经济最重要的组成部分,数据显示,赣东南地区 12 个重点工业园区工业增加值 399.97 亿元,占总工业增加值的 54.4%;浙南地区的丽水市 2010 年开发区实现工业总产值 723.95 亿元,占总工业产值的 54.5%,工业园区经济密度达 222.9 万元/亩。但是,海西区开发区规模普遍过小,产业聚集空间受限。为加快海西区工业园区建设,增强产业基地作用,关键是按照城市功能与产业功能(任宗

哲,2000)联动发展策略,加强工业园区基础配套设施、产业配套技术服务、公共服务、市场服务和人才服务体系建设,改善产业聚集环境,提高工业园区的经济密度,从而完善制造业发展空间载体或平台建设。通过完善工业园区技术创新及技术转化服务体系,引导技术、人才、信息、资本向基地园区聚集,形成一批创新能力强、产业链完整的制造业产业生产基地。还可以通过优化基地创业环境吸引一批高新技术创业人才,促进有实力的企业集团研发机构和生产基地进驻,形成制造业产业创业和研发基地。另外,加快海西区工业园区先进制造业基地建设,引导先进主导制造业向产业园区聚集,调整产业集群布局,逐步将分散、小型和不具特色的产业园区升级为集中、大型、特色突出的产业园区,成为主导优势制造业发展的重要载体。

表 2-6　海西区开发区分布状况

地区分布	国家级(个)	省级(个)	规划面积(平方公里)
福建省	19	65	648.1
粤东地区	1	15	411.9
浙南地区	1	27	458.4
赣东南地区	0	40	385.4
海西区	21	147	531.4

资料来源:国土资源部,“中国开发区分布图表”,www. mlr. gov. cn。

(二)优化产业集群布局,加快主导制造业聚集

从总体层面看,海西区产业集群发展已初具规模,为实施产业集群战略奠定了良好的基础。优化海西区产业集群需要大力整合先进主导制造业现有资源,落实产业规划,优化产业布局,提高先进主导制造业集约化程度,大力推进相同或相关产业高度聚集,加快上中下游产业价值链中高度配套、关系密切、分工协同的主导优势产业集群建设。根据产业集群的标准和要求,积极强化和提升福建省的光电显示、金属深加工、纺织服装、石油化工、体育用品、计算机及通信产业集群,赣东南地区的优势矿产(钨、稀土、铜)资源产业集群,粤东地区的针织服装、音像文具、工艺玩具产业集群,浙南地区的皮鞋皮革、锁具、汽配产业集群的功能作用,使之成为海西区先进制造业集群发展的引领和动力。

五、加快制造业创新体系建设,提高产业创新能力

(一)深化区域技术创新合作平台

整合科技资源,推动跨部门、跨区域的科技合作。积极鼓励海西区 20 个城市

开展联合科技攻关项目,共建产业公共服务平台与支撑体系,提升区域基础研发、技术开发和科技成果转化能力。建立开放的区域资源共享技术平台和信息网络体系,实现共性技术和信息资源高效利用。加大海西区同长三角与珠三角经济区的技术合作;借力对台优势,鼓励支持台商投资高新技术园区,加快推进台湾创新产业基地建设,吸引台湾科研机构和科技人员共同创建创新平台;鼓励有实力的跨国企业设立研发机构,提高制造业自主研发能力、抗风险能力。

(二) 建立"政产学研"四位一体的合作联盟

健全多元化科技投入体系,建立稳定的科研投入增长机制和完整的创新链,积极推动科技、资金、人才和管理等要素向创新企业集聚,强化企业创新主体地位,利用政府政策扶持培育一批创新能力强、品牌价值高的创新型企业。加强海西区各大高校、科研机构、企业之间的交流合作,推动企业与高校、科研机构建立技术合作联盟、企业技术中心、重点实验室等,采取联合或委托等开发方式,研发和推广一批科研成果,加快科研成果的转化和应用,提高制造业科技含量水平。

(三) 培育一批高科技创新人才,增强产业创新能力

海西区本科学历以上 R&D 人员不足 5 万人,缺乏高层次科技人才是海西区制造业创新面临的一个最大瓶颈,培养、引进和使用一批现代高科技创新人才是提升海西区制造业创新能力的重要举措。首先,加大对科技创新人才的政策扶持力度,努力构建各类高新技术人才脱颖而出的激励机制,营造高新技术人才在培养、引进和使用各个环节的良好氛围。其次,着力培育一支素质高、善经营、懂管理、适应国际竞争需要的企业家队伍,大力引进和培养一批先进制造业发展必需的经营管理人才和工程技术人才,培养和造就一大批中高级技工和熟练工人,为先进制造业基地建设提供强有力的人才支撑。最后,积极推进海西区人才交流平台建设,建立区域性高级人才劳动力交易市场,加快技术、知识、信息等要素在区域内流动和扩散,发挥它们的溢出效应。

六、加强区域产业合作,建立健全区域产业分工体系

随着工业化的快速推进,海西区产业结构逐渐优化,但是各地区在发展路径、资源禀赋、区域一体化进程、地区利益诉求等方面存在差异,致使海西区产业区域分工不突出、产业关联度不高、产业价值链不长、产业发展阶段不一、产业区域竞争力不强、产业梯度转移不明显、产业结构转型升级缓慢、新兴产业定位趋同。要改变这种状况就必须加强区域经济合作特别是区域产业合作,建立

健全区域产业分工合作体系。

（一）继续加强和完善区域合作协调机制

党政联席会和城市联盟市长会议是海西区区域合作机制的主要形式，海西区区域协调机制主要包括闽浙赣皖九方经济协作区（南平市、金华市、丽水市、衢州市、上饶市、景德镇市、抚州市、鹰潭市、黄山市，1986）党政联席会议、闽西南五市（厦门市、泉州市、漳州市、龙岩市、三明市）经济协作区党政联席会议、闽粤赣十三市（厦门市、漳州市、泉州市、龙岩市、三明市、梅州市、潮州市、揭阳市、汕头市、鹰潭市、抚州市、赣州市）东南沿海经济区党政联席会议、厦漳龙泉四市城市联盟市长会议、厦漳泉三市同城化党政联席会议。经历几十年的尝试和实践，这些党政联席会在区域规划、产业合作、基建建设、公共服务、制度共建等各方面进行了广泛的交流与合作，取得了一定成效，为深化海西区区域合作积累了宝贵的经验。产业合作是区域合作的主体内容，区域合作协调机制为推动区域产业合作提供了重要制度保障。随着区域经济合作的进一步发展，我们需继续加强和完善海西区区域合作协调机制，整合各种党政联席会议资源，扩大区域经济合作协调内容，加快区域经济合作机制制度化和法律化建设步伐。

（二）加强区域产业合作，提升区域产业竞争力

纺织服装、食品饮料、汽车零配件、有色冶金等制造业基本上是海西区各大城市选择发展的主导优势产业。在同类产业合作方面，建立同类产业发展战略联盟，加强同类产业在生产要素、产品和市场等方面的交流与合作，推动海西区同类产业聚集，加强同类产业的协作与配套，延伸上、中、下游产业链，形成强大的区域产业规模。在产业转移承接合作方面，海西区各地区形成了各具特色的主导优势产业，有不同的产业比较优势，区域产业合作应该立足于合作双方产业优势的最佳组合，通过产业对接和联动，实现产业优势互补和联动发展。由于区域间产业发展阶段和水平存在差异，最佳区域产业合作方式在很大程度上是进行区域性产业转移与承接，而产业转移与承接直接影响到产业转出方和转入方原有的成本收益关系，最直接影响的就是它们的税收收入。由于利益受损，地方政府就不太愿意支持产业或企业转出，产业转移受阻。据此，必须建立健全区域产业合作利益分享和补偿机制，为区域产业合作提供利益制度保障，从而使区域产业合作顺利进行。

（三）深化产业分工体系，扩大区域产业市场规模

市场规模与分工专业化是一个动态循环与不断累积强化的过程，它们之间相互依存、相互作用。一方面，产业分工受制于市场规模的大小，市场规模的不

断扩大有利于深化产业分工；另一方面，产业分工的不断深化有利于延伸产业价值链和扩大市场规模。海西区区域面积远超过长三角和珠三角经济区，市场规模巨大，这有利于深化产业分工。当前，海西区地区间经济联系强度偏低，产业关联度不高，产业本地市场效应没有得到充分发挥。在这种情况下，必须按照延伸产业价值链与提高产业关联度的要求，通过促进区域劳动力、资本、信息、技术等生产要素自由流动和加强区域产业合作来深化产业分工，扩大区域市场规模。

第四节　海西区现代制造业发展趋势与展望

一、制造业综合实力将持续增强

（一）工业规模持续扩大，经济实力将日趋增强

“十二五”时期是海西区加快转变发展方式，全面推进市场化、工业化、城市化、信息化、国际化的重要战略时期，也是认真贯彻实施国务院《关于支持福建省加快建设海峡西岸经济区的若干意见》(2009)[简称《意见(2009)》]，加快建设海西区的关键时期。未来几年，海西区工业经济发展条件和环境将逐渐改善。首先，海西区各城市均将进入工业化高速发展特征的中后期阶段。其次，海西区区域性战略地位得到日趋加强，海西区发展成为我国东部沿海地区先进制造业基地的战略定位更加清晰。最后，海西区工业发展支撑体系更趋完善，如生产性服务业对工业发展的支撑作用日益凸显、工业园区平台建设日趋成熟、区域合作进程进一步推进。据此，海西区的工业经济特别是制造业产业在较长一段时期内将保持高速增长，工业规模日趋扩大，工业实力日趋增强，对经济增长的贡献越来越大。“十一五”期间，海西区的工业经济以年均 20% 左右的速度高速增长，如果按这一标准，2015 年海西区经济规模将达到 40 000 亿元，规模以上工业增加值将达到 22 000 亿元，工业增加值所占比例将超过 50%，提升到 55%。海西区工业规模的持续扩大为增强其制造业综合实力提供了坚实的产业基础。

（二）传统优势产业与战略性新兴产业“双驱动”格局形成

建立和完善现代制造业产业体系是制造业核心竞争力提升的前提和基础。现代制造业产业体系的建立和完善不仅包括做大做强主导产业和加快发展新兴产业，而且包括巩固提升传统优势产业。当前，海西区特别是福建省新一代

电子信息、机械高端装备制造业、新材料、新能源和节能环保等战略性新兴产业发展势头很好，具有一定的产业规模。海西区在正确把握产业发展趋势的基础上，以高起点、高附加值、高端化、高技术、集约化、低碳化、绿色化标准加快推进战略性新兴产业的培育和发展，不断探寻新的增长点，引领地区产业的发展方向。同时，海西区传统优势制造业所占比例很大，且大多数是中小企业，产业转型升级压力巨大。海西区应依托现有产业基础和比较优势，通过多种途径实现传统产业结构转型升级。首先，淘汰高能耗、高物耗、高污染落后产业。其次，提高企业自主创新能力，促进技术创新，加大高新技术和先进适应技术在传统制造业的广泛应用。再次，以工业园区为载体，对传统制造业进行规模化、集群化、智能力、集成化、网络化改造升级。最后，促进产业价值链向高端延伸，完善产业价值链体系，激励产品结构调整和创新，提高产品设计研发能力，积极倡导品牌兴产（业）战略，提高产品附加值。经过多年实践，海西区产业结构转型升级步伐加快，制造业结构进一步优化，基本形成传统优势产业与战略性新兴产业“双驱动”格局，为提高制造业综合实力提供强大的动力支持。

二、先进制造业基地加快形成

制造业产业基地的形成需要一定的条件，强有力的政策扶持、雄厚的产业基础、完善的产业服务支撑体系将加快制造业基础的形成。

（一）战略定位加速了海西区制造业基地的形成

为加强统筹协调，推进区域分工协作，不断增强海西区在全国区域经济发展格局中的战略地位，《意见(2009)》、《海峡西岸经济区发展规划(2011)》(简称《规划》)和《福建省“十二五”规划总体思路》均将海西区战略定位为两岸人民交流合作先行先试区域、服务周边地区并发展成为新的对外开放综合通道，东部沿海地区先进制造业重要基地，重要自然和文化旅游中心。政策文件的出台为海西区制造业的发展提供了重要的政策支持和清晰的战略定位。清晰的战略定位指明了海西区制造业的发展方向，确定了制造业的发展内容，明确了制造业的发展路径，这将推动海西区先进制造业基地加速形成。

（二）制造业高端化、集群化进一步夯实制造业产业基础

《意见(2009)》要求海西区立足现有制造业基础，加强两岸产业合作，积极对接台湾制造业，加快形成科技含量高、经济效益好、资源消耗低、环境污染少、人力资源优势得到充分发挥并在全国具有竞争力的先进制造业基地和两岸产业合作基地。据此，海西区 20 个城市认真贯彻落实《意见(2009)》，积极主动融

入海西区，提出“工业强市”发展战略，坚持走新型工业化道路，着力向产业高端化方向发展。福厦等沿海中心城市积极发展现代先进制造业，重点发展电子信息、机械装备制造、石油化工等战略性产业，加快发展集成电路设计和软件、光电、生物医药、精密仪器、环保、新能源、新材料等高新技术产业；内陆腹地大部分地区立足现有资源型传统优势产业基础，加大高新技术和先进适应技术在传统制造业中的应用，积极改造、转型升级建材、有色冶金、纺织、食品、金属深加工等传统制造业，不断提高它们的科技含量和附加值，同时也积极培育和发展适合自身发展要求和条件的战略性新兴产业。另外，围绕建设海西区先进制造业基地这一目的，海西区各城市努力通过工业园区建设，聚集一批有实力和创新力的主导优势产业，加快形成具有相当规模的产业集群。

（三）生产性服务业快速发展为制造业发展提供重要“后勤”保障

发展现代服务业是海西区产业战略定位的重要组成部分。随着一批中心城市、交通枢纽、港口现代物流园区和综合性现代物流中心的建立，随着海西区区域性市场的形成与扩大，商贸服务、劳动服务、技术服务市场体系的形成和生产要素区域自由流动机制的建立与完善，随着厦门市作为两岸区域性金融服务中心地位的确立及其作用的发挥，随着制造业现代组织管理水平的提升，海西区现代服务业特别是生产性服务业将保持高速增长。据此，海西区制造业将在仓储物流、商贸、劳动、技术、资金、现代组织管理等生产性服务方面搭建良好的服务支撑体系，为制造业快速发展和先进制造业基地的形成提供重要“后勤”服务保障。

三、制造业科技化步伐加快推进

（一）R&D 经费增长迅速，制造业 R&D 基础大大夯实

海西区 R&D 经费支出逐年增加，制造业 R&D 基础将大大夯实。2009 年，海西区 R&D 总经费为 186.51 亿元，主要集中在福建和浙南地区，两地区 R&D 经费支出达 168.09 亿元，占海西区 R&D 经费支出的 90%。就福建省而言，2000—2009 年，R&D 经费以年均 22.9% 的速度增长，远高于经济增长速度；2009 年 R&D 经费支出是 2000 年的 21.2 亿元的 6.4 倍；R&D 经费与当年 GDP 之比为 1.11%，接近于全国平均水平，较 2000 年的 0.54% 提高了 0.56 个百分点。福建省“十二五”规划发展目标预期 2015 年福建省 GDP 将达到 2.4 亿元，R&D 占 GDP 比重将达到 2.5%，如果按这一标准，估计 2015 年 R&D 经费将达到 600 亿元，增长速度在 40% 以上，R&D 经费是 2010 年的 3.6 倍左右，增长率

也高于2000—2009年间的年均增长速度。第二次R&D调查数据显示,福建省制造业R&D经费占R&D总经费比重为81.9%,如果按这一标准,2015年福建省制造业经费将达到491.4亿元。通常,中心城市是科研活动中心,2009年厦温汕三大中心城市R&D经费为66.1亿元,占海西区R&D总经费的35.5%,其中制造业经费为56.8亿元,占三大中心城市R&D总经费的85.9%,如果按上述规划标准,估计到2015年厦温汕三大中心城市R&D经费将达到300亿元,其中制造业为240亿元。制造业R&D基础的夯实为制造业科技化演进提供了强有力的技术支持,它是制造业科技化的技术基础和保障。

（二）关键和核心技术得以攻克

科技化、信息化、服务化是制造业发展的必然要求,也是转型升级传统优势产业和发展战略性新兴产业的内在要求。电子信息、机械装备、石油化工等战略性产业通过建立一批区域性产业技术联盟,联合攻关重大科研技术,协作突破核心技术瓶颈,研发出一批附加值高且具有国际国内先进水平的重大科技产品。同时通过联合技术研发,不断提高传统制造业技术含量和信息含量。因此,随着重点产业的发展和传统产业的转型升级,产业发展中的关键技术和共性技术将得到攻克。

四、区域产业合作及产业对接进一步深化

（一）区域合作机制日趋成熟,协调力度将进一步增强

截至2010年,闽西南五市共召开14次党政联席会,通过了《闽西南五市区域经济合作章程(1994)》,将闽西南五市作为经济协作区;闽粤赣十三市共召开15次党政联席会,通过了《推进闽粤赣十三市区域经济合作行动纲领》,将闽粤赣十三市作为东南沿海经济区;厦漳泉龙四市共召开8次城市联盟市长会议,通过了《厦漳泉城市联盟宣言》;闽浙赣皖九方经济区共召开了24次党政联席会议。2011年,就同城化问题厦漳泉召开第一次党政联席会,通过了《厦漳泉大都市区同城化合作框架协议》。经历近三十年的尝试和实践,涉及海西区的区域合作机制日趋完善,区域合作内容逐渐丰富,区域合作效果日益凸显。党政联席会从一开始简单的"务虚会议"向"务实会议"转变,会议内容也由一开始的原则性规定向具体合作内容规划转变。还有《意见(2009)》和《规划》两份纲领性政策文件为海西区区域经济合作指明了方向,有利于进一步完善海西区区域合作机制,加快区域合作机制制度化和法律化建设进程,不断增强区域合作协调力度。

（二）区域经济一体化进程加速，产业合作对接日趋加强

区域经济一体化最重要的是产业一体化，产业是区域合作的物质基础，只有借助产业合作，才能实现真正的合作。随着海西区区域性铁路、公路、港口等重大基础设施项目的统筹规划和协同建设，以及区域性综合交通网络的完善，福建省作为海西区的主体区域，其服务周边地区经济发展和拓展两岸交流合作这一新的对外开放综合通道功能得到加强，福建省与海西区其他地区的经济联系日益加强，区域一体化进程加速，产业合作对接日趋加强；随着海西区各大城市融入海西、共建海西和共享海西意识的增强，逐步实现在物流、商贸、金融、人才培养、产业发展、基础设施建设、制度共建等方面的无缝对接。在区域产业合作方面，积极统筹协调沿海地区产业梯度转移，建立跨区域合作产业园区，初步形成以工业园为载体的产业对接途径。在对台产业合作方面，随着海峡两岸关系和平发展与 ECFA 协议即《海峡两岸经济合作框架协议》的签订，海西区抓住有利时机，充分发挥对台独特优势，加强对台产业深度对接，初步形成以厦门湾、闽江口、湄洲湾、温汕等沿海一线的集中产业对接区，主要承接台湾梯度转移的信息、石化、机械、船舶、冶金等产业。

第三章

海西区现代农业

党的“十六大”提出要建设现代农业，2007 年中央“1 号文件”和“十七大”也都提出发展现代农业，实现中国农业现代化。2009 年 5 月国务院出台的《关于支持福建省加快建设海峡西岸经济区的若干意见》[①]和 2011 年 3 月 10 日通过的《海峡西岸经济区发展规划》[②]，核心都是要求海西区在 2015 年人均收入达到东部沿海发达地区的平均水平，经济总量在 2020 年达到或超过我国台湾地区的水平。其难点和重点就是海西区农业和农村的经济发展。而发展海西区现代农业，对建设社会主义新农村，实现海西区现代化，具有十分重要的意义。

第一节　海西区现代农业发展的现状

一、现代农业的内涵和特征

现代农业是继原始农业、传统农业之后的农业发展新阶段。20 世纪 50 年代后，发达国家的农业已经率先实现由传统农业向现代农业的历史性转变。如

① “国务院关于支持福建省加快建设海峡西岸经济区的若干意见”，《福建日报》，2009-05-15。
② “海峡西岸经济区发展规划”，《福建日报》，2011-04-09。

美国在第二次世界大战后,英国、法国、德国在 20 世纪 60 年代前后进入现代农业发展阶段,日本在 70 年代中期实现农业现代化。

现代农业的研究肇始于舒尔茨的开创性研究,他在《改造传统农业中》指出,农业迅速稳定增长是发展中国家经济增长的基础,而传统农业是"一种特殊类型的经济均衡状态"(舒尔茨,1987),不具有迅速稳定增长的能力,因此要把传统农业改造成现代农业。

何为现代农业? 至今学术界没有统一的定义。不同的国家和历史时期,现代农业的内涵不尽相同。2007 年中央"1 号文件"指出:现代农业是指用现代物质条件装备农业,用现代科学技术改造农业,用现代产业体系提升农业,用现代经营形式推进农业,用现代发展理念引领农业,用培养新型农民发展农业,提高农业水利化、机械化和信息化水平,提高土地产出率、资源利用率和农业劳动生产率,提高农民素质、效益和竞争力。① 笔者认为需要增加一个现代农业制度,以现代农业制度为前提才是完全科学的现代农业内涵。

现代农业的特征:

(一) 内涵的动态性

现代农业在不同时期的发展有不同的内涵,如美国在实现农业机械化后,先后经历了化学化时期、良种化时期、电脑化时期,目前进入生物工程化时期即"精准农业"(Precision Agriculture,PA)时代。发展现代农业,在我国也是极具动态性的。1953 年中共中央在《关于党在过渡时期总路线的学习和宣传提纲》中,提出了建立现代化的工业、农业、国防和现代化的交通运输的目标。当时农业现代化的主要内容是"集体化加机械化"模式。1954 年,周恩来在《政府工作报告》中提出建设"现代化农业"。1964 年,党中央将农业现代化与工业、国防、科技的现代化并称为"四个现代化"。但由于体制机制的因素,农业现代化步伐很慢,没有实现预期目标。20 世纪 70 年代提出了工业、农业、科技和国防四个现代化的奋斗目标,其中农业现代化包括的内容是农业机械化、电气化、水利化和化肥化。1993 年 11 月中共中央、国务院发布的《关于当前农业和农村经济发展的若干政策措施》提出了发展高产优质高效农业、生态农业和可持续农业。党的"十六大"报告指出"统筹城乡经济社会发展,建设现代农业"。随后 2007 年中央"1 号文件"系统提出了现代农业的内涵、特征和发展的路径。

① "中共中央、国务院关于积极发展现代农业扎实推进社会主义新农村建设的若干意见",《人民日报》,2007-01-29。

（二）现代农业制度为支撑

国际现有三种成功的现代农业模式：人多地少高度机械化的新大陆模式、人地适度的欧洲模式和人多地少的亚洲模式。其现代农业的发展都有共同的制度支撑体系，如：产权清晰的土地产权制度、一元化劳动力市场、完整的政府农业服务和管理部门、完整的财税支农体系、金融保险服务支持体系、农民培训和教育体系、科技研发和技术推广体系、农产品质量保护和检验体系以及法律支持保护体系。

（三）具备较高的综合生产率和科技贡献率

具体指标有：科技对农业的贡献率为80%，农产品商品率在90%以上；农业投入占当年农业总产值的比重在40%以上；农业劳动力占全国劳动力总数的比重低于20%。

（四）现代农业是在现代装备下的技术密集型产业

现代农业需要以现代基础设施和物质装备为基础，集约化、高效率地使用各种现代生产投入要素，包括生物技术、信息技术、耕作技术、节水灌溉技术等。这些科学技术的应用：① 可以提高单位面积的农产品产量；② 可以改善农产品品质；③ 可以减轻劳动强度；④ 可以节约能源和改善生态环境。

（五）现代农业是可持续发展产业

现代农业是从传统的“石油农业和化肥农业”的误区走出来的。其追求的应该是环境、自然和谐可持续发展。1991年联合国粮农组织在荷兰召开的国际农业与环境会议上通过的《登博斯宣言》提出了“持续农业和农村发展”的理念，即通过利用、管理和保护自然资源，调整农作制度和技术，以确保获得并持续地满足目前和今后世世代代人们需要的农业，是一种能维护和合理利用土地、水和动植物资源，不会造成环境退化，同时在技术上适当可行、经济上有活力、能够被社会广泛接受的农业。

（六）管理方式的现代化

现代农业涉及产前、产中和产后的许多领域，需要有关农业生产、土壤质量、动植物生长、购买和销售等相关知识。因此，需要广泛采用先进的经营方式、管理技术和管理手段，具有很高的组织化程度。有相对稳定、高效的农产品销售和加工转化渠道，有高效率的把分散的农民组织起来的组织体系，有高效率的现代农业管理体系。

（七）农民的高素质化

农业的微观经营主体就是农民，而现代农业的发展需要懂现代农业、科技，具有较高素质的农业经营管理人才和劳动力，这是建设现代农业的关键条件，也是现代农业的突出特征。国内外学者都认为从传统农业向现代农业转变的核心就是传统农民向懂知识、会经营、具有相当科学文化知识素质的农民的转变。因此，世界各国都通过法律准入、财政投入等来提高农业从业人员的素质。如欧洲模式的丹麦就规定农业从业者必须经过5年大学学习，并获得农业从业证书“绿色毕业证书”。日本也实行农业认证制度。

（八）多功能性特征

1992年联合国环境与发展大会通过的《21世纪议程》正式采用了农业多功能性（multifunctionality）提法。1996年世界粮食首脑会议通过的《罗马宣言和行动计划》中明确提出将考虑农业的多功能特点。一般而言农业多功能性包括：农业的经济、政治、社会、生态和文化等五大功能。

二、海西区发展现代农业的现状

（一）优越的自然资源优势

海西区处于亚热带季风性或亚热带海洋性季风气候，气候资源和物种资源丰富，目前有超过100个自然保护区（福建省92个），占地超过50万公顷，占海西区面积的3.2%以上，海西区植物种类有3 000种以上，仅在陆地森林生态系统中就有用材树种400多种，药用植物600多种，野生木本淀粉和糖料植物40多种，油料植物30多种；动物类中，野生动物有数千种，海洋鱼类750种，甲壳类和头足类如蛤、蛏、泥蚶等有数十种，淡水鱼类160多种；微生物中真菌类有430种，被利用并大量生产的有蘑菇、香菇、鲜草菇、银耳、黑木耳、茯苓等。在农业生产过程中，人工培育的作物、林木、畜禽、鱼类等品种繁多，为发展海西区现代农业奠定了有利的自然资源基础。

（1）背山面海，气候温和。海西区2010年年均气温最低的是17.5度（上饶市），最高的是23.1度（揭阳市），其中海西区主体的福建省年均气温是19.6度。另外海西区20个城市中，有9个处于内陆，其余11个处于沿海（见表3-1）。

（2）雨量充沛，四季常青。海西区2010年各地区降水量都超过1 200毫米，其中作为海西区主体的福建省2010年年均降水量为1 961.31毫米。

（3）有丰富的农作物品种资源，盛产水稻、蔬菜、水果、花卉、烟草等多种经济作物。

(4) 森林资源丰富,是我国四大林区之一。海西区土地面积为27.21万平方公里,占全国的2.83%;林地面积为176 423.38平方公里,占全国林地面积305.9041万平方公里的5.767%;森林覆盖率64.84%,远超过全国水平的20.36%,居全国各个经济区第一,有"绿色宝库"之称。

(5) 大陆海岸线长度福建省为3 324公里,海西区为4 186.1公里,占全国18 000公里的23.26%,居全国各大经济区的第二位。海西区沿海有大小港湾140个,其中较大港湾30个,是我国沿海港湾最多、港口资源最丰富的经济区,具备了山、海、田相互依存、相互补充,农、林、牧、渔全面发展的优越条件。

表3-1 海西区发展现代农业的气候特征

地区	年降水量(毫米)	年均气温(℃)	年日照时数(小时)	无霜期(天)	森林覆盖率(%)	陆地海岸线(公里)
福州市	900—2 100	16—20	1 700—1 980	326	54.9	920
厦门市	1 470.9	20.9	1 875.2	260—324	42.8	234
莆田市	1 200—1 600	18—21	1 995.9	300—350	57.2	271.6
三明市	1 688	19.4	1 727.1—1 897.5	263—306	76.8	—
泉州市	1 000—1 800	20.5	1 800—2 200	292	58.7	541
漳州市	1 608.8	21.4	1 813.2	330	59.74	715
南平市	1 684—1 780	17—19	1 668—1 972	250—300	74.7	—
龙岩市	1 605.9—2 030.0	19.3—20.8	1 575.9—1 774.7	301	73.1	—
宁德市	1 250—2 350	13.4—20.3	1 746.9	206—323	64.8	878
温州市	2 435	18.3	1 448	275	60	355
丽水市	2 176	18.1	1 490.7	180—280	80.79	—
衢州市	2 412.5	17.84	1 790.1	251—261	70	—
汕头市	1 356.1	22.2	1 853.9	340	30.1	289.1
梅州市	1 289.3	21.7	1 946.1	305	69.4	289.1
潮州市	1 685.8	23.0	1 986.1	342	60.8	136
揭阳市	1 601.6	21.7	1 913.5	325	53.1	82
上饶市	1 600—1 800	17.5	1 781—2 098	251—274	60.7	—
鹰潭市	1 889.2	18.1	1 739.4	264	57.3	—
抚州市	1 735	17.9	1 780	248	53.4	—
赣州市	1 572.4	19.2	1 458.2	288	74.2	—
福建省	1 961.31	19.6	1 649.7	—	63.1	3 324
海西区	—	—	—	—	64.84	4 186.1

资料来源:2011年海西区各地市统计年鉴。

(二) 现代农业的产业结构得到优化

海西区 2010 年 GDP 总额为 25 162.13 亿元,其中第一产业增加值为 2 441.42 亿元,占 9.70%,低于 2010 年全国平均水平的 10.2%。第二产业总值为 13 312.99 亿元,占全国 186 481 亿元的 7.32%,占海西区的 52.91%,第三产业产值为 9 407.7 亿元,占全国 171 005 亿元的 5.50%,占海西区的 37.39%。海西区 2010 年三大产业结构为 9.7∶52.91∶37.39。第一产业所占的就业比重从 1978 年(以海西区主体的福建省为例)的 75.1%,大幅度下降到 2010 年的 31.42%,第一产业的产值也相应地从 1978 年的 36.33 亿元,大幅度增加为 2 441.42 亿元,增长了 67 倍,其三大产业比例也从 1978 年的 36∶42.5∶21.5 大幅度改善为 9.7∶52.91∶37.39(见表 3-2)。海西区初步形成了优质茶叶、畜禽加工、创汇蔬菜、特色水果、食用菌类、优质粮食和农业"三品"(无公害产品、绿色食品、有机食品)等特色农业产业链,加快了农业产业结构的调整。2010 年海西区粮食产量为 2 062.91 万吨,播种面积为 5 402.14 万亩,分别占全国的 3.78%、3.39%。非粮播种面积为 2 249.07 万亩,占全国的 2.95%。其中茶叶产量 350 166 吨,占全国的 23.74%;水产品产量 823.07 万吨,占全国的 15.34%。2010 年海西区油料产量为 77.778 万吨,油料作物种植面积为 391 230 公顷,分别占全国的 2.40% 和 2.81%;海西区茶叶产量为 350 166 吨,种植面积为 209 282 公顷,分别占全国的 23.74% 和 10.62%,是中国最著名的乌龙茶和红茶生产基地。其中福建 2010 年出口茶叶超过 1.2 万吨,占全国出口茶叶 30.3 万吨的 3.96%。肉类产量为 426.7 万吨,占全国的 5.38%;水产品为 823.07 万吨,占全国的 15.34%,是我国重要的水产品生产基地之一(见表 3-3)。

表 3-2 海西区农业劳动力资源和农业产值情况

地区	全社会从业人员(万人)	农村劳动力(万人)	农业人口(万人)	第一产业从业人员(万人)	第一产业总产值(亿元)	农林牧渔增加值(亿元)	GDP(亿元)
福州市	389.24	218.41	379.5458	91.910	480.01	282.7271	3 123.41
厦门市	207.47	22.08	35.1365	8.490	37.53	23.0600	1 438.76
莆田市	183.00	133.46	260.2553	59.870	146.40	87.8600	850.33
三明市	147.34	96.30	184.2499	56.680	269.17	168.4900	975.10
泉州市	521.59	358.25	488.7965	149.600	232.11	132.1900	3 564.97
漳州市	275.36	241.51	335.4063	113.860	448.77	254.7000	1 430.71
南平市	171.42	127.49	204.4449	79.440	262.19	159.5200	728.65
龙岩市	177.92	112.14	209.2462	57.810	212.31	128.8900	990.90
宁德市	162.38	131.01	234.4023	76.020	236.16	136.3200	738.61

（续表）

地区	全社会从业人员（万人）	农村劳动力（万人）	农业人口（万人）	第一产业从业人员（万人）	第一产业总产值（亿元）	农林牧渔增加值（亿元）	GDP（亿元）
温州市	558.86	435.57	616.6000	95.790	154.12	93.69	2 925.04
丽水市	137.62	112.28	214.4200	57.990	96.97	62.93	663.29
衢州市	128.13	122.92	198.0800	55.120	109.22	64.68	752.78
汕头市	237.91	188.83	428.8514	70.880	117.76	64.53	1 203.25
梅州市	211.80	168.70	388.5200	97.100	201.85	124.24	612.85
潮州市	139.88	111.91	232.0427	40.760	68.95	40.33	559.20
揭阳市	265.97	255.81	427.5100	94.713	169.99	110.86	1 008.99
上饶市	423.21	326.05	599.4995	123.460	250.38	151.90	901.00
鹰潭市	70.87	46.74	85.1500	26.270	52.67	32.81	342.70
抚州市	208.71	176.77	307.7300	90.490	219.31	119.84	630.01
赣州市	480.15	370.83	719.3300	195.260	337.79	211.94	1 119.74
福建省	2 181.33	1 396.00	2 331.4800	637.000	2 307.10	1 363.67	14 737.12
海西区	5 044.44	3 712.41	6 549.2200	1 584.833	4 086.11	2 441.42	25 162.13
中国	77 995.00	41 418.00	67 113.0000	27 931.000	69 319.80	40 533.60	397 983.00
比重（%）	6.47	8.96	9.7600	5.670	5.89	6.02	6.322

资料来源：2011年海西区各地市统计年鉴、《福建统计年鉴2011》和《中国统计年鉴2011》。

表3-3　海西区农业主要播种面积和产量

地区	粮食总产量（万吨）	种植面积（万亩）	非粮作物的种植面积（万亩）	茶叶（吨）	水产品（万吨）	油料（万吨）	肉类（万吨）	水果产量（万吨）
温州市	87.56	244.61	140.75	4 561	58.70	2.27	13.65	37.13
丽水市	53.14	153.39	111.90	22 627	1.9703	1.7171	8.7333	39.42
衢州市	76.15	198.05	137.39	6 090	4.8195	4.94	27.36	79.91
汕头市	44.97	107.19	69.41	229	40.44	0.3326	12.20	16.25
梅州市	119.86	327.60	181.50	11 313	9.03	3.3721	27.75	100.62
潮州市	26.90	68.10	27.80	9 543	18.90	0.4001	7.07	14.28
揭阳市	85.44	207.29	102.88	8 217	14.53	2.3197	18.18	49.47
上饶市	304.90	872.08	303.67	10 137	42.40	17.3421	28.1678	16.62
鹰潭市	64.00	174.36	50.13	104	4.37	1.91	11.89	4.26
抚州市	262.82	612.67	292.23	2 462	15.50	6.69	30.8	82.20
赣州市	275.28	772.51	373.66	2 267	24.99	9.73	60.69	147.55
福建省	661.89	1 848.45	1 557.75	272 616	587.42	26.6442	180.21	640.18
海西区	2 062.91	5 586.30	2 249.07	350 166	823.07	77.668	426.70	1 227.89
全国	54 641.00	164 814.15	76 198.05	1 475 069	5 366.00	3 230.13	7 925	12 865.20
比重（%）	3.67	3.39	2.95	23.74	15.34	2.40	5.38	9.54

资料来源：2011年海西区各地市统计年鉴、《福建统计年鉴2011》和《中国统计年鉴2011》。

（三）海西区发展现代农业的基础设施建设进一步强化

海西区进一步加强农村基础设施建设，在交通、电力、通信和专业市场建设等方面得到较好发展，在一定程度上强化了基础设施对现代农业的支撑和带动作用。据福建省第二次农业普查资料显示，全省7.4%的乡镇地域内有火车站，49.8%的乡镇地域内有二级以上公路通过，93.0%的乡镇有邮电所，94.3%的乡镇有储蓄所，79.8%的乡镇有综合市场，13.8%的乡镇有农产品专业市场，30.8%的村域内有50平方米以上的综合商店或超市。[①] 2010年，99.6%的村通电，99.9%的村通电话，96.8%的村能接收电视节目；全省自来水受益村12 214个，占全部行政村总数的比重为85.5%。通汽车村14 356个，占比99.5%，比2008年第二次农业普查提高1.5个百分点，特别是“年万里农村路网工程”的开展，通村公路的技术等级、路面硬化率、抗灾能力都有了明显的提高。

（四）发展现代农业的技术装备和作业水平显著提高

（1）机械化。[②] 近年来，海西区主体的福建省主要农业机械数量增长较快，农业机械化水平进一步提高。2010年，全省农用机械总动力1 206.16万千瓦，比2000年增长34.6%。农用机械得到广泛应用，2010年年末，大中型拖拉机2 603台，比2005年年末增长1.9倍；小型拖拉机107 739台，比2005年增加16%；大中型拖拉机配套农具2 674台，增加658.6%；小型拖拉机配套农具115 384台，增加165%；联合收割机4 411台，增加3.52倍。

（2）水利化。水利是农业的命脉，农田水利建设对有效缓解农业生产“靠天吃饭”的瓶颈制约具有重要意义。2010年福建省有效灌溉面积为964 770公顷；旱涝保收面积为675 700公顷，机电排灌面积为150 770公顷，分别占全部耕地的72.53%、50.80%和11.34%。2004年启动的“六千”水利工程，经过几年建设，已全面超额完成建设任务。千万农民饮水安全工程完成102.6%，千座水库保安工程完成139%，千万亩农田节水灌溉工程完成101%，千万方山地水利工程完成108.7%，千里河道清水工程完成105%，千万亩水土流失治理工程完成105.5%。

（3）化学化。农业化学化是提高农作物产量的重要手段，是实现现代农业的必然阶段。2010年海西区按照实用量774.04万吨计算，每公顷耕地2.51吨化肥，按照折纯量255.36万吨计算，每公顷0.827吨；农用塑料薄膜使用量57 053吨，是2000年的2.8倍。

---

① 福建省第二次农业普查主要数据，福建省统计局，http://www.fjsen.com/a/gov/2008-06/27/content_1130801.htm。

② 即生产过程中直接运用机械设备以代替手工劳动的手段。

（4）电气化。电气化是农业机械化和自动化的重要技术基础，是农业现代化的重要内容。2010 年，海西区农村用电量 432.3497 亿千瓦时，每亩耕地用电量 933.82 千瓦时（见表 3-4）。

表 3-4 海西区农业“四化”情况表

地区	农业机械动力（万千瓦）	化肥施用量（实用吨）	农药使用量（吨）	化肥使用（折纯量吨）	农村用电量（亿千瓦时）	农用塑料薄膜使用量（吨）
温州市	229.82	89 359	4 155	89 359	71.43	3 337
丽水市	103.29	206 124	9 430	62 137	4.699	5 145
衢州市	158.88	272 691	6 705	74 551	8.96	2 109
汕头市	39.888	151 383	3 022	52 480	23.8585	792
梅州市	126.505	455 067	5 533	156 524	7.3871	2 803
潮州市	27.5255	121 950	2 370	42 442	19.1533	1 016
揭阳市	59.7553	367 219	5 907	120 659	14.3659	990
上饶市	515.1768	549 436	—	131 595	12.9241	—
鹰潭市	79.18	99 258	3 084	33 339	0.8013	1 374
抚州市	165.33	548 587	14 973	199 470	4.1634	5 404
赣州市	548.2821	737 300	14 684	224 100	7.1176	11 082
福建省	1 206.16	4 142 200	58 238	1 210 400	257.4895	57 053
海西区	3 259.79	7 740 400	128 101	2 553 600	432.3497	91 105

资料来源:2011 年海西区各地市统计年鉴和《福建统计年鉴 2011》。

（五）农村劳动力素质得到改善

九年义务教育的深入开展，特别是近几年国家对农村教育实行的“两免一补”政策，对贫困家庭和困难学生就学提供了经济保障，农村教育事业发展较快，对农民素质的提高起到了极大的推动作用。2010 年海西区农村劳动力为 3 712.41 万人，其中福建省的农村劳动力为 1 396 万人，在福建省中，初中以下文化程度 456.492 万人，占 32.7%；初中文化程度 658.912 万人，占 47.2%；高中文化程度 418.8 万人，占 13%；中专文化程度有 50.256 万人，占 3.6%；大专及以上文化程度 48.86 万人，占 3.5%。另外，尤其是海西区主体的福建省实施了农村“六大员”培训工程、“绿色证书”、“农民创业”和“核心农户”等培训工程，提高了农民的创业就业能力和种养水平。

（六）农业产业化水平不断提升

以海西区主体的福建省为例①：

① “我省农业产业化龙头企业发展现状分析”，福建省统计局网站，http://www.stats-fj.gov.cn/xxgk/tjfx/0201109270002.htm。

(1) 企业规模不断扩大,实力进一步增强。2010年年底,全省市级以上农业产业化龙头企业1 198家,比上年增加54家。其中,省级龙头企业184家,国家级龙头企业34家。据统计,2010年全省市级以上龙头企业完成总产值2 033.94亿元,比上年增长24.1%;年末从业人员达42.52万人,比上年增长8.0%;年末固定资产原值549.77亿元,比上年增长13.9%;2010年全省农业产业化龙头企业完成总产值超过50亿元、10亿元和1亿元的分别有4家、31家和400家,分别比上年增加3家、5家和74家;年末固定资产原值超过10亿元、1亿元和0.5亿元的分别有3家、80家和196家,分别比上年增加1家、5家和31家。

(2) 企业经营水平不断提升,经济效益明显提高。2010年,全省市级以上农业产业化龙头企业实现产品销售收入1 907.76亿元,比上年增长23.3%;实现出口创汇48.80亿美元,增长24.3%。2010年,全省市级以上农业产业化龙头企业完成增加值、实现利润和上缴税金分别达466.14亿元、140.78亿元和46.42亿元,分别比上年增长21.8%、28.6%和12.9%。

(3) 科技投入不断加大,产品质量安全水平继续提高。2010年,全省市级以上农业产业化龙头企业科技开发投入15.51亿元,比上年增长22.9%,其中省级以上龙头企业科技开发投入9.08亿元,比上年增长27.4%。同时,我省农业产业化龙头企业更加注重开展产品质量安全工作。2010年,全省市级以上农业产业化龙头企业中产品获得ISO、HACCP等国际质量认证的企业分别有387家、206家,分别占市级以上龙头企业总数的32.3%、17.2%;获得绿色食品、有机食品和无公害食品等标志认证的企业分别有288家、240家和141家,分别占市级以上龙头企业总数的24.0%、20.0%和11.8%。

(4) 企业带动能力不断增强,农户收入较快增长。从带动农户经营情况看,2010年,全省市级以上农业产业化龙头企业通过各种方式带动农户610.87万户,比上年增长3.6%,其中通过订单联系的农户达到234.00万户,增长5.4%。随着龙头企业带动作用的不断增强,农户获得的收入也较快增长。2010年,农户从市级以上龙头企业得到的收入达357.97亿元,比上年增长14.8%。

第二节　海西区发展现代农业存在的问题

海西区经过改革开放三十余年的发展,现代农业取得了很大进步,但由于历史、制度和资源的约束,海西区发展现代农业仍存在以下诸多问题:

一、城市化质量不高，农民数量多，科学文化素质不高

海西区城市化水平不高，并且区域间发展不均衡。海西区按照2000年国家统计局的标准，城市化水平最高的是厦门，高达88.3%，按照户籍计算的也是厦门，高达80.50%。[①] 但抚州、丽水和莆田按照户籍制度计算的城市化率仅为20%左右。即便是按照第六次人口普查的数据抚州也仅为37.2%。这都严重滞后于海西区工业化的发展。而城市化程度质量不高，导致农民素质偏低。2010年海西区农业人口6 549.22万人，占总人口8 788.27万人（户籍）的74.52%；农村劳动力3 712.41万人，占海西区社会从业人员总量5 044.44万人的73.59%，其中第一产业从业人员1 584.83万人，占海西区总从业人员的31.41%。海西区农民数量众多，且素质不高，呈现老弱化倾向。以海西区主体的福建省为例，其中福建省的农村劳动力为1 396万人，在福建省中，初中以下文化程度的人口占32.7%。并且按照第六次人口普查的数据，超过65岁的达到7.87%，由于农业的比较利益低下，以及海西区农村人多地少等因素，农村农业从业者大多是“老弱小”的所谓“三八六一九九部队”。

二、人均耕地资源少，土地经营规模小，土地细碎化严重，土地质量不高

海西区2010年共有耕地面积182 573.85万亩，按照户籍人口人均才0.527亩，相当于全国人均耕地1.361亩的38.7%；按照农业人口人均才0.707亩，相当于全国平均水平的25.99%，严重低于世界粮农组织规定的人均0.795亩的粮食安全的最低线。第一产业从业人员人均2.921亩，相当于全国平均水平6.537亩的44.68%，远低于世界人均1.07公顷（2008年FAO数据）的水平。农业经营户均约2.12亩，也低于全国农民户均约9.27亩的水平。

并且由于中国的农地集体产权的制度安排和农地的社会保障功能，以及农地在海西区起到的土地财政的经济功能，海西区的主体福建的耕地面积从1996年的1 434 682.1公顷，下降到2000年的1 381 540.5公顷、2005年的1 353 989.7公顷、2007年的1 333 075.7公顷、2010年的1 330 100公顷。特别是海西区经济发达地区的厦门人均才0.176亩耕地（户籍人口），汕头0.101亩，揭阳0.277亩，温州0.377亩，福州0.312亩，泉州0.287亩。这还是按照户籍人口计算的，如果按照常住人口则更低（见表3-5）。

---

① 目前我国官方城市化的计算方式是常住人口在该城市居住6个月以上的都计算为城市人口，但是并不享受相关的社会保障等福利待遇，被学者称为水分过大。笔者以城乡户籍进行简单的计算。

表 3-5　海西区农业资源基本状况（2010 年）

地区	土地面积（平方公里）	耕地面积（万亩）	户籍人口（万人）	人均耕地面积（亩/人）	第一产业从业人员人均耕地（亩/人）	农村劳动力人均耕地（亩/人）	农业人口人均耕地（亩/人）
福州市	11 968	201.50	645.90	0.312	2.192	0.923	0.531
厦门市	1 573.16	31.64	180.21	0.176	3.727	1.433	0.900
莆田市	4 131	112.14	319.6	0.351	1.873	0.840	0.431
三明市	22 959	288.06	272.7	1.056	5.082	2.992	1.563
泉州市	11 015	196.88	685.27	0.287	1.316	0.550	0.403
漳州市	12 880.69	269.98	476.36	0.567	2.371	1.118	0.805
南平市	26 301	309.9	313.9	0.987	3.901	2.431	1.516
龙岩市	19 052	243.63	295.7	0.824	4.214	2.173	1.164
宁德市	13 452.4	205.60	339.37	0.606	2.705	1.569	0.877
温州市	11 784	236.61	627.99	0.377	2.470	0.543	0.384
丽水市	17 298	247.99	259.65	0.955	4.276	2.209	1.157
衢州市	8 844.55	155.81	251.24	0.620	2.827	1.268	0.787
汕头市	2 064	52.92	524.11	0.101	0.747	0.280	0.123
梅州市	15 876.06	244.59	514.75	0.475	2.519	1.450	0.630
潮州市	3 080.9	67.81	260.89	0.260	1.664	0.606	0.292
揭阳市	5 240.5	183.37	661.78	0.277	1.936	0.717	0.429
上饶市	22 791	502.42	740.33	0.679	4.069	1.541	0.838
鹰潭市	3 554	92.36	119.6	0.772	3.516	1.976	1.450
抚州市	18 820	357.99	391.66	0.914	3.956	2.025	1.163
赣州市	39 379.641	492.87	907.26	0.543	2.524	1.329	0.685
福建省	12.3332	1 995.15	3 529.01	0.597	3.132	1.429	0.856
海西区	27.20649	4 629.893	8 788.27	0.527	2.921	1.247	0.707
中国	96 000 000	182 573.9	134 100	1.361	6.537	4.408	2.720
比重（%）	2.834	2.536	6.553	38.700	44.680	28.290	25.990

注：户籍人口以各地区第六次人口普查的数据为准。福建省 9 个地市的耕地面积根据各自的 2011 年统计年鉴的数据，而福建省的耕地面积为中国农业统计年鉴的数据，二者相加的数量不符。

资料来源：2011 年海西区各地市统计年鉴、《福建统计年鉴 2011》和《中国统计年鉴 2011》。

现行的农村土地家庭承包制是在集体土地所有权的基础上生长、发育的，赋予农民的土地使用权是一种"成员权"，不仅体现在"均分"上，而且还体现在"定期调整"上。由于土地的集体性质，定期调整的均分制，确保了集体成员获得了动态的土地，因此，目前海西区农地集体所有的产权制度安排核心是"增人增地、减人减地"。目前海西区农村土地非农流转的单向性，农民很大程度上没有知情权、选择权等,导致海西区出现一些失地农民,激化社会矛盾(丁长发,2010)。

三、农民收入水平不高,地区差异显著,大多数地区恩格尔系数高于40%

2010年海西区农民人均收入最高的温州市达到11416元,而最低的赣州市只有4182元,前者是后者的2.73倍。即便是海西区主体的福建省2010年最高的厦门市的10033元也是最低的宁德市6542元的1.53倍。而且海西区农民的恩格尔系数大部分都超过了40%,其中最高的是揭阳市,高达48.85%;抚州市最低为36.19%(见表3-6)。

表3-6　海西区农民收入、城市(镇)化状况

地区	农民人均纯收入(元)	恩格尔系数(%)	城镇化率(%)	城市化率(%)	人口(万人)	
					非农	农业
福州市	8543	45.48	62.00	41.23	2663508	3795458
厦门市	10033	41.32	88.30	80.50	1450695	351365
莆田市	7663	46.63	50.80	19.56	632803	2602553
三明市	6949	46.15	51.10	32.44	884814	1842499
泉州市	9296	42.29	58.40	28.67	1964703	4887965
漳州市	7861	46.65	46.70	29.23	1385401	3354063
南平市	6759	45.44	50.70	34.87	1094518	2044449
龙岩市	6931	45.86	45.00	29.24	864811	2092462
宁德市	6542	47.28	47.90	30.75	1040811	2344023
温州市	11416	43.11	66.02	21.63	170.20	616.60
丽水市	6537	38.20	48.40	17.42	45.23	214.42
衢州市	8270	40.60	44.13	21.16	53.16	198.08
汕头市	6518	47.90	67.00	25.57	134	390.11
梅州市	6367	46.81	37.21	24.50	126.23	388.52
潮州市	6373	45.40	43.41	25.09	64.07	193.18
揭阳市	6128	48.85	37.91	33.91	224.42	427.51
上饶市	5317	51.28	41.89	19.02	1408330	5994995
鹰潭市	6249	46.00	47.40	28.71	34.30	85.15
抚州市	5848	36.19	37.20	21.43	83.93	307.73
赣州市	4182	45.64	37.53	20.71	187.93	719.33
福建省	7426.9	46.10	57.09	33.93	1197.53	2331.48
中国	5919.0	41.10	50.10	—	—	—

资料来源:2011年海西区各地市统计年鉴、《福建统计年鉴2011》和《中国统计年鉴2011》。

四、农业产业结构不合理，农业比较利益不高，劳动生产率也不高

尽管海西区 2010 年三大产业结构为 9.7∶52.91∶37.39，三大产业的结构正在不断优化，但其产业内部结构呈现出以下两个不合理：

（一）第一产业内部产值结构不甚合理

以海西区的主体福建省为例，福建的农业（种植业）占 45.20%，林业占 9.0%，牧业占 14.6%，渔业占 27.6%。种植业的比重虽然比 1978 年的 78% 有很大的下降，但仍然超过 45%。

（二）就业结构不合理，农业比较利益低

海西区第一产业的就业人员 1 584.833 万人，仍占农村劳动力的 3 712.41 万人的 42.69%；占全社会就业人数的 31.42%。创造了 2 441.42 亿元农业增加值，人均才创造 1.54 万元，略高于全国人均的 1.45 万元。海西区主体的福建省第一产业人均创造 2.14 万元，远低于第二产业人均 9.22 万元和第三产业人均 8.02 万元的水平（见表 3-2）。

五、海西区发展现代农业的基础设施有待于进一步改善，农业可持续发展有待于进一步提高

（一）农村基础设施有待于进一步建立和完善

以海西区主体的福建省为例（第二次农业普查资料）：全省 50.2% 的乡镇地域内没有二级以上公路通过，20% 的镇没有实施集中供水，71.8% 的镇生活污水没有经过集中处理，57.5% 的镇没有垃圾处理站。全省 2% 的村没通公路，0.9% 的村没通电话，3.2% 的村不能接收电视节目，64.3% 的村饮用水没经过集中净化处理，70% 的村的垃圾没集中处理，60.3% 的村没有沼气池。2010 年全省非机耕面积占 31.68%，非机播种面积占 80.63%，非机收面积占 83.25%。[①]

（二）海西区耕地质量总体不高

以海西区主体的福建省为例，其耕地中一等地只占 21.93%，二、三等地占 78.07%，全省中低产田面积仍有 93.33 多万公顷，占耕地总面积的 70.17%。缺磷耕地占 50%，缺钾耕地占 65%。全省水土流失面积多达 1 070.8 千公顷，每年冲走表土约 6 000 万吨，影响耕地 40 多万亩。受工业“三废”污染，一些地

① 《福建统计年鉴 2011》，福建省统计局网站，http://www.stats-fj.gov.cn/tongjinianjian/dz2011/index-cn.htm。

方植物大面积死亡,粮食绝收;围海造地和养殖的过度开发,导致沿海自然滩涂湿地总面积减少了近一半;近海海域水质恶化,赤潮发生次数增加,面积扩大,海洋生态环境变坏。

（三）自然灾害严重

目前福建省有水库3 225座,2010年受到旱灾影响的有5千公顷土地、洪涝灾310千公顷,2009年受到风雹灾35千公顷、冷冻灾150千公顷、台风灾105千公顷,等等,合计受灾面积605千公顷。在现有的水利工程中,蓄水少,骨干少,小型多,水量利用率低,抗御水旱灾害的能力较弱。海西区还是自然灾害频繁发生的地区,主要灾害有旱、涝、风、寒、雹,平均每2年发生1次旱灾,每1.5年发生1次洪涝灾害,每年登陆或影响海西区的台风有2—3次,每3年发生1次寒害。近几年来,台风、寒流霜冻、暴雨洪涝、干旱等灾害几乎年年发生,尤以台风、干旱、洪涝灾害为甚,每年因各种灾害造成的经济损失高达数十亿乃至上百亿元。

（四）大量施用化肥和农药,使土地板结

2010年海西区按照实用量774.04万吨计算,每公顷耕地2.51吨化肥,按照折纯量255.36万吨计算,每公顷0.827吨化肥;远超过世界(2008年)平均的0.1172吨/公顷的水平,也超过联合国粮农组织规定上限(225千克/公顷)的4倍(按折纯量计算)。农药使用量是43千克/公顷,更高达世界平均水平的2.5倍以上。化肥、农药过量使用的一个不良后果就是土壤和水体污染。

（五）农村技术推广体系有待于进一步建立和完善

(1) 农技体制制约农业科技推广,二元制度下海西区农业科技人员是国家干部,而服务对象则是普通农民,基层农技人员素质不高,待遇也不好,导致农村队伍不稳,目前的“网破、线断、人散”的局面依然没有实质性改观。

(2) 农业科技人员少,人均负担耕地面积多。目前海西区主体的福建省有929个乡镇,耕地面积1 330.1千公顷,而农业科技人员仅9.24万人,其中,在农业生产经营单位中从业的有6.62万人。按职称分,高、中、初级农业技术人员分别为0.30万人、1.45万人和7.50万人。① 如果扣除农业生产经营单位从业的6.62万人,每个乡镇只有28个人,而很大部分农业科技人员都在省、地市县中。每万名农业人口中有农业科技人员39人。

(3) 农业科研的投入不足。据现有统计结果,农业科研财政投入占农业

① 《福建省第二次农业普查公报》,福建省统计局网站,www.stats-fj.gov.cn。

GDP 的比重仅为 0.50% 左右，低于 1% 的国际平均水平，科研基础条件不能适应新时期创新任务的需要。农业科技投入的结构、方式还不完善，一些长期性和基础性的农业科技工作尚需建立稳定的支持机制。

（4）创新和应用体系不完备，还存在一些体制性和机制性障碍。农业科研体系条块分割、力量分散仍未得到根本解决；科研联合协作不强，导致突破性大成果少；科研和生产还有脱节现象，农科教、产学研联系仍不紧密；高水平农业科技人才不足的问题比较突出，农业技术推广队伍不稳定，农业科研与推广的体制、机制有待进一步健全。

六、现代农业生产组织和发展现代农业的社会化服务体系还远未形成

现代农业的发展有赖于现代生产组织方式的建立和完善。现代农业的组织基础有两种基本形式：一是农民各种专业经济合作组织以及综合性的合作社（或农会组织）；二是完善的农业社会化服务体系。合作性的农会（农协）被认为是最适合农业生产特点，也是亚洲地区地少人多实现农业现代化、发展现代农业最主要的制度安排之一。而目前海西区农业生产组织制度还不适应现代农业发展的需要，还缺乏专门的扶持政策：一方面，参加各类生产服务组织并没有成为海西区广大农民群众的必要选择，在很大程度上，农民群众还没有体会到组织起来的好处；另一方面，有意愿参加各种不同生产服务组织的农民，试图解决生产技术指导、产品流通销售、规避市场和自然风险的意愿并不能及时得到有效的响应。

七、海西区农村基层治理机制还不完善

到 2010 年，海西区有 2 173 个乡镇、38 545 个行政村，村务公开、管理规范、保障农村居民基本政治权利和经济利益的现代农村治理机制尚未建立健全，部分地区农村干群和谐关系还有待于提高。

八、财政支农、城乡一体化制度供给和需求等方面仍存在较大差距

在财政支农方面，我们以海西区主体的福建省为例，2010 年财政预算内有关农林水事务的支出达 160.3355 亿元，占全部预算支出 1 695.0906 亿元的 9.46%，远低于国际上农业支出占农业产值 40% 的发达国家标准。另外，城乡一体化的制度如二元分割的户籍制度及其相应的社会保障制度等都严重滞后于经济社会的发展，这些制度性因素不利于减少海西区农民的数量、提高农民的科学文化素质。

第三节 发展海西区现代农业的思路和对策

2007年党中央、国务院的"1号文件"提出了现代农业的定义、指导思想、原则、发展的思路和对策,结合海西区的实际,发展海西区现代农业,包括总体目标、原则、具体思路和对策。

一、海西区总体目标和原则

海西区发展现代农业,是在对海西区农业资源的比较优势和劣势分析的基础上,结合海西区社会经济发展现有水平和所处阶段,根据国内外现代农业发展的现状和未来趋势做出判断,按照"优质、高产、高效、生态、安全"的新农业发展观要求,从过去传统农业向现代农业方向转变,努力实现农业发展的主要目标:在建立现代农业制度的前提下,农村基础设施完善,社会化服务体系健全,市场流通效率高,现代技术装备水平高,农业附加值高,实现农业、农村人口资源环境的可持续发展的同时,在减少农民数量、提高农民素质的基础上实现经营方式从粗放型向集约型转变。

(1) 具体包括:① 提高海西区土地生产率和劳动生产率;② 在促进海西区农民增收的基础上,缩小城乡收入差距;③ 实现海西区的农业、农村人口资源环境的可持续发展。

(2) 发展海西区现代农业的基本原则:依靠科技进步、可持续发展原则,化比较优势为竞争优势、因地制宜的原则。根据海西区地理气候条件、资源特点和产业优势,发展具有海西特色和比较优势的现代农业产业集群,如花卉、园艺、林业和一些特色水果产业,从而形成竞争优势。

二、发展海西区现代农业的具体思路和对策

(一) 构建现代农业发展所需要的现代农业制度

笔者认为,中国特殊的二元结构下的有关农业农村的各种制度安排是制约目前海西区发展现代农业最重要的桎梏,而现代农业制度就是适应和促进现代农业生产力发展的社会制度的总和,具体来说就是土地产权制度、农村市场体系、农业生产组织经营制度和与之相配套的社会化服务体系、运行机制以及政策、法律法规集合。

具体有:

1. 根据国务院赋予海西区的先行先试权，建立现代农业需要的可持续发展的农地产权制度

目前海西区农地集体产权的制度安排存在以下问题：产权不清晰、农民征地权益保护严重不够，不能调动农民的投资积极性提高农地质量；不断细分导致农地细碎化等，不能抵押、难以流转等导致农村农地市场没有发育，也影响了农村资本市场的发育，等等。因此，海西区应该建立赋予海西区农民99年（或永久）农地使用权（丁长发，2010）。具体包括：以农户家庭为微观主体获得农地永久（或99年）承包权，农地在农业用途管制下可继承、可抵押、可转让，获农地被征用收益的90%以上，以建立“增人不增地，减人不减地”的可持续的农地产权制度。此制度有以下优点：

（1）海西区农民拥有永久的承包权后，在农地农用的用途管制下，可以依法转让，部分农民退出农田耕作，有利于海西区城市化发展；而且土地产权的稳定性还有助于增加土地的市场流动。

（2）有利于海西区农村金融市场、土地等要素市场的发展，这样使得海西区农民容易获得资金支持，发展现代农业。

（3）农民获得永久使用权，也就获得了绝大部分的土地转让收益权。土地是海西区农民最重要的财产和资本，党的“十七大”提出要让绝大部分群众获得财产性收益，由资源禀赋和海西区相类似的我国台湾地区、韩国和日本可知，农民获得土地排他性收益权有利于极大地提高农民的财产性收益，促进农村现代化，使农民获得发展现代农业的资本支持。

（4）有助于减少土地流失和防止其他影响土质的环境恶化。农民获得永久性的使用权后，对这种稳定的产权预期，理性的农民作为经济人的反应就是外部利润内部化，他们就容易改变目前主要使用化肥的行为而转向使用有机肥，从而能够在一定程度上改善海西区农地的质量，促进海西区农地质量的可持续发展。

（5）土地产权的稳定性，有助于减少土地纠纷，提高农村社会的稳定性，有利于构建海西区和谐社会主义新农村。

2. 建立统一、开放、竞争、有序的海西区农村市场体系是发展现代农业的必要条件之一

健全的农村市场体系会使得价格信号反映各类农村资源的相对稀缺程度，调节和实现社会资源的合理分配。从农村市场客体的角度看，海西区农村市场体系包括农村消费品市场和农村生产资料市场等一般商品市场，以及农村资本市场、劳动力市场、农村土地市场、技术市场、信息市场等农村要素市场。重点

发展：

(1) 海西区城乡一体化的劳动力市场，实现农村劳动力的优化配置，转移农民，减少农民数量，从而实现海西区农地适度规模。因此在海西区要进行户籍制度、土地产权制度改革和创新，改革目前“城乡分治，一国两策”的户籍制度和建立城乡一体化的社会保障制度。

(2) 建立海西区的土地市场，一方面有利于在农地农用基础上实现农地和宅基地流转，另一方面，农地市场有利于实现海西区农地的价格发现功能，在海西区征用土地过程中保护农民的利益，实现耕地资源的优化配置；同时土地的社会保障功能要逐渐退出，实现海西区农地的资本功能；并且农村资本市场的发育有利于满足现代农业发展所需要的资金支持。因此，海西区需要“进行制度创新，培育要素市场”。

(3) 建立海西区现代农产品流通体系。农产品流通是现代农业产业链和价值链的重要环节，也是现代农业服务业的核心内容和重要支撑。主要包括农产品的批发市场和期货市场、现代农业物流体系。如在农产品主产区要有重点地建设和改造一批粮油、果蔬、水产品、肉类等专业批发市场，在中心集镇积极发展食品超市、便利店、自选店等新型业态。建立海西区具有比较优势的农产品如木材、花卉、茶叶等期货市场。

(4) 建立海西区的农业技术、信息市场，大大缩短农业科技成果转化的时间，促进海西区农业科技发展。

3. 建立海西区现代农业的社会化服务体系

主要包括技术研发和推广体系、金融保险服务体系。

(1) 建立适合海西区区情的农业科技研发、创新和推广体系。科技是发展现代农业的决定性力量和根本途径，现代农业是科技创新驱动下的知识化农业。目前，海西区的农业正处于传统农业向现代农业转型的关键时期，农业发展目标已从传统的温饱目标向“优质、高产、高效、生态、安全”的目标发展，从美国、荷兰、以色列、日本和我国台湾地区的经验来看，推进农业科学技术创新已经成为现代农业发展的关键措施。根据学者的相关测定，欧美国家农业技术创新对增产增效的贡献率达到了60%—80%（张武、徐晓静，2009）。而科技储备量每增加1个百分点，粮食生产可增加0.4—0.5个百分点，经济作物产量增长24%；农业科研和科技成果推广还可以改进农业物质投入与产出的质量，通过创造新产品带来新的市场。因此，海西区需要采取以下措施建立适合区情的农业科技研发、创新和推广体系：

第一，建立海西区集农业科研、教育和推广三位于一体、互推互进的政府管理机构。目前海西区农业教学属于教育部门、农业科研属于科技部门、农业技术推广属于技术推广机构的分设模式,导致农业科研与生产实践联系不紧密,与市场脱节严重,部分原因是分设模式不利于农业科技成果的及时推广运用,而三位一体的农业科技创新体系的政府管理机构有利于确保农业科研与生产的紧密结合,促进农业科研成果转化为生产力。

第二,建立海西区多层次、全方位、分工明确的农业科研创新体系。海西区应建立由政府、地方、企业或农民组织相协作的多层次的农业科技创新研究机构,发展层层推进的科技创新推广体系。

第三,明确海西区农业技术发展的优先领域,科学分配科研投资比重。21世纪农业的竞争,说到底就是农业科技的竞争。各发达国家都结合了本国的实际情况,发展了不同的农业高新技术,走出了可持续发展的道路。美国、以色列都把农业生物技术作为优先发展的重点,荷兰政府重点鼓励发展畜牧业、奶业和附加值高的园艺作物,以出口创汇。海西区政府在财力投入有限的情况下,应结合区情找到优先发展的农业科技领域。目前主要应该把资金投入和技术创新的重点放在"四大主导产业"(畜牧产业、水产业、林产业和园艺产业)以及"九大特色产品"(畜禽、笋竹、水产、蔬菜、水果、食用菌、茶叶、花卉、烤烟)上。

第四,必须加大海西区各级政府对农业科研投资和技术推广的财政资金支持,开辟多元化的农业科技融资渠道。

第五,建立健全海西区农业科技推广体系。通过制度创新,建立一套适合海西区现代农业发展的农业科技推广体系。通过整合海西区农业技术研发和推广的政府部门,通过法制化、农技推广手段的多样化,最好是建立适合海西区的农会(或农协)[①]来推广农业技术,这样既降低了推广费用,又容易为农民所接受。

(2) 建立促进海西区现代农业发展的金融保险服务体系。2007 年的"1 号文件"明确指出:"要建立'三农'投入稳定增长机制","加快制定农村金融整体改革方案,努力形成商业金融、合作金融、政策性金融和小额贷款组织互为补充、功能齐备的农村金融体系,探索建立多种形式的担保机制,引导金融机构,增加对'三农'的信贷投放。"

第一,要调整以农业发展银行为代表的农村政策性银行的职能定位,按照发展现代农业、推进新农村建设的目标要求,转换农业发展银行的"角色"定位,

① 笔者认为农会是最适合亚洲地区地少人多的农村降低社会成本实现农业技术推广的路径安排。日本、韩国和我国台湾地区都选择了农会(农协)。

拓宽农业发展银行的业务范围和资金来源。在巩固原有业务的基础上,逐步从农业产后服务领域向产前、产中延伸;从面向农业生产服务逐步拓宽成面向农村社会经济服务,特别是在农村基础设施、农村社会公共事业、农村生态环境、农村城镇化建设等方面;同时,要加强与农村信用社、邮政储蓄合作,带动农村金融体系全面强化支农作用。

第二,要继续推进专业性农业保险公司和区域性农业保险公司的工作,加快建立政策性农业保险制度,积极探索适合海西区区情的政策性农业保险。通过设立农业政策性保险,引导商业保险和广大农户积极参与,为发展现代农业、推进新农村建设保驾护航。

第三,要建立健全在政府财税优惠下的属于农民自己的农会或农协,按照现代公认的合作制原则,允许他们吸收存款并给社员贷款。

第四,进行金融体制创新,降低农村金融机构设置的门槛,鼓励、规范海西区各色地下金融合法化。

(二) 建立适合现代农业发展的海西区现代农村制度

现代农村制度是指既符合海西区区情,又遵循现代人类文明规范的民主、法治、公平、高效、开放、文明的社会主义农村制度,包括现代农村经济制度、乡村治理机制和社会制度(丁长发,2006a)。

具体包括:

(1) 建立适合海西区的现代农村政治制度,比如:① 人民当家做主的村民自治、直接选举、村务乡务公开、村民监督的农村政治制度;② 精减县级机构,撤消乡镇政府,实现乡村自治,从而建立现代农村治理结构。

(2) 现代农村经济制度的构建。如实现耕者有其田、支持农业的财政支农公共财政制度,适合现代农业发展的经营组织,强有力的农村金融和农村保险服务体系,等等(丁长发,2006b)。

(3) 现代农村的社会制度:① 城乡共同的公平合理的公共产品供给。如城乡一致的社会保障制度以及相关的各种福利制度。② 全国农民的自由迁徙,即废除目前的户籍制度,实现农村城镇化。③ 现代农民制度指国民化、平等化、权力在农、非身份管理的农民制度。

目前海西区共有 2 173 个乡镇,38 545 个村,应该建立海西区乡镇公开、民主、科学、法制的乡村自治组织,从而降低海西区发展现代农业的社会成本。

(三) 制度创新,建立属于农民的专业合作协会和农协

实现农业现代化和成功发展现代农业的国家或地区都在农业市场化过程

中建立了全国性的农民利益团体，如英国的“全国农民联盟”，丹麦、荷兰、德国的农业工会，美国的农场主协会，法国的“全国农业经营者工会”，日本和韩国的全国农协，我国台湾地区的农会等。除了全国性农民利益团体外，地方农民合作经济组织也都兼有非市场交易谈判的性质，他们代表农民的利益向政府反映农民的要求，保护农民利益，有效防止了农业市场化过程中制度创新的过度扭曲，而且有利于增强国家在推行农业改革中的社会支持，特别是在保护农地、农产品和农业生产资料购销以实现农业外部规模经济、农业技术推广方面起到不可替代的作用：

（1）我国台湾地区的农会，其宗旨为“保障农民权益，提高农民知识技能，促进农业现代化，增加收益，改善农民生活，发展农村经济”，其首要功能是“沟通”上下之间、农会和政府之间、农会和储蓄、信贷部门与政府金融机构之间的作用（郭敏学，1984）。

（2）农户通过本国（地区）的农会（协），通过共同购销，降低了农户和市场的交易成本，实现了外部规模经济。如在流通领域，韩国农协建立了 2 100 多个营销设施，包括销售中心、低温贮存室、集散点和货仓等，用以减少营销成本和加强农户在市场中的地位。在消费领域，韩国农协建立了 3 100 个营销设施，这些营销设施主要建立在农产品被大量消费的城市地区，作为连接农户与消费者的纽带。

（3）农协（会）发挥信用、保险服务职能。我国台湾地区通过农会（协）建立了遍布农村各个角落的农会信用机构的低息信贷体系，并在国家或地区大量财政补贴下，建立了对本国或地区的主要农产品的保险服务体系，促进了现代农业的发展。

（4）教育培训、农业技术推广、生产服务职能以及其他社会服务。如我国台湾地区：① 根据农会法中农会的 20 项任务，有三分之二属于农业推广业务。我国台湾地区通过农会各级组织向农户提供优良品种的种苗和畜禽良种；派营农指导员向农民介绍先进农业科技，主要包括化肥的施用、农作物新品种的栽培、病虫害防治，以及先进的农业机械的使用。如 1957 年“台中一号”、1961 年“台南五号”的推广和使用。② 通过农协购置大型农机具租赁给农户使用实现规模经营。③ 设有专门的培训教育部门，以成年农民、农村青少年、农家妇女为对象进行新技术和知识的专门培训。④ 农会还通过办刊物、开展文化活动、奖励会员创新创业等措施，开展社会福利事业（丁长发，2011）。

（四）在以上制度创新的基础上，转移农民，减少农民数量，提高农民的科学文化素质，开发农民的人力资源为人力资本

发展海西区现代农业的关键是有一大批的新型农民，他们应该是有文化、懂技术、会经营的现代农民。一般来说教育年限与收入水平呈正相关关系，农民文化素质较低直接制约了其收入的增加。农业部对368户农民大学函授学员问卷调查的抽样表明，“高中户比小学户年人均收入多333.5元，高出1.6倍，比文盲、半文盲户多407.4元，高出2.9倍；初中户比小学户年人均收入多294元，高出1.4倍，比文盲、半文盲户收入多367.9元，高出2.6倍；小学户比文盲、半文盲户年人均收入多73.9元，高出0.5倍”（农业部软科学委员会办公室，2007）。而目前海西区农民平均受教育年限不到8年，美国已经普及了13年义务教育，欧盟普及了大学教育。因此，海西区应该也必须大力提高农民的科学文化素质，没有现代高素质的农民就不可能有现代农业。

（五）大力增加财政对农业的投入

农业是弱质产业，受自然风险和市场风险的制约，即受恩格尔定律和凯恩斯定律的约束，全世界发展现代农业和实现农业现代化的国家均以财政对农业进行补贴。一般而言，发达国家对农业的投入占本国（地区）农业产值的40%。

（1）需要投入大量资本去推进海西区基本农田设施建设。① 土地是农业资源的基础，海西区八山一水一分田，需要进行基本农田水利设施的建设和土地平整等。② 补贴推进农业机械化。现代农业的前提必须是农业机械化，这需要海西区继续甚至进一步扩大和提高目前购买农业机械的补贴范围和水平。

（2）财政投入为科技提供大量的财政资金支持。比如：① 为农业科教机构提供经费保障。② 为农业推广体系高效运行提供财力保障。③ 补贴供给现代生产要素，如农业保险补贴。④ 促进农地适度规模的补贴，比如在发展现代农业过程中，海西区面临的突出矛盾也是人多地少、规模过小过细的矛盾，这需要借鉴法国和我国台湾地区的经验，以社会保障等补贴来给农民发放“离农终身补贴”，鼓励到退休年龄的农场主退出土地。海西区户均耕地面积不到8亩，严重制约了现代农业的发展，我们只能以社会保障换取农民离开，在农地农用的前提下实现适度规模经营。⑤ 培育现代农业的组织化载体。如日本、韩国、荷兰、丹麦和我国台湾地区等发展现代农业的最好载体之一就是农民专业合作社或农会组织，这都需要大量的财税政策支持。

（3）现代农业也是生态农业，海西区现代农业的发展需要进行农业产业结构调整，需要生态补偿机制的建立等，这也需要财税支持。

（六）推进海西区现代农业发展的品牌化、标准化、产业化建设

（1）推进海西区农业品牌化。发展品牌农业必须立足海西区的区域优势和资源优势，以全面提高海西区农产品质量水平和竞争力为核心，加快发展无公害农产品、绿色食品和有机食品，力争经过3—5年的努力，着力培育一批区域性甚至全国性有影响力的品牌农产品。

（2）推进农业标准化。围绕主导产品和特色产品生产需要，制定覆盖产前、产中、产后全过程的农产品质量和生产技术综合标准。将标准的修订重点放在有地方特色的、优质的专用农产品的质量标准、安全卫生标准、生态农业和高新技术农业等方面。积极推行良好操作规范（GMP）、危害分析与关键控制点（HACCP）、环境管理和环境保证体系系列标准（ISO14000）、质量管理和质量保证体系系列标准（ISO9000）的认证和管理工作。

（3）推进农业产业化。实施"强龙带动"工程，集中扶持发展一批产业关联度大、市场竞争力强、辐射带动面广的重点骨干龙头企业。鼓励引导龙头企业开展强强联合，培育一批跨地区、跨行业的大型龙头企业集团。组织引导龙头企业建立发展项目库，通过参加各种贸洽会和展销会，开展项目推介和招商引资，拓展企业发展空间。积极推广"公司+合作组织+农户"的经营模式，逐步完善利益联结机制。

第四章

海西区现代流通产业

所谓流通产业是指在第三产业中专门从事商品采购、分销、物流活动的服务机构所组成的社会企业体系,具体包括批发业、零售业与物流业(即交通运输、仓储和邮政业)(刘根荣,2007)。现代流通产业既为第一产业提供农产品流通服务,又为第二产业提供工业生产资料流通服务,以及为全社会成员提供生活资料流通服务。因此,在市场经济条件下,作为现代服务业的基本组成部分,现代流通产业是市场机制的神经系统和循环系统,是连接生产与消费活动的桥梁,是社会经济活动有效运转的载体。

第一节　海西区流通产业发展的现状

对海西区流通产业发展现状的分析,我们可以从规模、结构、效率三个方面进行。从产业规模来看,流通产业规模衡量的是流通产业的经济总量,一般而言,产业规模与产业竞争力呈正向的变动关系,即产业规模越大,其竞争实力越强。从产业结构来看,产业结构衡量一个产业内部资源配置的优化程度,产业结构越合理,产业竞争力也越强。从效率来看,无论是企业层次的效率,还是产业层次的效率,效率越高,产业竞争力也越强。因此,从流通产业的规模、结构、效率三个方面,我们将分别讨论海西区现代流通产业的发展现状。

一、海西区流通产业规模现状

所谓流通产业规模，是指流通整个产业的要素聚集能力或产出能力，可以从两个方面的指标来衡量：一方面，从要素投入的数量来衡量，如劳动力数量、资本数量等，我们称之为流通产业的投入规模；另一方面，从流通产业产出的经济效果来衡量，如流通产业的增加值、实现的销售收入总额、实现的利润总额等，我们称之为流通产业的产出规模。

（一）投入规模

首先，从流通产业固定资产投资规模来看。由表 4-1 我们可以得到 2009 年、2010 年海西区流通产业的固定资产投资总规模分别为 1 563.15 亿元、1 992.94 亿元，分别占当年全社会固定资产投资总额的 14.45%、14.30%。而 2009 年、2010 年全国流通产业的固定资产投资总额占同期全社会固定资产投资总额的比重分别为 13.40%、12.98%，这说明海西区各市地方政府非常重视现代流通产业的发展，对现代流通产业的投资力度大于全国平均水平，为提高海西区流通效能、促进区域经济合作打下了坚实的基础。从流通产业内部投资结构来看，2009 年、2010 年物流业的投资额占流通产业投资总额的比重分别为 89.15%、88.90%，而批发与零售业的投资比重分别为 10.85%、11.10%。可以看出，现代物流业是现代流通产业的投资重点。

表 4-1 海西区流通产业固定资产投资情况

项目 各区	物流业（交通运输/仓储/邮政）投资额（亿元）		批发和零售业投资额（亿元）		全社会固定资产投资（亿元）	
	2009	2010	2009	2010	2009	2010
福建	1 016.25	1 349.37	101.94	155.01	6 362.03	8 273.42
汕头	22.90	28.17	2.11	3.61	291.90	361.68
梅州	32.88	44.41	0.51	0.45	168.28	195.52
潮州	29.54	27.44	1.30	0.30	162.98	182.78
揭阳	57.71	55.65	23.28	12.92	393.50	564.07
温州	71.17	72.77	3.56	3.09	837.78	930.28
丽水	24.11	38.72	0.92	3.77	279.19	320.38
衢州	28.60	29.66	8.74	13.55	415.40	489.62
上饶	32.19	38.43	13.13	10.46	612.23	946.00
鹰潭	7.68	5.95	4.76	4.80	182.48	241.97
抚州	20.66	38.01	4.23	8.39	482.00	648.00
赣州	49.86	43.14	5.12	4.87	594.70	781.00
合计	1 393.55	1 771.72	169.60	221.22	10 818.47	13 934.72
全国	24 974.70	30 074.50	5 132.80	6 032.20	224 598.80	278 121.90

资料来源：2010—2011 年中国统计年鉴及福建统计年鉴；2010—2011 年海西区各地市统计年鉴。

其次,从流通产业资本总量规模来看。流通产业资本总量,是指商品流通活动中实际占用的各种有形资产,包括固定资产和流动资产,它是影响商品流通投入规模的一个主要因素。由于统计资料不全,我们仅考察海西区限额以上批发与零售业的资本总量。从表 4-2 可知,2009—2010 年,海西区限额以上批发与零售业的资本总量分别为 4 084.66 亿元、5 664.33 亿元,占全国限额以上批发与零售业总资产的比重分别为 4.79%、5.22%。2009 年、2010 年海西区限额以上批发与零售业负债分别为 2 666.14 亿元、3 891.85 亿元,资本的负债率分别为 65.27%、68.71%,而全国同期的资产负债率分别为 70.37%、71.90%。这说明海西区限额以上批发与零售业的资产负债率低于全国平均水平,但总体而言,批发零售业的资本结构还是存在较大的财务风险。

表 4-2　海西区限额以上批发零售业资产负债情况

各区＼项目	资产总额(亿元)		负债总额(亿元)		负债率(%)	
	2009	2010	2009	2010	2009	2010
福建	2 876.12	4 060.01	1 798.69	2 734.12	62.54	67.34
汕头	74.37	126.93	48.27	79.07	64.91	62.29
梅州	25.15	29.89	13.41	16.11	53.32	53.90
潮州	55.68	86.91	43.97	73.06	78.97	84.06
揭阳	103.73	138.49	58.99	69.52	56.87	50.20
温州	705.48	888.32	549.42	701.84	77.88	79.01
丽水	55.71	75.78	39.23	51.82	70.42	68.38
衢州	87.57	115.33	62.29	85.96	71.13	74.53
上饶	31.36	45.43*	15.31	28.42*	48.82	62.56
鹰潭	15.16	20.56	12.00	17.68	79.16	85.99
抚州	13.87	30.36	4.42	13.34	31.87	43.94
赣州	40.46	46.32	20.14	20.91	49.78	45.14
合计	4 084.66	5 664.33	2 666.14	3 891.85	65.27	68.71
全国	85 338.80	108 556.40	60 053.70	78 049.10	70.40	71.90

注:由于上饶市 2011 年统计年鉴中未公布部分数据,故带 * 的数字为估算数字。

资料来源:2010—2011 年中国统计年鉴及福建统计年鉴;2010—2011 年海西区各地市统计年鉴。

最后,从流通产业从业人员数量来看。由表 4-3 可知,2009 年、2010 年年底限额以上批发零售业领域的从业人员数量分别为 379 329 人、432 043 人,占全国限额以上批发零售业人数的比重分别为 5.06%、5.07%;企业数目分别为 5 610 个、7 324 个,占同期全国限额以上批发零售企业数目的比重分别为 5.88%、6.55%。这说明海西区限额以上批发零售企业数目增加较快,2010 年年底企业数目比 2009 年年底增加了 30.6%；从业人数也有大幅的增加，2010 年年底从业人员比 2009 年年底增加了 13.9%。

表 4-3 海西区限额以上批发零售业基本情况

项目 各区	从业人数（人）		企业数目（个）		主营业务利润（亿元）	
	2009	2010	2009	2010	2009	2010
福建	260 311	281 238	3 347	3 924	387.95	503.79
汕头	8 254	11 704	129	280	24.44	32.20
梅州	6 843	8 212	63	77	12.28	13.81
潮州	5 201	5 771	92	134	17.62	24.37
揭阳	13 752	19 151	488	861	43.65	61.85
温州	45 640	53 489	974	1 261	81.72	97.85
丽水	8 292	10 929	184	214	13.20	22.48
衢州	8 671	9 539	164	181	13.23	14.44
上饶	7 765	11 353	56	117	10.76	9.49*
鹰潭	2 371	2 008	33	44	-0.20	0.18
抚州	4 233	8 339	19	149	0.92	8.01
赣州	7 996	10 310	61	82	15.38	11.30
合计	379 329	432 043	5 610	7 324	620.95	799.47
全国	7 489 598	8 522 285	95 468	111 770	14 857.90	18 202.60

资料来源：2010—2011 年中国统计年鉴及福建统计年鉴；2010—2011 年海西区各地市统计年鉴。

（二）产出规模

（1）流通产业增加值。流通产业增加值是指一定时期内商品流通活动创造的、以货币单位计量的最终成果，它是国内生产总值的构成之一，也是衡量商品流通规模的最主要指标。利用这一指标，可以测算商品流通的实际产出水平以及对整个国民经济的产出贡献，全面反映商品流通规模的水平和增长速度。如表 4-4 所示，2010 年海西区的流通产业（物流业 + 批发零售业）增加值达到 3 646.02 亿元，占该区域第三产业增加值的 38.54%，占该区域地区生产总值的 14.49%，占全国流通产业增加值的 6.66%。而同期全国流通产业增加值占第三产业的比重及其在国内生产总值中的比重分别为 31.61%、13.64%，这说明海西区现代流通产业的发展水平高于全国平均水平，现代流通产业无疑是海西区的支柱产业之一。

表 4-4 2010 年海西区的增加值

单位:亿元

各区＼项目	流通产业增加值			第三产业增加值	地区生产总值
	批发零售业增加值	物流业增加值	合计		
厦门	242.54	111.93	354.47	1 012.50	2 060.07
福州	339.77	158.10	497.87	1 438.76	3 123.41
泉州	356.37	295.61	651.98	1 287.93	3 564.97
漳州	91.91	101.06	192.97	523.97	1 430.71
龙岩	76.88	62.11	138.99	334.32	990.90
三明	66.42	65.68	132.10	326.62	975.10
莆田	60.76	42.22	102.98	285.36	850.33
宁德	51.35	43.74	95.09	284.78	738.61
南平	48.90	36.87	85.77	264.33	728.65
汕头	159.70	24.94	184.64	466.22	1 203.25
梅州	44.95	21.48	66.43	236.19	612.36
潮州	62.86	16.88	79.74	209.57	559.20
揭阳	153.34	13.33	166.67	319.62	1 008.99
温州	284.12	93.78	377.90	1 297.89	2 925.57
丽水	50.70	24.02	74.72	258.97	644.04
衢州	51.69	30.15	81.84	176.34	752.78
上饶	63.39	43.29	106.68	289.93	901.00
鹰潭	22.40	22.17	44.57	95.57	342.70
抚州	35.70	44.72	80.42	195.70	630.01
赣州	69.34	62.85	132.19	155.92	1 119.47
合计	2 332.89	1 312.93	3 646.02	9 460.49	25 162.13
全国	35 746.10	18 968.50	54 714.60	173 087.00	401 202.00

资料来源:《中国统计年鉴 2011》;2011 年海西区各地市统计年鉴。

(2) 社会消费品零售总额。社会消费品零售总额是指在一定时期内经由各种类型的流通业机构(包括生产者设立的附属流通业机构)的经营活动进入最终消费领域的商品价格总额。尽管社会消费品零售总额中包含流通业机构的购进价格总额,不能直接代表流通业的净产出,但是对其逐年变动的计算却可以在一定程度上揭示流通业产出规模的变动趋势。从表 4-5 可知,2007—2010 年,海西区社会消费品零售总额分别为 6 063.13 亿元、7 328.56 亿元、8 591.02 亿元、10 277.88 亿元,增长率分别为 18.35%、20.9%、17.2%、19.6%;而同期海西区 GDP 的增速分别为 15.5%、13.1%、12.0%、13.8%,社会消费品零售总额的增速远远快于 GDP 的增速。社会消费品零售总额的快速增长反映了海西区流通产业的增长能力巨大。与全国的平均水平比较而言,2007—2010 年除了 2008 年以外,海西区社会消费品零售总额的增速均快于同期全国增速。

表 4-5 海西区社会消费品零售总额

项目/各区	社会消费品零售总额(亿元)							
	2007		2008		2009		2010	
	总计	比上年增加(%)	总计	比上年增加(%)	总计	比上年增加(%)	总计	比上年增加(%)
厦门	410.85	19.9	495.86	20.7	566.12	14.2	685.02	21.0
福州	947.37	21.6	1 144.64	20.8	1 338.64	16.9	1 624.28	21.3
泉州	754.05	16.7	903.54	19.8	1 055.20	16.8	1 234.43	17.0
漳州	289.08	15.3	342.75	18.6	400.21	16.8	472.63	18.1
龙岩	174.70	16.5	220.00	25.9	261.97	19.1	312.17	19.2
三明	142.60	16.7	172.09	20.7	206.65	20.1	245.58	18.8
莆田	178.44	19.8	215.06	20.5	246.13	14.4	290.37	18.0
宁德	149.39	13.1	177.28	18.7	202.03	14.0	234.64	16.1
南平	165.85	13.6	195.34	17.8	225.22	15.3	262.04	16.3
汕头	473.21	18.1	569.16	20.3	672.59	18.2	830.41	25.8
梅州	184.04	19.0	228.03	23.9	273.39	19.9	319.05	19.4
潮州	141.52	19.8	170.63	20.6	210.63	23.4	245.47	18.4
揭阳	208.92	24.3	265.29	27.0	340.45	28.3	446.62	31.2
温州	906.46	16.3	1 082.95	19.5	1 264.72	16.8	1 498.10	18.5
丽水	169.07	16.1	202.98	20.1	232.62	14.6	266.13	14.4
衢州	179.45	16.6	215.61	20.2	250.25	16.1	290.82	16.2
上饶	186.92	18.3	231.51	23.9	276.36	19.4	330.50	19.6
鹰潭	49.50	17.4	61.27	23.8	72.67	18.6	86.62	19.4
抚州	135.46	17.1	167.61	23.7	199.21	18.9	230.72	19.0
赣州	216.24	17.1	266.95	23.5	317.14	18.8	372.28	18.6
合计	6 063.13	18.3	7 328.56	20.9	8 591.02	17.2	10 277.88	19.6
全国	89 210.00	16.7	114 830.10	22.7	132 678.40	15.5	156 998.40	18.3

资料来源:2008—2011 年中国统计年鉴,《福建统计年鉴 2011》。

(3) 流通产业利润总额。衡量商品流通产出规模除了采用社会消费品零售总额和流通业增加值这两个指标外,还可以用流通业利润总额这个指标。从表 4-3 可知,2009—2010 年海西区限额以上批发零售业的主营业务利润总额分别为 620.95 亿元、799.47 亿元,占同期全国限额以上批发零售业的主营业务利润的比重分别为 4.18%、4.39%,而同期海西区限额以上批发零售业的总资产占全国的比重分别为 4.79%、5.22%。这说明海西区流通产业的主营业务利润偏低。

二、海西区流通产业结构现状

(一) 批零结构

批零结构即批发商品销售总额与零售消费品销售总额之比,是最直接的批零结构考察指标。批零结构的本质其实是按宏观经济条件和市场交易效率形成的批发环节与零售环节的宏观适配关系，它不仅影响着流通产业内部的运作效率和流通系统功能的正常发挥，而且影响着流通同生产和消费之间的适应性进而影响整个经济体系的协同性。

从表4-6可知，2009—2010年海西区批零比值分别为3.07、3.15，而全国同期的该比值分别为3.64、3.81。因此，从批零结构的角度而言，海西区的批零值小于全国平均水平，这说明海西区流通产业中批发环节比全国平均水平少，批零结构优于全国平均水平。

表4-6　2009—2010年海西区限额以上批零结构

项目/各区	批发业商品销售额（亿元）		零售业商品销售额（亿元）		批零比值	
	2009	2010	2009	2010	2009	2010
福建	4617.06	6374.71	1344.37	1929.40	3.43∶1	3.30∶1
汕头	171.28	304.45	58.87	100.60	2.91∶1	3.03∶1
梅州	96.33	84.48	22.36	63.10	4.31∶1	1.34∶1
潮州	116.61	159.56	21.07	35.04	5.53∶1	4.55∶1
揭阳	232.07	347.77	130.11	256.07	1.78∶1	1.36∶1
温州	973.18	1862.40	433.29	566.14	2.25∶1	3.29∶1
丽水	150.62	188.60	59.21	84.22	2.53∶1	2.24∶1
衢州	202.63	245.37	33.50	48.40	6.05∶1	5.07∶1
上饶	56.22	91.18	30.55	29.91	1.84∶1	3.05∶1
鹰潭	66.99	107.86	3.84	4.88	17.45∶1	22.10∶1
抚州	47.92	87.26	8.93	12.63	5.37∶1	6.91∶1
赣州	41.69	103.14	61.45	33.50	0.68∶1	1.68∶1
合计	6772.60	9957.58	2207.55	3163.89	3.07∶1	3.15∶1
全国	157834.60	219121.10	43331.60	57514.60	3.64∶1	3.81∶1

资料来源：2010—2011年中国统计年鉴及福建统计年鉴；2010—2011年海西区各地市统计年鉴。

（二）行业结构

流通行业结构主要考察以下几个方面：一是整个流通产业在国民经济中的地位，用流通产业增加值占GDP的比重来衡量；二是流通产业在服务业中的地位，用流通产业的增加值占第三产业增加值的比重来衡量；三是流通业内部各行业的比重，用批发与零售业和物流业（即交通运输、仓储及邮政业）各自的增加值占流通产业增加值的比重来衡量。这些指标主要是为了反映流通产业在国民经济中的地位以及流通产业内部行业结构的合理性。

从表4-7可以看出，从物流业增加值占流通产业增加值的比重来看，海西区该比重的值大于全国的平均水平；而从批发与零售业增加值占流通产业增加值的比重来看,海西区该比重的值低于全国平均水平。这说明海西区现代流通产业内部结构比较合理,因为现代物流业的发展必然加大其在现代流通产业中的比重。从流通产业占第三产业增加值的比重以及流通产业增加值占地区生产总值的比重来看,2010 年海西区的现代流通产业(物流业 + 批发零售业)增加值,占该区域第三产业增加值的 38.54%,占该区域地区生产总值的 14.49%。而同期全国流通产业增加值占第三产业的比重及其在国内生产总值中的比重分别为 31.61%、13.64%,海西区的数值高于全国平均数值,说明海西区现代流通产业的发展水平较高,是国内流通产业较为发达的地区。

表 4-7 2010 年海西区流通产业的行业结构

项目 各区	物流业增加值占流通产业增加值比重(%)	批发与零售业增加值占流通产业增加值的比重(%)	流通产业占第三产业增加值的比重(%)	流通产业增加值占地区生产总值的比重(%)
厦门	31.58	68.42	35.01	17.21
福州	31.76	68.24	34.60	15.94
泉州	45.34	54.66	50.62	18.29
漳州	52.37	47.63	36.83	13.44
龙岩	44.69	56.31	41.57	14.03
三明	49.72	50.28	40.44	13.55
莆田	41.00	59.00	36.09	12.11
宁德	46.00	54.00	33.39	12.87
南平	42.99	57.01	32.45	11.77
汕头	13.51	86.49	39.60	15.35
梅州	32.33	67.67	28.13	10.85
潮州	21.17	78.83	38.05	14.26
揭阳	8.00	92.00	52.15	16.52
温州	24.82	75.18	29.12	12.92
丽水	32.15	67.85	28.85	11.60
衢州	36.84	63.16	46.41	10.87
上饶	40.58	59.42	36.80	11.84
鹰潭	49.74	50.26	46.64	13.00
抚州	55.61	44.39	41.09	12.76
赣州	47.55	52.45	84.78	11.81
合计	36.01	63.99	38.54	14.49
全国	34.67	65.33	31.61	13.64

资料来源:《中国统计年鉴 2011》;2011 年海西区各地市统计年鉴。

三、海西区流通产业效率现状

所谓流通效率是指流通在服务产品由生产商向消费者转移、追求经济效益和创造产出的过程中，所占用的流通时间和所消耗的流通资源。流通效率的测度主要从流通速度、流通效益两个方面来进行。

（一）商品流通速度

在满足消费需求的前提下，商品的流通时间越短，流通的效率就越高。我们可以利用存货周转率来测度商品流通速度，即存货周转率越大，流通效率越高。存货周转率计算公式如下：

$$存货周转率 = \frac{商品销售额}{平均库存量}$$

从表 4-8 可以看出，2009 年、2010 年海西区限额以上批发零售业的存货周转率分别为 12.27 次、14.26 次，与 2009 年相比，2010 年海西区流通效率得到明显提高。与同期全国平均存货周转率相比，到 2010 年，海西区的存货周转率次数稍快些。因此，从存货周转率指标来看，海西区的商品流通效率高于全国商品流通效率的平均水平。

表 4-8　海西区限额以上批发零售业的存货周转率

项目 各区	商品销售总额（亿元）		商品库存总额（亿元）		存货周转率（次）	
	2009	2010	2009	2010	2009	2010
福建	5 961.43	8 304.12	550.37	657.42	10.83	12.63
汕头	230.14	405.05	15.34	19.97	14.99	20.28
梅州	118.69	147.59	2.83	5.18	44.84	28.49
潮州	137.68	194.60	11.06	17.02	12.45	11.43
揭阳	362.18	603.84	21.00	16.65	17.24	36.13
温州	1 406.48	1 862.40	89.08	112.05	15.79	16.61
丽水	209.83	272.82	10.55	14.82	19.88	18.41
衢州	236.12	293.77	13.20	15.29	17.89	19.23
上饶	62.75	129.22	3.91	7.34*	18.52	17.61
鹰潭	70.83	112.74	1.28	1.24	84.75	90.90
抚州	56.84	99.88	2.46	7.22	11.81	13.66
赣州	103.13	136.64	8.73	6.59	11.81	23.36
合计	8 956.10	12 562.67	729.81	880.79	12.27	14.26
全国	201 166.20	276 635.70	16 024.00	19 816.80	12.60	14.00

资料来源：2010—2011 年中国统计年鉴及福建统计年鉴；2010—2011 年海西区各地市统计年鉴。

（二）流通效益

1. 资本效益

商品流通离不开资本的投入，我们可以用资金利用率、资金利润率、商品销售利润率等指标来反映资本的效率水平。其计算公式如下：

$$资金利用率 = \frac{商品销售额}{资本总额} \times 100\%$$

$$资金利润率 = \frac{利润总额}{资本总额} \times 100\%$$

$$商品销售利润率 = \frac{利润总额}{商品销售总额} \times 100\%$$

从表 4-9 可知,2009—2010 年海西区限额以上批发零售业的商品销售利润率分别为 6.93%、6.6%,呈现下降趋势;而同期全国限额以上批发零售业的商品销售利润率分别为 7.39%、6.58%;相比较而言,海西区处于低于全国平均水平的态势。从资金利用率来看,2009—2010 年海西区限额以上批发零售业的资金利用率分别为 219.63%、221.79%,呈现上升趋势;而同期全国限额以上批发零售业的资金利用率分别为 235%、254.83%;相比较而言,海西区同样处于低于全国平均水平的态势。最后,从资金利润率来看,2009—2010 年海西区限额以上批发零售业的资金利润率分别为 15.20%、14.11%,同样呈现下降趋势;而同期全国限额以上批发零售业的资金利润率分别为 17.41%、16.77%;相比较而言,海西区仍然处于低于全国平均水平的态势。因此,从资金利用率、资金利润率、商品销售利润率等指标来反映的资本效率水平来看,海西区批发零售业的资本效益亟待提高。

表 4-9 海西区限额以上批发零售业的资本效率指标

项目 / 各区	商品销售利润率(%)		资金利用率(%)		资金利润率(%)	
	2009	2010	2009	2010	2009	2010
福建	6.51	6.07	207.27	204.53	13.49	12.41
汕头	10.62	7.95	309.45	319.11	32.86	25.37
梅州	10.35	9.36	471.69	493.78	48.83	46.20
潮州	12.80	12.52	247.27	223.91	31.65	28.04
揭阳	12.05	10.24	349.16	436.02	42.08	44.66
温州	5.81	5.25	199.36	209.65	11.58	11.02
丽水	6.29	8.24	376.65	360.02	23.69	29.66
衢州	5.60	4.92	269.64	254.72	15.11	12.52
上饶	17.15	7.34	200.10	284.44	34.31	20.89
鹰潭	-0.28	0.16	467.22	548.35	-1.32	0.88
抚州	1.62	8.02	409.81	328.99	6.63	26.38
赣州	14.91	8.27	254.89	294.99	38.01	24.40
合计	6.93	6.36	219.26	221.79	15.20	14.11
全国	7.39	6.58	235.73	254.83	17.41	16.77

资料来源：根据表 4-2、表 4-3、表 4-8 的数据测算。

2. 人员效益

人员效益就是劳动效率，可以用人均商品销售额、人均利润率等指标来衡量。其计算公式如下：

$$人均商品销售额 = \frac{商品销售总额}{总的职工人数} \quad 人均利润额 = \frac{利润总额}{总的职工人数}$$

从表4-10，我们可以看出，2009—2010年海西区限额以上批发零售业的人均商品销售额分别为236.10万元、290.77万元，呈现上升趋势；而同期全国限额以上批发零售业的人均商品销售额分别为268.59万元、324.60万元；相比较而言，海西区处于低于全国平均水平的态势。而从人均利润额来看，2009—2010年海西区限额以上批发零售业的人均利润额分别为16.37万元、18.50万元，呈现下降趋势；而同期全国限额以上批发零售业的人均利润额分别为19.84万元、21.36万元；相比较而言，海西区处于低于全国平均水平的态势。因此，从人均商品销售额、人均利润额两项反映人员效益的指标来看，海西区的批发零售业确实有待于进一步提升。

表4-10 海西区限额以上批发零售业的人员效率指标

项目 / 各区	人均利润额（万元/人）		人均销售额（万元/人）	
	2009	2010	2009	2010
福建	14.90	19.91	229.01	295.27
汕头	29.61	27.51	278.86	346.08
梅州	17.95	16.82	173.45	179.72
潮州	33.88	42.23	264.72	337.20
揭阳	31.74	32.30	263.37	315.30
温州	17.91	18.30	308.17	348.18
丽水	15.92	20.57	253.05	249.63
衢州	15.26	15.14	272.31	307.97
上饶	13.86	8.36	80.81	113.82
鹰潭	-0.84	0.90	298.73	561.45
抚州	2.17	9.61	134.28	119.77
赣州	19.23	10.96	128.98	132.53
合计	16.37	18.50	236.10	290.77
全国	19.84	21.36	268.59	324.60

资料来源：根据表4-3、表4-8的数据测算。

第二节 海西区流通产业存在的问题

从前面对海西区流通产业的现状分析中，我们可以清楚地看到，海西区流通产业的发展在总体规模、产业结构以及商品存货周转率方面处于全国领先的地位，但在资本效益与人员效益方面落后于全国的平均水平。海西区流通产业效率低的原因源于流通产业组织规模小、流通产业区域发展不平衡、流通产业城乡差距大、流通产业从业人员素质低等多方面的因素。

一、流通产业组织规模偏小

产业组织规模是影响流通效率的重要因素。产业组织规模可以用企业平均资产总额、企业平均销售额、企业平均利润额等指标来衡量。一般而言，产业组织规模越大，其获取规模经济的效果越明显，其使用先进技术与管理模式的可能性越高，企业效率也越高，进而有利于提高整个产业的效率。

我们可以用限额以上批发零售业的企业平均资产总额、企业平均销售额、企业平均利润额来测度海西区流通产业的组织规模。从表4-11可知，2009—2010年海西区限额以上批发零售业的企业平均资产规模分别为7 281万元、7 733.93万元，企业平均资产规模呈现上升趋势；但同期全国限额以上批发零售业的企业平均资产规模分别为8 938.99万元、9 712.48万元，相比较而言，海西区的企业平均资产规模明显偏小。从企业平均销售额来看，这种差距依然明显，2009—2010年海西区限额以上批发零售业的企业平均销售规模分别为15 964.53万元、17 152.74万元，而同期全国限额以上批发零售业的企业平均销售规模分别为21 071.58万元、24 750.44万元。从企业平均利润规模来看，2009—2010年海西区限额以上批发零售业的企业平均利润规模分别为1 106.86万元、1 105.16万元，而同期全国限额以上批发零售业的企业平均利润规模分别为1 556.32万元、1 628.58万元。因此，从产业组织规模的角度而言，海西区的流通产业组织还需做大做强。

表4-11 海西区限额以上批发零售业的企业平均规模指标

各区 \ 项目	企业平均资产总额（万元/个）		企业平均销售额（万元/个）		企业平均利润总额（万元/个）	
	2009	2010	2009	2010	2009	2010
福建	8 593.13	10 346.61	17 811.26	21 162.39	1 159.10	1 283.86
汕头	5 765.12	4 533.21	17 840.31	14 466.07	1 894.57	1 150.00
梅州	3 992.06	3 881.82	18 839.68	19 167.53	1 949.20	1 795.51
潮州	6 052.17	6 485.82	14 965.22	11 014.18	1 915.22	1 818.66
揭阳	2 125.61	1 608.48	7 421.72	7 013.24	894.47	716.30
温州	7 243.12	7 044.57	14 440.25	14 769.23	839.01	775.97
丽水	3 027.72	3 541.12	11 403.80	12 748.60	717.39	1 050.47

（续表）

各区＼项目	企业平均资产总额（万元/个）		企业平均销售额（万元/个）		企业平均利润总额（万元/个）	
	2009	2010	2009	2010	2009	2010
衢州	5 339.63	6 371.82	14 397.56	16 230.39	806.71	797.79
上饶	5 600.00	3 882.91	11 205.36	11 044.44	1 921.43	811.11
鹰潭	4 593.94	4 672.73	21 463.64	25 622.73	-60.61	40.91
抚州	7 300.00	2 037.58	29 915.79	6 703.36	484.21	537.58
赣州	6 632.79	5 648.78	16 906.56	16 663.41	2 521.23	1 378.05
合计	7 281.03	7 733.93	15 964.53	17 152.74	1 106.86	1 105.16
全国	8 938.99	9 712.48	21 071.58	24 750.44	1 556.32	1 628.58

资料来源：根据表 4-2、表 4-3、表 4-8 的相关数据测算。

流通产业的进入门槛低，是造成海西区流通产业组织规模小的一般性原因。进入壁垒由规模经济壁垒、产品差异壁垒、相对费用壁垒这三种经济性壁垒构成。首先，与工业企业比较，流通业企业开办容易，只要有几平方米的门店，选址合理、定位恰当，就能在市场上找到生存空间，可见，商品流通的规模经济壁垒并不显著。其次，在买方市场条件下，由于社会产品相对丰富，流通业企业一般都能采购到同行所经销的产品，这使企业产品差异小，新企业进入商品流通领域的产品壁垒是较低的。最后，相对费用壁垒也低，流通产业并非技术密集型产业，新企业开办时购进设备、引进技术、寻求供应商、培训人员等的费用均不高。

连锁经营模式发展不足，是造成海西区流通产业组织规模偏小的重要原因。现代商业资本的扩张之路借助于连锁化经营模式得以迅速实现，可以说，连锁化经营不单单是一种商业模式，更是一种资本运作模式。纵观中外流通企业的成功之路，如家乐福、沃尔玛、麦德龙、苏宁电器等巨型企业的资本扩张路径，不外乎都走出了一条连锁化经营之路。反观海西区各地市，特别是一些山区地市，其连锁化经营模式尚未发展得很成熟，表现为连锁企业少、门店数量少，由连锁企业实现的销售额占全社会商品销售额的比重还很小。

二、流通产业区域发展不平衡

受政策、自然条件、经济基础和劳动力素质等因素的影响，海西区流通产业的发展极不平衡，这势必影响海西区流通产业的整体效率。从流通产业增加值来看，我们可以将海西区 20 个城市划分为三类区域：一类区域为流通产业增加值在 300 亿元以上的 4 个地市，包括福州、厦门、泉州、温州；二类区域为流通产业增加值在 100 亿元以上 300 亿元以下的 8 个地市,包括漳州、龙岩、三明、莆田、汕头、揭阳、上饶、赣州;三类区域为流通产业增加值在 100 亿元以下的 8 个地市,包括南平、宁德、梅州、潮州、丽水、衢州、鹰潭、抚州。

海西区流通产业发展不均衡的因素众多,主要有以下几点原因:

(一) 区域经济发展不平衡

海西区共有 20 个地级市,各地区之间经济发展极不平衡。从地区生产总值来看,除了福州、厦门、泉州、漳州、汕头、揭阳、温州、赣州这 8 个市的地方生产总值均超过千亿元大关外,其他地区的生产总值均在千亿元之下。地区经济实力的差距,必然造成海西区流通产业的区域发展非协调性。这是因为流通产业归根到底是一种服务性产业,它以第一产业以及第二产业为主要服务对象,工业基础、城市化的发展水平以及居民的消费能力都会极大地制约流通产业的发展。以工业基础对流通产业发展的影响为例:我们以规模以上工业增加值来反映各市的工业基础,就可以发现,一类区域(即流通产业增加值在 300 亿元以上的)的福州、厦门、泉州、温州 4 个地市对应的规模以上工业的增加值分别为 1 117.55 亿元、915.27 亿元、1 826.20 亿元、1 389.31 亿元;而三类区域 8 个地市的规模以上工业增加值大多为 200—300 亿元。可以看出,海西区不同地市间工业基础的巨大差异造成了流通产业发展的区域不平衡趋势。其实,除了工业基础外,城市化水平、居民收入水平也同样会造成流通产业发展的区域不平衡。正是由于海西区不同地市的工业基础、城市化水平、居民的平均收入水平差异显著,那些工业基础薄弱、城市化水平以及居民平均收入水平低的地市,其流通产业的发展明显滞后。

(二) 区域间流通基础设施差距明显

商品流通整个过程最终是要实现商品从生产方转移到消费方,必须借助于一定的流通基础设施。也就是说,现代商品流通依赖于各种相互交错、互联互通的交通网络线路,区域内高速公路、铁路、内河航道、港口、机场等基础设施的建设,必然会影响当地流通产业的发展。因此,流通基础设施是海西区流通产业发展的物质基础。而海西区的基础设施建设总体滞后且分布不均。沿海发达地区如厦门、福州、泉州、温州等地市交通便利、设施完善,特别是高速公路、港口、机场以及高速铁路的建设明显领先于山区地市;而那些处于山区的地市,不仅缺少机场、港口等重要基础设施,而且在高速铁路、高速公路等方面的建设同样落后。基础设施的地区差异,造成了海西区不同地市流通产业发展机遇不同,导致各地市流通产业无论在产出规模还是产出效率方面都不可避免地出现极大的分化。

（三）区域间流通环境差异较大

流通环境主要是指影响流通产业发展的制度环境。制度环境，不仅包括有关商品流通的管理体制、调控监督机制等，而且还包含市场的开放程度、竞争规则以及信用制度等。从海西区的实际情况来看，由于这20个地市中既有中国率先开放的沿海特区，又有相对闭塞的内陆山区，在遵循从沿海到内陆的梯度开放战略的大背景下，海西区流通产业的发展必然呈现沿海与内地的差异化开放格局。显然，沿海发达地区拥有市场率先开放所带来的制度优势。这种制度优势造就了沿海发达地区流通产业发展的历史机遇，不仅在引进外资方面走得更早更快，而且还极大地推动了流通领域国有企业的改革，促进了流通领域民营经济的发展，催生出一批富有竞争力的本土流通企业。例如，沃尔玛、家乐福、麦德龙等世界流通巨头进驻厦门，不仅带动了当地的消费，拉动了流通产业的发展，而且促进了厦门流通业态多样化，物流配送、连锁经营和电子商务等现代流通方式得到了显著提升。物流配送方面，2010年全市连锁店配送率超过65%；连锁经营方面，目前该市连锁门店超过1 500家，连锁零售额占全市零售额比重从2005年的13%提高到2010年的18%，提高5个百分点；电子商务方面，网络零售迅猛增长，B2C销售从无到有，销售额从2008年的不到1 000万元猛增至2009年的2亿元，再到2010年的超过6亿元；流通业态方面，除传统流通业态外还有专业店、仓储式超市、连锁经营式、直销式、电视购物、电子商务等多种方式。而对外开放较晚的内陆地区则处于明显的不利地位，无论在流通业态、经营方式还是电子商务方面都相对落后。

三、流通产业城乡差距显著

海西区的流通产业基本上处于城乡分割的状态之中：城市流通产业发展迅速，而农村流通产业的发展却处于落后于整个国民经济发展水平的情形。转型时期城乡二元结构是城乡流通差距的制度成因，与城市相比，农村流通体系存在市场不健全、基础设施严重不足、流通渠道不畅和市场无序等多种不利因素。农村流通产业发展滞后，造成农民不同程度地存在“买难卖难”的问题，农民增产不增收，阻碍了农村生产力的发展，也限制了农村流通产业的市场容量。尽管这些年国家出台了一系列支农惠农的政策，农民的收入也逐年增加，消费能力得到提高，但是占海西区总人口一半以上的农村人口创造的社会消费品零售总额却不及城镇消费品零售总额的五分之一。从表4-12可以看到，2010年海西区城镇消费品零售总额与乡村消费品零售总额的比例为5.5∶1。

表 4-12　2010 年海西区城乡消费品零售额构成

各区＼项目	城镇消费品零售总额（亿元）	乡村消费品零售总额（亿元）	城镇消费品零售总额与乡村消费品零售总额的比例
福建	4 725.87	584.14	8.1:1
汕头	589.96	240.45	2.5:1
梅州	198.22	120.83	1.6:1
潮州	172.73	72.74	2.4:1
揭阳	290.54	156.08	1.9:1
温州	1 392.10	106.00	13.2:1
丽水	209.86	56.27	3.7:1
衢州	250.25	40.57	6.2:1
上饶	243.17	87.33	2.8:1
鹰潭	81.06	5.56	14.5:1
抚州	188.96	41.76	4.5:1
赣州	301.07	71.21	4.2:1
合计	8 694.64	1 583.24	5.5:1

资料来源:2010 年各地市经济与社会发展统计公报及统计年鉴。

总体而言,海西区城乡流通产业发展差距是制度性因素以及技术性因素所导致的。从制度层面看,城乡流通市场制度性分割以及城乡非均衡发展战略是导致城乡流通差异的主要成因。由于长期推行“城市优先”、“工业优先”的发展战略,造成农村大量资金、人才等优质生产要素的流失,生产要素的匮乏导致农村生产力水平低下、农村商品流通基础设施投入不足、流通现代化水平不高、流通效率低下、流通成本高。改革开放后,市场化改革虽然给农村流通产业带来了重要的发展机遇,但由于底子薄、农民自身素质低以及优质生产要素进入农村流通领域的动力不足,农村流通体系落后的问题依然突出。从技术层面看,农村生产力水平低,人均收入低,市场消费水平低,一方面造成农村流通主体经营中的现实困难,使其缺乏组织创新、技术创新以及制度创新的动力,无法引入新型业态和现代物流技术,无法提升农村流通现代化程度;另一方面,城市流通企业由于投资回报率低、经营成本高等原因不愿意进入农村市场,导致农村商品流通组织化、集约化、市场化程度低。

海西区城乡流通产业发展差距具体成因分析如下:

(一) 城乡人均收入差距

城乡收入水平差距决定了城乡消费水平的差异,这是造成流通产业的城乡差距的重要原因之一。从总体上看,目前海西区各市农村居民的收入水平远远落后于城市居民的收入水平:从表 4-13 可以看出,2010 年海西区各市城镇居民人均可支配收入是农村居民人均可支配收入的2—3倍左右。

表4-13 2010年海西区城乡居民人均可支配收入

各区＼项目	城镇居民人均可支配收入(元)	农村居民人均可支配收入(元)	城镇居民人均可支配收入与农村居民人均可支配收入之比
厦门	29 253	10 033	2.92:1
福州	22 723	8 543	2.66:1
泉州	25 155	9 296	2.71:1
漳州	18 482	7 861	2.35:1
龙岩	18 406	6 931	2.66:1
三明	18 194	6 949	2.62:1
莆田	19 068	7 663	2.49:1
宁德	16 815	6 542	2.57:1
南平	17 332	6 759	2.56:1
汕头	15 179	6 518	2.33:1
梅州	14 728	6 367	2.31:1
潮州	13 669	6 373	2.14:1
揭阳	14 907	6 128	2.43:1
温州	27 250	11 416	2.39:1
丽水	21 093	6 537	3.23:1
衢州	21 811	8 270	2.64:1
上饶	15 535	5 317	2.92:1
鹰潭	15 618	6 249	2.50:1
抚州	14 445	5 848	2.47:1
赣州	14 203	4 182	3.40:1

资料来源:《福建统计年鉴2011》。

(二)城乡流通基础设施差距

在流通基础设施建设方面,由于长期实行了“城市优先”的发展战略,海西区的城市都获得了大量的优质资源的投入,无论在交通工具、道路设施、物流中心、市场建设还是其他流通基础设施方面都明显优于农村。城市流通基础设施众多,现代化水平高,功能完善;而农村流通基础设施薄弱,专门的商业设施匮乏,且多以粗放式的农村集贸市场为主,经营设施因陋就简,“脏、乱、差”现象严重,现代化程度低。

(三)城乡流通渠道差距

所谓流通渠道是指商品从生产领域到达消费领域的全过程,而流通渠道是由流通环节连接起来的,流通环节越多流通渠道越长。根据不同的产品生产与消费特性,应该建立不同的产品流通渠道。但总体上,无论从流通渠道的深度还是宽度来看,农村商品流通渠道都远远落后于城市商品流通渠道。相对于城市便利的流通渠道而言,工业品下乡渠道不畅,流通环节过多,层层加价,造成农村市场上各类消费品价格高于城市同类商品价格。而从农产品进城的角度而言,由于农产品销售渠道过于狭窄,或市场供求信息不灵,或缺乏必要的物流设施,如冷链运输与储藏设施匮乏,农产品经常出现“卖难”的局面。

(四) 城乡流通组织差距

流通组织的城乡差异主要体现在两个方面:一是农村流通中介组织不发达,许多农村的农产品流通只依赖少数经纪人的贩卖活动,使得农民在价格谈判中处于不利地位,恶意压价现象严重;二是服务于农村的批发、零售以及物流企业少,规模小,流通产业组织不发达。在农村里,零售组织多为小卖部、夫妻店、流动商贩、集市摊贩,缺乏超市、大卖场以及连锁化的现代商业零售店,原有的农村供销合作社业已名存实亡。与城市中丰富的流通业态以及大规模的现代流通企业相比,农村的流通产业组织明显落后。

第三节 海西区流通产业发展的对策

针对现阶段海西区流通产业发展中存在的组织规模相对偏小、流通产业区域发展不平衡、流通产业城乡差距大等问题,我们认为,提升海西区流通产业发展水平的关键在于:优化流通产业组织,加强流通产业区域合作,推进城乡流通一体化,实施流通创新战略,提高流通效率。

一、优化流通产业组织

优化流通产业组织旨在促进规模经济形成,建立大规模流通方式和增加产业利润,实现产业振兴。优化流通产业组织就要求实现流通产业组织的合理化和高效化,其基础是对流通过程的改造。具体的措施包括:鼓励组建大型流通企业,扶持中小流通企业发展以及发展现代物流业等。

首先,必须继续做大做强大型流通企业组织。通过资产重组扩大流通企业的规模,即采取兼并、收购、合并等多种形式,以产权改造为核心,通过优势企业间的强强联合,或通过优势企业并购弱势企业,或通过控股、参股等多种方式实现企业间的资产重组,优化企业之间的资源配置,扩大单个企业的规模。要坚决打破行业垄断、部门分割和地区封锁,积极促进区域性统一大市场的形成,实现流通业的规模经营和集约化经营,催化和发展一批跨行业、跨地区、跨所有制的流通企业。通过组建流通集团扩大流通企业的规模,即以一个或少数几个实力强大的大企业为核心,把一批具有共同利益、受核心企业控制和影响的企业作为外围,以资产为纽带结合成稳定而紧密的企业联合体,抢占市场。

其次,积极扶持中小流通企业的发展。要解决海西区流通产业分散化经营以及小型化规模所导致的不利格局,必须实施鼓励中小流通企业发展的政策。比如支持中小流通企业建立松散的联合关系,采取自由连锁、统一联网、信息共享、建立采购联盟、统一物流、统一退还保修商品等合作措施。对中小流通企业的扶持可以通过以下几个方面的措施来落实:一是资金扶持,对具有发展前景的中小流通企业,政府制定扶持政策,在资金融通方面予以优惠,如予以专门的贴息贷款。二是技术支持,对于中小流通企业的设备与技术改造以及管理水平的提高,提供相应税收减免,提供专项资金贷款扶持,协助其解决技术难题。三是成长辅导政策,协助中小流通企业制定发展规划,指导改善其经营管理能力,提供行业发展的各类情报信息。四是人才培训支持,对中小流通企业的从业人员,特别是管理人员进行职业培训,提高职业技能以及经营管理水平。五是建立流通协会组织。这类市场中介组织要具有社会性、广泛性和联合性,吸引社会上不同部门、不同地区的商品流通团体、企业和个人,发挥“组织、协调、服务、管理、自律”等职能,不仅要帮助中小流通企业开拓新的经营领域和流通渠道,而且要协助其引进国内外先进技术、经营管理方法,实现现代化。这需要地方流通业主管部门在机构改革中重视和支持商会组织的建立和发展。通过一些规章、制度对会员的行为进行制约,并协调会员之间的关系,提高本地区的商品流通运行效率,扩大流通产业规模。

最后,大力发展现代物流业。物流与商流的配合是流通产业合理化的基础,流通过程的改造很大程度上就是对物流的改造。要鼓励和扶持专业的第三方物流业的发展,提高流通效率。虽然我国物流设施与装备已初具规模,但内在质量差,物流环节衔接不畅,物流的专业化、社会化水平不高,许多生产企业的物流服务主要靠自我解决,导致各类载货工具的空置率高,物流成本高。发展现代物流业,一方面可以更好地满足“大生产、大流通”建设的需求;另一方面可以促使流通产业自身的发展更加合理化。物流是继劳动力、资本之后的第三利润源泉,物流业的发展制约着整个流通产业的发展及其效率。我们不仅要鼓励专业的第三方物流公司的发展,而且还应该根据各区域的经济地理位置不同建立各类物流中心,实现物流发展的集中化和规模化。

二、加强流通产业区域合作

加强海西区各地市间流通产业的合作，面临着许多现实困难。首先由于海西区20个城市分属4个不同省份，如何跨越行政区划的障碍是值得探讨的。我们建议，海西区应成立区域经济合作协调机构，由福建省政府负责牵头，会同浙江、江西、广东等各地市政府，建立“海西区产业发展与合作委员会”，就各种区域合作事项进行协商解决。加强海西区流通产业区域合作可以从以下几个方面着手：

首先，坚持市场化原则，打破地方行政性垄断格局。由于地方行政性垄断因素普遍存在，流通领域市场出现条块分割、各自为政的现象。这种地方性行政垄断，造成排斥地区间的正常竞争、分割市场的局面，形成强制性和保守性的封闭环境，妨碍商业资源的合理配置。海西区的山区地市经济发展较慢，流通发展也相应地落后于沿海地区。一方面，我们要鼓励沿海发达地区的流通产业资金向内陆山区地市转移，这样不仅可以提高发达地区的流通经济效益，而且可以促进山区地市流通产业的健康快速发展，达到优化资源配置的目的；另一方面，我们要鼓励大型流通企业集团将其开设分店的目标逐渐由发达城市转向山区地市，这样不仅可以缓解发达地区流通网点过于拥挤、竞争过于激烈的局面，而且可以满足山区地市流通网点建设的需要。

其次，坚持比较优势原则，优化流通产业区域布局。地区比较优势是制定区域经济发展和流通产业布局政策，促进资源空间配置合理化的前提，也是各地区制定正确的流通产业发展战略，实现地区经济健康发展的条件。“扬长避短，因地制宜，发挥优势”是指导地区分工的基本原则。在发达地区的流通产业发展政策上，要以技术进步与流通产业结构优化为导向，使之成为海西区流通产业现代化的先导。在不发达地区流通产业发展政策上，要逐步加强对不发达地区的流通基础设施建设，并通过吸引发达地区的商业资本促进其流通产业的发展。海西区流通产业布局规划和政策的顺利实施，必须打破各种地区封锁、条块分割的经济壁垒，为资源的自由流动创造条件，建立统一的大流通市场体系。因此，流通产业布局政策制定时就需要有“大流通”的视野，保证各地方产业布局政策的协调与配合，避免各自为政、出现重复建设或者互不衔接的不利格局。

最后，坚持国际化原则，促进区域市场与国际市场的融合。随着经济全球化的发展，海西区经济发展的国际化趋势日益明显，流通产业的地区分工必须适应经济国际化的要求。一方面，我国已进入后 WTO 时期，流通领域已经完全对外开放,需要全面履行承诺,建立新的外资市场准入制度,并引导外资选择合理的投资区域,形成外资流通业的合理区域布局。海西区流通产业在对外开放的步伐和力度方面,各地市表现不一。沿海厦门、福州、泉州、漳州、温州、汕头等地外资流通产业发展明显领先于内陆山区地市,这也是造成流通产业区域发展不平衡的重要原因。因此,在引导外资流通产业的流向这方面,可以通过给予内陆地市更优惠的引资政策,吸引外资到不发达地区投资。另一方面,要鼓励本土流通企业走出国门,充分利用好国内外两个市场,促进流通产业更快发展。

三、推进城乡流通一体化

促进海西区流通产业城乡一体化既是长远目标,又是一个长期过程,一体化的路径必须考虑从组织、制度、技术等方面寻求突破,形成人才、资本、技术等优势资源在农村流通领域的聚集,创造出城乡流通一体化的良性循环机制(刘根荣,2011)。

一要构建城乡流通一体化的动力机制。我们认为,转型时期城乡流通一体化是城乡利益关系的再塑造,要构建和完善城乡流通主体之间利益均衡和激励相容的机制,关键在于让农民取得一个公平获取生产要素的机会和机制,取消限制农民进入流通领域获取先进生产要素的体制障碍和政策障碍。因此,必须以城乡利益关系为分析对象,以创新为动力,依靠政府与市场两种力量,从技术与制度两个层面推进城乡流通的一体化。构建城乡流通一体化的动力与平衡机制,必须协调好政府与市场的关系。从根本上说,政府驱动是一种外在的城乡流通一体化动力;而市场驱动是一种在利益诱导下的内在的城乡流通一体化动力,必须保证流通主体的自由决策权,必须打破身份歧视,彻底消除城乡制度差异。而这些恰恰又需要政府驱动,二者共同推动城乡流通的一体化。从转型时期的特殊性来看,制度性因素无疑是阻碍城乡流通一体化的更为突出的因素,这说明在推进城乡流通一体化的过程中政府推进流通体制改革的能动性非常关键。因此,在推进城乡流通一体化的初期阶段,政府驱动是其主要动力。但从长远的角度而言,市场化力量才是驱动城乡流通一体化的持久动力。

二要积极培育城乡流通一体化的微观基础。从宏观层面讲,转型时期城乡流通一体化的障碍主要是历史原因与制度原因;从微观层面讲,根本原因在于主体缺失。农村流通经济没有形成良好的微观基础,农民在整体上依然处于组织程度最低的散乱状态。城乡流通一体化难以推进的关键在于农户的组织化程度低以及缺乏一体化组织载体。因此,培育城乡流通一体化的微观基础具有重大意义。要培育城乡流通一体化的微观基础,一方面可以通过“农超对接”或“公司+基地+农户”的形式建立城乡流通一体化组织载体;另一方面可以建立农村合作经济组织。政府应提供条件允许农民组织起来,政策取向上应创造条件、提供服务,尊重农民的创造,总结农民的经验,制定政策、程序和办法,鼓励农民创建完全属于自己的合作组织。

三要建立城乡双向互动的低成本流通路径。推动城乡流通一体化,就要以城市为中心进而向城郊及农村地区覆盖,建立城乡互动的双向流通系统,建立有效的互动机制和相关路径。大型流通企业是建立城乡互动的双向流通系统中最为重要的载体,承担了消费品从城市向农村流通与农产品从农村向城市流通的双重任务。在城乡双向流通中,流通企业能否实现对物流设施、店铺网络、人力等流通要素的共享,是其能否降低流通成本的关键所在。因此,流通企业要解决好农村流通网络的规划、建设及其与城市流通网络的整合,通过“流通企业+农产品加工企业”、“流通企业+农产品流通合作组织”、“流通企业+农户”等多种农商对接模式,建立城乡双向低成本流通路径。流通企业必须根据自己的发展阶段和战略、农村市场的特点、农产品的类型等因素,因地制宜地选择合适的方式来实现城乡双向流通渠道的整合。如苏果超市集团采取“直营店+加盟店”、“点配合一”等战略,成功地建立了低成本的城乡双向流通渠道。

四要制定和完善促进城乡流通一体化的公共政策。在具体的公共政策选择上,必须抓住信息化、网络化、标准化、连锁化、国际化的流通业现代化发展趋势,制定城乡一体化的流通产业发展战略;要注重对农村流通服务体系的公共财政投入,完善农村流通基础设施,构建农村现代物流配送体系,发展连锁商业,建立农村商品流通信息网络;要健全流通法律体系,严厉打击农村市场假冒伪劣行为,维护农村流通秩序;要加大对城乡一体化流通组织的扶持力度,培育一批服务城乡的大型一体化流通组织,在税收、土地以及信贷方面予以支持;要支持那些服务城乡的大型流通企业建立境外营销网络,带动农产品出口,等等。

五要着力推进城乡流通一体化的项目建设。城乡一体化的流通体系包括两大流通平台(即城乡流通信息平台和城乡物流配送平台)和五大网络(即农村日用品与农资连锁销售网络、农产品购销供应网络、农用工业品代理配送网络、农民生活服务网络、农村商务信息服务网络)。2005年2月以来,商务部在全国组织实施了“万村千乡”市场工程、“双百”市场工程以及“信福”工程。这些旨在促进农村流通业现代化的工程极大地促进了海西区城乡流通一体化的步伐,完善了农村商业基础设施建设,充分发挥了现代流通产业的先导作用,促进了“以贸促工、以贸促农、以城带乡、以乡促城”良性发展格局的形成。因此,项目建设是建立城乡一体化流通体系的主要着力点。要继续推进"万村千乡"市场工程,大力发展连锁商业,实施"农超对接";进一步深化"家电下乡"、"汽车下乡"、"以旧换新"等惠民活动,完善相应的配套措施,真正实现让利于民,挖掘农村消费市场潜力,实现城乡互动。

四、实施流通创新战略

流通创新是流通产业的调整与更新过程,它是流通产业发展的根本性推动力量。流通创新能力是企业创新能力与扩散能力的总合,从本质上讲,它还是取决于企业的创新能力。这是因为,没有创新就不可能有扩散,扩散是基于创新基础上的扩散。因此,保持旺盛的创新能力,是流通产业不断发展的基础。通过流通创新,可以扩大流通规模,提高流通效率。实施流通创新战略,离不开人才、资金以及政策支持。

一要积极培育有创新意识的企业家。熊彼特以创新理论对企业家进行了"创新者"的角度定位,企业家是技术创新的灵魂,是技术创新的关键推动力量。因此,应采取有效的利益激励机制、选拔机制以及相应的法律约束和监督机制,积极培育有创新意识的企业家,推动流通领域技术创新的进程。市场机制是对创新企业家的最佳甄别与选择机制,也是对企业家创新行为的激励机制。要培育有创新意识的企业家,就必须完善高级经理市场,使得一批有才干、有胆识、懂经营、勇创新的企业家有机会脱颖而出。培育有创新的企业家,还必须完善资本市场以及产权交易市场,使得真正的企业家能够借助资本市场以及产权市场所具备的"倍增器"作用,迅速做大做强其统领的企业。

二要加快培育大型流通产业组织。培育发展大型流通集团,积极推行连锁经营等现代流通方式,提高流通企业组织化程度。流通企业应逐步摆脱地域概念,通过多种方式不断扩大企业经营规模,增强企业创新能力,培育一批跨国界和行政区域的大型连锁流通企业集团,使之成为流通领域技术创新的主体和先锋。从流通领域发展的实践来看,大型的流通企业组织不仅具有更加强烈的创新意识,同时也具备流通创新的能力。流通产业结构的升级,关键就在于那些掌握雄厚资金的大型流通组织对产业外部技术创新的吸纳能力及其流通技术的创新效率。

三要增加政府流通创新方面的财政投入。加强流通技术创新的示范和引导,在商业信息化、流通标准化、现代物流建设中的共性技术等方面,政府应给予科技经费支持。加强现代流通软科学专题研究,积极开展国际合作,全面提高流通现代化管理水平。鼓励流通企业申报科技型中小企业技术创新基金,对列入计划的项目,各级政府的技术创新、创业资金要给予匹配资金支持。加大政府贴息贷款向流通企业技术创新的倾斜力度,积极支持和鼓励流通企业技术进步。

四要健全流通人才培养体系和强化培训机制。政府应当拓宽教育和培训渠道,鼓励和支持企业、行业协会和大专院校开展多方面、多层次的人才培养和在职培训工作,特别是要加快培养流通领域计算机和信息技术的研究和开发人才。同时,可借鉴美国、日本等国家的做法,建立强化流通业从业人员的培训机制,并将参加职业培训及获得资格证书作为职工上岗的基本条件,从而不断提高从业人员的素质。

五要发展现代流通方式。自 2001 年以来,以连锁经营、电子商务和物流配送为主要内容的流通创新的进程明显加快,这些工作对于提高流通的现代化水平、强化技术手段的应用、调整产业结构、加快产品流通速度具有深远的意义。电子商务是现阶段商品流通领域技术高度发展的表现形式,它是建立在信息和网络技术之上的,是全球迅速兴起的全新贸易方式。实施电子商务可以大量地节约流通领域的人员和资金,提高商品流通效率,实现流通业产出规模的扩大。一方面,企业和企业之间通过实施电子商务,即 B2B 形式,实现生产企业与批发企业、生产企业与零售企业、批发企业与零售企业之间的对接,不仅可以节约从事商品采购的人员,降低交易成本,而且可以加快时效,提高商品流通效率,短时间内完成企业间的商品流通。另外,还可以给生产企业提供充分、及时的市场信息,使生产企业及时调整生产。另一方面,企业和消费者之间通过实施电子商务,即 B2C 方式,不仅可以迅速完成商品从流通企业到消费者的转移,节约从事商品销售的人员和时间,提高流通业从业人员的劳动效率,降低交易成本,而且流通企业可以迅速获得市场需求信息,并根据市场需求调整其商品结构,从而扩大商品销售量,实现商品流通产出规模的扩大。

六要鼓励各类流通企业的技术创新和管理创新。一方面,各个流通企业要根据本企业的特点进行技术创新与管理创新。例如,各类流通企业要逐步应用计算机技术、通信网络技术、POS 技术、条形码技术、自动订货系统,实现办公、业务、信息系统的自动化、网络化,并逐步实现管理观念的现代化、管理方式的科学化。另一方面,流通企业要积极吸收和引进国外同类企业先进的科学技术和管理方法。国外发达国家的商品流通产出效率要远远高于国内流通同样投入规模的产出效率,一个重要的原因就在于国外流通企业的技术水平与管理水平要远远高于国内流通企业。因此,合理吸收和引进国内外流通企业的管理方法与技术是提高流通企业管理与技术水平的一条捷径。

第四节　海西区流通产业发展展望

海西区流通产业在经历"十一五"的稳定增长以后,在未来"十二五"期间将继续保持较快的增长,特别是随着海峡两岸经济合作的进一步深化以及贸易的自由化,海西区流通产业将迎来更加广阔的发展空间。在海西区流通产业发展整体规模与效能提高的同时,流通产业发展的一体化进程将加快。

一、海西区流通产业的整体规模将持续扩大

"十二五"期间,海西区流通产业的整体规模将持续扩大。从流通产业的增加值来看,如果按照比较保守的估计即年均12%的速度增长,预计到2015年,流通产业实现的增加值将达到6 425亿元;如果按照比较乐观的估计即年均15%的速度增长,预计到2015年,流通产业实现的增加值将达到7 333亿元。从社会消费品零售总额来看,如果按照比较保守的估计即年均15%的速度增长,预计到2015年,社会消费品零售总额将达到20 671亿元;如果按照比较乐观的估计即年均18%的速度增长,预计到2015年,社会消费品零售总额将达到23 511亿元。"十二五"期间,海西区流通产业将持续快速增长的判断基于以下两个重要因素:

一是工业化、城市化、国际化、信息化的快速发展,成为海西区流通产业发展的四大引擎。城市化提供了现代流通产业发展的"需求引擎";工业化提供了现代流通产业发展的"供给引擎";国际化提供了现代流通产业发展的"竞争引擎";信息化则提供了现代流通产业发展的"技术引擎"。2011年3月,国家发展与改革委员会制定了《海峡西岸经济区发展规划》,明确提出了建设海峡西岸先进制造业基地、加快建设海西区城市群、积极合理有效利用外资以及加强信息网络体系建设等重大建议,这无疑将加快海西区工业化、城市化、国际化、信息化的步伐,为海西区流通产业的快速发展带来巨大动力。

二是海峡两岸经贸合作深化,为海西区流通产业发展带来难得的历史机遇。作为两岸交流合作的前沿平台,海西区在两岸产业深度对接方面富有大有作为的空间及可能性,在《规划》中提出了两岸现代流通产业对接的建议:积极承接台湾现代服务业转移,加强两岸物流企业项目对接,合作建设物流配送或专业配送中心;加快海峡西岸国际采购和区域物流中心建设,推动两岸物流产业标准化和网络化建设。这些建议的落实将会直接促进海西区流通产业的发展。

二、海西区流通产业发展的整体效能将提高

"十二五"期间,海西区流通产业的发展除了在产业整体规模方面有重大突破,更重要的是海西区的流通效能将有大幅提升,这主要得益于以下几点:

一是流通基础设施将得到极大改善。在陆路交通方面,将完善福州、厦门、泉州、温州、汕头等综合交通枢纽功能,预计到 2015 年铁路营运里程、高速公路通车里程均超过 5 千公里。在港口建设方面,将着力打造福州港、厦门港、湄洲湾港、温州港、汕头港,并鼓励沿海物流企业到内陆城市设立"陆地港",推进发展河海联运、铁水联运等多式联运。在空港建设方面,加快建设厦门、福州国际机场,建设部分支线机场,到 2015 年民航旅客吞吐量将达到 5 千万人次。中央提出,对海西区基础设施建设予以中央财政资金倾斜,重点支持交通主干道、主枢纽、口岸及综合交通运输体系等基础设施建设。

二是流通产业组织结构将得以优化。"十二五"期间,海西区将推动建立统一市场,发展区域性商品市场、产权交易市场、人力资源市场,促进技术、人才、管理等生产要素向优质流通企业集聚,有利于做大做强区内流通企业;引导民营流通企业的转型改造工作,建立现代企业制度,实施中小流通企业改制上市培育工作,有利于提高中小流通企业效率。另外,做好流通领域招商引资工作,将大力吸引国内外知名企业到园区建立物流中心。

三是现代流通方式将被广泛采用。现代物流中心、连锁经营以及电子商务等现代流通方式将得以大力发展。《规划》明确提出加快发展现代物流业:将在厦门、福州、泉州、温州、汕头等中心城市,规划建设一批现代物流园区、综合性现代物流中心;加快保税区、保税港区、保税物流园区建设和整合发展,积极推进两岸港区发展保税仓储、贸易采购、配送中转等国际物流;引导传统运输、仓储企业向第三方物流企业转型;加强沿海港口、交通枢纽、国际机场等物流节点的多式联运物流设施建设。

三、海西区流通产业区域一体化进程加快

"十二五"期间,海西区流通产业发展区域一体化的进程将加快,主要表现在以下两个方面:

一是流通产业区域发展不平衡趋势将放缓。海西区将建立健全区域合作机制,创新合作模式,突破行政界限,消除行政壁垒,加快区域一体化进程。这将有效抑制海西区未来流通产业发展区域不平衡的趋势。在流通基础设施建设方面,海西区将推进跨省行政区的铁路、公路、港口等重大基础设施的项目统

筹规划布局和协调建设;统筹规划建设信息基础网络,共享信息数据库。在流通产业对接方面,加强区域内产业分工协作,探索建立跨区域的物流园区。在统一流通市场建设方面,积极开放市场,打破各种形式的垄断和封锁;加快发展闽浙、闽赣、闽粤边贸市场;加快发展区域性商品市场、产权交易市场、人力资源市场,促进人流、物流、资金流和信息流的畅通。这些措施的落实,将大大加快海西区流通产业一体化的进程。但我们必须清醒地认识到,海西区流通产业发展区域不平衡的趋势只是放缓,其总体格局短期内难以出现根本性扭转,发达地区与欠发达地区在流通产业的规模、结构、效率方面依然会存在不少差距。

二是流通产业发展的城乡差距将逐步缩小。“十二五”期间,海西区将加快建立以工促农、以城带乡的长效机制,着力解决“三农”问题和城乡二元结构矛盾,促进城乡共同发展,这将逐步缩小流通产业发展的城乡差距。政策支持城市企业向农村延伸产业链,引导城市资金、人才、技术、管理等生产要素向农村流动,这为农村流通产业发展提供了要素支持。海西区将加快城乡基础设施建设共同发展机制,统筹城乡供排水、供电、供气、通信等基础设施建设,为农村流通产业的发展提供坚实的基础。

第五章

海西区旅游业

第一节　海西区旅游业发展现状

一、海西区旅游业的国内地位分析

（一）海西区旅游业在全国的地位分析

1. 海西区旅游业在全国的重要性逐步提升

由表5-1可以清楚地看出，2004—2010年海西区国内旅游市场人数占全国国内旅游市场人数的比重不断提升，从2004年的7.52%上升至2010年的12.04%，海西区旅游业在全国旅游产业中的地位和重要性不断增强。

表5-1　2004—2010年海西区与全国旅游业国内旅游者人数构成

年份	海西区国内旅游人数（人）	全国国内旅游人数（人）	海西区占全国比重（%）
2004	82 885 007	1 102 000 000	7.52
2005	106 710 106	1 212 000 000	8.80
2006	128 862 144	1 394 000 000	9.24
2007	152 703 067	1 610 000 000	9.48
2008	175 373 207	1 712 000 000	10.24
2009	207 317 890	1 902 000 000	10.90
2010	252 647 925	2 098 000 000	12.04

资料来源：根据各地市统计年鉴整理所得。

2. 旅游业呈现由量向质转变的良好发展态势

海西区国内旅游业收入占全国国内旅游收入比重显著高于旅游者人数所占比例(见表5-2);2004年,国内旅游收入占比16.02%,至2010年,该比重已提高至24.46%。区域旅游业发展并非单纯依靠旅游者数量的增加来提升旅游产业的竞争力,国内旅游市场收入份额的提高客观上反映了海西旅游产业结构的优化、旅游行业质量的提升。

表5-2　2004—2010年海西区与全国国内旅游市场收入比较

年份	国内旅游收入(万元)	全国旅游收入(万元)	海西区占全国比重(%)
2004	7 546 700	47 107 100	16.02
2005	9 461 100	52 858 600	17.90
2006	11 438 800	62 297 400	18.36
2007	13 758 100	77 706 200	17.71
2008	15 065 100	87 493 000	17.22
2009	17 685 200	101 836 900	17.37
2010	30 768 700	125 768 600	24.46

资料来源:根据各地市统计年鉴整理所得。

(二) 国内旅游热点区域比较分析

在国际旅游知名度方面的区域比较研究中,我们主要采用网络查询法来测试各旅游区域的国际旅游影响力。Google是全球最大的网络搜索引擎,分别将各个区域的主要旅游城市的英文拼音连同China tourism作为关键词键入www.google.com进行搜索。搜索词条频次反映词条使用频度的同时能在很大程度上体现出区域国际旅游在世界范围内的影响力(见表5-3)。

表5-3　全国热点旅游区域点击频次对比

长三角旅游区		珠三角旅游区		云南旅游区	
城市	点击频次	城市	点击频次	城市	点击频次
南京	49 200 000	广州	174 000 000	昆明	21 300 000
苏州	2 420 000	珠海	1 210 000	大理	253 000
扬州	1 590 000	深圳	9 460 000	普洱	1 330 000
无锡	1 120 000	佛山	1 680 000	丽江	2 760 000
徐州	415 000	肇庆	494 000	香格里拉	723 000
常州	952 000	东莞	2 680 000	玉溪	330 000
杭州	4 340 000			曲靖	1 950 000
宁波	4 270 000				
嘉兴	416 000				
绍兴	973 000				
均值	6 569 600	均值	31 587 333	均值	4 092 286

（续表）

海西旅游区					
城市	点击频次	城市	点击频次	城市	点击频次
潮州	281 000	衢州	3 070 000	泉州	1 140 000
汕头	846 000	丽水	155 000	宁德	29 000
梅州	6 620 000	武夷山	2 520 000	三明	170 000
揭阳	18 600	厦门	2 600 000	赣州	28 300
温州	2 290 000	福州	2 010 000	鹰潭	56 500
				上饶	27 100
均值	1 366 344				

资料来源：本研究整理所得。

从表 5-3 的对比数据中可知，海西区各市点击频次的均值明显偏低。虽然近年来海西区的旅游业得到了快速发展，但就国际影响力而言，不仅远落后于经济发展水平较高的长三角、珠三角，即便是与热点旅游区域云南省相比，也存在较大的差距。

二、旅游资源分布

旅游资源是区域旅游业发展的物质基础和条件。以下我们将从旅游资源入手，主要围绕旅游资源的属性，从自然、人文及区位三个层次展开对海西区旅游业现状的具体分析。

（一）自然生态资源

海西区地处我国亚热带、热带季风气候区，拥有漫长的海岸线及风光旖旎的海岛峡湾。海西区以福建省为主体，北至浙江温州、丽水地区，南抵广东梅州、潮州一带，向西延伸至江西婺源、鹰潭等地，不仅拥有层次丰富的垂直地带性自然景观，同时呈现沿海向内陆过渡的自然资源特色。区域内以山地丘陵地貌为主，森林覆盖面积大，地貌奇幻多样、植被葱郁，拥有众多国家稀有物种；从水文景观考察，区域内河川密布，边缘岛屿峡湾众多。此外，区域地处环太平断裂带，拥有丰富的地热资源。

进一步，我们汇总了区域范围内的省市自然生态旅游资源评级信息并将其按省份分别归纳如下：

福建省拥有 1 处世界自然与文化遗产（武夷山）、1 个世界地质公园（泰宁）、13 个国家级重点风景名胜区、12 个国家级自然保护区、21 个国家森林公园、9 个国家地质公园、37 个国家 4A 级以上旅游区、2 个国家旅游度假区。此外，福建的天然沙滩中有 60 多处可开发为沙滩浴场，并且在现有的近海岛屿中,具有旅游开发价值的高达100多个。

浙江省温州市拥有3个国家级风景区、2个国家级自然保护区、1个世界地质公园(雁荡山)、8个省级风景区、25个市县级风景区。丽水市拥有国家级、省级自然保护区3处。衢州市拥有1个国家级重点风景区(江郎山)、2个国家级森林公园、1个国家级地质公园和1个国家级自然保护区。

江西省上饶市拥有2处世界自然遗产(三清山、龟峰)、3个国家重点风景区、10个国家4A级旅游区、8个国家森林公园和2个国家级自然保护区。鹰潭市的龙虎山集国家重点风景区、国家4A级景区、国家地质公园、国家森林公园四大称号于一身,资源价值品位高。赣州市拥有1个国家级风景区、1个国家自然保护区、8个国家级森林公园、1个国家4A级旅游区、18处省级自然保护区、8处省级风景区。

广东省梅州市拥有1个国家5A级景区(雁南飞茶田旅游度假村)、5个国家4A级景区。汕头市拥有3个国家4A级旅游区、1个国家森林公园、1个国家农业生态旅游示范点;此外,还拥有省级风景区及自然保护区各1处、省级旅游度假区4处。潮州市有3个国家4A级景区。

(二)社会、历史文化资源

海西区是我国文化资源极其富饶的地区之一。一方面,区域内拥有众多保存完好的古代遗迹,文物古迹、摩崖石刻不胜枚举;另一方面,汇集了风格各异的古民居、古城楼以及古代会议遗址。此外,区域民俗风情浓郁,民俗文化多样。其中,客家文化、潮汕文化以及闽台文化是当地最具代表性的民俗文化。

从海西区主要省市的旅游资源评级信息来看:截至2010年,福建省拥有1处世界自然与文化遗产(武夷山)、1处世界文化遗产(客家土楼)、9个国家历史文化名城(包括名镇、名村)、85个全国重点文物保护单位、24个全国工农业旅游示范点单位以及7个中国优秀旅游城市和2个省级优秀旅游县。

浙江省温州市拥有3个国家级风景名胜区。丽水市拥有国家级、省级文物保护单位17处。衢州市作为我国著名的历史文化名城,境内文物古迹多达2 040余处,拥有1个国家级重点风景名胜区(江郎山),并且拥有2处全国重点文物保护单位和15处省级文物保护单位。

江西省上饶市拥有3个国家重点风景名胜区,2处全国红色旅游经典景区。鹰潭市的龙虎山是国家重点风景名胜区,山中名胜古迹、摩崖石刻数不胜数,因其悠久的历史、奇特的构思以及精美的轮廓而驰名海内外。赣州市精品旅游项目丰富,其中红色旅游更是区域的主打产品。全市拥有1座国家级历史文化名城、1个国家级风景名胜区、5处(19个点)国家级文物保护单位;此外,该市还拥有8处省级风景名胜区、54处省级文物保护单位和267处革命旧址遗迹及革命纪念建筑景观。

广东省梅州市是近代客家人的集散中心，素有“客都”之称。全市拥有1个省级历史文化名镇（三河镇）、131处省级文物保护单位，其中省重点文物保护单位15处。汕头市拥有1处省级风景名胜区。潮州市拥有8个国家重点文物保护单位及11个省级重点文物保护单位；全市现有文物古迹728处，是粤东文物古迹荟萃之地。

（三）地理区位资源

首先，从地理区位考察，海西区位于中国的东南沿海地区，与台湾海峡隔海相望。不仅拥有便捷的海上交通，能够与东亚、东南亚及南亚地区进行密切的经济文化交流，同时，还享有绝对的对台优势，能够形成海峡两岸的互补合作。

其次，从经济区位考察，海西区位于长三角和珠三角两大经济区的过渡地带，是连接两大区域的重要咽喉，能够较为便捷地利用来自两个区域的有利条件，形成新兴的增长极。

三、旅游产品构成

（一）传统旅游产品

传统旅游产品主要指以观光游览为核心目的的单一旅游产品，其构成要素包括自然风景、名胜古迹、历史文化建筑景观以及城市风光。海西区因其秀美的山河、独特的地貌、悠久的历史文化而使其传统旅游产品拥有较强的吸引力。

1. 山水观光旅游产品

丹霞地貌是海西区分布广泛且最为独特的地貌景观之一。红色砂砾岩在海水溶蚀作用下形成了各具特色的奇峰怪石，在此发育的山峰多以险秀著称。福建武夷山、浙江江郎山、江西龙虎山，都是丹霞地貌的典型代表。此外，闽南沿海地区花岗岩地貌发育，在外力侵蚀下形成的裸石景观以及近海地区的海石柱、海石崖，共同构成了海西区独特的海岸地貌。丰富的山水地貌景观使海西区旅游产品拥有较高的美学价值。

2. 城市风光旅游产品

精品特色小城市是海西区城市旅游最为显著的特征之一。海西区内的中心城市规模有限，但各个城市因其独特的都市风光、地域文化吸引了众多的国内外游客。区域北部拥有众多文物古迹，融汇古今特色的丽水市、中西部拥有古朴悠远茶文化的武夷山市、南部客家文化彰显的梅州市、潮汕文化盛行的潮州汕头一带以及区域东南部的厦漳泉闽台特色文化小城等共同构成了区域城市风光旅游产品的核心。

（二）新型旅游产品

1. 红色旅游产品

海西区拥有丰富的红色旅游资源，资源种类齐全，旅游开发项目呈现多样化，红色旅游产品成为区域新型旅游产品的主打项目之一。近年来，区域根据“一区两线五景”的全国红色旅游资源布局，重点培育闽西、闽北、赣交界处以及闽东三个特色红色旅游区，打造五条红色旅游精品线路和二十余个红色旅游主打产品（见表 5-4 及表 5-5）。

表 5-4　海西区红色经典旅游区及旅游线路

一个重点红色旅游区	两条红色精品旅游线路
湘赣闽红色旅游区	赣州—瑞金—于都—会昌—长汀—上杭—古田线黄山—婺源—上饶—弋阳—武夷山线
五个红色旅游景点景区	三个红色旅游区
龙岩红色旅游系列景点 三明红色旅游系列景点 武夷山赤石、大安红色景区 福州福建省革命历史纪念馆 漳州市毛主席率领红军攻克漳州陈列馆	闽西红色旅游区，以古田会议旧址为中心 闽北赣交界红色旅游区，以武夷山为中心 闽东红色旅游区，以宁德为中心

资料来源：《2005—2010 年福建省红色旅游发展规划纲要》。

表 5-5　海西区系列红色旅游产品

纪念馆系列	革命名人故居系列	烈士陵园系列
福州市福建省革命历史纪念馆	毛泽东故居	瞿秋白烈士纪念碑
毛泽东才溪乡调查纪念馆	朱德故居	清流烈士纪念碑
后田暴动纪念馆	张鼎丞故居	林祥谦烈士陵园
闽西革命纪念馆	蕉城蔡威故居	惠安解放军烈士庙
乌山革命纪念馆	汕头彭湃故居	赣州兴国烈士陵园
平和暴动纪念馆	丽水陈诚故居	丽水粟裕墓
闽中革命史纪念馆	衢州戴笠故居	
厦门市革命烈士事迹陈列馆		
闽北革命历史纪念馆		
汕头叶挺纪念馆		
梅州叶剑英纪念园		
温州中山公园		

（续表）

革命遗址系列		
上杭县古田会议旧址	连南区革命委员会旧址	夏坊玉皇楼苏维埃政府楼
长汀县福建省苏维埃旧址	武夷山上梅暴动史迹	福建第一个党支部旧址囊萤楼
福音医院旧址	金砂农民暴动旧址	德化中共福建省委旧址
县革命委员会旧址	延平八角楼旧址	上溪整编旧址
红四军司令部	红军标语、瞭望台及长校将军庙	霍童暴动——支提寺
政治部旧址	铜铁岭战斗遗址	古田齐云寺地下交通站
中共福建省委旧址	福建省职工联合总工会旧址	瑞金长征第一山
长乐南阳村中共福建省委旧址	新泉整训旧址——望云草室	上饶集中营旧址
百克医院	红军 207 团旧址	瑞金红井
连南区革命委员会旧址——张氏家庙	汕头赤山约农会旧址	瑞金革命遗址
瑞金叶坪革命遗址		

资料来源：本研究整理所得。

2. 滨海休闲旅游产品

海西区拥有丰富的海洋资源和自然生态资源。蔡芳竹（2010）提到，近年来，依托沈海高速公路福建段以及温福、福厦高速铁路，已经逐步形成了以厦门为龙头，包括宁德、福州、莆田、泉州、漳州等沿海城市以及平潭综合实验区在内的以海滨度假、休闲观光为目的的蓝色滨海旅游带（见表 5-6）。

表 5-6　海西区主打滨海旅游区海岛旅游产品

名称	平潭旅游区	东山生态旅游岛
分布区域	包括平潭综合实验区所辖陆地及相关海域	包括东山县所辖陆地及相关海域
旅游产品	度假酒店群、度假海滩、游艇俱乐部	海岛休闲、海上运动产品、海岛文化旅游产品
名称	厦门旅游区	沿海动车沿线旅游区
分布区域	广义的厦漳泉地带及附近岛屿	包括沿海各市紧邻高铁沿线区域
旅游产品	滨海度假、海洋生态、主题公园、邮轮游艇	一程多站式海峡旅游、滨海都市旅游产品

资料来源：本研究整理所得。

3. 会展旅游产品

近年来，海西区会展旅游作为一类新型旅游产品在各区域的中心城市逐步展开。海西区北部的温州地区，东南部的福州、厦门等地，以及南部的潮汕一带，会展旅游业发展较快，相关旅游产品种类相对齐全。海西区会展业发育程度最高的厦门市每年举办的大小展会高达1 000多场次且会展合作形式多样，通过各种会展活动达成的投资、贸易总成交额高达上千亿美元，同时还培育了“投洽会”、“台交会”、厦门国际石材展览会、中国（厦门）国际食品交易博览会、厦门人居环境与住宅产业展示交易会、亚非博览会等一批专业展览会并使其初具规模。相对地，位于次中心的旅游城市该行业发展速度较为缓慢，尤其是位于海西区西北部的闽北、闽西及赣东一带，该行业尚处于萌芽状态，会展旅游产品极为稀少，从而也限制了海西区整体会展旅游业的发展。

4. 工业旅游产品

海西区工业旅游方兴未艾，正成为旅游业一道亮丽的风景线。截至2012年，区域所拥有的省级、国家级工业旅游示范点行业覆盖面积广，其中不仅拥有造船、酿造、石雕、红木家具工艺等传统产业，同时也涵盖保健食品、陶瓷创意等新兴产业。区域工业旅游产品种类多样，主要包括：工业企业、传统工业园区、创意产业园区、工业行业博物馆（见表5-7）。

表5-7 海西区工业旅游重点企业

福建	福建省福建马尾造船厂、福建省水口电站、福建雪津啤酒有限公司工业园、福建省惠安“中国雕艺城”、福建省泉州豪翔石业有限公司工业园、福建省上杭紫金矿业股份有限公司、福建省石狮服装城、福建省厦门银鹭高科技园
浙江	衢州黄坛口发电厂、温州正泰集团、温州红蜻蜓集团、浙江省丽水龙泉宝剑厂工业旅游区
江西	江西省鹰潭江西铜业公司
广东	广东省潮州市中国瓷都陈列馆

资料来源：本研究整理所得。

5. 农业旅游产品

农业旅游作为海西区的主打旅游产品之一，近年来在海西旅游产业体系中发挥着越来越重要的作用。海西区农业旅游产品发展的基本特征如下：其一，农业旅游产品种类繁多，主要形式的农业旅游项目发展势头强劲。截至2011年3月，仅福建一省的国家级农业旅游示范点便已高达16个，同时还拥有21个省级农业旅游示范点（见表5-8）；其二，农业旅游与休闲生态旅游方式结合，初步形成具有区域特色的低碳农业旅游产品体系；其三，区域休闲农业与台湾地区相关产业存在广泛的合作，推动了农业旅游产品形式的不断更新。

表5-8 海西区农业旅游产品形式构成表

旅游形式	区域典型景区
观光农业园区	温州瓯海区白云山、温州乐清山水城、漳州海峡两岸花博园——东南花都、漳浦天福茶博物院——石雕园、闽侯县龙台山生态园、古田翠屏湖农业旅游点、文成县精品蔬果休闲观光农业园等
观光休闲农场	温州市瑞安金潮港、泉州武陵生态休闲农场、平潭乐活玖玖农场、汕头佳绿苑开心农场、潮州杨墩生态休闲农庄、上饶市三清山田园牧歌休闲农庄、丽水仙都铁城休闲农庄等
现代农业公园	温州四海山森林公园、温州玉苍山森林公园、衢州黄坛口紫薇山森林公园、抚州马头山森林公园、宁德市三都澳海上渔排等
农家乐	福建土楼农家乐、福安市溪塔畲族葡萄沟、江西上饶府上农家乐、梅州叶南渔村农家乐等

资料来源:本研究整理所得。

6. 温泉旅游产品

海西区中北部地区及武夷山脉、西北部的江西境内的山脉多为火成岩,温泉储量丰富,尤其在江西省和福建省交界处以及福建沿海地区,地热资源极为丰富。海西区温泉数量多,覆盖区域面积大,温泉类型较为齐全,成为区域温泉旅游产品开发的重要基础。近年来,随着温泉旅游的升温,海西区已开发出了相当一部分具有一定规模的温泉度假区,开始形成具有规模效应的温泉旅游带。其中,较为典型的两处温泉旅游带为:福建滨海温泉旅游带和江西赣东山区温泉旅游带。

四、旅游业客源市场

(一)入境旅游市场

截至2010年,海西区入境旅游市场保持较为良好的增长态势。主要省市入境游客数目稳步上升,并在总体上呈现一定的规律性。基于可获得的数据,我们归纳总结了海西区整体入境旅游市场的一般性特征,并深入考察了典型区域相关市场的一些具体特征。

1. 区域入境旅游总体发展势头良好,环比增势存在较大波动

通过整理汇总2004—2010年度海西区覆盖省市的旅游入境市场游客人数统计信息,我们绘制了区域旅游入境市场游客人数变化的柱状图以及年度环比游客人数增长率趋势线(见表5-9、图5-1)。一方面,海西区入境旅游市场游客人数呈现逐年递增趋势。2010年,区域入境旅游市场游客人数高达5 321 146人次,比上年增长16.49%,入境旅游市场总体表现较活跃。另一方面,环比增

长率波动较大。2007—2009 年度经历了一个增长率下降的阶段,区域入境旅游市场的发展受到外部经济环境的影响力较大,可能尚未形成较为稳定的入境旅游客源地。

表 5-9　海西区 2004—2010 年入境旅游市场统计数据

年份	入境旅游市场(人)	环比增长率(%)
2004	2 503 034	—
2005	2 807 002	12.14
2006	3 324 058	18.42
2007	3 839 007	15.49
2008	4 189 930	9.14
2009	4 189 930	9.02
2010	5 321 146	16.49

资料来源:根据海西区各省市统计年鉴、政府公报、旅游年鉴整理所得。

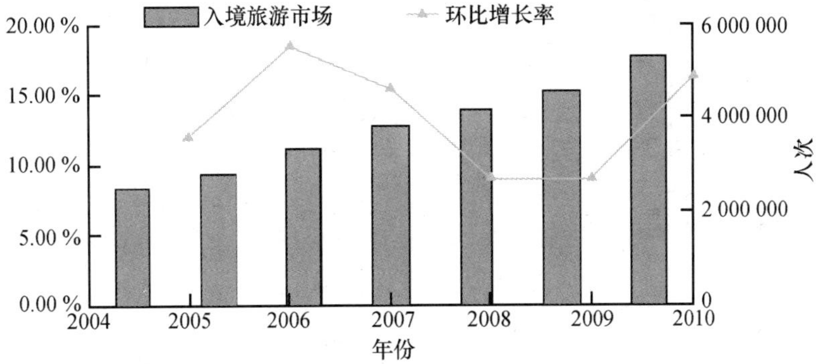

图 5-1　海西区 2004—2010 年入境旅游市场游客人数及环比增长率

资料来源:本研究整理所得。

2. 港澳台游客占据市场主导地位,外国游客比重呈现波动式下降

从海西区入境旅游市场的客源结构来看,2004—2009 年海西区入境旅游市场的整体结构相对稳定,市场结构波动变化幅度较小。总体而言,海西区入境游客市场构成中,港澳台游客占据市场的主体地位,外国游客比重较小;就具体构成部分而言,外国游客比重呈现波动式下降,港澳游客比重增长率则呈现较小幅度的上升(见表 5-10)。

表 5-10 2004—2009 年海西区入境旅游市场游客构成 单位:%

年份	外国游客比重	增长率	港澳台游客比重	增长率
2004	34.90	—	65.10	—
2005	37.97	8.80	62.03	-4.71
2006	36.00	-5.17	64.00	3.16
2007	38.93	8.14	61.07	-4.58
2008	36.51	-6.23	63.49	3.97
2009	33.67	-7.78	66.33	4.47

资料来源:根据海西区各省市统计年鉴、旅游年鉴整理所得。

对其中福建省入境旅游市场的外国游客构成的研究发现,亚洲客源市场占据主导地位,但入境旅游市场客源地开始呈现多元化。

蔡朝双(2011)指出,从整体旅游入境市场考察,2003—2009 年福建省入境旅游市场中的港澳台游客人数呈逐步上升趋势,并且在 2008—2009 年超过所有其他国家和地区,成为福建省入境旅游客源中人数最多的客源市场。从入境旅游市场的外国游客客源地考察,该阶段日本一直是福建省最为重要的客源市场之一。

唐得昊等(2010)也发现亚洲市场在福建入境旅游客源市场中的主导地位。他们的研究同时指出,2002—2007 年福建入境旅游市场中,台湾客源市场虽然存在一定的波动性,但由于其特殊的返乡经商旅游目的,仍然占据较大的份额。该研究还认为,香港是福建省重要的入境旅游市场,与台湾相比,虽然该地区的游客份额比重明显降低,但竞争力转移分量最大,在该市场中仍然具有显著优势。

此外,《2010 年福建省旅游业发展报告》关于入境旅游市场的相关统计数据也显示:五大洲际客源市场四升一降,亚洲、欧洲、美洲、大洋洲客源市场增长,非洲客源市场有所下降。从洲际市场来看,传统的亚洲市场仍然占据绝对优势。福建省 2010 年全年接待亚洲入境游客 55.47 万人次,同比增长 4.51%,占入境旅游市场外国游客总量的 48.1%。但值得关注的是,欧洲、美洲也开始呈现较强的增长力。2010 年福建省入境旅游市场中,美洲市场增幅为 42.94%;欧洲市场也实现了 17.64% 的两位数增长。由此可见,虽然亚洲客源市场的主体地位不可动摇,但入境旅游市场客源地的多元化趋势已经相当显著。

3. 入境旅游人数增长率与外汇增长率变化关系不显著

通过对入境旅游人数、旅游外汇收入增长率(见表 5-11)的比较分析发现,2008 年以前,两组数据变化趋势存在较大差异,其关联性较弱。虽然从 2008 年开始,两条曲线的变化趋势较为一致,但旅游外汇收入的增长率明显放慢,到2010年,旅游外汇收入的增长率甚至低于旅游人数增长率(见图4-2)。由此可见,海西区入境旅游市场的总体发展水平不高,且波动较大。

表5-11　2004—2010年海西区入境市场人数、外汇收入及其增长率

年份	入境旅游总人数(人)	旅游外汇收入(万美元)	入境旅游人数增长率(%)	旅游外汇收入增长率(%)
2004	2 503 034	137 479	—	—
2005	2 807 002	166 062	12.14	20.79
2006	3 324 058	190 252	18.42	14.57
2007	3 839 007	272 190	15.49	43.07
2008	4 189 930	303 991	9.14	11.68
2009	4 567 986	333 110	9.02	9.58
2010	5 321 146	386 559	16.49	16.05

资料来源:根据海西区各省市统计年鉴、旅游年鉴整理所得。

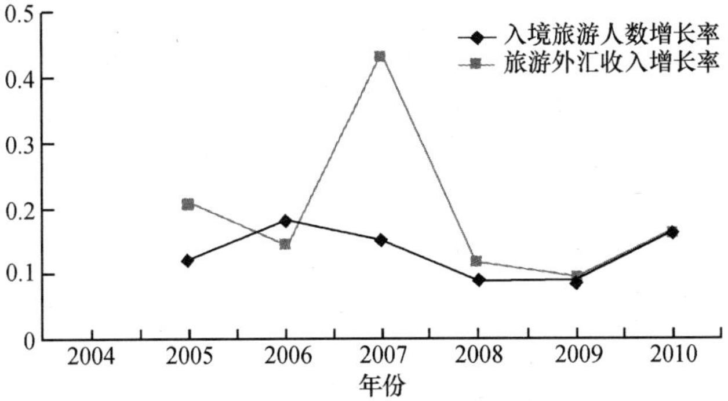

图5-2　海西区入境旅游市场游客人数及外汇收入增长率

资料来源:根据海西区各省市统计年鉴、旅游年鉴整理所得。

(二)国内旅游市场

1. 海西区国内旅游市场平稳快速发展

通过分析2004—2010年海西区国内旅游市场的游客人数及国内旅游收入的变化趋势(见表5-12)可以发现,海西区国内旅游市场保持良好的增长势头。排除2008—2009年金融危机对旅游业的冲击,国内游客人数的年增长率基本稳定在20%上下;国内旅游收入的环比增长率也都高于20%,国内旅游市场较为活跃。其中,较为突出的是金融危机过后的2010年,国内旅游收入增长率高达73.98%,国内旅游市场呈现欣欣向荣的局面。

表 5-12 海西区 2004—2010 年国内旅游市场人数及收入增长率

年份	国内游客人数（人）	国内游客人数增长率(%)	国内旅游收入（万元）	国内旅游收入增长率(%)
2004	82 885 007	—	7 546 700	—
2005	106 710 106	28.74	9 461 100	25.37
2006	128 862 144	20.76	11 438 800	20.90
2007	152 703 067	18.50	13 758 100	20.28
2008	175 373 207	14.85	15 065 100	9.50
2009	207 317 890	18.22	17 685 200	17.39
2010	252 647 925	21.86	30 768 700	73.98

资料来源：根据海西区各省市统计年鉴、旅游年鉴整理所得。

通过比较游客人数及收入增长率（见表 5-12）可以发现，2009 年之前，国内旅游市场游客人数增长率与旅游收入的增长率基本保持一致；2009 年之后，国内旅游收入增长率出现了大幅度提升。由此可见，2004—2009 年，海西区国内旅游市场总体质量水平较为平稳，旅游收入的增长率与旅游人数的增长率基本持平，旅游产业并未出现根本性变化；2010 年国内旅游市场收入的增长率显著高于国内游客人数的增长率，这预示着海西区旅游业发展开始步入质量提升的阶段。

2. 基于福建省的国内旅游市场特征分析①

在本部分的分析中，我们主要考察国内旅游市场中游客的出行目的、旅游方式以及游客构成方面的市场特征。

（1）国内旅游市场出行目的以观光旅游为主，出行方式多为个人或亲友结伴

我们分析对比了 2005 年及 2010 年福建省国内旅游市场旅游项目的构成（见图 5-3）。从整体看，国内旅游市场的出行目的构成并未出现较大的变化，观光旅游仍然占据绝对的优势；就具体构成目的而言，2010 年以探亲访友为目的的旅游较 2005 年显著下降；取而代之的是公务出行和会议旅游，二者的比重明显高于 2005 年。由此可见，以福建省为代表性区域的海西区国内旅游市场出行目的开始呈现一定程度的多元化趋势；现代商务出行比重的上升从侧面反映出市场质量的提升。

在旅游出行方式方面，个人或亲友结伴出行在福建省国内旅游市场中占据主导地位，其他旅游出行方式基本持平发展。从具体的年份变化上看，与 2005

① 由于相关城市数据的限制，我们选取海西区主要省份福建省作为代表性区域进行考察。

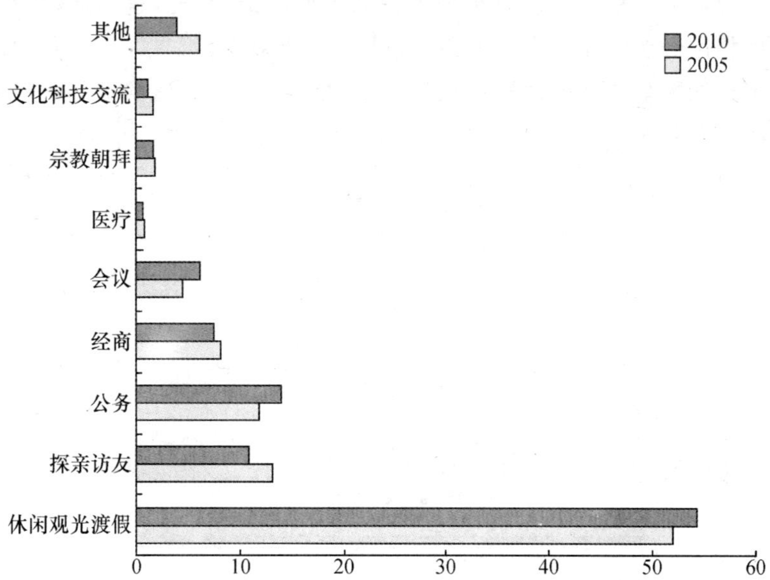

图 5-3 福建省 2005 年及 2010 年国内旅游出行目的

资料来源:根据海西区各省市统计年鉴、旅游年鉴整理所得。

年相比,2010 年福建省国内旅游市场出行方式中的个人亲友结伴旅游方式比重有所下降,单位组织和旅行社出行方式均有提升;但总体而言,考察期间内的旅游出行方式并未出现根本性变革(见图 5-4)。

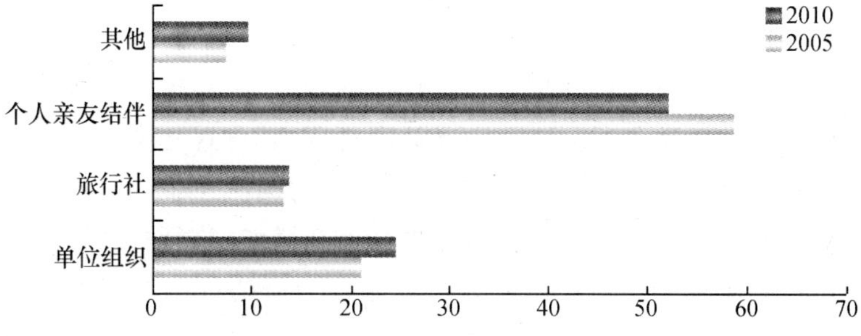

图 5-4 2005 年及 2010 年海西区旅游国内市场出行方式

资料来源:根据海西区各省市统计年鉴、旅游年鉴整理所得。

(2) 国内旅游消费构成以基本需求消费为主,消费结构基本保持不变

通过对比福建省 2005 年与 2010 年国内旅游市场的消费构成(见图 5-5),我们发现:旅行社费用、交通费用、住宿费用、餐饮费用及购物费用所占的比重高达国内旅游市场整体消费比重的 80% 左右。由此可见,属于基本需求消费的

食、宿、行消费仍然是国内旅游市场消费的重要构成部分。这与旅游业发达国家或地区相比仍然存在较大的差距；赖勤、徐澜(2010)指出，一般而言，旅游业发达国家和地区基本需求消费的比重较低，购物消费、娱乐消费等占旅游总收入比重的份额较大。

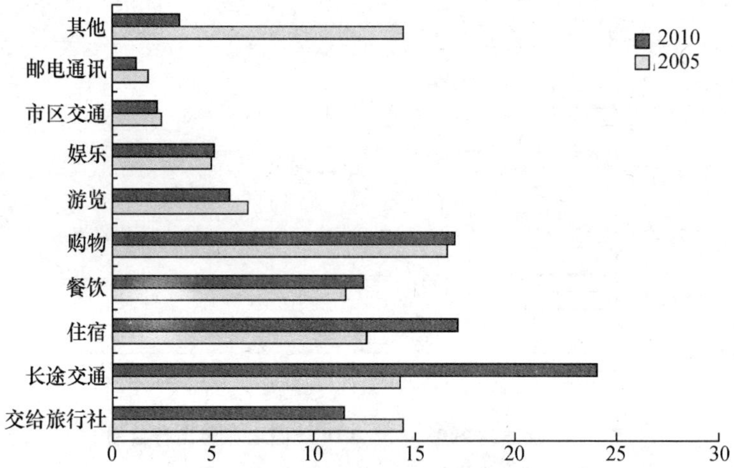

图 5-5 2005 年及 2010 年福建省国内旅游市场消费构成

资料来源：根据海西区各省市统计年鉴、旅游年鉴整理所得。

五、旅游业相关行业的基本现状[①]

(一) 旅行社行业分析

伴随着区域合作化趋势的增强，海西区旅游产业的高速发展也带动了旅游相关行业的成长。旅游作为一个双向互动项目，与其息息相关的旅行社行业的发展备受瞩目。近年来，海西区旅游业快速发展的同时也带动了旅行社行业的高速成长：整体行业规模不断扩大，从业人员不断增加，旅行社经营体制也出现了不同程度的变革和创新。旅行社行业开始成为海西区第三产业发展的重要推动力量。

1. 旅行社行业规模不断扩大，但区域差异显著

总体而言，伴随着海西区精品旅游线路的不断开发，区域之间的互动趋势

① 对海西区旅游相关行业的分析，我们主要从海西区旅行社行业及旅游酒店行业两个方面展开，进而总结相关配套行业发展现状的基本特征。由于各市关于旅游相关行业统计口径的显著差异，我们主要选择福建省和典型城市作为海西区的代表性区域，进行数据的整理汇总；在此基础之上，配合已有的其他区域相关研究文献及政府旅游统计公报的相关信息对海西区整体旅游相关行业的现状进行描述。

逐步增强,带动了区域旅行社行业规模的迅速扩大;但东南部地区的增速明显高于西北部地区,存在较大的发展不平衡现象。具体而言,福建东南部地区以及广东潮汕一带,旅行社行业日益走向成熟,是该行业在海西区发展最快的地区;浙江省的温州、丽水一带通过启动新型的旅行社行业评定方案,借助新型的管理规划方式,将行业发展推入高速前进的轨道;然而,江西省和福建省中北部区域,旅行社行业发展速度较为缓慢,行业规模小于区域的平均水平。

从局部区域对比来看,海西区西部的江西省,2008 年旅行社的数量约占全国的 3.4% ,但旅行社的总资产只占全国的 0.8% ,营业收入约占全国的 0.9% ,总体规模偏小。就单体旅行社而言,海西区范围的四个主要城市尚未拥有大型旅行社集团,多数旅行社的业务经营采用简单协作方式且并未与客户之间建立稳定的合作伙伴关系,产业集聚程度低,集群效应不显著。

旅行社总体数目变化趋势可以折射出该行业的市场竞争格局。一个较为成熟的旅行社行业特征表现为:市场竞争不断增强的同时,伴随着旅行社数目的减少、服务质量的提升。旅行社行业发育程度较高的广东汕头一带,主要年份的旅行社数目基本稳定在 60 家上下,波动幅度不大(见表 5-13),其中汕头市旅游总公司、中国旅行社连续几年进入全国旅行社百强行列。由此可见,海西区南部地区,旅行社行业的市场竞争格局是较为激烈的,市场呈现良好的发展势头。

表 5-13　2004—2009 年汕头市旅行社数目

类型	2004	2005	2006	2007	2008	2009
旅行社个数	56	53	57	60	60	62
国际社	6	6	6	6	7	7

资料来源:本研究整理所得。

相比之下,海西区的福建省旅行社行业的发展状况却呈现差异较大的一面。2008 年的统计数据显示,福建省拥有旅行社 772 家,其中具有出境游经营权的有 35 家;经营国内旅游与入境旅游业务的旅行社 737 家,占全行业的 91.8% 。以福建省 2008 年的人口数量计算,每 4.6 万人次拥有一家旅行社,这一水平远高于全国每 10 万人拥有一家旅行社的平均水平,但旅行社行业的总体市场竞争并不激烈。相关研究资料显示,2005—2009 年间,福建省新增近 200 家旅行社,市场主体的年增长率高于 10% 。由此可见,福建省旅行社行业虽然规模不断扩大,但市场竞争强度不高,呈现低水平扁平化发展趋势,与成熟稳定的行业市场还存在较大的差距。

2．经营范围主营团队旅游业务，经营旅游产品类型有限

在区域旅行社的经营范围方面，海西区大多数旅行社主营团队旅游业务，虽然不同地区旅行社的团队业务存在一定程度的差别，但以组团业务为主仍然是区域旅行社行业的主导性经营特征，同时经营组团和接待两项业务的旅行社较少，这也从根本上限制了其推出的旅游产品类型。海西区旅行社经营业务的高度同质化倾向，也决定了地区旅行社之间存在较少的合作关系。

从区域旅行社的主营产品类型来看，海西区旅行社经营的旅游产品尚未超出观光团队包价旅游这个范畴，几乎没有旅行社主营休闲度假、商务旅游、会议展览等特殊旅游类别的产品，也极少有以经营机票或酒店或车位或游船分销为主的旅行社。

（二）旅游酒店业分析

1．酒店业发展势头强劲

福建省 2005—2010 年旅游酒店行业的发展数据（见表 5-14）显示，旅游酒店行业规模不断扩大，行业从业人数、年末床位数、营业收入等重要指标均呈现逐年递增趋势，酒店行业发展势头强劲。进而，我们对比了福建省 2005 年与 2010 年酒店业营业收入的构成，二者之间并未形成显著差异（见表 5-15）。但仍然值得关注的是，旅游酒店行业收入之中，旅游商品销售收入所占比重得到了大幅度提升，旅游客房收入有所下降。由此可见，以福建为代表的海西区旅游酒店行业正逐步发生质的改善。

表 5-14　2005—2010 年福建省旅游酒店行业基本数据

年份	2005	2006	2007	2008	2009	2010
法人企业（个）	337	358	351	375	373	399
从业人员（人）	49 190	52 877	55 081	63 038	65 124	66 613
年末床位数（床）	73 401	73 987	82 196	84 334	85 217	91 776
年末餐位数（位）	150 760	140 820	166 167	163 393	183 223	179 031
营业收入（万元）	397 422	474 775	567 204	670 517	710 579	829 422
客房收入	170 881	201 659	238 733	277 422	286 153	339 028
餐费收入	182 734	228 128	275 281	324 643	340 843	389 764
商品销售收入	8 463	8 342	11 354	15 419	25 280	40 982
其他收入	35 343	36 646	41 837	53 033	58 303	59 649

资料来源：根据 2006—2011 年福建统计年鉴整理所得。

表 5-15　2005 年及 2010 年福建省酒店行业各项收入占营业收入的份额　单位:%

营业收入	2005 年	2010 年
客房收入	43.00	40.88
餐费收入	45.98	46.99
商品销售收入	2.13	4.94
其他收入	8.89	7.19

资料来源:根据 2006 年及 2011 年福建统计年鉴整理所得。

在上述分析的基础之上,我们进一步考察了 2005—2010 年间福建省酒店行业各项指标的增长率,结果发现,商品销售收入增长率水平较高,旅游酒店行业的企业数目及餐位数出现负增长现象,市场正逐步由低端向高端过渡(见图 5-6)。

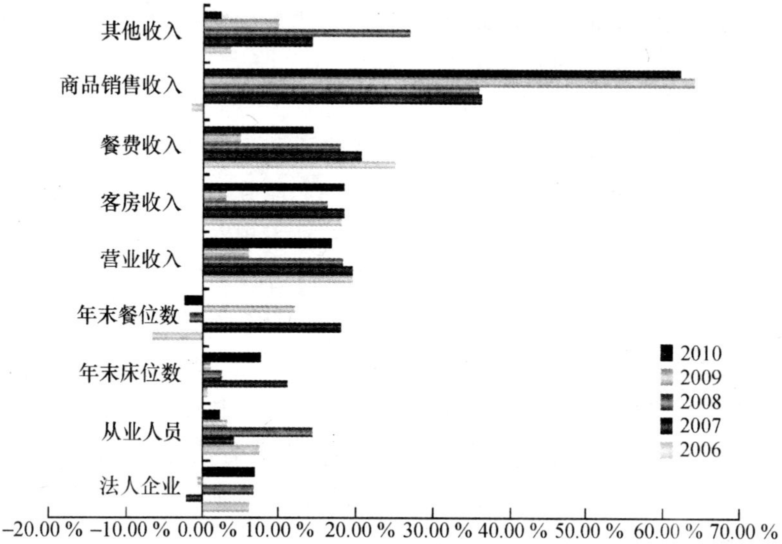

图 5-6　2005—2010 年福建省旅游酒店行业各项指标增长率及其变化

资料来源:根据 2006—2011 年福建统计年鉴整理所得。

2. 星级饭店区域分布不平衡

就海西区整体区域而言,一方面,东南部与南部地区旅游酒店行业发育水平较高,不仅拥有众多的高星级酒店,同时设有专项旅游酒店。其中,以厦门为中心的旅游区及以汕头为中心的旅游区拥有较为发达的旅游酒店行业。2009 年,福州市、厦门市、泉州市分别拥有五星级饭店 6 家、8 家、2 家,四星级饭店 10 家、21 家、25 家,数量远远超过该区域的其他地市,旅游酒店业呈现快速增长的势头。另一方面,海西区北部的温州、丽水一带,近年来通过一系列的旅游产业发展优惠政策及旅游管理体制变革,也取得了较快的发展。其中,以温州市为例,2009—2010 年以来,高星级酒店数量大幅增长。温州市全市星级饭店已达 104 家,其中四星级酒店 19 家,五星级挂牌 2 家;高星级酒店的入住率、营业额、上交税收都高于全省平均水平。然而,海西区同样也存在旅游酒店行业发展严重滞后的区域。福建省西北部及江西省的鹰潭、抚州一带是旅游酒店行业发育程度较低的区域。截至 2010 年,鹰潭市已建成的五星级酒店仅有 1 家,四星和三星的酒店数目也十分有限。

3. 海西区二线城市经济型酒店快速成长

近年来,海西区旅游酒店行业发展相对滞后的西北部地区,经济型酒店等中小型酒店行业发展势头强劲,为酒店行业质量的提升开辟了新的渠道。新式酒店行业的小众市场的开发,不仅能够节约成本,提高服务质量,同时较为轻松便捷的服务环境也更适合当代旅游者的需求,为产业结构的优化和相关行业发展水平的提升打下坚实的基础。

4. 区域酒店业经营开始出现差异化

海西区酒店行业的发展开始出现区域的差异化经营特征。旅游酒店不再单一地作为旅游休闲场所,区域开始出现不同职能分工的产业发展形式。

相关研究资料显示,福建省的旅游酒店行业发展在不同城市开始出现不同职能的定位。作为高端商务休闲区的福州市酒店行业发展多以高星级酒店为主,为区域高端白领、外企及台企精英提供日常休闲娱乐及商务活动的场所。与福州市截然不同的是,厦门市旅游酒店行业发展顺应城市转型而步入一个新的台阶。厦门市旅游酒店开始形成以商务会展为主、休闲度假为辅的酒店行业发展格局。虽然这种职能化分工趋势尚未在海西区各旅游区全面展开,但个别区域的发展有着明显的先行带动效应,有助于促进区域整体旅游酒店行业质量的进一步提高。

第二节 海西区旅游业发展存在的问题

一、旅游资源开发及整合

(一) 旅游资源分布

从旅游资源的空间分布情况来看,海西区由于其自身自然环境(主要是地形地貌条件)的制约,主要旅游资源在空间分布格局上显得较为疏散。海西区覆盖的四个省份(福建、浙江、江西、广东)均处于我国地势分布的第三级阶梯上，多山地与丘陵是其在地貌上的主要特征，这就使得海西区的主要旅游资源彼此之间多不利地形的阻隔，地域组合状况欠佳，较少有成片、成规模的景区群。零散的旅游资源分布无疑对发挥旅游产业的集群效应与规模效应不利。

从旅游单品开发的种类和开发程度来看，海西区旅游单品开发的种类比较少，仍然以传统的观光旅游业为主。具体来看，旅游单品开发存在着以下两个方面的问题：一方面是旅游资源开发程度不高，优势旅游资源浪费现象严重；另一方面是同类的简单旅游资源缺乏自身特色，出现区域间雷同程度高的现象。

（二）旅游产品整合

1. 以产品为基础的旅游线路整合

海西区虽然拥有较为丰富的旅游资源，但是由于地理交通条件的限制，地域产品之间缺乏有限的关联性，尚未形成具有显著竞争优势的精品旅游线路。区域旅游线路整合问题具体可以概括为以下四个方面：

其一，单一分散的旅游产品存在低水平重复建设，毗连区域关联性旅游产品互动效应低，景点的吸引力受到极大限制；

其二，旅游线路以单一的短线为主，缺乏质量较高且具有差异性特征的中长线精品旅游线路；

其三，旅游产品及线路的整合无所谓优劣取舍，缺乏区域旅游产业特色；

其四，旅游产品整合及线路的设计尚未充分发挥中心城市的带动作用。

2. 与产品整合相关的基础设施建设

海西区发育程度较低的旅游基础设施极大地限制了旅游产品的开发及相关精品路线的构建。基础设施的滞后不仅降低了旅游景区资源的吸引力，同时增加了与关联性旅游产品互动合作的难度，降低了旅游产品开发的商业价值。在上一节中，我们已经对海西区旅游产业的发展现状做了简要分析；在此基础之上，我们初步总结了产品整合过程中基础设施建设存在的问题：

其一，从食、宿接待设施来看，一方面，景区餐饮住宿场所缺乏规范性的市场管理，存在价格虚高现象；另一方面，发育程度较低的旅游景区相关配套设施严重缺乏。

其二，山水旅游产品相关娱乐设施较为单一，缺乏多样性。

其三，滨海旅游产品娱乐设施缺乏延伸和拓展性。

二、旅游客源市场及结构

通过上一节的分析，海西区旅游客源市场存在的基本问题可以归纳总结如下：

其一,入境旅游市场与国内旅游市场比重差异大,旅游业总体发展质量不高。相关数据显示,一方面,虽然海西区拥有独特的区位优势及较高的旅游资源美学价值,但区域入境旅游市场规模较小,并且其在对台湾及东南亚客源市场的开拓上并未显示出明显优势;另一方面,入境旅游市场相对较小的外国游客比重也从客观上说明了区域旅游业在世界范围内的吸引力是相对有限的。此外,旅游客源市场受外部环境影响较大。2007—2009 年海西区旅游业发展经历了较大的变动,游客人数和旅游业收入受金融危机的影响,下降幅度较大。由此可见,海西区旅游产业发展仍然处于相对不成熟阶段,尚未形成较为稳定的客源市场,旅游业总体发展质量不高。

其二,客源市场旅游动机单一。综合上一节的分析,以观光游览为主要目的的旅游出行仍然占据海西区出行目的的主体;旅游目的的单一性限制了区域整体旅游产业竞争力的提升。

其三,客源市场出行方式单一。海西区旅游客源市场的出行方式中,个人及结伴出游占据出行方式的较大比例;旅行社出行方式增幅较小。这从侧面反映出区域旅行社行业发展相对滞后的特征。旅行社行业发展较为孤立分散,并未形成具有较大影响力的旅行社企业集团;关联业务的企业之间合作较少,行业整体发展质量不高。

其四,客源市场消费结构仍以基本需求消费为主,旅游业发展水平仍处于低位。数据显示,旅游住宿、餐饮、交通及游览方面的费用占据了 80% 以上的旅游消费支出,海西区的客源市场消费结构与发达的旅游市场相比还存在很大的差距。改善旅游消费结构现状,提升购物及娱乐旅游消费支出比重将有助于整体旅游业质量的提升。

三、旅游商业模式

(一) 单一旅游商业模式占据主体,联动商业模式发展滞后

目前,海西区的旅游业仍然以观光旅游商业模式为主体,观光旅游业所创造的产值在海西区旅游业的总产值中占据着较高的比例,而其他旅游商业模式的发展相对滞后,并且缺少现代化的旅游商业模式。观光旅游商业模式相比于互联网等新兴的旅游商业模式存在资源消耗较大、自主创新能力不足、盈利能力较低等问题,因此仅仅依赖这一传统商业模式将无益于海西区旅游业的可持续发展。

另外,在海西区内现存的少数几种旅游商业模式之间也基本上未能形成应有的互动效应,缺乏相互之间的影响和推动且互动趋势不强。海西区旅游联动

商业模式发展严重滞后,阻碍了区域旅游业及其相关产业规模效应和集群效应的充分发挥。

(二)旅游品牌营销意识薄弱

旅游业的发展在很大程度上取决于对当地优势旅游资源的深入挖掘和利用,将优势旅游资源用适当的营销手段加以包装使之品牌化,提高其知名度,越来越成为培育地区旅游产业核心竞争力的重要因素。而海西区在发展旅游业时明显存在缺乏优势品牌、营销意识薄弱等问题。区域旅游业发展过程中,各个拥有相似资源特征的地区仍然处于自发的点状发展阶段,缺乏旅游产品营销意识,由此极大地限制了分散资源凝聚力的提升,同时也阻碍了旅游品牌的构建。

(三)旅游信息网络发育程度低

信息化和网络化是未来旅游产业发展的主要趋势。沈华玉(2011)等相关研究认为现代信息网络的发育程度与区域旅游产业的竞争力高低存在密切关联。目前,海西区旅游信息网络发育程度比较低,主要体现在以下几个方面:大多数旅游企业几乎没有信息化设施,网络信息化应用内容很少,而且旅游企业发布的信息资源以公益性、普遍性信息为主,商业性信息较少;信息资源采集基本处于半传统、半电子化状态,信息利用效率不理想;政府信息化水平高于企业,企业信息化建设投入不足;区域内旅游行业信息化人才缺乏,技术水平落后;区域内信息化建设缺乏标准,缺乏统一规划,重复建设严重;电子商务建设环境薄弱等。

四、旅游产业链及价值链

旅游产业链是以旅游产品为纽带实现链接的。海西区旅游产业链构建方面主要存在下述问题:

一方面,区域尚未形成基于集群培育的产业支撑驱动,旅游相关产业联动效应微弱。在海西区旅游产业发展中,旅游"食、住、行、游、购、娱、闲、养、健、学"等要素基本呈现断裂式发展,尚未形成一体化、集团化的联盟实体;产业链的构建和扩展受到了极大的限制。与此同时,旅游业的发展仅仅局限于自身收入的提升,并未对其他产业产生强大的辐射力。旅游相关产业——旅行社行业、酒店行业及交通业发展的速度都相对滞后,并且存在严重的区域失衡现象。

另一方面,旅游产业价值链急需提升。旅游产业的价值链包括资源、产品、渠道、客户四个环节。旅游产业链内部的行业结构不合理、行政性区域市场壁垒较高、缺乏合理的利益调节机制、企业信用的普遍缺失、主要旅游景点景区与航空运输业均出现发展瓶颈等问题极大地限制了旅游产业价值链的提升。

五、旅游业的投融资体制

旅游业的发展离不开对资本要素的需求，而建立运行良好的投融资体制能够为旅游业的发展提供更加有效的资金来源。从总体上来看，海西区旅游业的投融资体制存在如下几个主要问题：

其一，旅游投资的地域结构和产品门类结构不平衡。在地域结构方面，偏景点而轻视基础设施建设以及过度重视短期效应造成地区旅游业难以可持续发展。从投资项目来考察，海西区旅游投资存在产品门类和项目领域的失衡现象，一些领域投资太少甚至被忽视，如海西区饭店业的固定资产投资占狭义旅游业投资规模的70%左右，旅游工艺品的生产、特色饭店以及与旅游公共服务相适应的设施建设等投资明显不足。

其二，融资结构不合理，融资方式以银行为主，过于单一化。由于旅游产业利用资本市场融资的机制尚未完全建立，发行债券、股票以及实施兼并、资产重组、资产置换等资本运营方式还取决于政府政策等一系列问题，海西区旅游企业的上市融资存在着重重障碍。

其三，中小旅游企业融资渠道狭窄，市场主体力量单薄。目前海西区的旅游企业（尤其是中小旅游企业）对贷款的高需求与银行信贷的低供给并存。中小旅游企业经营所需的资金主要依赖于银行贷款，融资渠道相对集中，融资方式和规模都有限。而银行贷款对地区小项目的资信状况一般采取不信任的态度，再加上商业银行对旅游业贷款投资项目回报的评估制度尚未建立，存在着“惜贷”的现象。因此，海西区中小旅游企业普遍面临着融资难的问题。

六、旅游业的区域合作

（一）海西区内合作

从区域内部合作现状看，海西区内部各区域之间尚未形成有效的旅游产业合作与互动机制，这具体表现为固守行政区划的保护主义意识。由于海西区许多旅游资源分布在不同区域之中，因此出于地方利益考虑，不少地方政府只重视开发利用自身的旅游资源，缺乏合作意识、整体意识、全局意识，这就导致一些相关或同一旅游资源得不到有效整合和充分利用，从而难以做大做强其旅游市场和产品。

（二）海西区与台湾的合作

近年来，海西区与台湾的旅游业合作取得了一定的成绩，合作领域逐步扩大，市场互动加深，旅游业交流合作机制不断完善。海西区的福建省已成为大陆居民赴台旅游的前沿平台、重要集散地和旅游目的地。据统计，2009年福建全省共接待台湾游客123.4万人次，占全国接待台胞总数的27%。但是，从合作的深度和广度上考察，区域与台湾旅游产业的互动尚且处于起步阶段。除了福建与广东两省外，其他两省与台湾地区在旅游业上的交流合作相对较少，而且从整体上看，海西区与台湾地区在旅游业上的合作还存在着合作领域狭窄、合作方式单一以及旅游合作项目由于资金因素制约而无法发挥应有的规模效应等问题。

第三节　海西区旅游业发展对策

一、制定海西区旅游规划，整合区域旅游资源

（一）制定总体规划，明确海西区旅游业定位

在总体规划方面，海西区旅游业发展应当充分利用海峡西岸独特的区位优势及地域特殊的资源和海内外市场优势，发挥区域在连接两大三角洲、对接海峡东岸台湾及辐射中西部地区之中的独一无二的作用。旅游业发展的总体规划应当立足于盘活区域旅游资源存量、浓缩优化精品旅游项目、完善旅游配套服务设施、加强各区旅游业互动合作，达到优化旅游产业结构、提升海西区旅游产业整体竞争力的最终目标。从总体规划落实的地理范围上考察，具体规划应当覆盖海西区内的四省市，同时充分考虑省际和市区之间的旅游产业互动关联。规划应当涉及明确的区域分工，通过区域内部的联动效应，有效整合区域内部优势旅游要素和特色旅游产品，形成主题鲜明、优势突出、规模适度的区域旅游发展格局。

在旅游市场定位方面，海西区应当突出"海峡旅游"的品牌效应，将其特殊的区位优势及旅游资源特色融入区域文化之中，构建具有系列品牌特色的自然生态及创意文化旅游基地。一方面，应当突出区域"海峡、海湾、海岛"三大优势，打造蓝色滨海旅游地带；另一方面，针对旅游市场的不同需求，深入挖掘具有海西特色的地域文化内涵。针对地方文化的鲜明个性，整合毗连省市的关联旅游产品，开发系列文化、红色及乡村旅游新型产品，打造区域旅游品牌。

（二）改善资源零散分布结构，加深特色资源的开发

张著名（2010）等的相关研究指出，改善海西区旅游资源零散分布结构，把握区域核心增长极，由点及面，构造区域精品旅游路线，加深对具有区域特色的旅游资源的开发力度，这些对旅游产业的快速发展具有至关重要的作用。一方面，海西区旅游资源整合应当立足于充分挖掘发挥当地资源优势，加深对特色资源的开发，在此基础之上根据市场需求导向有所侧重；另一方面，海西区在不断壮大主导旅游项目规模的同时，应当不断改善相似旅游景区低水平开发的现状，优化景区布局，提高重点景区的开发档次。

二、创新旅游商业模式，拓展旅游客源市场

运用现代电子信息技术和先进管理技术，提升旅游业的整体质量。具体而言从以下三个方面推进：

其一，发展智能旅游商业模式，构建旅游电子商务平台。海西区应当充分利用旅游行业发展的前沿技术，积极推进物联网技术的示范和应用，创新旅游产业发展方式。积极发展在线旅游服务，大力提升旅游电子商务水平，充分利用各类资源构建旅游数据中心、呼叫中心，全面提升旅游城市、旅游景区和旅游企业的智能化水平。

其二，转变旅游经营方式，注重旅游商业策划及品牌营销。明确“海峡旅游”品牌的内涵、支撑产品和主体市场，统一“海峡旅游”品牌主题的形象定位，构建层次分明的旅游品牌体系。积极开拓四大精品旅游项目——生态精品旅游项目、滨海精品旅游项目、文化精品旅游项目、红色精品旅游项目；开发四大新兴旅游产品——温泉旅游产品、乡村旅游产品、会展旅游产品、康体旅游产品。

其三，提高市场主体的创新能力，提升旅游商业价值。工爱民、陈苏（2011）等的相关研究突出强调了旅游市场主体能力的培育对旅游产业发展的重要性。海西区应当积极培育发展大型旅游企业，引进国际先进的管理技术，建立适应市场规律的先进经营管理体制。以市场资本为纽带，以特色旅游资源、重点旅游项目开发为主导，打造具有国际竞争力的海西区旅游品牌企业。

三、完善公共服务体系，培植优势产业链

（一）完善公共服务体系，提升旅游业整体质量

海西区完善公共服务体系的首要环节是推进交通基础设施建设及基础通

信网络建设。其中,连接重点旅游景区的公路建设、铁路建设、港口码头建设以及区域境外及台湾地区航线的拓展延伸是完善交通基础设施网的主要环节;进一步拓展完善区域旅游信息网是通信网络建设的重点。

在公路建设方面,主要依托区域高速公路网和普通国道省道干线网,加快高等级公路建设及跨省公路建设,形成较为完备的区域旅游干线。在铁路建设方面,完善现有铁路的运输设施、提升铁路服务水平应当与发展高铁线路、拓展区域交通网齐头并进。在港口和码头建设方面,重点加强国际邮轮港口建设,重点打造厦门邮轮母港,建设邮轮专用码头,吸引世界知名邮轮公司开辟海西区滨海精品旅游线路。与此同时,加深对台旅游业合作,增开海峡两岸精品游轮航线。在航空线方面,进一步完善厦门高崎国际机场、福州长乐国际机场、武夷山机场等区域重要客源地机场的基础设施建设,加大国内主要客源地的航班密度,提高航空运力。在此基础之上,充分利用区域对台优势,争取增开对台直航线路,以此增强区域旅游业的吸引力。此外,通过增开多条通往日本、韩国、东南亚及欧美地区的国际航线,拓宽海西区的境外客源市场,努力将区域打造成为高端旅游目的地。

在旅游信息网络建设方面,区域不仅需要加快旅游商务信息平台的构建,同时应当利用特色信息网络,建立健全旅游预警机制。通过高效的特色信息网,一方面,推动旅游部门与气象部门的合作,提升旅游气象服务和防灾减灾能力;另一方面,通过及时有效的信息传递,提高应对突发危机事件的能力。

此外,海西区还应当注重对旅游人才的培育,建立有利于吸引人才的竞争机制,创造吸引旅游人才的公平竞争环境,多渠道、多形式地壮大人才队伍,以此提升旅游业的服务水平,最终实现提高旅游业整体质量的目标。

(二) 培植优势产业链,提升旅游产业竞争力

在完善旅游公共服务体系的基础之上,海西区应当加快促成旅游产业的集群并进一步培植优势产业链。区域要充分发挥中心城市在产业发展中的带动作用,以各区域中心城市为依托,重点培育低碳海岛型产业链及海西特色文化产业链,打造多功能旅游综合体。

四、扩大招商引资,增强市场主体活力

海西区提升旅游产业的吸引力,扩大招商引资,激活旅游市场主体,主要从以下三个方面加以落实:

其一,改善投资环境,推动投资主体多元化。区域应当进一步加强景区、宾馆酒店、购物场所、娱乐场所等服务设施的建设。积极发展行业协会等产业中

介组织，为产业发展拓宽各种可能的投融资渠道。

其二，金融业服务于海西区旅游业，推进投融资渠道的多元化。积极调整旅游业授信管理制度，调整信贷准入制度。各金融部门要将旅游业列为重点支持行业，积极推动海西区旅游业的发展。各银行业机构省级管理行、法人银行要抓紧调整完善系统内信贷管理制度，结合自身业务范围和所在区域旅游业发展特点，制定具体可操作的授信指引及相关信贷管理要求。在此基础之上，逐步构建区域旅游“全产业链”授信服务体系，积极开发适合旅游业特点的信贷产品。

其三，放宽市场准入，扩大招商引资的覆盖面，推动中小城镇旅游经济发展。重点加强与央企和境外大型旅游企业的合作，同时进一步消除旅游相关行业的投资壁垒，引导民间资本投入旅游业，建立政府引导市场、企业自主决策并承担风险的运行机制。此外，应当进一步扩大海西区旅游产业投资中招商引资的地域覆盖面，促进旅游业与海峡西岸城市群建设、县域经济发展、小城镇综合改革、老区苏区建设、新农村建设相结合，推动中小城镇旅游经济的快速发展。

五、发挥对台优势，打造环海峡旅游圈

海西区应当充分发挥对台优势，探索有利于扩大区域与台湾旅游业交流合作的新机制。区域不仅应当立足于开拓对台旅游市场，同时更应当将焦点置于打造两岸旅游合作的黄金通道，充分发挥港口城市便捷的海陆交通优势，使区域成为两岸旅游业合作的先行示范基地。

建立海西区与台湾旅游业的互动合作机制。加强两岸旅游信息的交流，完善景区之间的线路，推动台海两岸旅游产业的共同发展；进一步强化台湾媒体、展会对海西区旅游的宣传，提升区域对台湾旅游业的吸引力，打造海峡旅游业发展的共同市场，最终推动环海峡旅游圈的建立。

第四节　海西区旅游业发展展望

一、海西区旅游业发展展望

海西区旅游业发展面临较为良好的国内外形势。国际方面，金融危机造成的冲击逐渐减缓，世界经济开始复苏，旅游消费预期进入上升通道，有利于拓展境外客源市场。国内方面，海西区旅游业发展提升到了国家战略高度，为区域

旅游业发展注入了强大动力。我国经济持续平稳较快发展，居民消费结构升级，旅游需求更加旺盛，有利于发展国内旅游、拓展区域外部客源市场。

海西区应当抓住机遇，在明确市场定位的基础之上，不断拓展海西区旅游资源优势，完善精品旅游线路；注重旅游商业模式的创新，通过构建多渠道、全方位、多视角的旅游宣传营销体系，打造海西区旅游品牌。

二、旅游区域合作展望

随着长三角、珠三角、环渤海等各大区域竞争力的日益提升，全国区域一体化的趋势明显加强，各区域内部正逐步突破原有行政壁垒的束缚，迈向产业全方位通力合作的发展新阶段。海西区旅游业的发展更须借助区域一体化的东风，打造海西区的区域品牌，加强区域内部合作和区域之间的互动，只有这样才能实现旅游业的跨越式发展。

下一阶段的发展中，海西区应当整合区域内丰富的旅游资源，合力推进"一程多站"精品线路，从而构建区域旅游共享平台和媒体合作联盟，塑造海西区旅游整体形象，提升区域旅游品牌竞争力和影响力。从热点区域的互动合作上考察，重点打造闽粤赣十三市旅游合作区、闽浙赣生态旅游合作区、闽粤赣客家文化旅游合作带、闽浙山海畲乡旅游合作带和中央苏区红色旅游联盟。此外，还应加强与长三角、珠三角的区域旅游协作，共同打造我国东南沿海黄金旅游带。加大与中部城市群、环渤海地区等精品旅游线路的合作，促进旅游产业的共同发展。从对台合作来看，区域应当进一步开发与台湾旅游项目合作的旅游精品线路，健全旅游合作的长效机制，促进环海峡旅游圈的最终确立。

专题 高铁时代海西区旅游业发展的战略思考

旅游是人类社会基本的需要之一。在交通基础设施日趋完善的今天,旅游不再是有权者、有钱者、有闲者的专利享受,不再是"智者乐水,仁者乐山"的高雅话题。在当前我国社会"民生主题"语境之下,旅游闲暇越来越"民主化",现代旅游成为大众化的"社会旅游"形式。而交通在旅游者对旅游方式与范围的选择中发挥了重要的作用,甚至交通形式本身就是整个旅游经历必不可少的组成部分,如东方快车、高铁旅游等。本部分从高铁运营对海西区旅游业的影响出发,重点讨论高铁时代海西区旅游业转型升级的演进路径,为旅游管理部门、旅游地战略策划以及市场开发提供依据。

一、高铁时代的来临及其对沿线旅游地的影响

中国的高速铁路网作为世界上最雄心勃勃的公共工程项目之一,引起了世界的广泛注目,甚至被誉为美国州际高速公路系统的 21 世纪版本——50 多年前,美国修建州际公路系统推动了美国现代商业的发展,如今,中国高铁已经成为区域经济一体化的助推器。在海西区,随着厦深高铁和向莆高铁的陆续开通,"三纵六横九环"的"369 海峡铁路网"即将成型[①],到 2015 年,福建省铁路运营里程将达 6 000 公里,进出省通道在 10 个以上。根据《海峡西岸经济区铁路中长期规划方案》,未来几年内将形成 9 个区市的快速铁路环线,相邻区市之间 1 小时交通圈,各区市到省会福州 2 小时左右交通圈,省会福州到相邻省会城市 3—5 小时交通圈,福州到北京 7 小时,全省所有县(市、区)1 小时内上快速铁路(见图 A)。目前,海西区三条高铁线的投入运营为沿线旅游地带来了新一轮的发展契机,其形成的 3 小时经济圈,极大地推动了沿线旅游地的串联,形成海西区高铁旅游带。这强烈地冲击着人们传统的时空观,对沿线旅游地的转型升级提供了坚实保障。

高速交通对于旅游业而言不仅仅是拓展旅游空间和缩短旅游者的出行距离,更是给旅游业带来了革命性的变化:一是改变旅游城市的性质,提升城市旅游地位;二是转变旅游路线的质和大范围拓宽客源市场;三是促进旅游地与相

① "369 海峡铁路网"即:建设沿海、杭闽广、浦建龙梅等"三纵";北京—合肥—福州—台北、昆明—漳州—厦门—高雄、衢州—宁德、横峰—福州、向塘—莆田、长汀—泉州等"六横";形成连接海峡经济区的九个环状铁路。

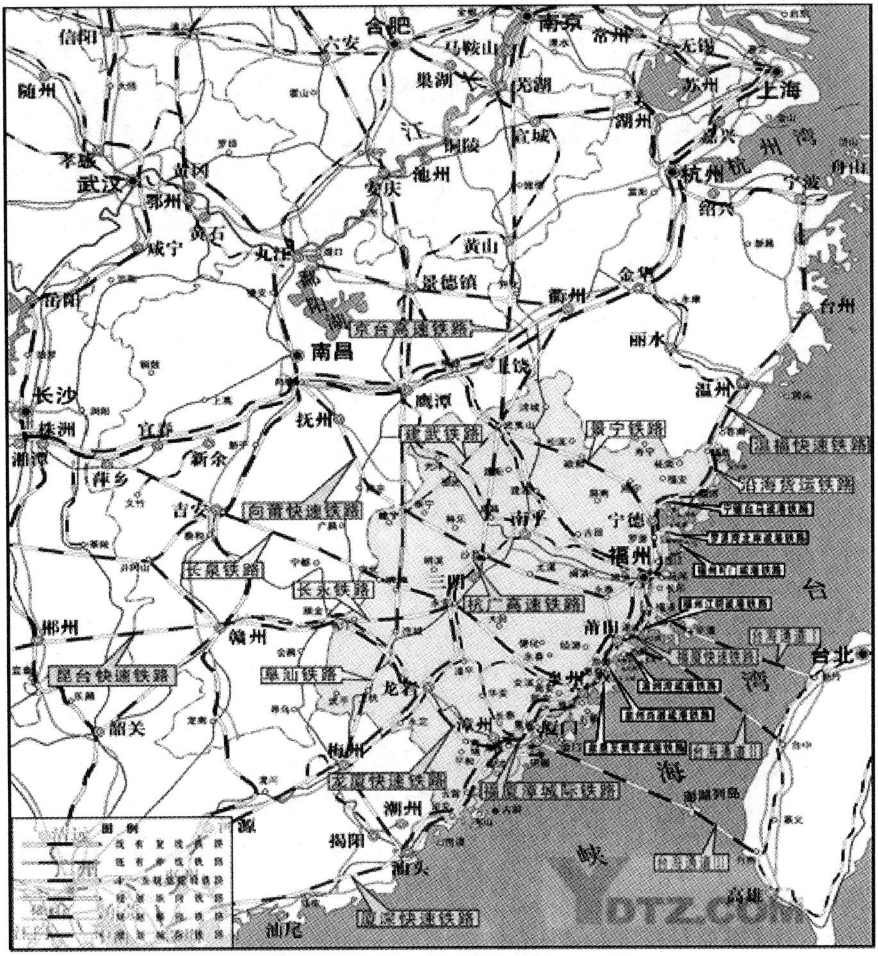

图 A　海西区铁路中长期规划方案

关联产业的升级，带来新的契机。具体地，高铁时代来临对沿线旅游地的影响表现为以下几个方面：

（一）旅游产业集群经济圈加速形成

根据克鲁格曼核心—边缘理论，交通成本和要素集聚将带来空间经济结构的改变，交通成本将加剧区域空间竞争，影响本地企业的空间布局。由于交通成本降低，企业在本区域某一中心高度集聚，获得规模经济，并且催生一个广大的腹地（克鲁格曼，1999）。在这种强大的经济势能作用下，会在交通运输沿线形成物质、技术、产业、市场、人力、资金等聚集的经济带。从这个角度看，高速铁路对旅游产业集群将会形成新的杠杆效应，推动旅游产业集群经济圈的形成。高铁运营加强了各地的经济、文化、人员交流,加速人员、物流、资金、信息等流动,优化资源配置,有效撬动各地旅游经济社会发展战略的协同推进。它首先带来的是客源的高速流动,随之而来的是其负载的一系列旅游才智、信息、文化、机遇等各种城市间旅游战略合作的核心"软资源"。因此,高铁运营对于多地间旅游产业资源整合和深度战略合作具有明显的支撑和带动效应,从而有助于各地区旅游空间经济战略组合的进一步优化和深化,从长期来看,它的作用必将向着更加深远的战略层次延伸和发展。

(二) 城市旅游的同城化效应日趋明显

高铁对旅游业的影响主要是带来了沿线旅游产品的重新配置,出现同城旅游和近城旅游效应。例如,空间可达性使原来处于神经末梢的福建一跃成为前沿,涌现桥头堡式的新的旅游经济增长极。至 2015 年,将形成相邻设区市之间的"1 小时交通圈"、设区市到省会城市的"2 小时交通圈"、省会城市到相邻省会城市的"3—5 小时交通圈",全省所有县(市、区)1 小时内可上快速铁路。温福铁路通行客运后,旅客列车运行时间,福州到温州只需 2 个多小时,福州至上海只需 5 小时。乘坐福厦铁路,福州至厦门只需 1.5 小时。海西"369"铁路网建成后,省内各设区市之间旅行最长不超过 2 小时;福州至深圳只需 4.5 小时,福州至上海、广州、长沙只需 4 小时左右;福州至北京以前要 34 小时,到 2020 年只需 7 小时。以前,浙江赴福建旅游的客户资源开发得还不很充分,旅游目的地基本上还集中在厦门、武夷山等地。温福铁路开通后,从浙江来福建旅游的客源大大增加,并深入全省各大景区。同时,从福建到浙江旅游的团队也会大幅度增加,闽浙两地将实现旅游客源互送。城市之间的距离急剧缩短,地理距离将更大限度地为时间距离所替代,呈现近城化格局,形成旅游产品联动、旅游市场联合的局面。

(三) 旅游资源"漂移"效应的加剧

由于城市旅游资源存在消费的非排他性特征,在技术上无法将拒绝为之付费的个人或厂商排除在受益范围之外,存在搭便车问题和公共旅游资源效应外溢现象,使传统城市公共旅游资源的所有者与受益者相统一的局面被打破,这一结果可形象地描述为城市旅游资源的"漂移"(夏芳晨,2011)。

例如,作为东南沿海花园型港口城市,厦门市拥有较丰富的旅游资源,其中,鼓浪屿岛上各景区旅游资源的开发和建设,不仅为鼓浪屿岛提供了丰厚的直接门票收入,同时也对岛上的商品销售、住宿餐饮等行业产生了极大的消费拉动作用,带动了该地服务业的快速发展,可以说,厦门市拥有此景区的所有权和占有权,也具有完全的受益权。而随着福厦高铁的开通,同城化效应显现,省内两小时经济圈的交通便利使很多外地游客到厦门游玩后顺带前往泉州、莆田、宁德、三明等地旅游,有的游客甚至不再选择停留在厦门消费,而是到其周边消费成本较低的城市消费,一定程度上使得厦门的旅游收益主要体现在门票收入上,一些间接性消费收益外溢到相邻的地市。这些地区成为旅游资源"漂移"(效用外溢)的最大受益者。再以天津为例,京津城际高铁运行以来,很多北京人选择到天津去购物;或者在北京上班,在天津购房,周末到天津休闲度假。更有游客也尝试在北京旅游,在天津吃住,从而使天津成为典型的旅游周转城市,此即城市公共旅游资源在高铁的带动下出现的效用外溢。

(四) 旅游资源一体化管理进程加快

高铁时代的旅游业将呈现出"大旅游、大产业"的发展趋势,这就需要充分整合"吃、住、行、游、购、娱"等要素资源,以旅游产业来带动整个区域经济的发展。对于政府来说,有必要依托现代网络信息技术建立一套精细、准确、规范的综合管理服务系统,并通过这一系统整合政务资源,实施动态、全方位管理,从而提高综合旅游服务的效率。旅游资源的一体化管理需要通过打造交通新枢纽,推动高铁、地铁、公交"三网融合",实现服务"零换乘"。乘火车,肩背行囊步行几百米才能到达候车室,下车了还要拖着行李四处寻找交通工具……这种落后的交通换乘方式,需要尽快改变。目前,海西区以形成国家级综合交通运输枢纽为目标,正在重点推进以福州、厦门两大中心城市和其他设区市的枢纽节点建设,今后所有新旧铁路站房、所有新旧公路车站,都将按照"零换乘"理念,进行建设和改造,让通道和网络在枢纽节点对接,使海西区的人流、物流实现零距离、无缝隙衔接和集散。

二、高铁时代海西区旅游业的拓展

中国近年来高铁的快速发展已经成为旅游业发展的重要推手。例如,2009年武(武汉)广(广州)铁路开通以后,武汉游客接待量和总收入保持了30%—40%的高速增长。可以说,高铁对旅游业的促进效果是最立竿见影的。近年来,随着海西区高铁网络的形成,旅游业已经呈现新一轮的发展格局。

(一) 旅游总体客流量明显增加

温福、福厦高铁的相继开通,已成为海西区各旅游地紧密联系的"新干线",各地旅游呈现"井喷式"增长。福厦高铁和温福高铁一样,多数穿过"无铁(路)区",沿线福清、莆田等城市之前没有铁路,而泉州等之前没有通客运。福、泉、厦是除了长三角、珠三角外，经济最发达的城市群。这些地方的商务流、假日流、旅游流等客流量非常大，因而福厦高铁一开通客流量就急剧上升。而且福厦高铁和温福高铁实现了无缝对接，闽东地区、温州、杭州、上海等地客流大量进入福厦等地，也是客流量激增的一大原因。

福建省统计局的统计数据显示，福建省国内一日游游客人数，在高铁开通前，2007 年为 2 863.85 万人，2008 年 4 月福厦高铁开通后，增长到 3 436.62 万人，2009 年和 2010 年则分别激增到 4 141.06 万人和 4 915.26 万人次（福建省统计年鉴，2011）。南昌铁路局提供的数据显示，2010 年 5 月，福厦动车新增客发 140.4 万人，日均 4.6 万人；6 月，尽管福建省遭受罕见的洪灾侵袭，仍保持客发 128.5 万人、日均 4.3 万人的高位；7 月，随着暑运和世博游的升温，当月客发增至 154.5 万人，日均 5 万人。动车开通后首个"五一"小长假，客发数据就迅速"飘红"，有 21.4 万人通过动车出行，其中 5 月 3 日的最高峰为 5.84 万人。同时，福厦动车组的正式开通，给旅游景区带来了更多商机。截至 6 月底，进入鼓浪屿岛上核心景区的人数同比增加了 75.6 万人次。2011 年"五一"期间，动车也助推假日旅游市场。福厦高铁增开了 5 对"假日动车"，并增开多趟往来福建省与外地的旅游专列。小长假期间，福建省铁路客流主要以旅游和探亲流为主。仅小长假首日，福建省铁路就发送旅客 22.2 万人次，比上年同期激增 235.02%；其中，福州和厦门火车站分别发送旅客 8.01 万人次和 5.11 万人次。"五一"期间，全省共接待游客 356.57 万人次，同比增长 10.1%，实现旅游总收入 21.27 亿元，同比增长 5.1%。

（二）短线旅游与周末旅游需求增加

高铁推动了短线旅游与周末旅游需求。高铁区间运行时间最长为 30 分钟，最短仅为 14 分钟，符合现代人所追求的"快速"到达旅游目的地的期望。受高铁影响，以南航为代表的空中交通以及各地的陆路交通在闽浙赣省区各站点间实施了不同程度的票务优惠活动，开通了三地间多班次密集的"空中客车"，给三省出游消费者带来了不少的便利，加快了短线游的发展。由于高铁可以使出行在 1—2 小时内快速到达目的地，然后以停靠站为中心进行辐射，基本上近程景点可以做到早出晚归，稍远一点的景区也可以在 2—3 天内完成。这样既可以享受异地旅游的乐趣，又可以获得周末休闲减压的好处，且不影响周一的工作，成为人们周末休闲主要的选择方式。

高铁的开通还催生了"周末城际购物潮"。如今，商业竞争已经开始从同城个体之间的竞争，向异地城市之间的竞争转变。而高铁的建成，更是将城市之间的距离缩短。由于各城市商场的促销活动不同，一些品牌商品的实际销售价格也存在着较大的差别,这势必会吸引更多的人在周末或空闲时间到其他城市购物,形成一种周末城际购物的潮流。如厦门大嶝对台小商品交易市场、大型综合商业中心(集旅游、购物、休闲于一体)、9·8贸洽会、各种对台商品贸易博览会和台湾农产品展销会等,在"省内半日经济圈,省外一日生活圈"的新理念下,吸引了省内莆田、南平、三明、龙岩等地众多的游客,利用周末游时间来厦购物,带动了高铁旅游及购物的热潮。在周末,区域间城乡休闲旅游、城镇及乡村"绿色"生态休闲度假及温泉游等尤其火爆,预订量是平日的2—3倍,价格也比平时高两成多。上杭五龙村农家乐10月接待游客6.82万人次,同比增长41.2%,1—10月累计接待57.22万人次,增长16.5%。宁德上金贝景区10月接待游客2.7万人次,增长35.0%,1—10月累计接待17.50万人次,增长19.1%。年轻上班族结伴泡温泉、全家出游泡温泉养生、公司组团温泉游等,已成为流行的减压和休闲方式。永泰赤壁温泉10月接待游客3.33万人次,同比增长24.2%,1—10月累计接待游客24.36万人次,增长29.0%。云霄金汤湾温泉1—10月累计接待游客29.28万人次,增长25.4%。

(三)高端旅游产品成为新秀

来自经济较发达地区的游客对高端产品的需求十分旺盛,高铁也促进了城市高端旅游和商务旅游的发展。以往提供都市内部消费需求的产业供给获得外来消费支持,城市的文化产业、商业零售、餐饮购物、会议会展等休闲需求将会进一步扩张。在200—500公里之内的出行范围,高铁比汽车更快更舒适,比飞机更准时且不易受天气影响,乘客可以在列车上上网,手机通讯联络不受影响,高铁在争夺高端商务旅客中具有较强竞争力。

尤其是,伴随着我国经济的快速发展,掌握一定经济实力的白领将会成为旅游消费的主力军。对于这个群体而言,他们很少选择走马观花的旅游方式,一般是选择到一个度假地好好休息几天。这类游客的预算都比较高,人均团费标准一般都在5000元以上。同时,目前企业外出开会及奖励旅游大增,很多企业都把员工年终奖励旅游安排在旅游城市,并且由旅行社全程操办,目的地以海南、厦门、杭州等国内主要旅游城市为主。此类团队对住宿要求很高,一般都选择五星级酒店和特色主题酒店,还会要求安排一些主题活动,因此团费相对较高。例如,在2012年春节期间,福州东街口某旅行社曾安排一个本地企业的国内奖励旅游团队,团员18人,团费预算达40万元。

(四)旅游相关产业规模扩大

高铁运营对旅游业的拉动效应还体现在进一步推动了住宿、餐饮、购物等相关旅游产业的发展上。人们外出旅游,普遍会倾向于目的地的特色餐饮和餐馆,这给当地特色餐饮的提升和发展带来了良机,有助于特色餐馆的升级改造,形成规模效应。住宿是旅游过程中一个重要的内容,如今,经济型酒店颇受旅游者的青睐。随着福厦高铁的开通,旅行时间极大缩短,各地旅游景区接待外省游客人数将会明显增长,对酒店住宿也会有更大的需求。其中,经济型连锁酒店因为服务标准化、价格实惠、交通便捷,得到了商务人士和旅游者的认可,所以经济型酒店将会是高铁经济的主要受益者。一些经济型酒店早已盯上了高铁的乘客,力争抢得高铁市场的第一杯羹。如 7 天连锁酒店集团镇江大市口店宣布京沪高铁通车后的 7 天内,高铁乘客凭车票可享受半价优惠,同时,在以后的每个月都会有针对高铁乘客的专项优惠。

以福建为例,福厦高铁 2008 年 4 月开通后,省内的住宿和餐饮业个数从 2007 年的 794 个增加到 2010 年的 1 073 个,2008 年和 2009 年的年末从业人数也增加到 117 495 人次和 136 037 人次,分别以 14.3% 和 15.8% 的增速在增长。随之而来的是营业收入的大幅增加,由 2007 年的 114.93 亿元,增长为 2010 年的 203.69 亿元(表 A)。

表 A　福建省限额以上住宿餐饮业企业基本情况

住宿和餐饮业 \ 年份	2005	2006	2007	2008	2009	2010
法人企业(个)	608	664	794	961	1 009	1 073
年末从业人数(人)	85 986	97 219	102 801	117 495	136 037	146 857
营业收入(亿元)	79.36	92.64	114.93	141.38	158.84	203.69

资料来源:根据各年福建统计年鉴整理所得。

从住宿接待能力看,福建省内旅游收入排位第一的厦门市,限额以上住宿餐饮业企业法人也由 2008 年的 193 个增加为 2009 年的 203 个,全市星级酒店 2009 年有 62 家,2010 年为 72 家,各类星级酒店接待量、平均客房出租率及平均房价呈现明显的上升趋势。一些经济型酒店公寓如汉庭、7 天、锦江之星、如家、青年旅社等连锁店和加盟店数量也在快速增长。而这里还未包含那些没有正式注册的厦门市区及鼓浪屿岛上居民自主经营的家庭旅馆及私人出租屋。在鼓浪屿岛上,当地人将自己的祖屋改为颇有格调的家庭旅馆,一些地理位置靠近龙头路闹市区和日光岩、皓月园等景区的人家也都纷纷将房子改造成家庭旅馆或供游客小憩的咖啡屋,亦有本地人投资,租下整栋历史风貌建筑改做旅馆或整套出租给外国人周末办聚会。这些家庭旅馆在旅游高峰期,每晚房价六七百元有余,淡季亦有三四百元的价位,而即便如此也供不应求,游客通常要提前一个多月预定，如鼓浪屿林氏府公馆，最便宜的房价一晚 1 370 元，总统套房价位高达 3 万元一晚，但仍然是游客住宿接待的热点选择。

三、高铁时代海西区旅游业面临的挑战

海西区高铁的发展显著地提高了人们出行的便利性，拓展了旅游的区域范围，推动了旅游目的地的专业化区域分工，这同时也对沿线旅游目的地的资源配置、产业配置以及公共服务体系提出了新的挑战。

（一）内部交通不完善，集散压力较大

由于以前的旅游发展规划较少考虑到交通变革的影响，没有充分关注旅游流的时间特性和空间特性，这使得海西区“吃穿住用行”等在内的配套旅游产业结构难以满足旅游市场的“井喷式”需要。例如，在海西区旅游市场红红火火的同时，一些热门城市出现了订不上酒店、吃不到饭、找不到停车位、环境脏乱差、服务态度恶劣或“野导”坑害游客等问题。在奔涌而来的旅游热潮面前，旅游目的地各方面显得有些准备不足。如“五一”、“十一”黄金周期间，厦门轮渡码头车水马龙，人流如潮，鹭江道的交通更是堵得“寸步难行”。重要旅游集散城市的内部交通拥堵现象十分严重，集散压力较大，交通拥堵导致旅游者晚点误时。各大景区旅游交通不便，一些景区可进入性较低，不仅令游客“望而却步”，良好的旅游资源无法展现在游客面前，而且不利于景区建设，导致资源浪费。

（二）过分依赖景区目的地的门票收入

如果旅游目的地没有充分开展包括高铁在内的各种交通变革，不积极地突进旅游向高端化、休闲化、多元化发展，旅游者在该地停留的时间将会缩短。单纯依靠门票收入的旅游目的地将极有可能成为高铁旅游经济的中转站，游客停留片刻即离开，以至于无法分享高铁速度下城市客源的增加所带来的更大效益。以厦门为例，来厦游客在看完鼓浪屿后，能选择的其他旅游项目并不多，特别是“夜厦门”能玩的地方不多，这也导致来厦游客平均停留时间较短，仅为 2.2 天。事实上，在鼓浪屿，已经泛滥的低端商业业态，使这张“城市名片”厚厚蒙尘。鼓浪屿管理薄弱、社区萎缩、人文消退等诸多问题，一直为市民所诟病。屡禁不止的“野导”、强买强卖等“顽疾”仅仅是“鼓浪屿乱象”的一个缩影。如果未来鼓浪屿不能改变景区的商业布局，提升旅游的品质，而是过分依赖门票收入，任由低端商业泛滥，长期以来形成的鼓浪屿良好形象将会在高铁时代持续萎缩。

(三) 旅游产品创新力不足,品牌效应不强

高铁对于旅游经济产生的深层次影响,更多地体现在推动旅游结构调整和发展方式转变上。旅游业发展方式的转变、经济结构的调整,不仅需要市场的推动,更需要人们的意识变革和观念更新。在高铁时代下,"同城化效应"显现,沿线旅游地在旅游资源、旅游方式和旅游半径上有了一定程度的重合,这将直接导致部分旅游地的资源优势被覆盖,旅游地客源被吸纳,旅游产品过度雷同,人工化、商业化气息过重,缺乏上档次、创新性的旅游精品。一直以来,多数沿线旅游地的旅游在全国市场上主要靠山水温泉、自然景观吸引客源,旅游产品相对单一,产业结构也不尽合理,在新旅游产品概念、产品层次、产品特色、产品功能、产品类型、开发模式、推广方式等七个方面的创新能力有待提高,缺乏核心竞争力。面对高铁带来的冲击,沿线城市旅游地必须提高竞争意识,进行旅游产业结构调整,规划旅游项目的布局,避免在新一轮竞争中失去发展空间。另外,受到大城市的品牌优势和产业集群的冲击,沿线城市必须在产业类型和产业方式上做出调整,灵活机动,逐步淘汰落后或者原产品的旅游业。

(四) 区域一体化程度不高,旅游产业合作不紧密

随着海西区高铁网络的形成,旅游目的地的网络化结构也将逐步形成,这就要求旅游目的地从孤岛型发展向集群化发展,提高区域一体化程度。但是,目前海西区对旅游资源一体化发展的认识不足,资源优势形不成产品优势,很多资源没有得到充分整合和统筹开发,省际、跨省地市间的旅游产业合作仍然不紧密。主要表现在:首先,旅游产业集聚程度不高,没有形成具有较强集聚程度的旅游产业园区、旅游产业主题街区或专项旅游产业科技园,参与性强、创意度高、成规模的主题旅游项目匮乏。这样造成了海西区旅游业持续竞争力不强、增长速度不快、市场占有率不高的局面。其次,会展业与旅游行业结合不够紧密。在厦门,厦门会展企业与旅游企业相互分离,旅游业未能参与到会展活动的举办过程中,进而对会展业的支撑作用不强,相应地使会展对旅游业的拉动效应不明显。两者之间的不协调阻碍了会展旅游的发展进程。

四、高铁时代下海西区旅游业的发展战略

面对高铁带来的良好机遇和挑战,海西区旅游业要全面发展,并最终推动海西区整体经济又快又好地发展,必须正视各要素、合理规划,使高铁旅游成为旅游地旅游产业发展的发动机,这是旅游地实现转型升级的根本性城市战略。

（一）挖掘文化内涵，开发创意旅游产品

文化和旅游是密不可分的，是旅游业兴旺发达的源泉，旅游是挖掘文化内涵和实现文化功能的一个载体，从一定意义上讲，缺乏文化内涵和文化品位的旅游产品，是很难有吸引力的，也不可能持续发展。国际旅游发展的经验显示，旅游业的收益越来越不依靠人数的增加，而来自多元文化含量的特色旅游产品和特色旅游服务，旅游与文化结合程度越高，旅游文化因素越多，旅游产品的特色越突出，旅游经济就越发达。因此，突出旅游文化特色形成区域间文化特质，培育具有地方特色的文化旅游品牌，是培植文化旅游经济核心竞争力的关键。如厦门市融合闽南文化特色的文化旅游项目——“闽南神韵”于2008年“旅博会”期间推向市场，累计接待观众近3万人次，营业收入达234.7万元。济南市推出以“红色记忆”为主题的高铁周末二日游、淄博市推出“淄博高铁自助一日游”，让游客品尝特色鲁菜，了解齐鲁文化，探索世界足球的起源，游览“中国活着的古商业建筑博物馆群”——周村古商城等。

同时，为了实现海西区旅游资源的可持续发展，避免盲目、过度开发，出现产品雷同、人工化、“城市化”、“商业化”色彩浓厚等问题，必须根据旅游客源需求的特点创新旅游产品，增加旅游资源的“漂入”，减少“漂出”，适应旅游竞争的需要。如厦门市这两年着力于乡村旅游、温泉康体旅游、邮轮旅游等新兴旅游产品，积极开发欧美、东南亚以及中国香港地区等邮轮市场，全年共接待来自美国、德国和马来西亚等国邮轮公司的各类豪华邮轮28艘次，接待邮轮游客共计6.7万人次。还可根据旅游地景观的多样性，考虑开发多种火车旅游新产品，如具有文化主题的火车旅游（丝绸之路火车游）、老式蒸汽机车怀旧旅游等高铁时代的“慢旅游”，飞机—火车—公路多种交通工具的联合旅游等。

（二）促进旅游产业联动，实现精细化、智能化管理

“旅游产业联动是指以区域内旅游产业之间的互动来实现共赢为目的的合作过程，包括以旅游产业为载体的客流、物流、资金流、信息流等各种要素流的关联，也包括交通运输网络和通信网络等基础设施的互通共享，实现要素在区域空间和产业时序上的优化配置，从而推动经济协调发展。”（胡芬、张进，2010）景区、旅行社、旅游交通、娱乐场所、餐饮业等通过一系列措施实现无障碍的旅游合作，能够为游客提供快捷、便利、高质量的服务，达到共生共长的效果，推动旅游产业整体向前发展。

首先，应加强配套交通设施建设，推进“三网”融合。做好高铁线、地铁线、公路客运、轮渡、公交等交通的线路规划和站点设置，实现零换乘、零对接，进一

步优化旅游发展环境。其次,制定灵活的高铁票价政策,加快票务创新,保证运能释放后高铁上座率的稳定性。在便利游客、吸引游客的票务设计方面,"高铁+住宿"、"高铁+景点"等双向优惠套餐;日本铁路公司的"日本铁路周游券"、欧洲的旅行通票和美国的旅游套票(包括全线通用、西部通用、东部通用和西海岸通用等);香港的"八达通"卡、台湾的"悠游卡"对乘客在高铁—公交间换乘的优惠、规定时间内双程往返的费用扣减、周末优惠套票、设计专门的学生优惠卡、老年人、残疾人免票标志卡等做法值得借鉴。最后,在旅游公共服务方面,按照国际化、标准化、现代化的要求,增建一批旅游集散中心、咨询服务中心、公共信息图形标志、旅游标志、旅游公厕、公共电话等公共服务设施建设,推进自驾车营地、汽车旅馆等自助旅游服务设施建设,做到服务的精细化。同时,加快"智能旅游"建设步伐,大力推广数字旅游技术,健全旅游网站集群,建立海西区旅游网,持续打造 968 118 旅游热线和 114 旅游呼叫中心,开拓自助游公共服务项目,逐步建设旅游智能城市;建立旅游集团化电子网络系统:食、住、行、游、购、娱,实现旅游业务、服务的统一调配和管理。

(三)构建区域旅游战略协作机制

加强高铁沿线城市的旅游合作、促进海西区各省市间资源共享、互利共赢,有助于实现海西区旅游资源整合的可持续力。海西区应从"大旅游、大产业"的战略高度,大力推进区域内的黄金旅游线路,整合"吃、住、行、游、购、娱"等要素资源,将原来的门票经济转化为税收经济。随着厦深高铁、向莆高铁等更多跨区域高铁线路的建成通车,海西区应利用高铁带来的机遇,扩大区域旅游合作领域和海西区各省市的影响力,为本区域带来更多的客源。

高铁沿线各省市应尝试建立"海西区高铁城市旅游联盟",建立无障碍旅游合作区,突出整体品牌效应和成本效应。通过联合开展高铁沿线精品旅游线路、最受欢迎景区的评选,提高沿线旅游景点的影响力;结合各省市重大活动、新闻事件,联合制作统一的高铁旅游地图、旅游产品手册等,共同开展互为客源地和目的地的城区促销活动,实现旅游旺季常态化。例如,福建省正加大重点旅游资源整合力度,培育大武夷、福建土楼、沿海动车沿线、平潭旅游区、东山生态旅游岛等五大重点旅游增长区域,依托便捷的沿海动车线,连接长三角、珠三角两大客源市场;闽西南五市旅游合作正不断扩大,签订新一轮区域旅游合作协议,举办闽西南及金门旅游黄金周新闻发布会;闽粤赣十三市旅游合作深入发展,厦门市、赣州市政府起草了《关于加强"海西"建设进一步推进区域合作协议》旅游部分内容;协助粤东五市在厦门举办旅游推介会;加强与南方旅游城市协作体在人才、信息、管理等方面的交流,努力实现优势互补、共赢发展的目标。

同时,城市联盟还应推动旅行社进行深度合作,由各联盟城市推荐旅行社组成合作体,集团采购高铁沿线旅游资源,共同策划包装产品,逐步形成旅行社合作分销体系,实现高铁旅游市场产品供给一体化。此外,联盟各城市的旅游网站还可实现互相链接,开设专门的高铁旅游板块,在各城市高铁车站的旅游咨询中心和一些公共服务窗口推广联盟的旅游产品,开展高铁旅游一卡通等,为以后想自由行的客户提供更优质便捷的服务。为了维护旅游市场的秩序,高铁旅游联盟的城市还将建立旅游质量监督协作体,实施游客跨城市的投诉联合处置制度,及时受理投诉,健全旅游市场突发事件应急处理机制,及时妥善处置旅游公共突发事故。

(四)加快旅游产业集群与融合战略

旅游产业集群是指彼此关联的旅游供应商在地理上形成集合体,以期提高区域旅游产业的规模效应和创新能力,形成区域旅游产业的竞争优势。高铁时代下,旅游产业集群能够形成产业发展优势,但交通便捷带来的巨大商机却使刚性的旅游供给面临挑战,短期内要应对突然增长的旅游需求,只有实行产业单元的强强联合来形成供给能力的增长和优化。实行旅游产业融合,既可以强化旅游企业的组织实力和资本实力,减少交易费用,又可以丰富旅游产品种类,满足多样化的旅游需求,还可以使各种旅游资源在融合利用中获得最优化开发,最终优化旅游产业结构,加快完成海西区旅游产业转型升级。

旅游业在产业融合的带动下,已经产生了许多“跨界”的联合行动:新业态不断涌现,如旅游业与第一、第二产业间的融合形成工业旅游、休闲农业等,与第三产业的融合形成会展旅游、体育旅游、文化创意旅游和“在线旅游”等(表B);新型产业功能逐步显现,如餐饮街、购物街、主题街、风情街、美食节、影视文化旅游等;新型企业组织结构不断演进,如兼具食、住、行等多项要素功能的大型旅游集团……旅游业正逐步向多产业横向联合发展转变,综合性高铁车站也正在从交通中心转变为经济中心,从功能单一的基础设施提供商逐步向商业性业务实体转变,形成融物流、国际商贸、酒店业、服务业、娱乐业为一体,辐射周边区域的“高铁产业群”。总之,旅游产业融合这一新业态创新已然在产业边缘地带激发出各种新的旅游产品和服务方式,在海西区旅游产业转型时期,必将为加快旅游产业结构升级做出贡献。

表B 旅游业产业融合类型

<table>
<tr><th colspan="2">产业融合类型</th><th>表现形式</th></tr>
<tr><td rowspan="2">与其他产业之间的行业交流与互动</td><td>与第一、第二产业之间</td><td>工业旅游、乡村旅游（观光农业）等</td></tr>
<tr><td>与第三产业之间</td><td>会展旅游、旅游电子商务（如“在线旅游”）、体育旅游、文化创意旅游、“影视旅游”等</td></tr>
<tr><td>产业内部各要素之间的融合</td><td colspan="2">旅游美食节、购物节、旅游集团的出现和成熟</td></tr>
</table>

资料来源：本研究整理所得。

第六章

海西区贸易与投资

第一节　海西区经贸投资发展

一、海西区贸易发展现状

（一）国内贸易发展现状

国内贸易在引导生产、扩大消费、增加就业、促进经济和社会发展、提高人民生活水平方面具有重要作用。随着经济的发展，海西区国内贸易发展迅猛，主要表现在以下几个方面：

1. 社会消费品市场快速稳定增长，增长速度快于 GDP 增长速度

2010 年，海西区 20 个城市消费品市场快速稳定增长，对经济的拉动作用不断增强。2010 年，海西区 20 个城市实现社会消费品零售总额 10 277.88 亿元，比上年增长 19.6%，增幅同比提高 2.4 个百分点，高出全国平均水平（18.3%）1.3 个百分点。

2010 年，福建省 9 个城市全年实现社会消费品零售总额 5 310.01 亿元，比上年增长 18.5%。这一增长率虽然高于 2009 年 15.9% 的增长率，但相对于海西区其他地区，增长率还是偏低。2010 年，浙南 3 个城市（温州、丽水、衢州）实现社会消费品零售总额 2 055.05 亿元，比上年增长 18.43%；粤东 4 个城市（汕头、潮州、梅州、揭阳）全年共实现社会消费品零售总额 1 841.58 亿元，比上年增

长 23.7%；赣东南 4 个城市（赣州、抚州、上饶、鹰潭）全年共实现社会消费品零售总额 1 020.12 亿元，比上年增长 19.15%。虽然福建近两年的社会消费品零售额增速有所下降，但就“十一五”期间而言，全省累计实现社会消费品零售总额 19 587.64 亿元，相当于“十五”时期的 2.1 倍，五年间社会消费品零售总额年均增长 17.7%，比“十五”时期提高 5.5 个百分点。2006—2010 年，福建省社会消费品零售总额及历年增长速度如图 6-1 所示。

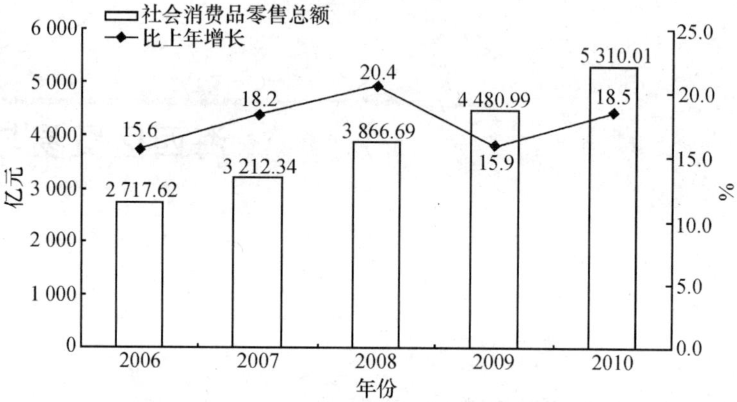

图 6-1 2006—2010 年福建省社会消费品零售总额及其增长速度

资料来源：《2011 年福建省国民经济和社会发展统计公报》。

从整个海西区范围来看，社会消费品零售额的增长速度普遍超过当地 GDP 的增长速度。表 6-1 和图 6-2 显示，大部分地市社会消费品零售总额增速大约在 20% 左右，而 GDP 增速大约只有 10% 左右。

表 6-1 2008—2010 年海西区各市社会消费品零售总额增长率及 GDP 增长率

单位：%

城市 \ 年份		2008 年		2009 年		2010 年	
		社会消费品零售额增长率	GDP 增长率	社会消费品零售额增长率	GDP 增长率	社会消费品零售额增长率	GDP 增长率
海西区		20.9	13.1	17.2	12.0	19.6	13.8
福建	福州市	20.8	13.7	16.9	13.0	21.3	14.2
	厦门市	20.7	13.5	14.2	8.0	21.0	15.1
	莆田市	20.5	14.7	14.4	14.5	18.0	15.3
	三明市	20.7	14.7	20.1	13.2	18.8	13.9
	泉州市	19.8	15.0	16.8	12.5	17.0	12.8
	漳州市	18.6	13.6	16.8	13.3	18.1	14.9
	南平市	17.8	14.1	15.3	13.9	16.3	11.7
	龙岩市	25.9	15.1	19.1	14.0	19.2	13.9
	宁德市	18.7	14.5	14.0	13.3	16.1	15.0

（续表）

城市		2008年 社会消费品零售额增长率	2008年 GDP增长率	2009年 社会消费品零售额增长率	2009年 GDP增长率	2010年 社会消费品零售额增长率	2010年 GDP增长率
浙南	温州市	19.5	8.5	16.8	8.5	18.5	11.1
	丽水市	20.1	11.8	14.6	10.6	14.4	12.5
	衢州市	20.2	13.0	16.1	11.1	16.2	13.3
粤东	汕头市	20.3	10.5	18.2	10.7	25.8	13.7
	梅州市	23.9	10.2	19.9	9.8	19.4	14.1
	潮州市	20.6	12.0	23.4	12.5	18.4	14.1
	揭阳市	27.0	16.0	28.3	16.0	31.2	19.6
赣东南	上饶市	23.9	13.5	19.4	13.6	19.6	14.8
	鹰潭市	23.8	14.2	18.6	12.3	19.4	14.1
	抚州市	23.7	14.2	18.9	13.9	19.0	15.0
	赣州市	23.5	13.2	18.8	13.3	18.6	13.8

资料来源：根据《福建统计年鉴2011》整理所得。

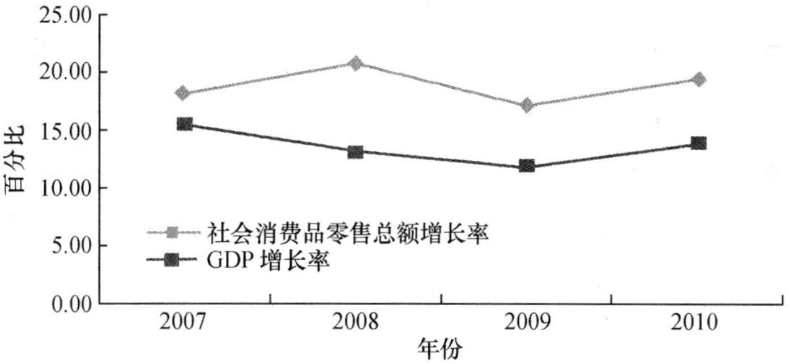

图6-2　2007—2010年海西区社会消费品零售总额与GDP增速对比(%)
资料来源：根据表6-1数据计算所得。

2. 流通现代化水平明显提高，市场总体规模持续扩大，大型市场发展迅速

随着连锁经营、物流配送、电子商务等现代流通方式的快速推进，新型业态不断出现并迅速发展。不论在城市还是在农村，基本形成了四通八达的商品流通网络。2010年，福建省交通运输、仓储和邮政业实现增加值823.66亿元，比上年增长11.4%。公路累计通车里程91 015公里，比上年增长1.7%。其中海西区高速公路2 404公里，增长19.3%。

各类商品市场空前发展，成为商品流通的一道亮丽的风景线。“十一五”期间，福建省亿元市场总体规模持续扩大，市场成交额不断增加。到2010年年底，全省成交额达亿元以上的商品交易市场有 159 个，比上年增加 3 个，比 2005 年增加 52 个；市场摊位数、营业面积分别为 6.30 万个、351.62 万平方米，年成交额 1 333.95 亿元，分别比上年增长 4.3%、11.6% 和 11.7%，比 2005 年增长 76.0%、1.2 倍和 1.2 倍。从成交额的变化看，2005 年突破 600 亿元，2008 年突破 1 000 亿元，2010 年突破 1 300 亿元，与 2005 年比成交额翻了 1 倍多。"十一五"期间全省亿元市场成交额年均增速始终保持在 17% 以上，比"十五"时期年均增长速度快了 1.3 个百分点。2010 年全省成交额在 10 亿元以上的商品交易市场有 33 个，比上年增加 3 个，比 2005 年增加 18 个；10 亿元以上市场的成交额占全部亿元市场成交额的比重由上年的 71.0% 提高到 2010 年的 72.4%，提高 1.4 个百分点，比 2005 年提高 15.6 个百分点。①

连锁经营、电子商务的迅速发展，彻底改变了过去商业经营模式比较单一的状况，形成了多元化、多层次、少环节、开放式的竞争发展新格局。

3. 对外开放不断扩大，国内国际两个市场衔接更加紧密

入世以来，国内外两个市场更加融合，内外贸相互促进，有力地繁荣了国内市场。除总量提升之外，国内贸易的质量也在稳步提高，市场上商品的种类更加丰富，市场经济体制进一步完善，对居民消费结构的改善起到了重要的作用。对外开放不断扩大，国内国际两个市场衔接更加紧密，推动了国内贸易的现代化进程，提高了国内贸易企业的组织化程度，涌现了一批具有较大规模的连锁企业。国内贸易企业在受到竞争压力的同时，通过借鉴国外先进的经营理念和营销技术，提高了市场竞争能力。国内贸易市场主体更加多元化，形成了多种经济成分充分竞争、竞相发展的格局。

4. 农村市场增幅落后于城镇市场，农村市场消费水平较低

2010 年，海西区 20 个城市社会消费品零售总额为 10 226.76 亿元，比上年增长 19.95%，其中：城镇市场实现零售额 8 614.32 亿元，同比增长 20.86%；农村市场实现零售额 1 585.43 亿元，同比增长 16.61%，低于整个海西区社会消费品零售总额平均增长率 3.34 个百分点，比城镇市场增幅低 4.25 个百分点，差距仍比较大。各地区社会消费品零售总额及城镇和乡村市场情况如表 6-2 和图 6-3 所示。

---

① "'十一五'福建亿元以上商品交易市场发展情况分析"，福建统计局。

表 6-2 2010 年海西区各地区社会消费品零售总额

	社会消费品总额（亿元）	增长率（%）	城镇市场（亿元）	增长率（%）	乡村市场（亿元）	增长率（%）
福建	5 310.01	18.5	4 725.87	19.60	584.14	10.20
浙南	2 055.05	18.43	1 852.21	18.47	202.84	18.47
粤东	1 841.58	23.7	1 251.41	26.30	590.16	19.03
赣东南	1 020.12	19.15	811.83	19.05	208.29	18.73
总计	10 226.76	—	8 641.32	—	1 585.43	—
平均	—	19.95	—	20.86	—	16.61

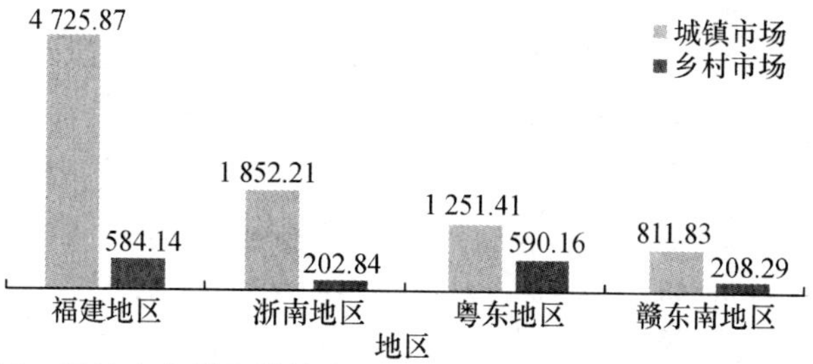

图 6-3 2010 年各地区城镇和乡村社会消费品零售总额对比（亿元）

虽然农村社会经济有了较大发展，农民生活水平有了很大提高，但农民的总体消费水平偏低。2010 年，福建省农村居民家庭恩格尔系数为 46.10%，表明农村居民消费支出主要用于食品类等生存型消费，享受型、发展型消费的支出较低。

（二）对外贸易发展现状

海西区包括沿海地区 8 个城市（温州、福州、莆田、泉州、厦门、漳州、汕头）和内陆的赣东南等内地城市，它们在对外贸易中由于所处地理位置不同以及其他一些发展因素差异，对外贸易情况不同。因此，把海西区 20 个城市作为整体研究其外贸发展状况具有现实意义。

1. 货物贸易规模不断扩大，外贸增速较快

根据《福建统计年鉴 2011》数据，海西区 20 个城市的进出口总额从 2007 年的 1 031.62 亿美元增至 2010 年的 1 529.58 亿美元，年均增长率约为 14.03%，增长速度较快，这说明海西区对外贸易发展势头良好。其中，厦门市、福州市、温州市、泉州市和汕头市是海西区中经济相对发达的城市，而三明市、南平市、龙岩市、梅州市、上饶市、抚州市、鹰潭市等则是经济相对落后的城市。如表 6-3 所示，经济比较发达的福州市、厦门市、泉州市和温州市进出口总额都超过 100 亿美元，而经济相对落后的一些城市（三明市、南平市、龙岩市、宁德市、丽水市、衢州市、梅州市、上饶市、抚州市和赣州市）进出口总额甚至没能突破 20 亿美

元。与此同时，相关统计数据也显示，这些经济相对落后的城市进出口总额增速十分强劲，比如龙岩市2007—2010年进出口总额年均增速高达77.4%，上饶市的年均增速也高达77.32%；经济相对发达的城市同样有较快的增速，比如厦门市年均增速为12.76%。总的来说，海西区各市对外贸易总额增长较快，具有很大的发展潜力。

表6-3　2007—2010年海西区各市进出口总额及年均增长率　单位：亿美元

地区＼年份	2007	2008	2009	2010	年均增速(%)
总计	1 031.62	1 174.97	1 121.77	1 529.58	14.03
福州市	186.41	203.21	178.49	245.86	9.67
厦门市	397.78	453.77	433.07	570.31	12.76
莆田市	21.49	23.21	23.47	34.22	16.77
三明市	8.71	7.95	8.81	12.80	13.69
泉州市	68.51	85.03	81.79	112.56	18.00
漳州市	46.48	53.19	47.99	73.98	16.76
南平市	6.26	7.62	8.28	10.83	20.05
龙岩市	2.71	5.39	6.81	15.13	77.40
宁德市	6.17	8.84	7.78	12.11	25.20
温州市	122.48	139.92	132.79	170.94	11.75
丽水市	8.43	12.68	11.11	15.33	22.06
衢州市	10.61	13.25	11.84	18.89	21.20
汕头市	61.12	62.98	60.28	73.64	6.41
梅州市	5.28	7.62	7.89	11.73	30.48
潮州市	21.73	22.31	27.88	38.23	20.72
揭阳市	20.87	24.62	29.82	36.27	20.23
上饶市	2.99	5.62	6.44	16.67	77.32
鹰潭市	21.89	21.94	20.39	38.19	20.38
抚州市	2.57	3.04	4.77	5.59	29.57
赣州市	9.16	12.79	12.07	16.30	21.18

资料来源：根据《福建统计年鉴2011》数据整理所得。

2. 除厦门市外，大多城市对外贸易依存度不高

根据《福建统计年鉴2011》的海西区各市出口总额和进口总额(亿美元)以及各市生产总值(亿元)，以每年人民币对美元的汇率换算成统一单位计算海西区20个城市的出口依存度和进口依存度。结果显示，除了厦门、福州、温州、汕头、潮州之外，各市的出口依存度和进口依存度都比较低。其中厦门市的外贸依存度最高，特别是其出口依存度，2007年约为1.38，2010年约为1.37；受金融危机影响，2008年和2009年有所下降，分别为1.27和1.09；厦门市的进口依存

度也比较高，几年来保持在0.61—0.84。福州、泉州、温州、汕头的出口依存度分别为0.42、0.19、0.4和0.33，其进口依存度分别为0.21、0.07、0.07和0.16（2010年）。而南平、龙岩、梅州、上饶、抚州和赣州的出口依存度和进口依存度几年来都没有超过0.1，外贸依存度较低。

3. 在对外贸易的商品结构上，低附加值的劳动密集型工业品和农副产品比重较大，机电产品和高新技术产品贸易增长较快

福建省的进出口产品主要是工业产品，其占比约为90%，这里的工业产品主要包括化学成品及有关产品、一些制成品、机械及运输设备和杂项制品等。除化学成品及有关产品是逆差之外，其他工业产品都保持较大顺差。

表6-4数据显示，机电产品在出口和进口方面都有着绝对的比重，2010年，机电产品出口占出口总额的比重约为41.11%，而机电产品进口占进口总额的比重约为47.32%。另外，高新技术也是主要的进出口商品，出口总额从2007年的98.04亿美元增至2010年的131.74亿美元，年均增长率为10.35%；进口总额从2007年的55.69亿美元增至2010年的124.32亿美元，年均增长率为30.69%，增速强劲。

表6-4　2007—2010年福建省进出口商品情况　单位：亿美元

年份	2007	2008	2009	2010
初级产品出口	29.56	32.35	36.04	52.98
初级产品进口	49.26	64.94	67.33	102.41
工业产品出口	469.85	537.57	497.15	661.95
其中：高新技术产品	98.04	126.78	104.70	131.74
机电产品	224.61	268.73	221.38	293.93
工业产品进口	195.84	213.35	195.97	270.45
其中：高新技术产品	55.69	95.05	83.79	124.32
机电产品	127.62	141.82	120.44	176.46

资料来源：根据《福建统计年鉴2011》数据整理所得。

在浙南3个城市中，温州主要出口商品为机电产品、高新技术产品、鞋类、服装及衣着附件和纺织品等，主要进口商品为机电产品、高新技术产品、初级形状的塑料、农产品和未锻造的铜及铜材等。表6-5列出了2010年温州主要出口商品的出口总额和主要进口商品的进口总额及占比，其中机电产品出口59.75亿美元，增长42%，占总出口额的比重为41.09%，进口3.06亿美元，占总进口额的比重为11.99%；高新技术产品出口1.89亿美元，占总出口额的比重为1.3%，进口1.14亿美元，占总进口额的比重为4.47%。

表 6-5 2010 年温州主要进出口商品情况

主要出口商品	出口总额（亿美元）	占总出口额比重（%）	主要进口商品	进口总额（亿美元）	占总进口额比重（%）
服装及衣着附件	15.77	10.85	初级形状的塑料	3.16	12.39
鞋类	36.31	24.97	未锻造的铜及铜材	1.23	4.82
纺织纱线、织物及制品	8.57	5.89	农产品	2.78	10.90
机电产品	59.75	41.09	机电产品	3.06	11.99
高新技术产品	1.89	1.30	高新技术产品	1.14	4.47

资料来源：根据《温州统计年鉴 2011》数据整理所得。

丽水和衢州进出口总量都不大，如图 6-4 所示，丽水主要出口农副产品、化工产品、轻工艺品、机械产品和纺织服装，其中机械产品占有绝对的比重。衢州主要出口农副产品及一些加工产品、机电产品、化工医药产品、服装、纺织品等，图 6-5 列出了 2007—2010 年衢州市主要出口商品出口总额（2008 年农产品及加工产品未获得具体数据）。

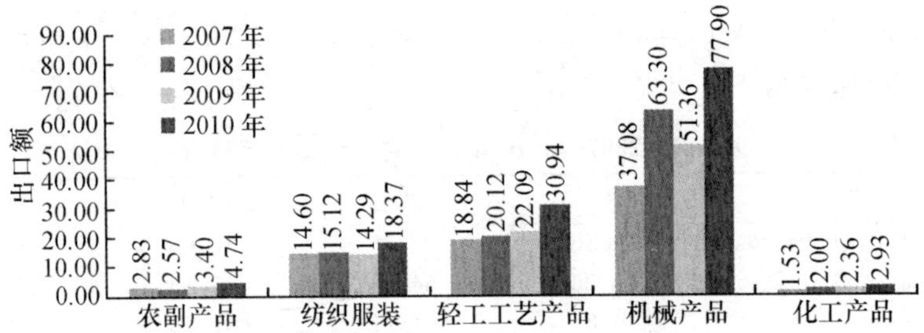

图 6-4 2007—2010 年丽水市主要出口商品出口额（亿元）

资料来源：根据相关年份丽水统计年鉴数据整理所得。

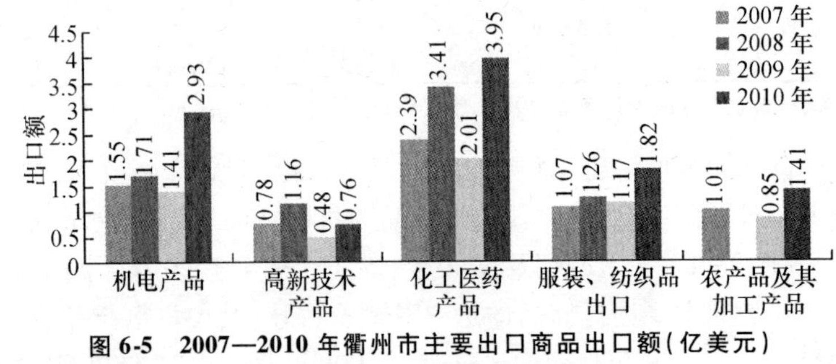

图 6-5 2007—2010 年衢州市主要出口商品出口额（亿美元）

资料来源：根据相关年份衢州统计年鉴数据整理所得。

在粤东 4 个城市中，汕头主要出口商品为服装及衣着附件、玩具、家具及其零件、箱包、电线电缆、纺织纱线、织物及制品、塑料制品和水海产品等，其中服装及衣着附件占有绝对的比重（如图 6-6 所示）。梅州市进出口量较小，主要出口商品为机电产品、陶瓷、橡胶轮胎和家具等。潮州主要出口商品为陶瓷、服装及纺织品、机电产品、食品、鞋类和家具等，其中2010年陶瓷商品出口额为9.4亿美元，增长17.5%；机电产品出口额为3.4亿美元，增长25.7%；服装及纺织品出口2.96亿美元，增长30.7%；鞋类出口2.2亿美元，增长24.4%；食品出口1.8亿美元，增长37.7%。揭阳主要出口商品为鞋类、服装及衣着附件、机电产品和玩具等，其2010年机电产品出口5.48亿美元，增长7.1%，占出口总额的比重为17.8%，进口0.39亿美元，下降27.3%，占进口总额的比重为7.1%；而高新技术比例较小，高新技术出口0.24亿美元，下降37.5%，进口0.14亿美元，增长63.5%。

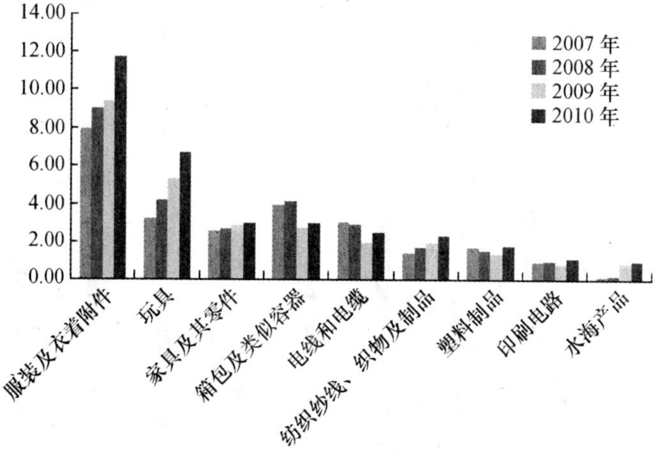

图6-6　2007—2010年汕头市主要出口商品(亿美元)

资料来源：根据相关年份汕头统计年鉴数据整理所得。

赣东南4个城市总体进出口总额都不高，主要进出口农产品、机械产品、纺织服装和食品等。其中，鹰潭市主要进口商品为五金矿产、化工产品和机械等，五金矿产进口33.70亿美元，占进口总额的97.5%，机械进口0.64亿美元；主要出口商品为纺织品、服装、土畜产、化工产品、轻工产品、工艺、机械和光电产品，分别出口0.038亿美元、0.085亿美元、0.16亿美元、0.53亿美元、0.99亿美元、0.63亿美元、0.36亿美元和0.28亿美元(2010年)。

4. 在对外贸易主体结构上，外贸主体显现多元化，外商投资企业和私营企业外贸成绩突出

福建省进出口商品贸易额集中在国有企业、私营企业和外商投资企业，其中国有企业和外商投资企业有较高的占比，不过它们呈现出下降趋势，说明它们对外贸的带动力有所减弱。如表6-6所示，福建省私营企业异军突起，占比几年来大幅提升，出口比重从2007年的26.08%增至2010年的39.15%，年均

增速为29.05%;进口比重从2007年的11.56%增至2010年的18.35%,年均增速为34.18%,私营企业的迅速发展成为福建省新的增长亮点。图6-7显示了福建省2007—2010年对外贸易主体进出口总额对比情况。

表6-6 福建省2007—2010年对外贸易主体结构 单位:%

年份	国有企业		集体企业		私营企业		外商投资企业	
	出口	进口	出口	进口	出口	进口	出口	进口
2007	13.92	17.12	1.94	0.81	26.08	11.56	58.06	70.46
2008	12.27	16.27	1.96	0.81	28.73	12.33	57.03	70.54
2009	10.39	19.59	1.56	0.97	36.67	17.16	51.38	62.21
2010	10.54	18.07	1.41	0.69	39.15	18.35	48.89	62.71

资料来源:根据《福建统计年鉴2011》数据整理所得。

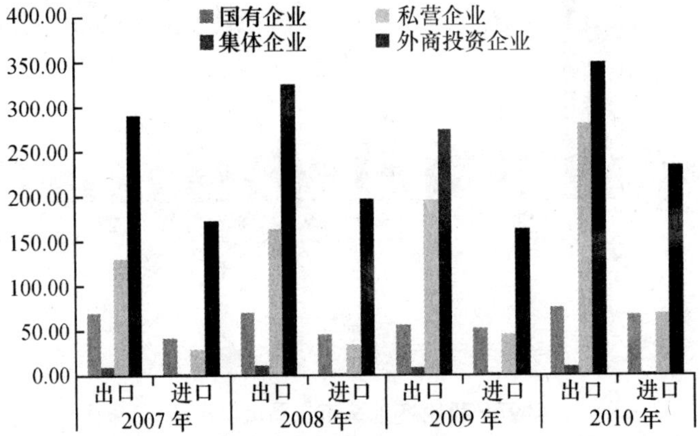

图6-7 2007—2010年福建省对外贸易主体进出口总额对比(亿美元)

资料来源:根据《福建统计年鉴2011》数据整理所得。

在浙南3个城市中,以温州市和丽水市为例,如表6-7所示,温州市进出口商品贸易额主要集中在私营企业,这一比例超过60%,而且呈上升趋势,私营企业发展势头良好。图6-8显示了温州市2008—2010年对外贸易主体进出口总额对比情况。在丽水市,按流通公司、生产企业和三资企业划分,2010年其进出口额占总进出口额的比重分别为26.18%、67.93%和5.88%,生产企业占有绝对的比重。

表6-7 温州市2008—2010年对外贸易主体结构 单位:%

年份	国有企业		集体企业		私营企业		外商及港澳台企业	
	出口	进口	出口	进口	出口	进口	出口	进口
2008	13.84	26.56	10.66	2.91	62.03	55.46	13.45	15.06
2009	13.11	14.36	9.28	3.12	64.95	62.76	12.61	19.73
2010	11.05	12.62	8.75	2.89	69.11	66.33	11.05	18.11

资料来源:根据各年温州市统计年鉴数据整理所得。

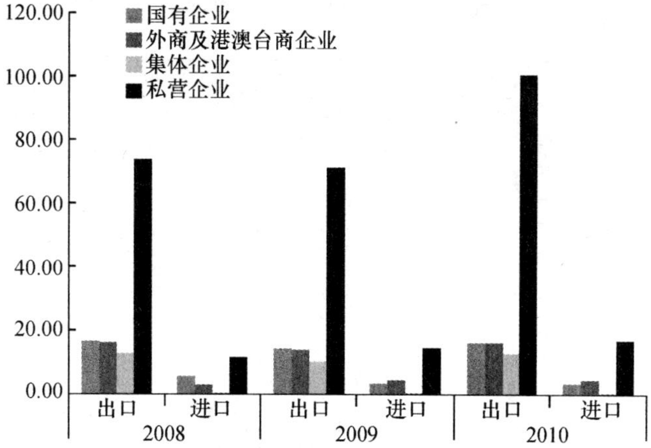

图 6-8 2008—2010 年温州市对外贸易主体进出口总额对比(亿美元)

资料来源:根据各年温州市统计年鉴数据整理所得。

粤东4个城市,如图6-9所示,汕头市出口方面外商投资企业和私营企业平分秋色,私营企业在出口总量上呈上升趋势。2010年,国有企业出口3.08亿美元,增长12.0%;集体企业出口1.25亿美元,增长12.1%;外商投资企业出口20.74亿美元,增长19.3%;私营企业出口23.94亿美元,增长28.1%,增长表现突出。粤东其他三市对外贸易主体具体情况如表6-8所示,这三个城市出口商品贸易额都集中在外商投资企业和私营企业,其中揭阳市私营企业发展迅猛,2007—2010年年均增速高达35.42%。

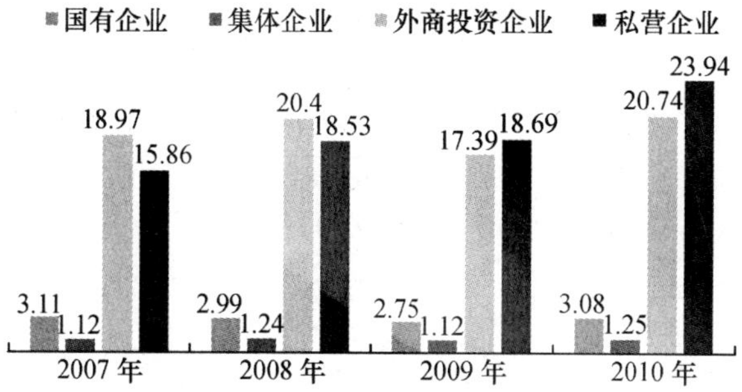

图 6-9 2007—2010 年汕头市对外贸易主体出口总额对比(亿美元)

资料来源:汕头市各年统计公报。

表 6-8 2007—2010 年揭阳市、梅州市和潮州市对外贸易主体结构

单位:亿美元

地区	年份	2007 年	2008 年	2009 年	2010 年
揭阳	国有企业	0.36	0.3	0.22	0.38
	外商投资企业或三资企业	9.96	11.8	12.94	13.84
	私营企业	6.68	7.9	12.09	16.59
梅州	国有企业	0.0091	—	—	—
	三资企业	2.08	3.05	3.36	5.13
	私营企业	2.26	2.71	3.24	—
潮州	三资企业	9.31	8.76	9.03	—
	集体、私营企业	7.70	8.37	9.07	—

资料来源:揭阳市、梅州市各年统计公报和潮州市各年统计年鉴。

在赣东南 4 个城市中,以上饶市、鹰潭市和赣州市为例,上饶市 2010 年外贸流通企业出口 6.74 亿美元,增长 236%;生产企业出口 7.33 亿美元,增长 219%;三资企业出口 1.14 亿美元,下降 25%。[①] 其中,外贸流通企业、生产企业和三资企业出口比重分别为 44.3%、48.19% 和 7.51%。鹰潭市出口方面集中在外商投资企业和民营企业,进口方面集中在外商投资企业。如表 6-9 所示,2010 年,外商投资企业和民营企业的进出口总量都有较大幅度的增加。赣州市近年来出口方面外商投资企业的比重为 60%—72.5%,总体呈现上升趋势,其中 2010 年内资企业出口 3.60 亿美元,增长 21.5%,占比 27.51%;外商投资出口 9.50 亿美元,增长 40.28%,占比 72.49%。

表 6-9 2009—2010 年鹰潭市对外贸易主体结构 单位:亿美元

外贸主体 \ 年份	2009		2010	
	出口	进口	出口	进口
国有企业	0.17	0.09	0.20	0.21
外商投资企业	1.24	19.31	1.01	34.15
民营企业	0.49	0.12	2.42	0.20

资料来源:《鹰潭统计年鉴 2011》。

5. 在对外贸易的方式上,一般贸易和加工贸易并存,但一般贸易发展迅速并占主导地位

福建省对外贸易的方式主要是一般贸易和加工贸易,一般贸易和加工贸易出口总和占出口总额的比重超过 90%,这二者的进口总和占进口总额的比重超

① 2010 年上饶市统计公报。

过80%。如表6-10所示，一般贸易比重逐年增加，2007—2010年间，一般贸易比重已经超过加工贸易。通过计算2007—2010年的年均增长率，可以发现一般贸易在出口和进口方面的年均增长率都要远远高于加工贸易，一般贸易出口年均增长率为16.92%，而加工贸易出口年均增长率只有5.83%；一般贸易进口年均增长率高达22.29%，而加工贸易进口年均增长率仅为13.19%。福建省2007—2010年一般贸易和加工贸易出口总额和进口总额具体数据对比情况如图6-10所示。

表6-10　2007—2010年福建省对外贸易方式构成　　单位：%

年份	出口			进口		
	一般贸易	加工贸易	其他贸易	一般贸易	加工贸易	其他贸易
2007	54.93	39.86	5.21	42.93	40.58	16.49
2008	55.59	39.52	4.89	43.31	40.15	16.54
2009	60.52	35.02	4.46	51.53	36.80	11.67
2010	61.32	33.01	5.67	51.61	38.68	9.71

资料来源：根据《福建统计年鉴2011》数据整理所得。

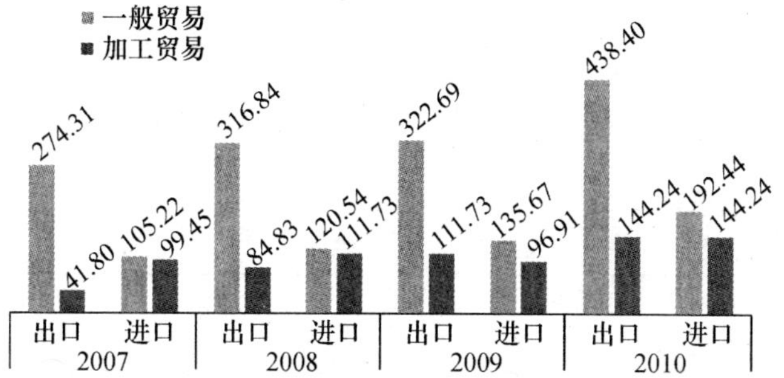

图6-10　2007—2010年福建省一般贸易与加工贸易对比（亿美元）

资料来源：根据《福建统计年鉴2011》数据整理所得。

在浙南3个城市中，以温州市为例，温州市外贸发展有自己的特点，加工贸易总量有所增加，但是所占比重很小。2010年出口方面一般贸易出口额135.42亿美元，增长32.8%，占比93.12%；加工贸易出口额9.98亿美元，增长37.03%，占比仅为6.86%。进口方面，一般贸易进口额21.89亿美元，增长7.6%，占比85.82%；加工贸易进口额3.12亿美元，增长30.26%，占比12.21%。图6-11显示了2008—2010年温州市一般贸易与加工贸易对比情况。

在粤东4个城市中，如表6-11所示，除了汕头市加工贸易有一定规模，其他3个城市加工贸易规模都很小。通过计算2007—2010年汕头市一般贸易和加工贸易的年均增长率，发现一般贸易增长远快于加工贸易，二者的年均增长率分别为11.63%和0.75%。

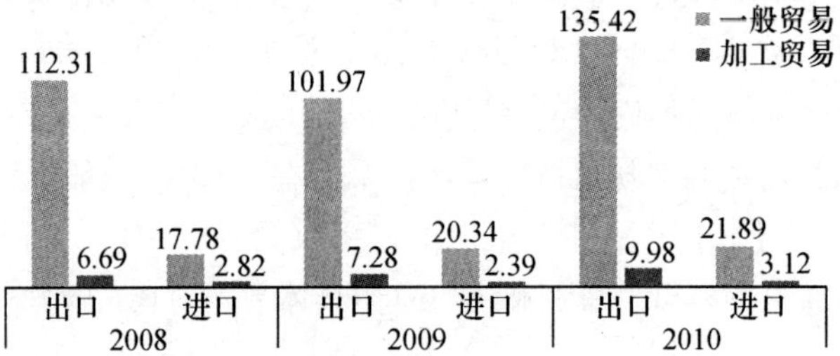

图 6-11 2008—2010 年温州市一般贸易与加工贸易对比(亿美元)

资料来源:根据相关年份温州统计年鉴数据整理所得。

表 6-11 2007—2010 年粤东 4 个城市出口方面一般贸易与加工贸易对比

单位:亿美元

		2007	2008	2009	2010
汕头	一般贸易	39.12	43.23	40.16	35.72
	加工贸易	25.68	28.00	28.47	13.47
梅州	一般贸易	3.37	4.46	5.27	6.9
	加工贸易	0.99	1.33	1.44	2.61
潮州	一般贸易	15.05	15.87	16.91	21.7
	加工贸易	2.41	1.79	1.26	1.28
揭阳	一般贸易	15.06	18.06	22.87	27.94
	加工贸易	2.63	2.92	2.38	2.87

资料来源:根据汕头各年统计年鉴和其他三市各年统计公报数据整理所得。

在赣东南 4 个城市中,以鹰潭市和赣州市为例,鹰潭市进出口一般贸易比重都远远超过加工贸易,2010 年一般贸易出口占比 66.5%,进口占比 96%,而加工贸易出口和进口占比分别仅为 11.6% 和 2.9%。赣州市出口方面一般贸易与加工贸易比重差距不大,进口方面加工贸易比重高于一般贸易。2010 年一般贸易出口 7.17 亿美元,增长 27.34%,占比 54.7%;加工贸易出口 5.87 亿美元,增长 42.91%,占比 44.79%。一般贸易进口 0.74 亿美元,增长 66.34%,占比 23.07%;加工贸易进口 2.44 亿美元,增长 40%,占比高达 76.28%。

6. 在对外贸易的市场结构上,主要进出口市场面向发达国家,同时不断巩固传统市场,积极开拓新兴市场

福建省主要进出口市场是亚洲、欧洲、北美洲三大洲,多年来比重都在 85% 以上。2010 年福建省的主要出口市场为美国、日本、中国香港地区、东盟和欧盟一些国家和地区等;主要进口市场为美国、日本、中国台湾地区、东盟和欧盟一些国家和地区等。美国、日本和东盟一些国家都是福建省最主要的进出口市

场,2010年,福建省向日本进口36.33亿美元,增长55.94%,出口54.08亿美元,增长6.63%;向美国进口37.35亿美元,增长35.22%,出口148.65亿美元,增长37.1%。通过计算2007—2010年福建省向各洲进口和出口的年均增长率,发现对亚洲、欧洲、北美洲这三大洲的增长率比较强劲,进口年均增长率分别为13.1%、16.97%和12.31%;出口年均增长率分别为13.54%、9.16%和10.36%。而对于大洋洲和拉丁美洲及非洲,增长却更加迅速,大洋洲进口和出口年均增长率分别为45.64%和12.92%,拉丁美洲及非洲进口和出口年均增长率则分别为27.97%和23.16%。福建省在巩固传统市场的同时不断努力开拓新兴市场,新兴市场逐渐成为福建省外贸市场的亮点,成为拉动福建省进出口贸易的重要力量之一。福建省外贸企业频频结伴开拓新兴市场,北非、南美和中东等地区都留下了闽企的脚印。而在"零关税"正式实行之后,闽企也及时抓住良机,加大了对东盟这一传统市场的开拓力度。

在浙南3个城市中,温州市进出口也主要集中在亚洲、欧洲、北美洲三大洲,比重在80%以上。出口方面,对各大洲出口总量都在增加,特别是对非洲及拉丁美洲的出口增长强劲。2010年温州前几位出口市场为美国、德国、阿联酋、欧盟、印度、日本等,前几位进口市场为美国、日本、韩国、德国、加拿大、中国台湾地区等。2010年向美国出口17.22亿美元,增长43.81%,进口2.68亿美元,增长35.09%;向日本出口3.64亿美元,增长10.53%,进口2.17亿美元,增长21.73%。温州在巩固欧盟、美国等传统市场的同时,重点开拓非洲、东盟、中东等新兴市场。比如温州鞋业,欧盟仍是其主要市场,不过鉴于欧盟不断实施反倾销措施,温州鞋业企业开始加大开拓新兴市场的力度,提高产品附加值,改变出口市场方向,开辟了南美、澳大利亚、东亚、中亚等新的出口市场。丽水出口市场主要集中在亚洲和欧洲,二者之和的比重达70%左右。2010,丽水出口总额13.49亿美元,出口亚洲4.85亿美元,增长48.35%,其中向东盟、日本和中国香港地区分别出口0.21亿美元、0.26亿美元和1.19亿美元;出口欧洲4.79亿美元,增长47.25%。对北美洲和拉丁美洲市场也保持较快增长,分别增长47.37%和61.35%。衢州出口排前三位的市场依次是欧盟、美国、日本。对欧盟出口2.53亿美元,增长80.7%;对美国出口1.39亿美元,增长51.3%;对日本出口0.63亿美元,增长46%。这三大主要市场出口额合计占全市出口总额的37.8%。表6-12显示了2010年福建省和温州市对各大洲进出口情况。

表 6-12 2010 年福建省和温州市对各大洲进出口情况

地区	福建省				温州市			
	出口（亿美元）	增长（%）	进口（亿美元）	增长（%）	出口（亿美元）	增长（%）	进口（亿美元）	增长（%）
亚洲	714.93	34.09	372.87	41.61	40.24	25.45	10.48	-0.19
欧洲	290.23	30.76	246.67	47.84	59.57	34.54	5.29	18.84
北美洲	164.05	29.72	43.64	35.74	19.07	42.76	3.98	56.83
大洋洲	13.40	19.17	10.82	62.82	2.23	43.59	1.19	-20.77
非洲及拉丁美洲	86.45	55.09	29.70	14.09	29.70	64.16	4.57	3.85

资料来源：《福建统计年鉴 2011》和《温州统计年鉴 2011》。

在粤东 4 个城市中，以汕头市、梅州市和潮州市为例，汕头市进出口市场同样主要集中在亚洲、欧洲、北美洲的一些国家或地区，出口市场集中在美国、中国香港地区、欧盟、东盟、日本和阿联酋这六大市场，进口市场集中在东盟、中国台湾地区、日本、欧盟、韩国和美国这六大市场。2010 年，汕头出口总额 49.35 亿美元，向美国出口 9.08 亿美元，增长 15.6%；向中国香港地区出口 8.16 亿美元，增长 22.9%；向日本出口 2.93 亿美元，增长 19.2%。相关数据显示，汕头市出口企业积极开拓新兴市场，因此汕头对美、欧、日等传统市场出口增速有所放缓，对东盟、拉丁美洲和非洲等新兴市场出口快速增长。梅州市出口市场主要集中在中国香港地区、日本、美国和欧盟，几年来排在第一位的是中国香港地区，不过增速有所减缓，而对美国和日本保持较快增长，对美国和日本的出口 2007—2010 年年均增长率都超过 30%。潮州主要出口市场为美国、中国香港地区、韩国、日本、欧盟和东盟一些国家。2010 年各大出口市场中，对欧盟出口 4.8 亿美元，增长 17.1%；对美国出口 3.8 亿美元，增长 38.9%；对东盟出口 2.1 亿美元，增长 21.3%；对中国香港地区出口 1.7 亿美元，增长 3.2%；对日本出口 0.54 亿美元，增长 18.1%。

在赣东南 4 个城市中，以赣州市为例，赣州市进出口主要市场为美国、日本、中国香港地区，仅这三个市场就占了进出口总额的半壁江山。2010 年出口总额 13.10 亿美元，向美国出口 3.68 亿美元，增长 16.52%，向日本出口 1.88 亿美元，增长 74.36%，向中国香港地区出口 2.04 亿美元，增长 80.91%；主要进口市场为日本、中国香港地区、韩国、民主刚果和中国台湾地区等。

7. 经贸发展与珠三角、长三角相比存在一定的差距

长三角、海西区、珠三角是三个地理上彼此相连的经济区。长三角以上海为核心，珠三角以广州、深圳为中心，它们是我国的两大经济增长极。这里选取海西区的福建省、长三角的上海、江苏、浙江以及珠三角的广东省五个地区进行经贸发展的简要比较，如表 6-13 所示。

表 6-13　2010 年三大经济区中 5 个地区的概况

地区	海西区	长三角			珠三角
	福建	上海	江苏	浙江	广东
面积占全国比重(%)	1.29	0.06	1.06	1.06	1.88
人口占全国比重(%)	2.75	1.72	5.87	4.06	7.79
GDP(亿元)	14 737.12	17 165.98	41 425.48	27 722.31	46 013.06
人均 GDP(元)	39 905	74 537	52 643	50 894	44 069
三次产业比重	9.25∶51.05∶39.7	0.66∶42.05∶57.28	6.13∶52.51∶41.35	4.91∶51.58∶43.52	4.97∶50.02∶45.01
进出口总额(亿美元)	1 087.80	3 688.69	4 658.10	2 534.73	7 846.60
进口总额(亿美元)	372.80	1 880.85	1 952.50	729.93	4 532.00
出口总额(亿美元)	715.00	1 807.84	2 705.60	1 804.80	3 314.60

资料来源:《中国统计年鉴 2011》并经计算整理所得。

从经济总量上看，2010年福建省生产总值为14 737.12亿元，福建省的生产总值在这五个省市中排在最后一位。从人均生产总值来看，福建省同样落后于其他省市，福建省人均生产总值为39 905元，而上海市人均GDP却高达74 537元，即使和排在倒数第二位的广东省相比，也存在不小差距。不过通过计算2006—2010年的生产总值年均增长速度，我们发现福建省的生产总值年增长速度为18.07%，超过其他四个省市的生产总值年均增长速度，保持了较快的增长速度，发展潜力巨大。从三次产业比重来看，2010年上海市三次产业比重为0.66:42.05:57.28，呈现“三、二、一”格局，其他四个省产业结构仍是以第二产业为主，呈现“二、三、一”格局。不过福建省的第一产业比重在五个省市中是最高的，而第三产业的比重最低。在第二产业绝对值上，福建省为7 522.83亿元，江苏省为21 753.93亿元，浙江省为14 297.93亿元，广东省为23 014.53亿元，福建省存在不小差距。如果从城市化水平来看，福建省的城市化水平也是落后于其他省市的，乡村人口比例还比较高。从货物贸易规模来看，福建省进出口总额同样远落后于上海市、江苏省、浙江省和广东省。总的来说，福建省在生产总值总量、人均生产总值、产业发展、城市化进程和外贸发展等方面有了较快的发展，但是与长三角的上海市、江苏省、浙江省和珠三角的广东省还是存在一定的差距。

（三）海西区对台贸易发展现状

海西区是个具有独特优势的地域经济综合体，是两岸人民交流合作先行先试区域，对台合作优势独特，制造业发展基础雄厚。国家“十二五”规划纲要明确提出，要充分发挥海西区在推进两岸交流合作中的先行先试作用，努力构筑两岸交流合作的前沿平台，促进产业深度对接。凭借地缘相近、血缘相亲、文缘相承、商缘相连、法缘相循“五缘”的天然联系，繁荣的海峡经济圈将有利于增进台湾人民对祖国大陆的认同感。

1. 台湾成为福建第一大进口市场，福建对台贸易呈显著逆差

据厦门海关统计，2010年福建对台湾地区贸易值首次突破100亿美元，达103.9亿美元，同比增长48.7%，占同期福建外贸进出口总值的9.6%。统计显示，福建对台贸易呈显著逆差。自台进口81.8亿美元，增长50.1%；对台出口22.1亿美元，增长43.7%；贸易逆差59.7亿美元，增长52.7%。台湾已成为福建第一大进口市场和重要的出口市场。2010年，福建对台贸易进口主要为机电产品和化工原材料，其中进口液晶显示板31.6亿美元，增长57.5%；初级形状的塑料7.6亿美元，增长26.5%；集成电路5.9亿美元，增长30.3%；对台出口主要为农产品，出口5.1亿美元，增长70.3%；此外，出口纺织品1.4亿美元，增

长44.4%；液晶显示器0.8亿美元，增长32%。厦门市对台贸易在福建省居首位，2010年厦门市对台进出口63.8亿美元，增长51.9%，占61.4%；福州市对台进出口20.2亿美元，增长34.4%，占19.4%；漳州市和泉州市分别进出口9亿美元和8.2亿美元，分别增长54.4%和69.1%。

闽台农产品贸易稳定发展，态势良好。2011年，闽台农产品贸易总额8.19亿美元，同比增长37.4%；其中，对台出口7.02亿美元，同比增长36.9%；对台进口1.17亿美元，同比增长40%；对台农产品贸易进出口额均居大陆各省市首位。

2. "十一五"时期福建对台贸易额比"十五"时期翻了一番

"十一五"期间，福建省抓住两岸关系出现和平发展、海西战略上升为国家战略的有利机遇，推动闽台经贸合作向高层次、宽领域、全方位推进。据统计，"十一五"期间，闽台贸易额累计达372.55亿美元，比"十五"时期翻了一番，闽台双边贸易额由2005年的48.8亿美元提升到2010年的103.9亿美元，年平均增长16.3%。其中，福建对台农产品贸易额累计达13亿美元，占同期大陆对台农产品贸易额的近三成；对台小额贸易累计达6.2亿美元，是"十五"时期的3倍。

3. 福建省对台小额贸易快速发展

对台小额贸易是指在大陆沿海地区指定口岸经核准的对台小额贸易公司与台湾地区公司或者居民依照国家相关法规及对台政策进行的货物贸易。对台小额贸易是海峡西岸在特定的历史条件下形成的特殊的贸易方式，作为两岸经贸交流的一种有益的补充形式，对于加强两岸民间交往具有非常重要的作用。对台小额贸易作为点对点之间的贸易，具有距离较短、运时较少、时效性强、量小、货杂、交易方式简单等特点。来自福州、厦门两地海关的统计数据显示，2010年闽台共实现小额贸易3.1亿美元，比上年增长1.4倍。据统计，2010年福建从台湾进口2.6亿美元、出口0.5亿美元，同比分别增长1.5倍、1.2倍。在进口商品中，进口农产品4 761万美元、机电产品8 451万美元，分别增长33.1%、1.6倍，两者合计占闽台小额贸易进口总额的49.7%。在出口商品中，出口水海产品4 547万美元，增长1.1倍，占闽台小额贸易出口总额的98.7%。福建对台小额贸易经营品种多、规模小、速度快、批次多、交易方式简单，相对快捷方便；同时，也受益于近年来大陆一系列对台小额贸易优惠措施的不断出台和政策支持。

4. 温州市对台贸易潜力有待提升，丽水、衢州部分地区已率先开展对台农业合作

浙南三市——温州、丽水、衢州——处于台湾、海西区与长三角的三区交接地带。表6-14显示，2010年，温州对台贸易总额达到19 422万美元，同比增长

20.25%，其中对台出口贸易总额达 8 820 万美元，同比增长 68.64%，对台进口贸易总额 10 602 万美元，同比下降 2.92%。“十一五”期间温州对台贸易量的有关数据如表 6-14 所示。

表 6-14 温州对台贸易量(2006—2010) 单位:万美元

年份	对台贸易总额	进口额	出口额
2006	11 330	11 331	6 218
2007	21 649	15 039	6 619
2008	18 722	12 141	6 581
2009	16 151	10 921	5 230
2010	19 422	10 602	8 820

资料来源:根据温州市历年统计年鉴整理所得。

温州市定位为海西区浙南地区三市的中心城市，但是，温州市对台贸易规模偏小，2010 年温州市对外进出口总额为 1 709 400 万美元，对台贸易总额为 19 422 万美元，仅占温州市对外进出口总额的 1.14%，占比较低，温台贸易还有很大的发展潜力。

2011 年 5 月 19 日，浙江省政府批复设立浙台(苍南)经贸合作区，合作区凭借国家级苍南台湾农民创业园、苍南省级工业园区、苍南临港产业基地等基础，规划设计达 260 平方公里，合作区预期以 10—20 年的建设，打造成为浙江省参与海西区建设、开展对台经贸合作的重要平台和优质的台商投资区。苍南地处浙闽交界处，其南端霞关港距离台湾基隆港仅 120 海里，成为浙江距离台湾最近的港口，与福州至基隆、厦门至台南的时间差不多。两地地域相近，且苍南境内有 70% 的民众使用闽南话。苍南是浙江省、温州市发展对台贸易的先行区，在苍南设立浙台经贸合作区，对加快温州南部经济上一个新台阶、推进温州经济平衡协调发展、促进温州市进一步扩大对台经贸合作、更好更全面地对接和推进海西区建设具有深远的影响和重大的意义。

丽水、衢州两地则是山区。经济有基础，自然条件优越，具有发展现代农业和休闲农业的巨大潜力，可重点开发生态经济，引进与实验区产业发展相配套的农业优良品种、先进技术和管理经验，实现品种、技术、资金、市场的一揽子引进与合作。衢州的衢江、江山、龙游已率先开展对台农业合作。此外，衢州—宁德铁路已纳入国家“十二五”规划，为衢州参与海西区建设、实现对台基础性产业合作和物流对接奠定了基础。

5. 赣东南地区积极打通连接福建港口的通道，降低了赣台经贸往来的成本

江西作为海西区中唯一的内陆省份，连接中西部广大区域，具有承东启西、

沟通南北的区位优势。海西区战略的提出,打通了江西连接福建港口的通道,使江西成为中部6省中第一个因区域联盟而直接出海连接全球的省份。近年来,江西先后开通南昌、新余、吉安、赣州至深圳、厦门、宁波的海铁联运,降低了赣台经贸往来的通关成本。

据赣州市海关统计,赣州市2000—2009年的10年间对台贸易总额约1.6亿美元,其中,对台进口额1.43亿美元,对台出口额1 730万美元。赣州市对台出口主要为农产品,进口主要为机电产品和高新技术产品等。赣州目前已有包括光宝、宝成、宝元、味全等公司在内的200多家台资企业正式落户投产,投资额超过17亿美元。

抚州市位于江西省东部,是典型的农业地区,具有丰富的资源,是国家区域性商品粮生产区,地价较低,劳力充裕,农产品价格竞争力较强,农业拓展的空间和潜力很大,但资金、技术相对比较缺乏,农产品外销渠道不畅,与台湾农业发展存在差距。抚州市政府正努力加强对台农业经贸交流合作。鹰潭、上饶两个地市旅游资源更为丰富,这两地市日前都在努力与福建加强旅游方面的沟通与合作。

6. 区位优势优越,粤东地区积极打造对台经贸交流合作实验区

粤东的潮州、汕头、梅州等地都与台湾有着很深的历史渊源。海西区战略提出后,中央有关部委大力支持,福建积极打造对台交流平台让粤东看到了发挥对台优势、加速发展的又一次良机。把加强对台经贸工作作为加快粤东经济发展的重要内容和手段,充分发挥粤东的区位优势,将汕头等粤东地区融入海西区发展中。汕头市提出要率先建设粤台经贸合作试验区,充分运用检验检疫特殊优惠政策和支持措施,发挥对台直航航线作用,推进粤台、汕台经贸合作。全力推进粤台合作南山湾科技园、粤台物流园区、广东省海峡西岸合作南澳实验区和台湾农民创业园等载体建设,加强与台湾产业对接。目前粤东地区从台湾进口的商品主要为塑料和化工原料、机电配件、水果和农副产品、食物添加剂和奶油等;出口台湾的主要商品为日用品、陶瓷、玩具、防火板、石板等。

汕头对台贸易有天然的地理优势,但汕台贸易发展却相对缓慢,2010年汕头对台贸易额仅3.9亿美元,仅占广东对台贸易总额的0.8%,而且进出口极不平衡,汕头对台贸易逆差达2.9亿美元;2011年ECFA中货物贸易早期收获计划正式启动,但对汕头对台贸易的促进效果还有待观察。汕头市市委书记李锋提出,要率先建设粤台经贸合作试验区,把汕头建设成为广东省扩大对台交流合作的桥头堡和重要通道。

潮州市被列入国家海西区,潮州港被列入对台直航港口,这无疑将给潮州

进一步扩大对台经贸带来前所未有的有利契机。在新一轮的区域合作中，潮州发展对台贸易，将极大地发挥特色产业和资源优势，推动社会经济又快又好地发展，促使潮州成为对台经贸合作的“试验区”和“示范区”。

揭阳是粤东地区、赣南、闽西南的重要物资集散地，是海西区的重要组成部分。揭阳在积极融入海西区的过程中，一个表现便是积极扶持台资企业和对台出口企业的发展。针对揭阳市内近百家台资企业，揭阳对各类对台贸易业务实行优先受理报检、优先检验检疫、优先出证放行；同时，为申报注册和备案的台资企业和对台贸易企业提供技术指导，并及时向对台贸易企业通报两岸最新的技术标准。

二、海西区投资发展现状

（一）内资发展现状

1. 固定资产投资增加迅速

固定资产投资是扩大社会经济生产能力、更新生产技术、提高人民物质生活水平的重要手段。2011年，海西区总共实现固定资产投资约1.4亿万元，比上一年增加28.53%。表6-15显示，在所辖20个地市中，抚州、鹰潭、揭阳三市的固定资产投资增长率超过40%；三明、龙岩、漳州、福州和赣州的增长率超过30%；温州、厦门的固定资产投资增长率是海西区中最低的，不足10%；而整个海西区增长率为24.47%。

表6-15　海西区20个城市固定资产投资数量及年均增长率 金额单位：万元

地区＼年份	2007	2008	2009	2010	年均增长率
三明	3 631 407	5 127 370	6 782 606	8 478 100	0.32825057
龙岩	2 486 320	3 226 136	4 339 687	5 829 543	0.32867657
漳州	3 270 400	4 414 000	5 792 100	8 371 100	0.36905160
梅州	1 377 289	1 426 864	1 629 809	1 955 166	0.12595168
温州	7 370 316	7 584 399	8 377 764	9 259 795	0.07964463
丽水	2 372 557	2 488 454	2 791 922	3 203 769	0.10610440
厦门	9 277 014	9 313 836	8 821 159	10 099 850	0.03200970
莆田	2 409 255	3 018 309	3 627 064	4 965 196	0.27447163
抚州	2 260 500	3 362 700	4 819 516	6 473 990	0.42136855
福州	10 014 521	12 527 105	16 467 177	23 174 379	0.32424172
潮州	1 210 400	1 356 700	1 629 800	1 828 000	0.14792547
鹰潭	780 072	1 281 711	1 824 796	2 419 651	0.46425690
南平	2 994 844	3 962 851	5 020 295	6 220 150	0.27635487

（续表）

地区＼年份	2007	2008	2009	2010	年均增长率
赣州	3 003 219	4 060 021	5 947 000	7 810 000	0.37664257
揭阳	2 012 900	2 657 855	3 934 955	5 640 729	0.41146791
衢州	3 169 975	3 611 939	4 153 976	4 818 048	0.14978475
上饶	4 110 417	5 169 061	7 289 209	9 460 000	0.32184050
泉州	6 951 101	8 584 555	9 764 677	12 508 091	0.21780512
宁德	1 813 094	2 372 205	2 871 500	3 717 100	0.27111046
汕头	2 069 559	2 613 625	2 918 958	3 616 754	0.20625664
合计	72 585 160	88 159 696	108 803 970	139 849 411	0.24469100

资料来源：根据各地市统计年鉴整理所得。

如图6-12所示，在海西区福建省的9个城市中，2006—2010年间，全社会固定资产投资逐年增加，年平均增长率均在20%以上，其中，2006年、2007年的增长率均为近40%；但2008年、2009年出现增长率的下降，这可能是受全球金融危机的影响；2010年有所回升，增长率为30%。2010年全社会固定资产投资8 273.42亿元，其中，城镇固定资产投资7 460.07亿元，比上一年增长31.4%；农村投资813.34亿元，比上一年增长19.2%。按三次产业进行划分，第一产业158.92亿元，增长28.1%；第二产业2 968.21亿元，增长25.3%，其中工业投资2 942.21亿元，增长26.1%；第三产业投资5 146.29亿元，增长33.0%，为三大产业中增长最快的部门。此外，2011年，全省区476 911 366个在建重点项目完成投资1 936亿元，占全社会投资的23.4%。全年建成投产或部分投产166个项目，新开工177个项目。

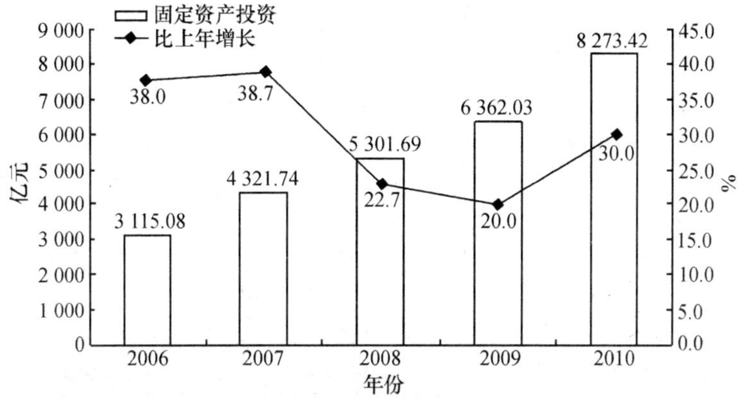

图6-12　2006—2010年福建省固定资产投资增长率

资料来源：《2011年福建省国民经济和社会发展统计公报》。

在海西区其他地区,2010年,粤东四市和赣东南四市的固定资产投资总额均比上年增长30%左右。其中,浙南三市(丽水、温州、衢州)2010年实现固定资产投资总额1 728.16亿元,比上一年增加12.78%;而粤东四市(汕头、潮州、梅州、揭阳)实现固定资产投资总额1 304.06亿元,比上一年增长28.94%;赣东南四市(鹰潭、抚州、上饶、赣州)2010年实现固定资产投资总额2 616.36亿元,比上一年增长31.6%。

表6-16和图6-13显示,从海西区范围内来看,固定资产投资增加的速度普遍超过当地GDP增加的速度。2008—2010年,海西区固定资产投资年增速为20%—30%,但GDP的增速仅为10%左右。

表6-16 2008—2010年海西区各市固定资产投资与GDP的增速对比

城市 \ 年份		2008年		2009年		2010年	
		固定资产增长率	GDP增长率	固定资产增长率	GDP增长率	固定资产增长率	GDP增长率
福建	漳州	0.349682	0.136	0.312211	0.133	0.445262	0.149
	龙岩	0.297555	0.151	0.345166	0.140	0.343310	0.139
	三明	0.411951	0.147	0.322824	0.132	0.249977	0.139
	福州	0.250894	0.137	0.314524	0.130	0.407307	0.142
	厦门	0.003969	0.135	-0.052900	0.080	0.144957	0.151
	南平	0.323225	0.141	0.266839	0.139	0.239001	0.117
	莆田	0.252798	0.147	0.201687	0.145	0.368930	0.153
	宁德	0.308374	0.145	0.210477	0.133	0.294480	0.150
	泉州	0.234992	0.150	0.137470	0.125	0.280953	0.128
赣东南	鹰潭	0.643068	0.142	0.423719	0.128	0.325984	0.141
	抚州	0.487591	0.142	0.433228	0.139	0.343286	0.150
	上饶	0.257551	0.135	0.410161	0.136	0.297809	0.148
	赣州	0.351890	0.132	0.464771	0.133	0.313267	0.138
粤东	揭阳	0.320411	0.160	0.480500	0.160	0.433493	0.196
	汕头	0.262890	0.105	0.116824	0.107	0.239057	0.137
	潮州	0.120869	0.120	0.201297	0.125	0.121610	0.141
	梅州	0.035995	0.102	0.142231	0.098	0.199629	0.141
浙南	丽水	0.048849	0.118	0.121950	0.106	0.147514	0.125
	温州	0.029047	0.085	0.104605	0.085	0.105282	0.111
	衢州	0.139422	0.130	0.150068	0.111	0.159864	0.133
海西区		0.214569	0.131	0.234169	0.120	0.285334	0.138

资料来源:根据各市相关年份统计年鉴整理所得。

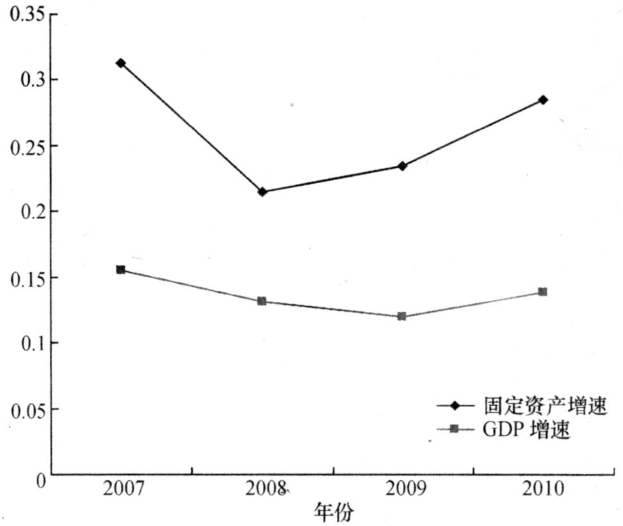

图 6-13　2007—2010 年海西区固定资产投资与 GDP 增速对比(百分比)

资料来源:经作者计算得出。

2. 国有经济依然是固定资产投资中的重要组成部分

按投资来源划分,固定资产投资可大体分为内资和外资。内资部分主要由国有经济、集体经济、私营经济、股份制经济等组成。根据相关统计数据,国有经济依然是海西区固定资产投资中的重要来源。国有经济在固定资产投资中的比重依然为三分之一左右,是海西区经济增长的重要动力。

2010 年,海西区固定资产投资中的国有经济部分为 4 237.38 亿元,占全部固定资产投资总额的 30.297%。图 6-14 显示,福建省九地市固定资产投资中的国有经济部分为 2 575.52 亿元,占总额的 30.89%。图 6-15 显示,在赣东南区四市,固定资产投资中的国有经济部分为 769.34 亿元,占总额的 29.4%。在粤东四市,固定资产投资中国有经济部分为 347.33 亿元,占固定资产投资总额的 26.63%。在浙南三市,固定资产投资中的国有经济部分为 545.18 亿元,占固定资产投资总额的 31.55%。

3. 非国有经济的比重不断上升,民间投资日趋活跃

2010 年,海西区内资投资 13 338.09 亿元,其中非国有投资 9 100.7 亿元,占内资投资的 68.23%。

数据显示,在海西区,国有经济的增长速度远低于固定资产投资总额的增加速度,私营经济、股份制经济所占的投资份额越来越大,民间投资成为拉动固定资产投资增长的主要力量。

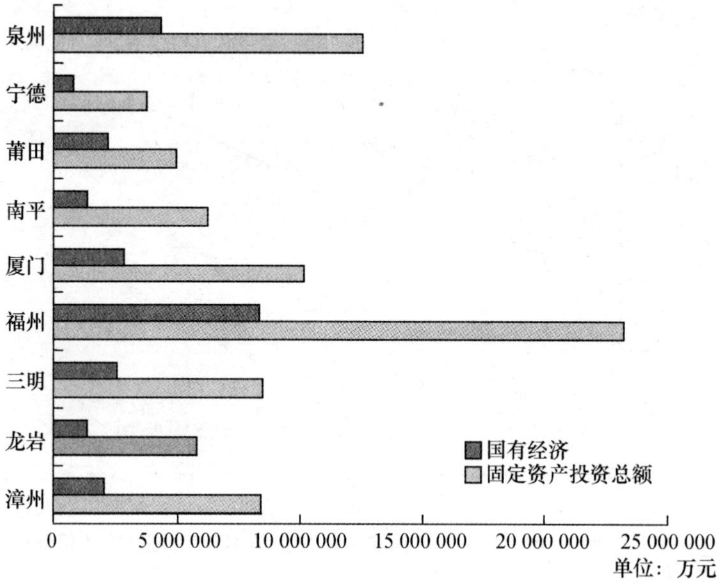

图 6-14　海西区 2010 年固定资产投资总额与国有经济部分对比(福建省)
资料来源:经作者计算得出。

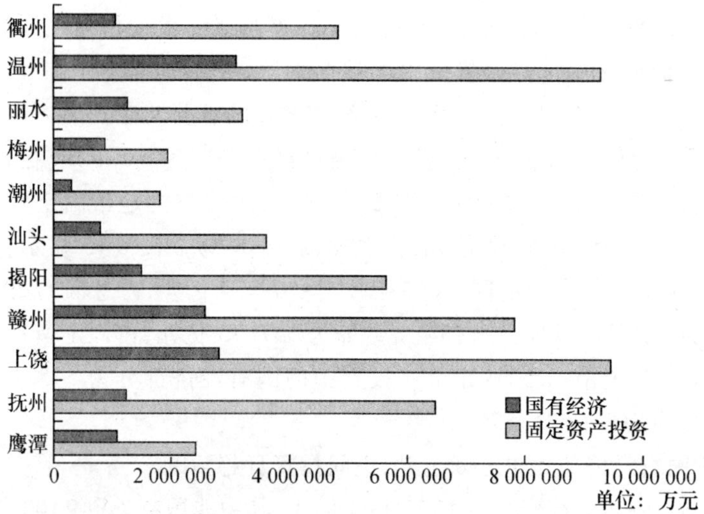

图 6-15　海西区 2010 年固定资产投资总额与国有经济部分对比(非福建省)
资料来源:经作者计算得出。

以漳州和龙岩为例,图 6-16 显示,漳州 2000—2010 年间非国有投资(不包括外资)在固定资产投资中的比重,在过去十年中,除 2005 年之外,均在 60% 以上,与 2000 年相比,呈现稳定的增长趋势。具体而言,2000 年,内资非国有投资部分在固定资产投资中的比重为 38.65%,到 2010 年,则为 65.55%,占比增加了将近一倍。

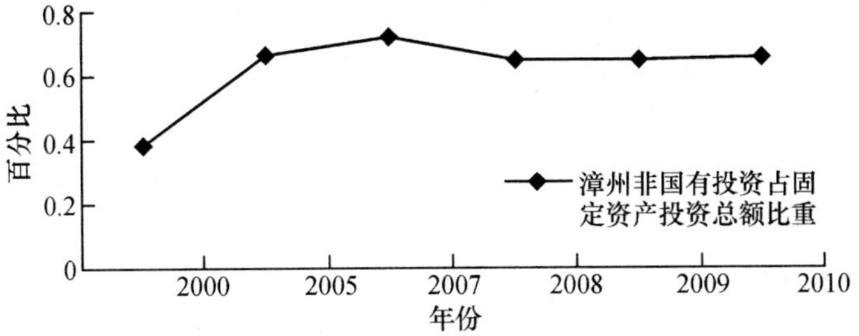

图 6-16　漳州非国有投资占固定资产投资总额的比重变化

再以龙岩为例,图 6-17 显示,2010 年,龙岩实现固定资产投资总额 582.95 亿元,其中,国有经济投资 135.34 亿元,占投资总额的 23.21%;集体经济投资 16.9 亿元,占 2.89%;个体经济投资 20.84 亿元,占 3.57%;外商投资(不含港澳台商)11.92 亿元,占 2.04%;港澳台商投资 26.28 亿元,占 4.5%;其他各类非国有内资投资 371.66 亿元,占 63.75%。可见,私营经济、合作制经济、股份制经济等形式实现的非国有资金投资已成为当地固定资产投资中的主要部分。

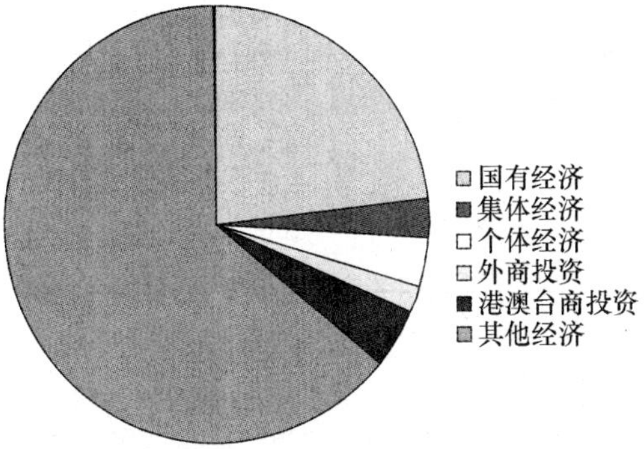

图 6-17　龙岩 2010 年固定资产投资来源

资料来源:《龙岩统计年鉴 2011》。

4. 外商投资在全部固定资产投资中的占比不断下降,内资已成为拉动投资增长的主要力量

随着经济全球化的发展和我国改革开放的深化,外商在海西区的投资额也不断增加,其用于固定资产投资的绝对数值也在不断增加,但在全社会固定资产投资中所占比重却逐年下降。

2010 年,海西区各地市外商投资在固定资产投资总额中的比重,都已经不足 10%。整个海西区在 2010 年实现固定资产投资总额 13 984.94 亿元,而其中的外资为 646.85 亿元,仅占 4.62%。

在福建省,如表 6-17 所示,2000 年,全省固定资产投资总额 1 082.47 亿元,其中外商投资 136.26 亿元,占 12.59%。2010 年固定资产投资总额 8 273.42 亿元中,外商投资 286.57 亿元,占固定资产投资总额的 3.46%。十年间,固定资产投资中的外商投资绝对数量在不断增加,从 2000 年的 136.26 亿元,增加到 2010 年的 286.57 亿元,增加 110.31%,年均增长率为 16%。表 6-17 也显示,同时期,固定资产投资总额从 1 082.47 亿元增长到 8 273.42 亿元,增加了 664.31%,年均增长率为 50%,远远超过外商投资的增长率。如图 6-18 所示,在 2000—2010 年间,外商投资占固定资产投资总额的比重,一直处于下降状态,外商投资在固定资产投资总额中的比重在十年间下降了 9.13%。

表 6-17 2000—2010 年福建省外商投资占固定资产投资总额比例

投资 / 年份	固定资产投资总额(万元)	外资(万元)	外资占固定资产投资比重
2000	1 082.47	136.26	0.125879
2001	1 134.48	132.01	0.116362
2002	1 230.76	150.85	0.122567
2003	1 507.87	124.06	0.082275
2004	1 899.1	135.91	0.071565
2005	2 344.73	132.95	0.056702
2006	3 115.08	146.59	0.047058
2007	4 321.74	215.67	0.049904
2008	5 301.69	206.24	0.038901
2009	6 362.03	200.43	0.031504
2010	8 273.42	286.57	0.034637

资料来源:2001—2011 年福建统计年鉴。

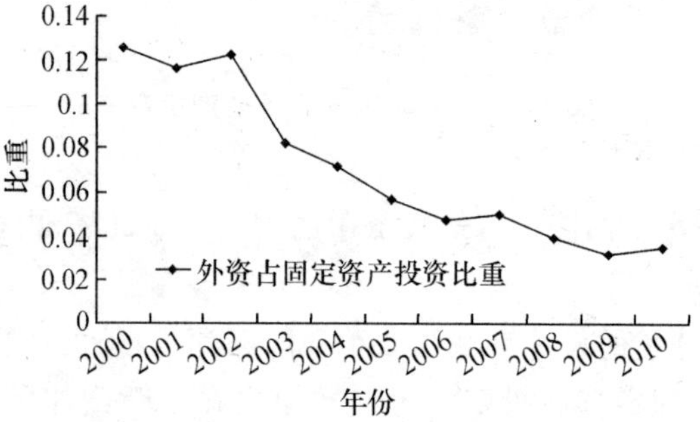

图 6-18 福建省历年外资投资占固定资产投资的比重

资料来源:《福建统计年鉴 2011》。

表 6-18 显示,2010 年海西区各市利用外资在固定资产投资中的比重均小于 10%。其中,漳州、丽水、莆田三市利用外资比重最大,均在 9% 以上;赣州、龙岩、温州、泉州、福州五市利用外资占固定资产投资的比重均在 5%—8%;揭阳、厦门、三明、潮州、宁德、抚州、南平、上饶、汕头、衢州十市利用外资的比重均在 1%—5%;梅州、鹰潭两市利用外资的比重不足 1%。

表 6-18　海西区 20 个城市 2010 年外商投资占固定资产投资总额比重

投资类别 / 地区	固定资产投资总额(万元)	外商投资部分(含港澳台商)(万元)	外商投资占固定资产投资比重
漳州	8 371 100	797 700	0.095292
龙岩	5 829 543	382 046	0.065536
三明	8 478 100	266 204	0.031399
福州	23 174 379	1 193 040	0.051481
厦门	10 099 850	342 150	0.033877
南平	6 220 150	129 149	0.020763
莆田	4 965 196	450 285	0.090688
宁德	3 717 100	87 145	0.023444
泉州	12 508 091	643 929	0.051481
鹰潭	2 419 651	11 900	0.004918
抚州	6 473 990	137 193	0.021191
上饶	9 460 000	194 204	0.020529
赣州	7 810 000	556 638	0.071272
揭阳	5 640 729	221 184	0.039212
汕头	3 616 754	73 056	0.020199
潮州	1 828 000	52 731	0.028846
梅州	1 955 166	14 654	0.007495
丽水	3 203 769	315 401	0.098447
温州	9 259 795	509 558	0.055029
衢州	4 818 048	90 308	0.018744
海西区	139 849 411	6 468 475	0.046253

资料来源:根据各地 2010 年统计年鉴整理所得。

图 6-19 显示,因外商投资比重不断下降,2010 年海西区固定资产投资中内资投资 13 338.09 亿元,占到了固定资产投资总额的 95% 以上,是外资投资的 19 倍,因此,海西区的经济发展更多是由于内资的驱动。

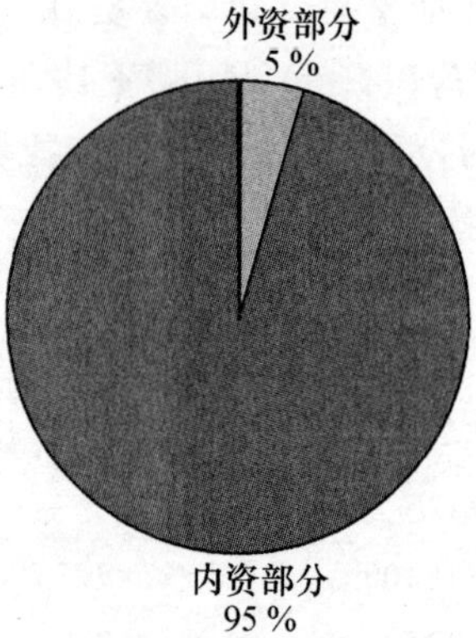

图 6-19 海西区 2010 年固定资产投资中内资与外资所占份额对比

（二）外资发展现状

1. 总体利用外资规模不断扩大，各地市出现较大差异

海西区对外经济持续发展，利用外资规模不断扩大。表 6-19 为 2007—2010 年海西区 20 个城市实际利用外资总额及其增长情况。如表 6-19 所示，2010 年，海西区实际利用外资总额比 2007 年增长近 20 亿美元，年均增长率为 9%，其中 2008 年海西区实际利用外资增长率达到 20.7%，利用外资规模迅速扩大。

表 6-19 2007—2010 年海西区实际利用外资情况

年份	海西区（万美元）	全国（万美元）	海西区增长率（%）	海西区占比（%）
2007	718 439	7 476 800	—	9.6
2008	867 210	9 239 500	20.7	9.4
2009	872 190.3	9 003 300	0.6	9.7
2010	921 579	10 573 369	5.7	8.7
年均	—	—	9	9.4

资料来源：经作者分析计算得出。

从海西区实际利用外资总额占全国的份额来看，2007—2010 年海西区利用外资在全国的占比较平稳，约在 9.4% 左右，海西区已逐渐成为继长三角和珠三角之后吸引外商投资的重要区域之一。

在福建省，如表 6-20 所示，2007—2010 年，福建省实际利用外资增长近 17 亿美元，增长幅度较大。其中，2007—2008 年处于快速增长期，年增长率达到 40%；2009—2010 年为平稳期，波动不大。从各市实际利用外资情况来看，大部分城市实际利用外资增速较快。其中，2007—2010 年，莆田、龙岩、宁德三市实际利用外资平均增长率均超过 20%，利用外资增速迅猛。从内陆地区与沿海地区的对比来看，2007—2010 年内陆地区平均增长率为 25.3%，比沿海地区平均增长率高出 10 个百分点。从各市实际利用外资总额来看，2010 年厦门以 16.97 亿美元位居福建省第一，其次是泉州、福州、漳州、莆田、龙岩等。

表 6-20　2007—2010 年福建省 9 市实际利用外资情况

城市 \ 年份		2007 年		2008 年		2009 年		2010 年		年均增长率（%）
		总额（亿美元）	增长率（%）	总额（亿美元）	增长率（%）	总额（亿美元）	增长率（%）	总额（亿美元）	增长率（%）	
沿海地区	福州市	7.00	5.9	10.02	43.1	10.32	3.1	11.85	14.8	16.7
	厦门市	12.72	33.2	20.42	60.6	16.87	-17.4	16.97	0.6	19.3
	莆田市	1.20	26.3	1.30	8.3	1.83	40.4	2.30	25.4	25.1
	漳州市	4.50	12.2	5.01	11.1	5.50	9.9	7.01	27.4	15.2
	泉州市	12.75	38.6	17.00	33.3	17.20	1.2	14.93	-13.2	15.0
	平均增长率	—	—	—	—	—	—	—	—	15.3
内陆地区	三明市	0.54	5.9	0.66	23.4	0.75	13.0	0.86	15.8	14.5
	南平市	0.48	20.0	0.59	22.5	0.62	5.3	0.68	10.1	14.5
	龙岩市	1.20	55.8	1.34	11.7	1.52	13.4	1.65	8.4	22.3
	宁德市	0.22	—	0.38	76.1	0.57	48.7	0.71	25.1	50.0
	平均增长率	—	—	—	—	—	—	—	—	25.3
总计		40.61	—	56.72	40.0	55.18	-3.0	56.96	3.0	13.3

资料来源：各市相关年份统计年鉴。

在浙南，则出现外资规模缩小的趋势。从表 6-21 可以看出，浙南实际利用外资金额由 2007 年的 6.81 亿美元，减少到 2010 年的 2.76 亿美元，利用外资规模减小约 4 亿美元。同时，2007—2010 年，浙南实际利用外资均呈现负增长，年均增长率为 -25%。从其余各市来看，实际利用外资呈现快速发展与大幅度回落并存的形势。其中，2007—2010 年，丽水、衢州利用外资规模扩大，年平均增长率分别为 61.4% 和 13.6%；而温州利用外资规模自 2008 年以后，一直处于负增长。

表 6-21　2007—2010 年浙南 3 市实际利用外资情况

城市 \ 年份	2007 年		2008 年		2009 年		2010 年		年均增长率（%）
	总额（亿美元）	增长率（%）	总额（亿美元）	增长率（%）	总额（亿美元）	增长率（%）	总额（亿美元）	增长率（%）	
温州市	6.18	33.5	2.62	-57.6	2.34	-10.7	1.76	-24.8	-14.9
丽水市	0.22	14.2	0.81	264.3	0.29	-64.0	0.38	31.0	61.4
衢州市	0.41	2.9	0.58	43.3	0.64	9.8	0.62	-1.6	13.6
总计	6.81	—	4.01	-41.0	3.27	-18.0	2.76	-16.0	-25.0

资料来源：各市相关年份统计年鉴。

在粤东，利用外资规模呈现扩大趋势。如表 6-22 所示，2007—2010 年，粤东实际利用外资总额增长近 1.5 亿美元，年平均增长率约为 10.3%。各市利用外资稳步增长。2007—2010 年，汕头、潮州实际利用外资年平均增长率约为 16%，揭阳实际利用外资年平均增长率约为 23%。除梅州利用外资总额略有减少外，其余城市利用外资规模均不断扩大。

表 6-22 2007—2010 年粤东 4 市实际利用外资情况

城市＼年份	2007 年		2008 年		2009 年		2010 年		年均增长率（%）
	总额（亿美元）	增长率（%）	总额（亿美元）	增长率（%）	总额（亿美元）	增长率（%）	总额（亿美元）	增长率（%）	
汕头市	1.72	22.9	1.94	13.0	2.04	5.2	2.56	25.2	16.6
梅州市	1.12	36.9	1.29	14.3	0.80	-37.7	0.90	11.9	6.4
潮州市	0.82	21.0	0.91	20.7	1.01	11.1	1.12	11.0	16.0
揭阳市	0.91	30.0	1.27	45.5	1.32	4.1	1.49	12.5	23.0
总计	4.57	—	5.41	18.0	5.17	-4.0	6.07	17.0	10.3

资料来源：各地相关年份统计年鉴。

在赣东南，外资则出现持续较快增长的势头。如表 6-23 所示，2007—2010 年赣东南实际利用外资增幅约 5 亿美元，年均增长率为 13.7%。值得注意的是，2009 年，我国实际利用外资由于受到金融危机的影响，海西区其他三个区域都出现了不同程度的负增长情况，然而，赣东南实际利用外资却增长强劲，增长率为 12%，比 2007 年还高出 1 个百分点。从各市实际利用外资情况来看，各市利用外资稳步增长。其中，2010 年上饶实际利用外资 5.04 亿美元，与 2007 年相比，翻了近一番。鹰潭、抚州实际利用外资年均增长率约为 11%，利用外资规模稳步扩大。

表 6-23 2007—2010 年赣东南 4 市实际利用外资情况

城市＼年份	2007 年		2008 年		2009 年		2010 年		年均增长率（%）
	总额（亿美元）	增长率（%）	总额（亿美元）	增长率（%）	总额（亿美元）	增长率（%）	总额（亿美元）	增长率（%）	
上饶市	2.57	38.5	3.01	15.0	3.49	16.0	5.04	44.5	28.5
鹰潭市	0.85	4.8	1.02	20.5	1.11	8.8	1.20	8.1	10.6
抚州市	1.08	22.5	1.22	3.1	1.36	11.2	1.52	11.5	12.1
赣州市	6.58	11.5	7.00	11.0	7.72	10.3	8.36	8.3	10.3
总计	11.08	—	12.25	11.0	13.68	12.0	16.12	18.0	13.7

资料来源：各地相关年份统计年鉴。

2. 福建省成为海西区引资主体，赣东南外资迅速增长

从总量上看，如图 6-20 所示，以 2010 年为例，福建省实际利用外资 57 亿美

元,赣东南 4 个城市实际利用外资 16.1 亿美元,粤东 4 个城市实际利用外资 6.1 亿美元,浙南 3 个城市实际利用外资 2.8 亿美元。可见,福建省仍是海西区中吸引外商直接投资的核心力量,其次为赣东南、粤东、浙南。

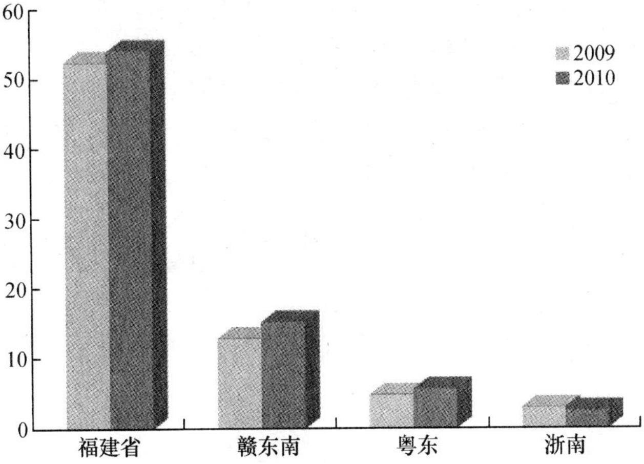

图 6-20　2009—2010 年海西区实际利用外资区域图

资料来源:经作者分析计算得出。

从增长速度来看,如图 6-21 所示,2008—2010 年各地区实际利用外资增长出现分化。其中,福建省利用外资平均增长率起伏较大,2008 年增长率近 40%,2009 年出现负增长,2010 年又出现小幅增长;粤东地区增长率低于福建省,但高于赣东南和浙南,但同样在 2009 年出现了负增长;而浙东南则出现持

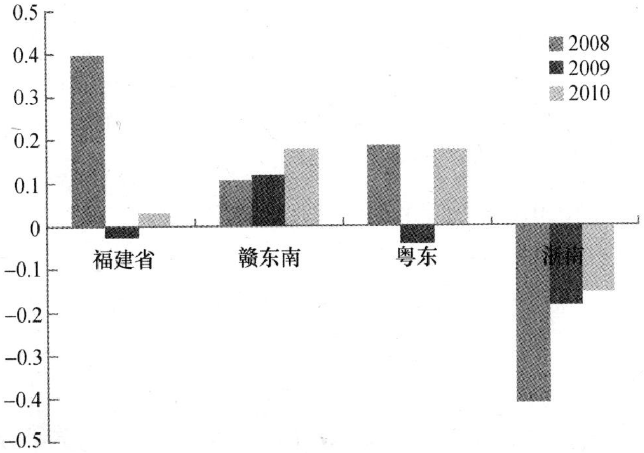

图 6-21　2008—2010 年海西区各地市实际利用外资增长率

资料来源:经作者分析计算得出。

续负增长的趋势,但这种趋势在2008—2010年间有所缓和。相比而言,赣东南利用外资年平均增长率则保持逐年稳定增长的趋势,利用外资快速增长。

3. 制造业是外商投资的主要领域,服务业快速增长,引资结构不断优化

在海西区,外商投资主要集中在第二产业和第三产业,初步形成以第二产业投资为主导、第三产业投资迅速发展的利用外资基本格局。

以2010年为例,如图6-22所示,福建省第二产业合同利用外资占利用外资总额的61.5%,第三产业合同利用外资占利用外资总额的35.2%,可见,福建省利用外资结构以第二产业为主,其次为第三产业,第一产业所占比例较小。

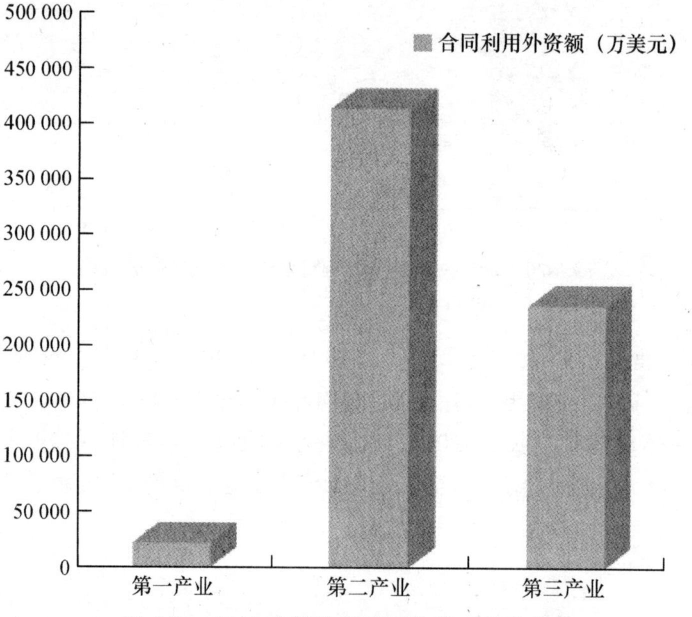

图6-22 2010年福建省利用外资产业分布

资料来源:《福建统计年鉴2011》。

图6-23显示了2010年福建省各行业实际利用外资情况。如图6-23所示,从全省范围看,制造业仍是引资的主要投向领域,占利用外资总额的64%;其次为房地产业和批发零售业,这两个领域占利用外资总额的比例分别为12.4%和4.4%。

与此同时,服务业的外资引进总额快速增长。表6-24为福建省2010年实际利用外资的行业增长率情况,如该表所示,2010年福建省现代服务业共实际利用外资12.3亿美元,占利用外资总额的21.6%,其中科学研究等同比增长220%,成为外商投资新的增长点,其次是居民服务和其他服务业,此外,房地产、租赁和商务服务业也增长迅速。

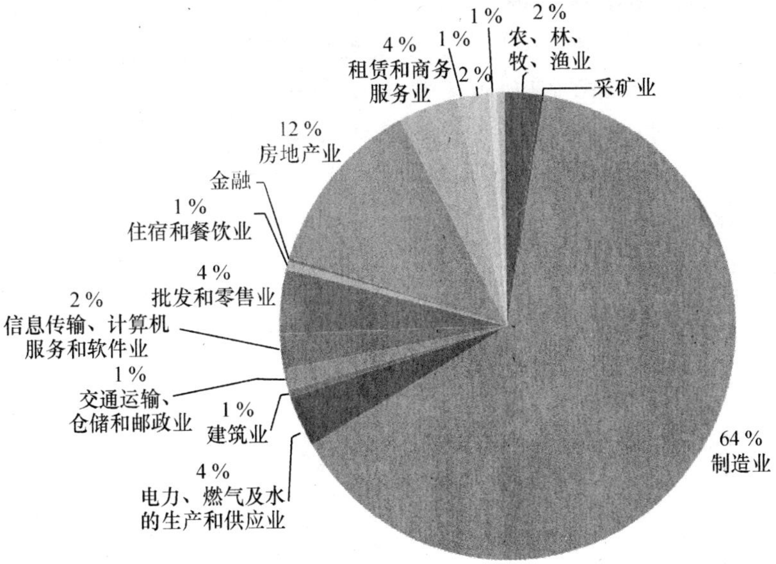

图 6-23　2010 年福建省实际利用外资行业分布图

资料来源:经作者分析计算得出。

表 6-24　2010 年福建省实际利用外资行业增长率

产业＼指标		行业	实际利用外资额（万美元）	增长率（%）
第一产业		农、林、牧、渔业	14 040	48.00
第二产业		采矿业	1 597	98.60
		建筑业	3 016	38.60
		制造业	371 139	-2.98
		电力、燃气及水的生产和供应业	20 756	-17.07
第三产业	传统服务业	水利、环境和公共设施管理业	9 622	220.00
		批发和零售业	25 724	-15.82
		住宿和餐饮业	3 308	-42.93
		交通运输、仓储和邮政业	8 265	-66.80
		总额	46 919	—
	现代服务业	信息传输、计算机服务和软件业	14 083	-16.17
		金融业	1 517	-30.83
		科学研究、技术服务和地质勘查业	3 540	200.00
		居民服务和其他服务业	2 815	100.20
		房地产业	72 368	55.90
		租赁和商务服务业	24 911	42.90
		总额	122 812	—

资料来源:《福建统计年鉴 2010》。

从海西区各市来看，在图 6-24 所显示的 8 个城市中，除了厦门市外资投资主要流向第三产业外，在其他 7 个城市，外资主要还是投资于第二产业。比如，2010 年，温州市合同利用外资以第二产业为主，第三产业占比不断扩大①；鹰潭市合同利用外资 1.25 亿美元，其中第二产业占比 77.5%，第三产业占比 17.7%；揭阳市合同利用外资 3 亿美元，其中第二产业占比 90.8%，第三产业占比 5.8%。

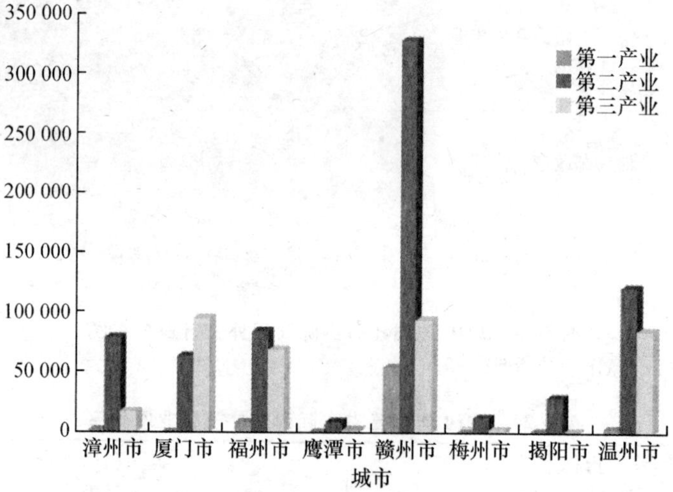

图 6-24 2010 年海西区部分城市利用外资产业分布

资料来源：经作者分析计算得出。

4. 外资以港台投资为主，引资半径向欧美延伸

近几年，港台地区对海西区投资规模不断扩大，以港台投资为主导的引资结构基本形成。以福建省为例，相关数据表明，2010 年，全省吸引港、台合同外资 69.45 亿美元，占全省合同外资总额的比重达到 94.2%，其中来自香港和台湾的合同外资分别增长 30.5% 和 107.3%。如表 6-25 所示，2008—2010 年，总体上，港澳地区仍是福建省招商引资的最主要来源，港澳投资占实际利用外资总额的 92%；其次是新加坡、马来西亚、日本、印度尼西亚等东亚及东南亚国家，此外，也包括加拿大、美国、澳大利亚等发达国家。

① 数据计算公式：2010 年温州市第一产业合同利用外资额 = 2010 年温州市 GDP 总量/2010 年浙江省 GDP 总量 × 2010 年浙江省第一产业合同利用外资额。

表 6-25　2008—2010 年福建省招商引资的国别(或地区)分布

排名	国家或地区	平均实际利用外资额(万美元)	平均实际利用外资占比(%)
1	中国香港地区	503 054.7	0.9039
2	新加坡	15 934.7	0.0286
3	中国澳门地区	8 933.3	0.0161
4	马来西亚	5 845.0	0.0105
5	日本	3 656.7	0.0066
6	加拿大	3 468.3	0.0062
7	印度尼西亚	1 682.7	0.003
8	澳大利亚	1 609.7	0.0029
9	德国	1 180.3	0.0021
10	法国	300.3	0.0005
11	泰国	164.3	0.0003
12	英国	-733.3	-0.0013
13	菲律宾	-2 419.7	-0.0043
14	美国	-7 530.7	-0.0135

资料来源:各年福建统计年鉴。

从海西区各市来看,2010 年,南平市新批项目以港台投资项目为主,来自香港的投资 28 项,合同外资 5.06 亿美元,占合同利用外资总额的 63.4%;来自台湾的投资 21 项,合同外资 2.34 亿美元,占合同利用外资总额的 29.3%。漳州市新批外资项目也主要来自香港和台湾,其中香港项目 63 个,实际到资 3.13 亿美元,增长 128%;台资项目 102 个,实际到资 3.15 亿美元,下降 7.6%。鹰潭市新批外资项目 28 个,其中香港项目 11 个,台资项目 13 个,港台项目占全市新批外资项目的 85.7%;其中,香港合同外资金额 5 426 万美元,占合同外资总额的 42.1%,实际利用外资金额 5 459 万美元,占实际利用外资总额的 45.6%;台湾合同外资金额 5 666 万美元,占合同外资总额的 45.4%,实际利用外资金额 5 546 万美元,占实际利用外资总额的 46.3%;此外,鹰潭的外资还来自英属维尔京群岛、新加坡、萨摩亚、日本、马来西亚、毛里求斯、塞舌尔、美国、埃及等国家和地区。

5. 海西区台商投资规模扩大,福建省台资利用情况尤其突出

海西区的发展与台湾密切相关。根据福建省外经贸厅的相关资料,2011 年福建省新批台资项目 354 项,合同台资 7.56 亿美元,实际到资 2.33 亿美元,实际利用台资位列大陆第三位,仅次于江苏、辽宁,而广东、浙江分别位列第四位和第五位,海西区实际利用台资实力不断提升。

海西区大部分城市台资利用规模也呈扩大趋势。表 6-26 显示了 2007—2010 年海西区部分城市实际利用台资情况：除莆田、厦门实际利用台资规模缩小外，大部分城市实际利用台资规模扩大；其中，泉州、漳州、鹰潭、汕头等地台资扩张迅速。

表 6-26 2007—2010 年部分城市实际利用台资情况

	2007 年		2008 年		2009 年		2010 年		年均增长率（%）
	总额（万美元）	增长率（%）	总额（万美元）	增长率（%）	总额（万美元）	增长率（%）	总额（万美元）	增长率（%）	
漳州	8 203	—	9 034	10.1	6 430	-28.8	11 578	80.1	20.5
莆田	744	—	992	33.3	828	-16.5	415	-99.5	-16.6
厦门	—	—	10 214	—	10 996	7.1	6 276	-42.9	-17.9
泉州	2 037	—	8 161	300.6	8 068	-1.1	12 112	50.1	116.5
鹰潭	2 114.7	—	—	—	—	—	5 546	—	37.9
梅州	167	—	—	—	169	—	—	—	0.6
汕头	433	—	620	43.2	1 873	202.1	2 637	40.8	95.4

资料来源：各市相关年份统计年鉴。

具体而言，2010 年，泉州实际利用台资约为 1.2 亿美元，相当于 2007 年的近 6 倍，年均增长率 116.5%，在 7 个城市中利用台资增速最快；漳州实际利用台资约为 1.16 亿美元，比 2007 年增加 3 375 万美元，占当年利用外资总额的近三分之一；鹰潭实际利用台资 5 546 万美元，与 2007 年相比翻了一番，年均增长率近 40%，成为海西区吸引台资的重要力量之一；汕头实际利用台资 2 637 万美元，相当于 2007 年的 6 倍还多，年均增长率 95.4%，实际利用台资飞速增长。

从各地市间的对比来看，2007—2008 年海西区 7 个城市实际利用台资总额排名第一的为厦门，其后依次为漳州、鹰潭、泉州；2009—2010 年这一排名变为泉州、漳州、厦门、鹰潭，排名顺序的调整一方面反映了 2007—2010 年厦门实际利用台资水平的回落，另一方面也反映了同期泉州、漳州等城市在吸引台商投资方面的成绩。

第二节 海西区经贸发展存在的问题

一、海西区贸易存在的问题

1. 各市经贸发展不平衡，中心城市辐射能力尚未充分发挥

福州、厦门、泉州、温州和汕头是海西区的五大中心城市，2010 年这五个城

市的生产总值分别为3 123.41亿元、2 060.07亿元、3 564.97亿元、2 925.57亿元和1 203.25亿元。而其他各市绝大多数生产总值都是在1 000亿元以下，比如丽水(644.04)、梅州(612.36)、潮州(559.2)、抚州(630.01)，特别是20市中生产总值最小的鹰潭仅为342.7亿元。而如前面对各市外贸总额方面现状所述，落后城市与中心城市差距比较大，各市经贸发展存在不平衡问题。由于区划行政分割、资源整合能力较低，以及各市在基础设施、资金、技术和人才等各方面存在的差异，尽管福建省内有闽东北、闽西南协作区，周边有闽浙赣、闽粤赣等跨省区域协作组织，但还是表现得较为分散，协调难度大。目前以五大中心城市为主的"五轴"(福州—宁德—南平—鹰潭—上饶发展轴、厦门—漳州—龙岩—赣州发展轴、泉州—莆田—三明—抚州发展轴、温州—丽水—衢州—上饶发展轴和汕头—潮州—揭阳—梅州—龙岩—赣州发展轴)发展规划的作用还没有很好地发挥，中心城市辐射能力不够。

2. 商品附加值较低，高新技术发展不足

从出口方面看，海西区主要出口服装、鞋类、玩具、农副产品、食品、低技术构成和低附加值的劳动密集型的工业品以及少量的高新机电产品，大多企业长期以来采取"以低价占领市场"的出口策略，出口效益不高。而且从总体来看，出口缺乏自主品牌，自有出口品牌的附加值不高，比如福建省的出口品牌主要集中在食品、纺织服装、轻工工艺等商品上，机电类尤其是高新技术类商品品牌少。虽然工业制成品比重远远超过了初级产品，但是仍然以中低技术的"机械运输设备"和"杂项制品"为主，而高新技术产品的比重比较低。在海西区四个地区(福建、浙南、粤东、赣东南)中，福建省的高新技术产品相对而言是发展较好的，但是这里的高新技术产品还是主要集中在电子技术、计算机与通信技术等少数领域，比如计算机与通信技术一直是福建省高新技术产品出口最集中的技术领域。

从进口方面看，海西区主要进口农产品、资源性产品、有色金属、钢铁、机电产品和电子信息产品等。进口商品以生产资料为主，而在生产资料中又以加工贸易所需的零部件和生产中所需的能源为主，即生产消费性的商品多，先进设备、工艺等的进口少，使进口贸易在促进技术进步、优化产业结构方面的作用受到很大局限。以福建省为例，过去几年，其初级产品进口大量增加，比重从2005年的17.03%增加到2010年的27.47%，而这当中增长最快的是矿物燃料、润滑油及有关原料，非食用原料也增长明显，这应该是工业化进程、制造业发展对此类产品需求增长所致，但这些产品很多是高能耗、高污染的，不利于经济的可持续发展。在工业制品方面，机械及运输设备的进出口占了绝大部分比重，化学成品及有关产品竞争力弱，进口量大于出口量，出现较大逆差。

3. 大多数城市加工贸易规模小，发展滞后，总体加工贸易层次较低

从贸易方式来看，一方面，海西区整体表现为加工贸易发展相对滞后，除了福建省、汕头市和赣州市加工贸易有一定规模、加工贸易发展较好外，许多城市加工贸易比重偏低，有的甚至未超过10%；另一方面，加工贸易内部结构不尽合理。

以福建省、汕头市和赣州市为例，福建省加工贸易产业中具有出口竞争优势的行业主要是轻工、纺织品、农业初级产品等劳动密集型产业和机械及运输设备类产业，但是机械及运输设备类产业优势是建立在大量进口关键零部件（如液晶显示板、集成电路）基础上的，核心技术仍然依赖于从外部引进，而且产业关联度不够，整体竞争力不强。虽然福建省加工贸易已出现向产业链上游技术密集环节延伸发展的趋势，但由于贴牌加工仍然是企业的主要经营模式，导致加工贸易只能处在全球产业链的中低端。机电产业是福建省的支柱产业之一，不过机电产业加工贸易还是表现出加工环节简单、增值率低、外商投资企业占主导而本土企业效益比较低等问题。汕头市加工贸易企业规模普遍较小，加工贸易主要分布于玩具、纺织服装、鞋帽、不锈钢餐具等劳动密集型产业，处于产业链的低端，当前从事加工贸易业务的企业绝大多数是代客加工和贴牌生产，大多属于劳动密集型、较低技术含量、较低附加价值的生产制造活动。赣州市加工贸易的发展具有粗放增长的特征，其加工贸易形成一定规模主要借助于廉价的劳动力优势和区位优势，以要素密集、技术含量低的简单加工为主。如果把加工贸易仅仅作为跨国公司的“生产车间”，甚至止步于劳动密集型阶段，根据“微笑曲线”（上游研发和下游售后服务附加值高、利润空间大，组装利润空间小），这种加工贸易所赚取的利润是比较小的，对地区经济的带动作用是极为有限的，一旦劳动力成本优势丧失，经济发展与对外贸易都将受到重创。

4. 对外贸易市场过于集中

如上文在现状中所述，海西区整体进出口主要集中在美国、日本、中国香港地区、中国台湾地区、韩国、欧盟和东盟一些市场，虽然各市积极开拓新兴市场，市场趋于多元化，但一些传统市场进出口比重还是偏高。以福建省为例，福建省出口的主要市场是美国和欧盟（集中在德国、英国、法国、意大利、荷兰、西班牙），进口商品的主要来源地大部分集中在亚洲（集中在中国台湾地区、日本、韩国、马来西亚、泰国）。根据福州海关统计数据，福建省2010年进出口总额1 063.657亿美元，出口总额701.57亿美元，其中向美国出口148.65亿美元，占比21.19%，向欧盟出口145.95亿美元，占比20.8%；进口总额362.00亿美元，向亚洲进口246.66亿美元，占比高达68.14%。近年来开拓新兴市场取得了一

些成效，比如对南非、越南、俄罗斯联邦和阿根廷等进口方面和出口方面都保持较高增长，但所占的份额仍较低。世界市场是极其敏感和易于波动的，外贸市场过于集中容易遭受经济风险，比如2008年世界金融危机对各市外贸造成较大影响，它们的进出口贸易均出现较大回落，许多企业纷纷倒闭；而且出口市场过于集中也容易遭受反倾销等问题，进口市场过于集中会削弱自己对市场的控制力和谈判力。

5. 贸易摩擦层出不穷

从全国来看，作为崛起的贸易大国，我国和其他国家出现了越来越多的贸易摩擦，我国成为贸易摩擦的最大受害国。全球“两反两保”案件层出不穷，其中反倾销不仅在当前全球贸易摩擦中位居第一，而且也是我国面临的首要贸易摩擦。根据WTO统计的数据，自1995年以来，我国一直都是遭受反倾销调查数量最多的国家，截至2011年6月30日，累计达825起案件，对我国实施反倾销的国家集中在印度(144)、美国(106)、欧盟(102)和阿根廷(85)等，而涉及的产品部门集中在XV(199)、VI(167)、XVI(104)、VII(55)和XIII(50)等。[①] 美国和欧盟是海西区各市进出口的主要市场，而且从反倾销涉及的产品来看，海西区整体面临的贸易摩擦形势也是极为严峻的。海西区整体还是以出口低附加值的劳动密集型商品为主，由于价格低廉、质量水平较低，非常容易遭受国外以保护本国贸易平衡、居民健康、安全以及环境等为借口的各种贸易壁垒，特别是技术壁垒，往往对产品研发、生产、检验检测、产品认证、销售、使用等各个环节，都做出了严格的规定。以福建省为例，加入WTO以来，福建省接连受到以欧盟、美国为首的十多个发达国家和地区对涉及出口汽车挡风玻璃、化纤布、虾类产品、纸制品、陶瓷、家具、家电、纺织品、鞋类等商品的一系列反倾销调查和指控，全省共有28类出口产品遭遇反倾销，并相对集中在纺织、轻工、五金、机电、食品等几大支柱产业，尤其纺织服装、鞋类等产品更为突出。[②] 据统计，2010年1—11月，福建省共遭遇“两反两保”案件31起，涉案金额4 461万美元，涉案企业832家，其中欧盟和美国案件占有较大比重。

6. 面临激烈的区域竞争

东部沿海地区是我国经济发展较快的经济区域，聚集着长三角、珠三角、环渤海湾和海西区四个经济区。海西区北承长三角，南连珠三角，不过与长三角和珠三角在综合竞争力方面还是存在不小差距。海西区面临着严峻的区域竞

① XV主要是基本金属和基本金属产品；VI主要是化学或有关工业产品；XVI主要是机械器具、电气设备及其零件等；VII主要是塑料及其制品、橡胶及其制品；XIII主要是陶瓷产品、石材、水泥和玻璃制品等。

② “实施战略转型是化解贸易摩擦的根本途径”，福建省统计局。

争问题，一方面，海西区（比如福建省发展电子、机械、石化等产业）与珠三角、长三角的产业具有同构化现象，相互竞争激烈，人才、资金等生产要素有流出现象，南北的这两个强势经济体产生的“虹吸效应”可能使海西区经济发展进一步边缘化；另一方面，随着东部城市增长疲软和中西部城市的强势崛起，加上中西部地区由于政策倾斜和项目倾斜，比较丰富的资源又产生大幅增值，因此增长速度很快，在吸引投资、招工方面等也给海西区带来不小的竞争。任何一个区域，城市群现象越明显，其能攫取的发展资源也就越多，而海西区目前还没有形成明显的城市群，竞争力不强。面临激烈的区域竞争，海西区在现有的夹缝中该如何突破，是其经贸发展的重要课题。

二、海西区投资存在的问题

（一）存在的问题

1. 利用外资地区分布失衡，部分地区吸引外资能力有待加强

如图 6-25 所示，外商在海西区的投资以沿海地区 8 个城市（温州、福州、莆田、泉州、厦门、漳州、汕头）为主。2010 年海西区沿海 8 个城市实际利用外资总额 57.38 亿美元，占海西区实际利用外资总额的 62%，而内陆地区 12 个城市只占 38%。其中，福建沿海地区与内陆地区的差距尤其明显，2010 年福建沿海地区 5 个城市福州、莆田、泉州、厦门、漳州共实际利用外资 53.06 亿美元，占全省实际利用外资总额的比重约为 93%。

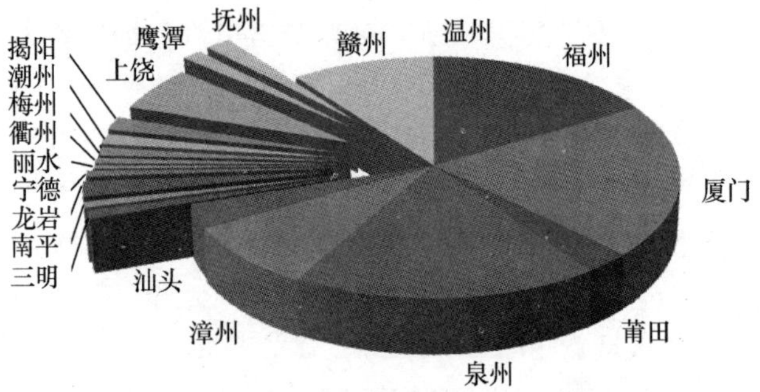

图 6-25　2010 年海西区实际利用外资占比图

资料来源：经作者分析计算得出。

将 2010 年海西区实际利用外资总额进行排序（即图 6-26），从图中可见，海西区 20 个城市在利用外资方面仍存在较大差距，一些城市利用外资规模很小。2010 年排名第一的厦门实际利用外资总额为 16.97 亿美元，而梅州、三明、宁

德、衢州、丽水5个城市2010年实际利用外资总额为3.46亿美元,只占厦门当年实际利用外资总额的五分之一。

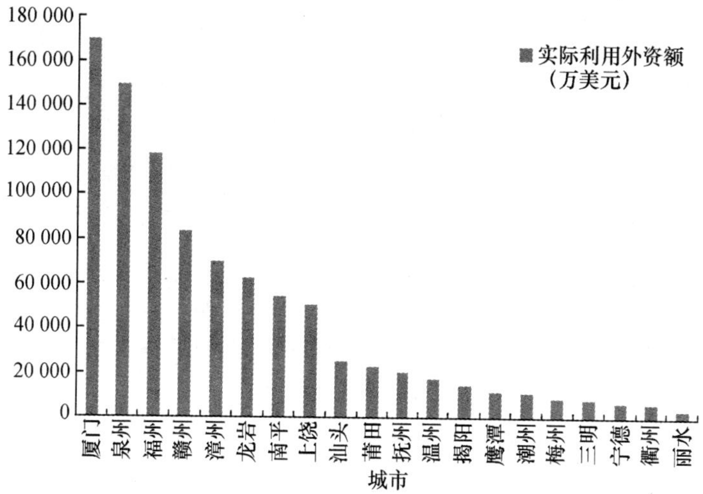

图6-26 2010年海西区利用外资总额排序

资料来源:经作者分析计算得出。

2. 外资产业结构不尽合理

近年来,海西区外商投资结构虽然不断改善,但是第一产业和第三产业利用外资所占比例仍然偏低。以福建省为例,2010年全省合同利用外资中第二产业占61.5%,第一产业占3.3%,第一产业吸收外资在低水平徘徊,这与福建省巩固第一产业、大力发展对台农业的总体要求不相适应;第三产业占35.2%,这与工业化国家60%左右的占比相比还有较大差距。

从各产业内部的外资流向看,在第一产业,外商投资项目规模小、层次较低,而且大多数项目以农产品初级加工为主,科技含量低,产品附加值不高,产业化程度较低;在第二产业,外商投资仍以劳动密集型的一般加工业居多,尤其是对食品制造业、纺织、缝纫业和皮革、毛皮及其制造业投资比重大,这些项目技术装备水平低,缺少具有较强市场竞争力的品牌产品;在第三产业,外商主要投资于房地产、餐饮、娱乐等传统行业,而金融、卫生、体育、中介、科技、教育、物流配送等领域利用外资不多。

3. 外资的来源仍存在较大的局限性

海西区大部分城市的外资来源以我国港、澳、台地区以及东南亚地区为主,来自欧美、日本等发达国家的投资比例较小。以福建省为例,2008—2010年实际利用外资中来自中国香港地区的部分平均占90.4%,来自欧美、日本等发达国家的比例只占6.2%。这种外资来源结构单一化的格局,对海西区经济发展十分不利。

4. 台商投资也存在一些问题

首先,台商投资增速放缓。近年来,台商在大陆的投资规模不断扩大,但投资地域也更加分散。据相关资料显示,1993年以后,福建吸收台资金额先后被广东、江苏超过,吸引台资比例也不断下降。福建可能面临台资减退的危机。而福建作为海西区的重要组成部分,吸收外资占海西区实际利用外资总额的72.2%(2010年数据),因此,福建省台资减退的危机也是海西区急需解决的一个问题。

其次,高新技术产业投资比重较小。从整体情况看,虽然台商对大陆投资的科技含量正在逐步增强,但是从海西区引进台资的情况来看,高科技项目所占比重相对较低,两岸在高科技领域的合作仍有较大发展空间,产业合作的互补优势没有充分发挥。另外,台湾的大企业及上市公司到海西区投资也还不多。

(二)原因分析

1. 经济基础薄弱,产业集聚效应低

总体而言,与沿海其他省市比较,海西区在经济总量、竞争力水平等方面仍存在较大差距。

从经济总量来看,2010年海西区生产总值为25 162.13亿元,只相当于江苏省2010年生产总值的一半左右,经济总量小,经济基础薄弱。根据2010年的数据,在海西区的20个城市中,GDP总量未超过1 000亿元的城市有12个,其中,总量最小的城市甚至还未超过500亿元。

从竞争力水平来看,以福建为例,据相关资料分析,在沿海7个省区中,福建区域竞争力落后于上海、广东、江苏、浙江、山东,位居第六位,仅高于广西。而财政收入等指标均不及上述沿海省区,在沿海地区中处于相对落后的状态。

此外,海西区产业集聚效应较低。以福建为例,福建工业基础较薄弱,改革开放以来,尽管逐步发展了轻纺、电子、机械、化工等产业,但产业集聚化程度较低,具有强辐射和带动能力的支柱产业和龙头企业较少,高新技术产业的规模也比较小,技术水平也需要进一步提高。

2. 投资硬环境有待改进

海西区复杂的自然条件使得该地区基础设施建设难度较大,使之成为制约海西区外商投资的一个重要因素。海西区铁路网规模较小,公路和港口建设缺乏整体规划,空港运输能力较低,基础设施方面总体竞争力较弱,这使得外商投资面临运输不便、成本较高等问题，同时，也在一定程度上限制了海西区的经济辐射范围。另外，在投资硬环境上还存在着公共设施建设不配套的问题。如城市排污管网不配套、污水无法处理，有的工业区生活用水供应严重不足，这也给吸引外商投资带来一定程度的影响。

3. 投资软环境急需完善

从软环境来看，海西区投资软环境还需完善。第一，有关外商投资的法律法规不健全，外商投资管理体制存在缺陷，在引进外资过程中缺乏对双方人员的有效约束机制，环境保护治理力度不够，外资企业技术转化成效不大。第二，税收征缴工作存在不足，如福建省实行统一的增值税先征后退政策，使外商往往无法及时得到退税，在一定程度上影响外资企业的资金周转，为企业的生产经营带来一定影响。第三，招商引资机制不尽合理。海西区招商引资缺乏全局观念，部分地区招商引资存在盲目性，各部门、各地区相互竞争，各自为政，缺乏统一部署、统一规划。此外，海西区劳动力价格和厂地价格上涨过快、一些地区劳动力素质不高、高技术人才匮乏等因素都不同程度地影响着外商对海西区投资的意愿。

第三节　海西区经贸发展对策

一、海西区贸易发展对策

（一）对外贸易发展对策

1. 把握好“四个多元化”

海西区经贸发展要把握好“四个多元化”，即贸易主体多元化、市场多元化、商品结构多元化和贸易方式多元化。近年来，海西区在这些方面有了一定的突破，但仍需要有针对性地改进。比如在贸易方式方面，加工贸易发展较好的省市要实现向加工贸易的转型，努力向产业链上游延伸，向高端增值环节发展，以经营自有品牌为目标，掌握包括品牌、研发和营销在内的各环节具有完整价值链的生产方式。在贸易主体方面，一些省市私营企业有所发展，外商投资企业比重还是比较高。虽然外商投资企业在拉动出口创汇和经济增长方面发挥着重要的作用，但由于受投资地的环境和政策影响，外商投资企业一般具有较大的流动性和不稳定性，过度地依赖外商投资企业的出口拉动存在较大的风险，需要继续鼓励发展贸易主体多元化。在市场多元化方面，海西区整体还是以出口低附加值的劳动密集型商品为主,价格低廉、质量水平较低,需要加强研究开发,细分市场,提高技术水平和产品附加值,发掘市场潜力,生产有竞争力的产品并且加快培育资本、技术密集型产品。即使是劳动密集型商品也可以在设计和品牌等方面做一些差异化调整,实现商品多元化。

2. 完善经贸发展硬件和软件环境

海西区企业要走出去,大项目要引进来,必须要有好的软硬件环境。所谓软环境是指思想观念及文化、人力资源及技术创新能力、政府服务与效率、法律、规章制度和金融体系等;硬环境是指劳动力成本、交通基础设施、工业园区建设、产业配套情况等。比如,针对外贸发展可以坚持定期召开外经贸、海关、检验检疫、国税、外汇管理、工商等部门联席会议,共同研究解决项目推进、服务企业、口岸通关等方面的问题,逐步形成信息共享、服务互动、优势互补、相互促进的经济发展合力。

3. 积极应对贸易摩擦

应对贸易壁垒需要政府、行业协会和企业共同努力。企业是积极应对贸易壁垒的主体,政府是坚强后盾,行业协会可以在政府和企业有效沟通上起到协调等方面的作用。首先,海西区各市要从根本上克服贸易壁垒,必须以质取胜,提高产品质量和标准,产品应该从满足国内标准提高到满足国际标准。企业自身要提高产品质量意识,针对越来越多的绿色贸易壁垒,使产品从设计、生产、包装等各环节都要体现节能、环保和健康的要求。政府要做好产品质量监督工作,也可以出台政策鼓励企业自主创新。其次,海西区各省市政府要给予企业完整的贸易壁垒预警相关信息,让企业时刻了解贸易壁垒动态,做更好的准备。目前一些省市的进出口公平贸易网是一个不错的平台,但仍需进一步完善,信息覆盖面需要更广一些。一般来说,过于强调出口,与对外经贸伙伴贸易发展不平衡,对他们保持较高的顺差,势必会引起严峻的贸易摩擦问题,所以海西区各市在一定程度上可以扩大对自己经济发展有利的产品的进口,缓解贸易不平衡。另外,我国经济发展迅猛,内需强劲,海西区可以发展满足本国需求的商品,做大国内贸易,减轻对外贸易的依赖程度。

4. 转变外贸增长方式

根据科学发展观和"十二五"规划,海西区经贸要实现可持续发展,必须转变外贸增长方式,即在对外贸易规模迅速扩大的同时,转变对外贸易粗放型的增长方式,转变长期依靠劳动力成本优势扩大出口的格局。经济结构战略性调整成为加快转变经济发展方式的主攻方向,必须突破产业规模不大、产业集聚度不高、资源环境承载有限的制约。各省市要解读好本省市的"十二五"规划,切切实实地进行各方面的努力,促进对外经贸的可持续发展。

5. 区内区外都要竞合

海西区不管是区内还是区外都要超越障碍寻求合作,共享发展经验,达到合作双赢的状态。首先,海西区要与区外竞合,比如可以利用发达国家、我国台湾地区以及长三角与珠三角产业结构调整和转移的有利时机,建设开发区和工业园区来承接相应的产业。应该说今后若干年,海西区对外贸易仍将以制造业为主,可以借鉴别人在产业链发展、科技创新、人才引进和品牌建设等方面的经验,提升自身制造业附加值和出口竞争力。目前海峡两岸经贸论坛是一个不错的交流平台,在促进对台的经贸合作方面起了重要的作用,可以在此基础上考虑建一个海西区经贸国际论坛,拓宽对外的合作平台。其次,海西区区内也要竞合,各市要以更长远的眼光和更宽容的态度做好海西区的一员,加强相互之间的资金流、人流、物流、信息流等自由流动,合理分工,优化资源配置,提高海西区整体的竞争力,而且相互之间可以借鉴彼此发展较好的经验。目前海西区许多城市的发展相对还是比较落后,一定程度上可以借鉴温州模式大力发展民营经济,当然应该根据自己本地区的要素资源结构和经济发展的内外环境找到合适的途径。而温州也可以借鉴加工贸易发展较好的城市,在加工贸易方面找到相应的突破口。海西区要更好地发展,应该努力往区域一体化方向前进,避免重复建设,完善好海西区空间布局,避免同质化发展,打好同一张“海西牌”。

(二) 对台贸易发展对策

1. 先行先试,推进对台经贸交流合作试验区建设

国家赋予海西区的最大政策是“先行先试”,大胆试验、大胆探索。海西区要充分利用这一最大的政策优势,积极探索对台交流合作新的体制机制,加快在对台贸易、投资、航运、交通、旅游、科技、文化、教育、金融等方面的先行先试。

2. 推进产业深度对接

首先,海西区各地区要立足本地产业基础,引进台湾的资金和技术,加快结构调整,加速转型升级。主动对接台湾光电、电子信息、生物技术等产业,着力建设以高技术产业和传统产业升级为先导、先进制造业为主体的新兴产业基地。其次,强化优势互补,拓展产业对接领域。加强电子、机械、旅游、物流等产业和环境保护的对接,推动产业集群发展和合理布局,形成产业对接走廊。各地区要发挥各自的优势,深化合作,加强与台湾现代服务业的合作,打造辐射海西区乃至全国的台湾同胞服务区。

3．推进基础设施建设

任何经济的发展均必须以完善基础建设为开端，作为海西区的主体，福建省由于多山，各城市之间交通不便，长久以来，不仅自己无法形成一套整体的互动交通商业网络，也无法接纳其他外省城市所产生的经济外溢效益。海西区的发展重点一是加强重大项目建设的协调，推进跨省铁路、高速公路、港口等重大基础设施项目的统筹规划布局和协同建设，畅通海西区港口与腹地的通道；二是加强市场开发，建设区域共同市场，促进人流、物流、资金流、信息流的无障碍流动。

4．注重资源整合，提升海西区整体的竞争力

统筹协调区域内对台交流合作的功能分工，提升海西区与台湾地区的对接能力。海西区跨多个行政区，需要统筹协调。海西区涉及福建、浙江、广东和江西四省，区域内经济发展水平参差不齐。因此，要统筹区域内部的协调发展，推动跨省区域合作，形成区域、城乡经济社会一体化发展新格局。今后，福建及周边城市应共同努力，在现有合作的基础上，着重优化提升区域合作档次，使整个区域经济达到最优组合，提高竞争力，共同先行先试，把海西区建设成为科学发展的先行区和两岸人民交流合作的先行区，提升海西区与台湾地区的对接能力。

二、海西区投资发展对策

（一）外商投资发展对策

1．扩展利用外资的领域，完善优化外资利用结构

海西区已经形成了以第二产业为主导、第三产业迅速发展的利用外资格局。为了进一步优化利用外资的结构，应该加强对外资流向的引导，扩展利用外资的领域。

随着我国经济的发展，服务业发展滞后的影响越来越明显，服务业发展的滞后对制造业的进一步发展形成了制约。因此，优化外资利用结构应进一步引导外资进入商贸、物流、信息、咨询、金融、旅游以及教育、卫生等服务型领域，鼓励外资进入公用事业领域和基础设施领域，例如港口、高速公路、铁路、城镇交通、供水、电力、垃圾和污水处理等行业，发展现代服务业，制定有效的措施，鼓励外商企业成立服务外包型企业。同时，在传统制造业方面，应限制外资投向资源加工业、房地产业等外资已过度集中的产业，也要限制外资进入以落后技术为基础的产业，使外商投资的结构和技术都得到提升。在招商引资时，要注重外资质量，提高外资准入资格的标准，引入那些技术含量高、附加值高、产业

集聚效应强的企业，促进外商企业与本土企业的交流和融合，实现海西区制造业的产业更新和升级。

在第一产业、第三产业经贸合作的基础上，还要加强农业方面的合作。引进先进的农产品营销理念、高效安全的生产技术，促进海西区农业的技术改造和品种更新换代，发展休闲农业、观光农业等新型农业，完成从传统农业向现代农业的转变。

2. 加强对外商投资的地区导向，使外资利用区域分布合理化

2010 年海西区沿海 7 个城市实际利用外资占海西区实际利用外资总额的 64.5%，而内陆地区 13 个城市只占 35.5%，利用外资的区域分布不合理。应加强对外商投资的引导，使得外资在区域间优化配置。

首先要改善内陆地区的软硬件投资环境，加快内陆地区招商引资配套设施的建设，根据内陆不同地区的经济特色，制定切实可行的招商引资政策，完善金融体制，拓宽融资渠道，加强对外资的吸引力。

其次要促进有关联性产业向优势区域的聚集，推动整个海西区产业集群的形成，提高规模效益，提升海西区的整体竞争力。在资源整合重组的同时，促进海西区内部各区域间的项目对接、技术合作，实现互惠互利、共同发展。

3. 提高软硬件水平，提高产业集聚效应

海西区在利用外资方面有充足的经验和基础，多年来利用外资规模不断扩大，但利用外资的质量不高，产业链也有待完善。要增强海西区吸引外商直接投资的能力，就要全面提高海西区招商引资方面的软硬件水平，推动招商引资的体制创新。

在投资软环境方面，要进一步提高政府工作效率，增强政府的服务功能，营造良好的行政环境。改进项目审批方式，简化外资项目的审批程序，建立企业简易登记的制度，促进外资的引入。重视外资企业的投诉，依法维护外资企业的合法权益。办好中国国际投资贸易洽谈会等一批重大的经贸合作、招商引资活动，突出优势，打出品牌。在投资硬环境方面，要加强海西区交通、能源、通信等方面设施的完善，加强对外商投资园区、招商区等基础设施的建设和完善。要提高产业集聚效应，就要吸引跨国公司、高附加值服务业企业进入海西区投资。要鼓励一大批投资规模大、科技水平高、辐射带动能力强的外资项目，发挥这些产业链龙头项目的集聚效应，加强对它们配套项目的招商引资和建设，实现整个产业链的开发。同时，要提高外资进入的门槛，对于高污染、高能耗的外资项目，要进行严格的限制。

4. 完善市场环境，服务外商投资

外商投资的目的是盈利，为此就需要有良好的市场环境和较高的市场化程度。目前国际上发达国家的市场化程度都在 80%—90%，而海西区的市场化程度尚不足 60%，市场化程度总体来看还非常低，资金市场化程度尤其不足。要完善市场，提高市场化程度，就要加快社会主义市场经济体制的建设，完善价格调节机制，促进内外贸的结合，加快国内市场与国际市场的衔接，特别要注重要素市场的成长，重视金融市场的体制改革和发展。

市场经济就是法制经济，完善市场的同时，必须建立规范、公开、透明的法制环境，在招商引资中实行统一规范的外资政策，克服盲目和随意性。要继续建立和完善涉外的地方性法律法规，要注意体现出海西区的特色。统一内外资税收政策，对外资优惠政策进行调整，加强其导向性，使外商投资向特定区域倾斜。加快反垄断、反不正当竞争等法律的出台和规范，对外资的市场行为进行约束。完善有关知识产权保护的法律法规，提高法律执行的力度，切实保护知识产权，打击侵权行为。要解决有法不依、执法不严、以罚代法等问题，维护涉外法律的严肃性。

在健全的市场经济条件下，政府的职能是服务市场，因此，要注重提高政府服务市场的能力，加强对外资的管理引导。要提高政府的行政效率，简化一些招商引资中的手续，杜绝乱收费等现象，重视和解决外商在实际经济活动中的困难。

5. 改善外资的来源，增强对优质外资的吸引力

在充分利用海西区的区位优势、政策优势吸引港澳台商投资的基础上，还应该加大对欧美日等发达国家优质外资的招商宣传力度。可以借助国际友好城市的经贸机构，直接引入投资者，进行经贸洽谈；也可以通过扩大对现有经贸合作活动的宣传，加强其影响力，从而吸引外商到来。

应提高网络招商引资的效率，加强海西区各市政府网站和大型企业的建设，设立海西区专门的招商引资网站，增强信息透明度，提高网站服务功能，通过增加与国际著名商业网站的链接等方式，提高海西区的知名度，宣传投资环境，进一步扩大引资范围。

6. 加强对内开放，营造公平的市场环境

随着国内经济水平的发展，内资日渐充盈，根据固定资产投资中的各种经济所占的比重，内资的作用年年上升，其中国有经济的影响力有所下降，民营企业、民间资本已经成为拉动投资的最主要力量。在这种情况下，对外开放、引进优质外资的同时，也应注意对内开放，提高民营企业的待遇，在经营领域、市场

准入、土地使用、人才吸纳、资金扶持、税收优惠、对外交流等方面，向民营企业提供政策支持。所有对外开放、引入外资的领域，也应对内开放，鼓励有技术、有实力的民营企业进入这些领域，创造公平的竞争环境。

在高科技、农业、服务业领域等方面，促进外资企业与民营企业的合作，促进外资企业本土化，使得民营企业做大做强，提高其市场竞争力，为拉动经济增长、解决就业、促进产业升级发挥更大的作用。

（二）台商投资发展对策

在对台方面，随着外部环境的变化，海西区在早期对台经贸合作方面的优势已经淡化，随着经济竞争的加剧，很多地区的台商投资无论数量还是质量都超过了海西区。要进一步保持海西区在对台经贸合作方面的优势，就要重新审视海西区在对台经贸合作方面的优势和劣势，打造海西品牌，提高对台资的吸引力，加强两岸经贸合作关系。

1. 力争实现对台经济合作实验区规划，确立在对台经贸中的枢纽地位

做好对台经贸合作的规划，争取到把海西区对台经贸合作作为全国试点这一政策支持，在两岸试点三通的基础上，争取实现两岸在海西区特定区域内的更直接、全面的经贸往来。把握对台先机，发挥海西区在对台经贸方面的口岸优势，确立在对台经贸中的枢纽地位。

2. 加强海西区品牌建设，增强台商在海西区投资的信心

在国务院通过《意见(2009)》之后，海西区将进一步获得政策支持，成为对台交流的窗口和两岸交流合作的前沿平台。在此过程中，海西区还要加强自身的品牌建设，一方面，通过宣传让更多台商了解到海西区的概念，以及这其中的巨大市场和经济利益，增强台商到海西区进行投资的信心。另一方面，在法律法规、政府服务、基础设施建设等方面不断完善。在法律方面，要完善地方法律法规，解决台商直接投资中的问题，在税收征收、行政收费、征收补偿等方面，要对台商一视同仁。提高政府工作效率和健全服务功能，为台商解决问题，留住已有项目，吸引新的项目。完善台商投资区、对台合作开发区的建设。

要做好招商工作，实现多元化、多样化、长期性的招商引资，在招商工作中打出品牌，做好现有的一批大型招商活动，例如厦门 9 · 8 中国投资洽谈会等，增强招商效果。要做好网络招商宣传，加强对政府部门和大型企业的网站建设，提高网站利用效率，增加网站内容，提高网站的服务功能。

要做好对台招商引资的配套工作，完善产业链，增强台商信心，解决台商融资难等重大问题。拓宽融资渠道，鼓励建立风险投资基金，完善风险投资机制，以支持高新技术产业的发展。还可以引入台资银行，促进金融合作试点，形成

完整的招商引资服务链,加快台资的引入。

3. 加强产业群建设,充分利用两岸产业转移契机

目前,海西区已有多种类型、多种层次的台商投资区和对台合作开发区,吸引了不少台商企业,积累了很多对台经贸的经验。加强对台经贸合作关系,必须以现有台商投资为基础,发挥现有台商投资区的功能。目前,海西区已经在电子信息、机械、轻纺、建材、农业和第三产业等方面形成了一些产业链,以这些产业链为基础,加强对重点企业的支持,例如华映电光、华阳电业、东南汽车等,发挥这些企业的产业集聚效应,吸引更多台商进行投资,扩展上下游产业链,最终扩大产业集群。

在台商投资区的建设上,要注意多引进与现有产业关联的企业,形成规模化、规范化的产业合作平台。要注意吸引台湾大型企业和高科技企业前来投资。根据经济发展形势的变化,及时调整对台招商引资的方式。

随着全球新一轮产业分工的开始,台湾对大陆的产业转移有了新的特征。劳动密集型产业已经基本转移完毕,下一步的产业转移重点是电子资讯类产业和高新技术产业。针对这种新的情况,海西区应该及时调整吸引台资的产业导向,出台政策吸引台湾电子资讯产业和高新技术产业来海西区投资,这部分投资的到来,也将改变海西区台商投资量少质差的格局,大大提高海西区利用台商投资的质量,形成一批高技术、高产值的产业集群。

4. 抓住 ECFA 机遇,争取构建两岸自由贸易区

ECFA 签署实施以来,其对两岸经贸合作关系的积极效应已经逐步显现,在后 ECFA 时代,海西区应把握未来两岸关系发展的方向,在两岸经贸关系深入发展的过程中扮演重要角色,切实抓住机遇,促进经济的发展。

海西区与台湾地理位置近,经济上的互补性也很强。台湾具有资金、技术、营销等方面的优势,但其经济发展面临劳动力缺乏、土地面积狭小、市场狭小等问题。根据经济的发展规律,台湾未来的产业转型和经济发展,都需要依赖大陆作为其腹地,而海西区的经济发展和产业升级,与台湾处于不同的阶段,可以成为台湾产业转移的最好目标区域。在海西区产业发展成熟后,又可向中西部地区转移,这样既可以完成台湾和海西区共同的产业升级,又可以拉动海西区经济的发展。构建海西自由贸易区,有利于顺利实现两岸间产业的转移,也可以使海西区成为未来经济发展最为活跃的地区。因此,构建两岸自由贸易区,对海西区和台湾均是有利的历史机遇。

要构建两岸自由贸易区,就要在两岸三通的基础上,争取实现两岸在海西区特定区域内的更直接全面的经贸往来。然后在条件成熟的时候,签订关于两

岸区域经济合作的协议,促进贸易交流。可先选择在较小范围内建立区域性自由贸易区,例如厦门与金门,然后进一步扩大自由贸易区的范围,最终形成整个海西区与台湾的自由贸易区。

5. 加强与台湾在农业方面的合作,引进先进农业技术和生产经营理念

到目前为止,海西区台资农业项目的数量和质量都居全国第一,走在对台农业合作的最前沿。

随着 ECFA 的实施,台湾与内地的经贸合作会涉及几乎所有领域,农业是台湾传统优势产业,在植物组织培养、工厂育化苗、生化防护等方面都有优势,应加强海西区与台湾在农业方面的合作,发挥海西区在气候、地理等方面与台湾的相似性优势,引进台湾先进农业种植加工技术和优良品种,发展安全、绿色、高效的新型农业。

为此,要加强对台农业创业园区的配套设施建设,出台针对两岸农业合作的法律法规,增加两岸关于农业的交流会和洽谈会,在农业生物防治、农业生物育种、农产品深加工、农业生态环保、农业休闲观光等领域,引入台商投资,使海西区的农业产业全面升级,扩大对台乃至对全国的出口。同时,在两岸三通的基础上,海西区应发挥对台区位优势,成为台湾对大陆农业出口的通道,巩固在对台农业经贸合作方面的地位。

第四节　海西区经贸发展展望

一、海西区贸易发展展望

(一) 东盟市场将进一步扩大

2010 年 1 月 1 日"中国—东盟自由贸易区"全面建成,这意味着中国和东盟 6 个老成员国(文莱、印度尼西亚、马来西亚、菲律宾、新加坡和泰国)90% 以上的产品实现了零关税,开始步入"零关税时代"。按照自由贸易区建设计划,到 2015 年,中国与东盟 4 个新成员国(越南、老挝、柬埔寨和缅甸)贸易自由化也将达到同样的水平。海西区与东盟在资源禀赋、产品构成、产业结构和工农产品等方面各具特色,互补性很强,这一自由贸易区的实现应该说能够给海西区经贸发展带来很好的机遇。这必然会促使海西区更多有意拓展海外市场的企业抓住机遇,进军东南亚市场,同时也会吸引更多来自东盟国家的企业来海西区寻求合作。在欧美国家纷纷利用各种壁垒实行贸易保护主义的情况下,开拓

新兴市场成为国内众多出口企业的必然选择。随着海西区外贸企业充分了解自由贸易区相关优惠政策,它们将会抓住机遇,利用自身优势,比如可以积极参与"中国—东盟博览会"推介自己的产品,积极开拓东盟市场。

(二)海西各市共谋发展意识将不断增强

从2004年福建省首次提出海西区发展战略,到2009年5月国务院发布《关于支持福建省加快建设海西区的若干意见》,明确了海西区的战略定位和目标任务,海西区发展战略已从地方战略上升为国家战略,海西区将进入一个崭新的发展高潮。根据《意见(2009)》要求,国家发展和改革委员会于2011年3月出台了《海峡西岸经济区发展规划》,进一步指导和促进海西区在更高的起点上实现又好又快发展。基于海西区发展机遇,浙南、粤东和赣东南各市纷纷出台相应政策,积极主动融入海西区。比如广东提出了打造"汕厦经济带",力争使汕头及粤东实质性进入"海峡西岸"范围,积极争取享受国家及有关部委给予的相关政策;江西提出"对接长珠闽、连接港澳台"的战略构想,在继续加强对接长三角、珠三角的同时,紧跟形势,着力对接福建,融入海西区。对于以福建为主体的海西区内的所有城市来说,抓住机会谋发展,是大家共同的心愿和期盼,相信海西区各市共谋发展意识将不断增强,整个海峡西岸的融合趋势越来越明显,各市将在自己经济发展优劣势方面找准自己的发展定位,进行优势互补,使经济协调发展。

(三)对台经贸发展充满活力

海西区区位优越,与台湾地区经济文化交流源远流长,对台经贸合作优势突出。2008年12月15日,两岸基本实现直接"三通"(空中直航、海运直航和直接通邮);2010年6月29日两岸签署ECFA,两岸关系发展迎来了难得的历史机遇。海西区与台湾经济联系更加密切,以闽南文化、客家文化、潮汕文化、妈祖文化和祖地文化为纽带的交流交往更加活跃,台商投资区等载体平台已成为台湾产业转移的集聚区,海峡论坛等重大涉台经贸文化交流活动影响日益扩大。随着两岸关系的不断改善,海西区在加强两岸交流合作、推动两岸关系和平发展中的地位与作用将进一步凸显。

(四)ECFA第二阶段开放,两岸经贸交流又近一步

ECFA于2010年6月29日完成签署后,货品部分早期收获清单采取二年三阶段降税,第一阶段降税在2011年元旦开始调降;依照大陆2009年税则,将有437项税率为5%的产品于2012年元旦开始,关税再度降为零,累计2011年总计有509项(依据大陆2012年税则,零关税项目为577项)出口至大陆的早

期收获清单产品关税为零。

（五）马英九赢得连任，国民党继续掌权，两岸关系利好

2012 年 1 月 14 日，马英九在台湾地区大选中击败主要反对党候选人蔡英文，赢得第二任期。马英九和国民党胜选意味着有望进一步开创两岸关系和平发展的新局面，进一步推动两岸经济合作，加紧推动 ECFA 的后续谈判，有利于推动海西区的建设。

二、海西区投资展望

（一）面临的挑战

1. 国际经济形势不佳，世界经济增长前景不明朗，全球资本流动受到影响

受 2008 年全球经济危机的持续影响，世界经济虽延续复苏态势，但复苏步伐明显放缓。同时，受全球产能过剩、国际市场需求不稳以及新的投资热点尚未形成等制约，跨国投资总体滞后于世界经济和贸易复苏步伐。据联合国贸易和发展会议《2011 年世界投资报告》显示，2011 年全球 FDI 受困于发达经济体主权债务危机、金融市场动荡加剧、新兴市场通胀上升等压力，估计投资规模增速会有所放缓。世界经济的总体形势对海西区外商投资的发展不利。

2. 中国引资成本竞争力相对减弱

自 2008 年起，"两税合一"政策的实行标志着外商投资企业在中国不再享受税收上的"超国民待遇"；同时，《劳动合同法》施行后，外商投资企业用工成本有所增加。加之中小外资企业融资困难和融资成本提高等因素影响，企业生产成本增加较为明显。而一些周边国家，如越南、泰国等，近几年改善投资环境、提供优惠政策，加之生产要素成本优势，对外资吸引力不断增强。上述因素导致我国引资成本竞争力相对减弱。如何在新的环境下，一方面继续加大外资引进力度，另一方面不断调整引资结构，是海西区面临的一大难题。

（二）面临的机遇

1. 全球化大趋势不会逆转，跨国公司国际化进程仍将持续

虽然全球经济危机影响仍未消退，但是全球化的大趋势不会逆转，许多新兴产业表现出了光明的投资前景，如生命科学产业、生态农业产业、新材料、信息和通信技术、能源以及环境产品等。许多跨国公司仍坚持其国际化战略，这是未来 FDI 增长的重要信号。

2. 政策支持力度加大，海西区招商引资潜力巨大

2009 年，国务院出台《关于支持福建省加快建设海西区的若干意见》，国家

对海西区建设高度重视,政策支持力度不断加大,这对于海西区的建设和发展是一个千载难逢的机遇。《意见(2009)》中指出海西区是"服务周边地区发展新的对外开放综合通道"。海西区着力深化改革开放,合理利用外资,增强发展的动力和活力。一系列优惠政策的颁布和全方位产业配套设施的建立完善,使得海西区引资潜力不断增强。

3. 海西区打造两岸交流合作前沿平台,台商投资实惠多

根据国务院《意见(2009)》精神,海西区的战略定位之一是"两岸人民交流合作先行先试区域"。海西区自建立以来,一直发挥独特的对台优势,努力构筑两岸交流合作的前沿平台,实施先行先试政策,加强海西区与台湾地区经济的全面对接,不断推动两岸交流合作向更广范围、更大规模、更高层次迈进。这一独特的战略定位赋予海西区发展新的活力和机遇。一方面,海西区拥有国家对台"先行先试"优惠政策支持,另一方面,海西区建立了多个开发区,不断提升台商投资区的载体作用,推动建立两岸产业优势互补的合作机制,促进两岸经济共同发展。

第七章

海西区金融服务业

第一节　海西区金融服务业的发展现状

一、海西区金融业发展现状

（一）海西区金融业总体运行情况

根据国务院批复的《海峡西岸经济区发展规划》，福建省在海西区中居于主体地位，福州、厦门、泉州、温州、汕头为海西区的五大龙头城市。本章将通过对海西区五大龙头城市以及福建省金融业运行情况的分析来描绘海西区金融业的总体运行情况。

从图 7-1 可以看出，2008—2010 年，海西区五大龙头城市的金融业增加值均逐年提高，其中温州市 2010 年金融业实现增加值 275 亿元，在五个龙头城市中居于首位。

此外，由图 7-2 可以看出，整个“十一五”期间，福建省的金融业增加值逐年提高，金融相关比率①不断攀升。2010 年，福建省金融业实现增加值 696.9 亿元，年均增长 33.2%；金融相关率为 5.21%，较 2006 年提高 0.2 个百分点。海

① 注：金融相关率（FIR）= 金融业增加值/GDP。

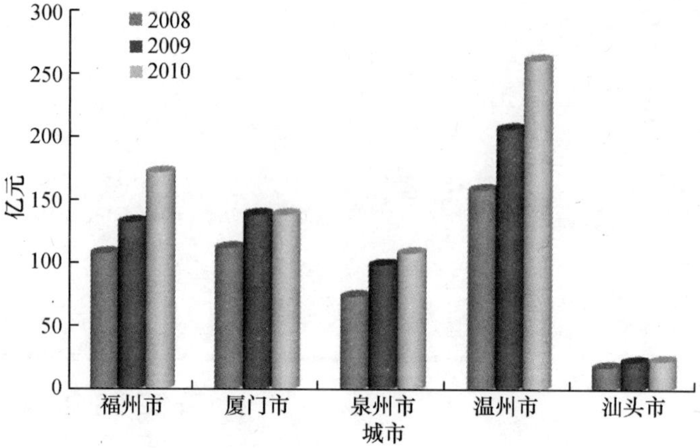

图 7-1 海西区五大龙头城市金融业增加值

资料来源：根据各市统计公报整理所得。

西区五大龙头城市金融业增加值的不断提高，以及福建省金融业增加值的加大和金融相关率的上升，反映了海西区金融业的发展呈现出规模不断扩大、金融深化程度不断加深的良好发展态势。

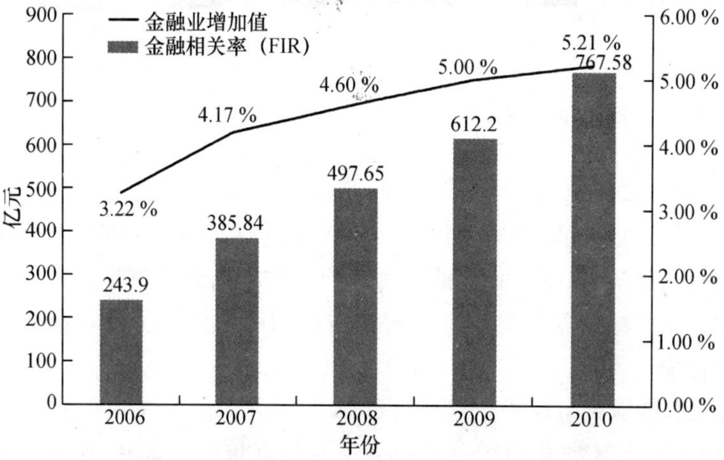

图 7-2 “十一五”期间福建省金融业发展状况

资料来源：根据各市统计公报整理所得。

（二）海西区银行业发展现状

“十一五”期间，海西区银行业快速发展，存贷款余额逐年增加（见图 7-3）。2010 年海西区 20 个城市的存款余额总计 35 166.53 亿元，比 2006 年增加 17 974.29 亿元，年均增长 19.6%。存款余额越多，说明该地区在一定时期内能够提供的储蓄量越多,可用于转化为投资的储蓄量也就越多,因此海西区存款余额的增长有利于促进海西区的经济增长。此外,对一个地区来说,贷款余额也是一个衡量经济发展潜力的重要指标。贷款余额可以反映一个地区的资金实力,反映该地区金融机构对当地经济发展的支持程度。“十一五”期间,海西区20个城市的贷款余额逐年递增,2010年海西区20个城市的贷款余额总计26 629.15亿元,比2006年增加15 049.35亿元,年均增长23.14%。海西区存贷款余额的增长,反映了海西区银行业的资金规模不断增大,也说明海西区银行业对海西区经济发展的支撑作用越来越强。

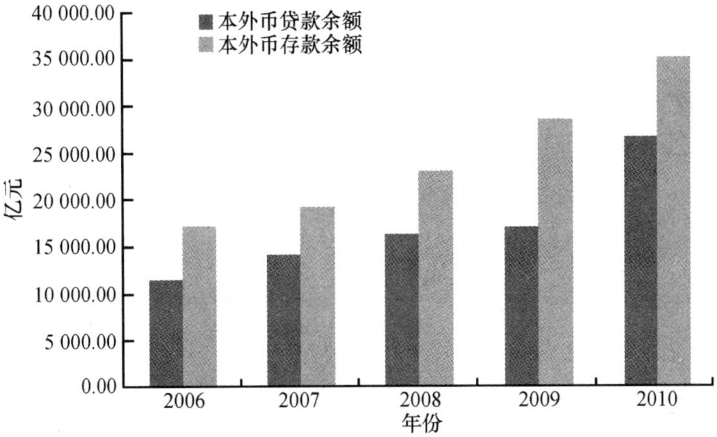

图7-3　海西区20个城市本外币存、贷款余额的走势图

资料来源:根据海西区各市统计公报整理所得。

“十一五”期间,海西区银行业的发展不仅体现在银行存贷款总额的上升上,银行存贷款的结构也在不断的优化,整个银行业的风险抵御能力明显加强。“十一五”期间,福建省银行业存款来源结构有较大调整,企业存款及城乡居民存款增速下降(见图7-4)。尤其是2010年,增速有一个较大的下行趋势,企业存款及城乡居民存款增速分别较上年下降22.5个及5.4个百分点,说明在通胀预期下,居民储蓄意愿下降,而企业更偏好持有短期资金,这也使得银行负债结构呈现短期化的特征。“十一五”期间,海西区银行业贷款结构也随着市场的变化不断调整。2009年,因流动性扩张,福建省银行业的短期贷款大幅增长,而到2010年由于央行逐渐收紧银根,短期贷款又有一定程度的减少,这表明福建省金融机构在贷款投向上相对倾向于风险较低、收益稳定的中长期投资项目(见图7-5)。这种顺应大势、随机应变的投资策略十分有利于当地经济的稳健发展。

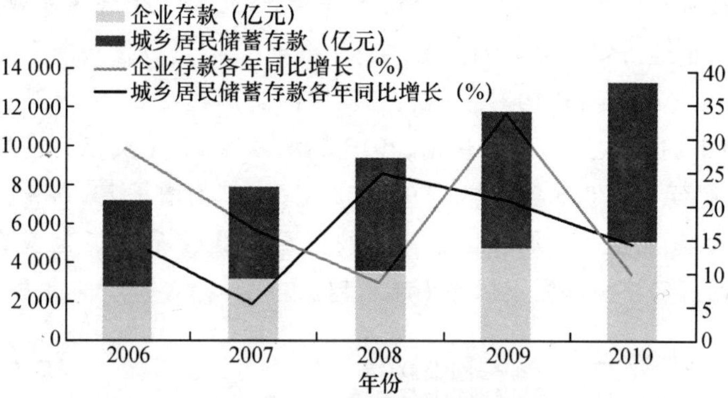

图 7-4　福建省企业存款及城乡居民储蓄存款

资料来源：2006—2010 年福建省国民经济和社会发展统计公报。

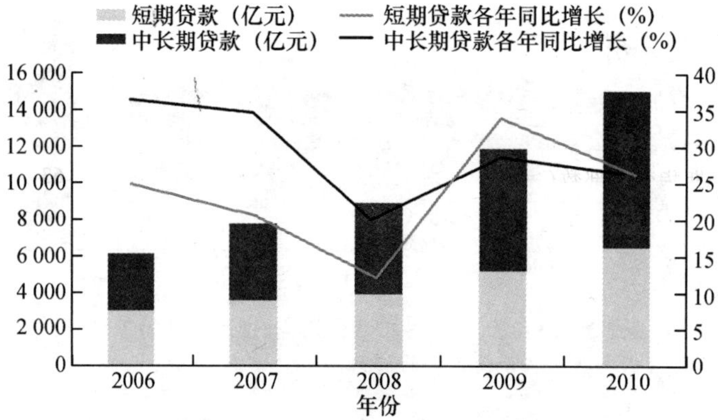

图 7-5　福建省人民币短期及中长期贷款图

资料来源：2006—2010 年福建省国民经济和社会发展统计公报。

此外，海西区银行业机构的数量不断增加，资产规模不断扩大。至 2010 年年末，福建省拥有各类银行业机构 119 家，其中中资地方法人银行 79 家（含农村合作金融机构 69 家）、外资法人银行 2 家。“十一五”期间新增 4 家商业银行、4 家村镇银行，并设立了福建省首家财务公司。2010 年年末，福建省银行业金融机构总资产达 28 637.4 亿元，5 年年均增长 23.59%。[①]

① 由于海西区部分城市的数据不可得，因此本小节以福建省为代表来分析海西区银行业的经营状况。

（三）海西区证券期货业发展现状

福建省是海西区的主体，福州、厦门和温州市是海西区金融实力最强的三个城市，因此，福建省以及福州、厦门、温州市证券期货业的发展现状可视为海西区证券期货业整体发展状况的一个缩影。

“十一五”期间，福建省证券期货机构数量不断增加，其中新增3家期货经纪公司、2家证券分公司、2家基金分公司、98家证券营业部和42家期货营业部。至2010年年末，福建省拥有3家法人证券公司、4家期货经纪公司、2家证券公司福建分公司、2家基金公司福建分公司、5家证券投资咨询公司、196个证券营业部、63个期货营业部（见表7-1）。

表7-1　2010年福建省证券业机构数量表

项目	数量
法人证券公司数（家）	3
证券公司福建分公司数（家）	2
证券投资咨询公司数（家）	5
证券营业部数（家）	196
期货经纪公司数（家）	4
期货营业部数（家）	63
基金公司福建分公司数（家）	2

资料来源：本研究整理所得。

2010年福建省股票、基金交易额达49 443亿元，期货交易额达71 328.2亿元，较2005年分别增长20.19倍和73.89倍。2010年年末，福建省3家证券公司资产总额411.5亿元，较2005年年末增长8.85倍。2010年，福州、厦门和温州的证券和期货交易总额较2009年也有所增长，其中福州和厦门增长较快，分别是2009年的1.51倍和1.87倍（见图7-6）。从福建省以及福州、厦门和温州市证券交易总额的情况可以看出，海西区证券期货业的实力在不断增强。

海西区证券市场的直接融资功能更加有效地发挥。截至2010年年末，福建省上市公司共有72家，较2009年新增15家；福州市共有上市公司26家，较2009年新增7家；厦门市共有上市公司24家，较2009年新增6家；温州上市公司为6家，较2009年减少1家（见图7-7）。

（四）海西区保险业发展现状

“十一五”期间，福建省保险业经营机构不断增加。其中，保险公司主体增加了24家，保险专业中介主体增加了47家，保险兼业代理机构增加了2 551

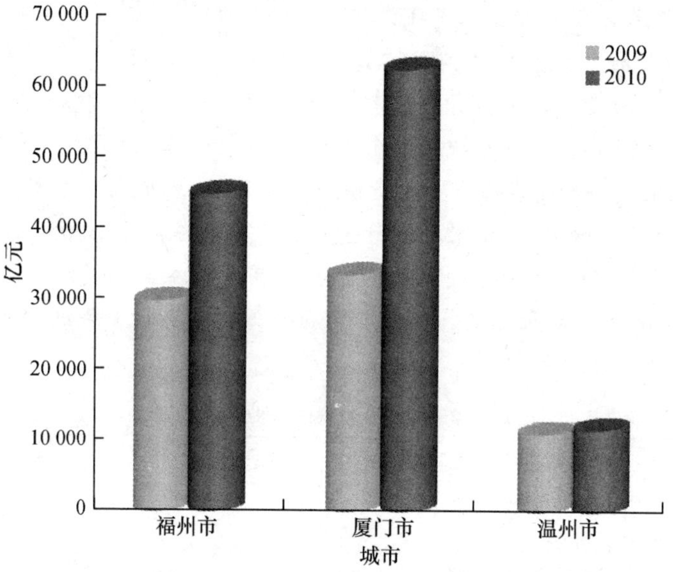

图 7-6 福厦温证券成交总额图

资料来源：根据各市当年统计公报整理所得。

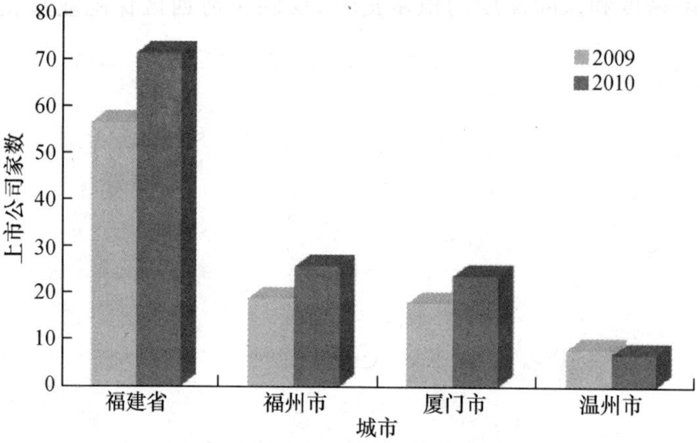

图 7-7 海西区“一省三市”上市公司数量

资料来源：本研究整理所得。

个。至 2010 年年末，福建省共有 44 家保险公司主体（含法人保险公司 2 家），其中财产险公司 21 家，人身险公司 23 家；保险专业中介主体 96 个，保险兼业代理机构 4 941 个（见表 7-2）。

表 7-2 2010 年福建省保险业机构数量表

项目	数量
保险公司数(家)	44
其中:财产险公司数(家)	21
人身险公司数(家)	23
保险专业中介数(家)	96
保险兼业代理机构数(家)	4 941

资料来源:本研究整理所得。

此外,“十一五”期间海西区保险业的经营业绩不断提升,保费收入逐年增加(见图 7-8)。2010 年海西区 20 个城市的保费收入共计 747.71 亿元,是 2006 年的 2.44 倍,年均增长 24.99%。海西区居民参加保险的程度也在不断加大,2006—2010 年海西区保险密度逐年提高,由 2006 年的 358 元/人提高到 2010 年的 837 元/人,增长了两倍多。保险深度是某地区保费收入占该地区国内生产总值(GDP)的比例,反映了该地区保险业在国民经济中的地位。“十一五”期间,海西区保险深度总体呈上升趋势,2010 年海西区的保险深度为 3.02%,比 2006 年上升 0.61 个百分点(见图 7-9)。“十一五”期间,海西区保费收入的逐年增多、保险密度和保险深度的稳步提升,反映了海西区保险业呈良好的发展势头,对海西区经济增长的支撑和保障作用越来越突出。

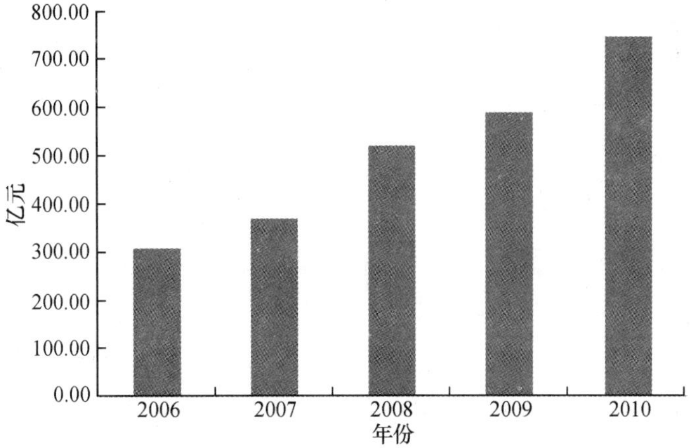

图 7-8 海西区 20 个城市的保费收入比较图

资料来源:本研究整理所得。

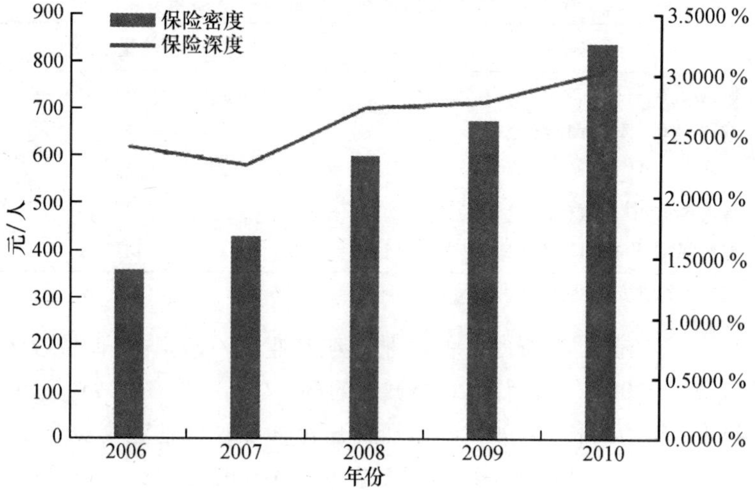

图 7-9 福建省保险密度、深度走势图

资料来源:本研究整理所得。

二、海西区与台湾地区的金融合作现状

海西区与台湾地区在金融业方面一直有较广泛的合作。2011 年 4 月公布的《规划》又明确提出:"建设两岸区域性金融服务中心。推动两岸银行、保险、证券等机构双向互设、相互参股,同等条件下,优先批准台资银行、证券等金融机构在区域内设立机构或参股区域内金融企业。推动对台离岸金融业务发展,促进两岸银行卡通用和结算。"《规划》赋予海西区对台先行先试的政策后,海西区与台湾金融业在机构和业务合作方面获得了突破性进展,金融合作正式成为海西区与台湾地区合作的重要内容。除此之外,自 2009 年以来国家及福建省也相继出台了关于支持建设海西区金融服务业的政策。有了政策方面的支持,海西区与台湾地区在金融业方面的合作与交流也得到进一步深化,以下为近期两地各金融机构间的主要对接项目。

(一)银行业

2008 年 12 月台湾富邦金控通过香港富邦银行入股厦门市商业银行,成为首家间接参股大陆银行的台湾金融机构;2011 年 7 月 21 日富邦金控的厦门全资子公司富邦财险又与建设银行厦门分行签署全面战略合作协议,共同开拓大陆市场;福建省在全国率先吸收台、港、澳资企业入股农村信用社,金额达 1.62 亿元;新台币现钞兑换业务进一步深化拓展,地域范围从福州、厦门、泉州、漳州、莆田沿海 5 市扩展至全省,机构范围从中国银行一家扩展至中国银行、兴业银行、交通银行、厦门银行等4家银行及其签约的新台币现钞代兑机构；2011年工商银行在福建开办新台币兑换业务；2011年台湾华南银行计划购买福建海峡银行股权3.3亿美元，未来有望成为首家直接投资大陆银行的台湾银行。

（二）证券基金

台湾统一证券、富邦证券、元富证券相继在厦门设立代表处；在2012年的福建省人大会议上，福建省省长又表示将推动设立闽台合资的海峡证券公司；2010年12月，国家开发投资公司、福建投资集团和台湾富邦金控共同发起的海峡产业投资基金登记设立，基金总规模200亿元。统一证券与兴业国际信托和厦门国贸集团合资筹建基金管理公司——统一兴业基金管理公司。闽台合资的海峡股权交易所正式成立，两岸股权交易合作进入机制化建设阶段。台湾永丰金控与厦门国际信托合资设立的证券投资基金管理公司即将签约，共同进军资产管理市场。

（三）保险业

台湾国泰人寿、国泰产险等相继在福州设立分支机构；厦门建发和台湾人寿合资设立的君龙人寿保险有限公司落户厦门；2010年富邦金控在厦门设立了全资子公司富邦财险，开拓大陆财产保险市场。富邦财险也是ECFA生效后首家进入大陆的台资保险公司。

另外，2011年5月18日，全国首家台商成立的融资性担保公司——福建龙台融资担保有限公司在龙岩正式开业，旨在解决台资企业贷款难的问题。厦门建设两岸区域金融服务中心项目进入国家“十二五”规划，并已全面启动建设。厦门成立净资产目标为100亿元的金圆投资集团有限公司作为海峡两岸产业对接平台，与北京金融资产交易所拟合作设立海峡金融资产交易所。福州加快推动“海峡金融街”建设，旨在构建海西区现代金融服务中心，创建海峡沪深指数，设立海西区商品交易所。平潭全力打造两岸金融交流与合作的前沿平台。在学术领域，厦门大学与上海国际金融学院等合作，拟设立“两岸金融研究院”。

《规划》、《平潭综合实验区总体发展规划》和《厦门市深化两岸交流合作综合配套改革试验总体方案》等国家战略支持相继出台，提升了海西区与台湾的金融合作平台。随着两岸之间的进一步开放，海西区和台湾金融业的交流合作会成为两岸关系的重大亮点。

第二节 海西区金融服务业所存在的问题

一、海西区金融发展与长三角和珠三角的比较

“十一五”期间,海西区金融业增加值快速增长,但是以金融业增加值的绝对额做比较,海西区明显落后于长三角和珠三角地区。表7-3就是2006—2010年海西区的主体福建与长三角的主体上海和珠三角的主体广东在国内生产总值和金融业增加值方面的比较。2010年,福建的国内生产总值和金融业增加值只相当于广东的28.62%和28.87%以及上海的71.73%和39.34%。经济总量和金融市场的狭小是福建金融业发展的一个瓶颈。

表7-3 福建、广东和上海的国内生产总值及金融业增加值 单位:10亿元

	福建		广东		上海	
	国内生产总值	金融业增加值	国内生产总值	金融业增加值	国内生产总值	金融业增加值
2006	758.38	22.97	2 658.80	93.24	1 057.20	82.52
2007	924.85	36.43	3 177.70	179.82	1 249.40	120.91
2008	1 082.30	46.89	3 679.70	211.74	1 407.00	144.26
2009	1 223.70	61.22	3 948.30	228.33	1 504.60	180.43
2010	1 473.70	76.76	4 601.30	265.88	1 716.60	195.10

资料来源:CEIC Data Manager。

虽然福建的经济总量落后于广东和上海,不过以增长速度来看,福建金融业增加值的增速要快于后两者。图7-10就是2006—2010年三个省区金融业增加值的增长速度:2008年之后,福建的增速一直快于广东和上海。这得益于福建快速扩张的经济总量,同时也得益于海西区建设获批以来海西区在与台湾金融服务业合作方面的先行先试的优势。

尽管海西区在经济发展水平和金融服务业发展水平上落后于长三角和珠三角,但是从图7-11的金融相关度来看,2006—2010年福建的金融相关度处于稳步上升态势,到2010年其指标数值几乎与广东相当。可见金融服务业在海西区中支柱产业的地位正在凸显。上海作为大陆的金融中心,其经济总量中金融服务业所占的比重自然要高于广东和福建,但是2010年其金融相关度出现了下滑趋势,福建在此指标上与上海的差距在缩小。

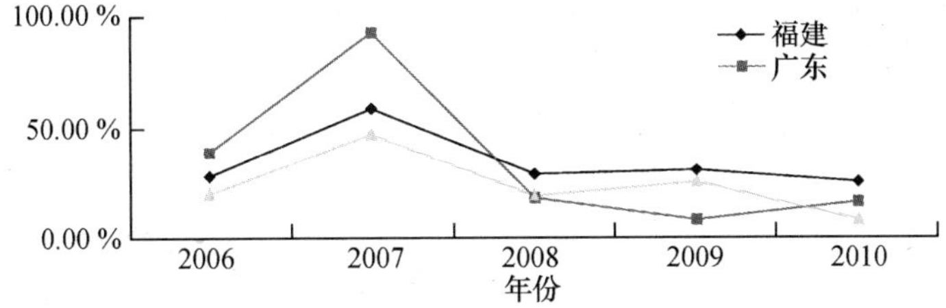

图 7-10　2006—2010 年福建、广东、上海金融业增加值增速

资料来源：CEIC Data Manager。

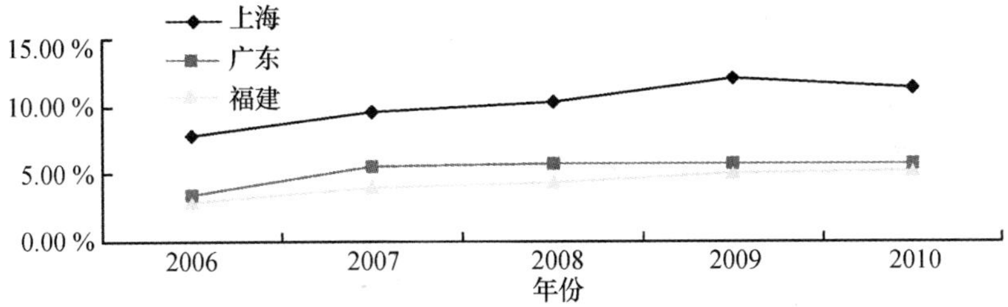

图 7-11　2006—2010 年上海、广东和福建的金融相关度

资料来源：CEIC Data Manager。

综上所述，海西区在金融服务业发展水平上落后于长三角和珠三角，但是在增长速度的比较中海西区快于后两者。随着区域金融中心建设步伐的加快以及与台湾金融合作的加深，海西区的金融相关度将会大幅提升。2008—2010 年福建的国内生产总值增长率分别为 17.02%、13.06% 和 20.43%，金融服务业增加值的增长率分别为 28.69%、30.57% 和 25.38%，后者的增速明显高于前者。这意味着，未来海西区的经济结构中，金融业作为支柱产业的特征将会更加凸显。然而，金融服务业的增长速度快于经济增长速度，也说明海西区金融业的发展既需要以经济发展作为支撑，同时又不能仅仅依靠经济发展，而要在经济发展的同时通过将资源向金融服务业倾斜来推动金融服务业的跨越式发展。因此，海西区的金融业发展就不能仅仅依靠内部资源，而需要通过吸收外部资源，特别是通过与台湾的金融合作来获得发展，并且要引入外部机制和外部人才来完善海西区自身的金融体制。

二、海西区银行业发展所存在的问题

如上文所示，“十一五”期间，海西区银行业快速发展，存贷款余额逐年增加。2010 年海西区 20 个城市的存款余额总计 35 166.53 亿元，比 2006 年增加 17 974.29 亿元，年均增长 19.6%；贷款余额总计 26 629.15 亿元，比 2006 年增加了15049.35亿元，年均增长23.14%。但是，在总量快速增长的背后，却是海西区内部存贷款数量的区域结构差异。表7-4是2003—2010年海西区四个主要经济发达城市的金融机构储蓄存款余额占全部海西区20个城市储蓄存款总额的比重。四个主要城市的储蓄存款余额几乎接近海西区20个城市储蓄存款总额的50%。从2003年开始，这四个城市的存款余额在海西区全部存款余额中的比重一直处于稳定状态，也就是说海西区的其他地级市与这四个城市的差距并没有缩小，但同时也没有扩大。可见，海西区内部金融发展不平衡状态较为明显，而且没有改观的迹象。

表7-4 2003—2010年海西区四个主要城市储蓄存款余额占海西区总额的比重

	福州	厦门	泉州	温州
2003	14.27%	6.47%	11.58%	14.99%
2004	14.26%	6.65%	11.37%	14.37%
2005	14.20%	7.19%	11.33%	14.28%
2006	13.86%	7.20%	11.16%	15.60%
2007	13.71%	7.38%	10.96%	16.33%
2008	13.67%	7.43%	11.06%	16.67%
2009	13.43%	7.59%	10.94%	18.05%
2010	13.24%	7.87%	10.57%	17.93%

资料来源：CECI Data Manager。

从贷款余额来看，海西区内部的金融发展更加不平衡。表7-5是2003—2010年海西区四个主要城市贷款余额占海西区20个城市贷款总额的比重。从2003年开始，四个主要城市的贷款余额就超过了海西区贷款总额的50%。在海西区，四个主要城市贷款余额所占的比重超过了其储蓄存款余额所占的比重，即四个主要城市是处于资金净流入的状态。这四个城市已经是海西区经济发展的领头羊，这种资金净流入的优势将使得四个主要城市的经济发展优势更加固化，从而可能导致海西区金融服务业发展的不平衡加剧。优质银行业资源集中于四个主要城市，其他城市的经济落后状态可能会更加严重。

表 7-5 2003—2010 年海西区四个主要城市贷款余额占海西区总额的比重

	福州	厦门	泉州	温州
2003	18.68%	9.86%	8.93%	17.94%
2004	19.07%	10.21%	9.19%	18.80%
2005	19.75%	10.99%	9.72%	19.06%
2006	19.76%	12.42%	10.22%	19.99%
2007	19.10%	15.54%	9.93%	19.68%
2008	19.35%	14.90%	10.29%	20.78%
2009	19.19%	14.03%	10.14%	21.06%
2010	19.15%	13.86%	9.95%	21.11%

资料来源:CECI Data Manager。

这种金融发展的内部不平衡状态是海西区银行业发展所面临的一个重要问题。在经济发达城市,银行业之间的竞争加剧,银行的扩张受到制约。但是在海西区的经济落后地区,实体经济又无法获得优质的银行资源,从而导致经济增长速度缓慢。

此外,海西区银行业的结构亦存在缺陷,中小金融机构数量不多,对于中小企业贷款的数量不足。海西区是以民营经济为主体的经济区域,中小企业——尤其是出口导向型的中小型实业企业——占比很大,大型商业银行出于风险的考虑,往往不愿将资源投向中小企业贷款。因而中小企业贷款难问题一直是海西区经济发展的重要难题,这也是民间金融得以不规范运行的土壤。近期所发生的高利贷债务链条断裂等事件,就是民间金融不规范发展的恶果。

三、海西区证券业发展所存在的问题

2010 年,福州、厦门和温州的证券和期货交易总额较 2009 年有所增长,其中福州和厦门增长较快,分别是 2009 年的 1.51 倍和 1.87 倍。但是与其他沿海经济发达地区相比较,海西区的证券业规模明显偏小。表 7-6 给出了福建和全国的两个指标数值以及福建在全国所占的比重,其一是上市公司数量,其二是国内生产总值。福建的国内生产总值在全国的比重及上市公司家数在全国的比重都不到 4%,后者略低于前者。上市公司数量较少与福建经济总量偏小是有关系的,同时两个占比比重的大小比较也证明福建的证券业发展滞后于经济发展。这也是目前海西区证券业发展所存在的问题——总量偏小,业务量偏少。

表 7-6　福建与全国的国内生产总值和上市公司家数

	年底累计上市公司数(家)			国内生产总值(10 亿元人民币)		
	福建	全国	占比	福建	全国	占比
2006	48	1 434	3.35%	758	21 631	3.51%
2007	50	1 550	3.23%	925	26 581	3.48%
2008	55	1 625	3.38%	1 082	31 405	3.45%
2009	57	1 718	3.32%	1 224	34 090	3.59%
2010	70	2 063	3.39%	1 474	40 151	3.67%

资料来源:CEIC Data Manager,《福建统计年鉴 2011》。

与此同时,海西区的证券业发展亦存在严重的区域不平衡问题。截至 2010 年年末,福建省上市公司共有 72 家,其中福州共有上市公司 26 家,厦门共有上市公司 24 家,两个城市的上市公司总量就占到福建省上市公司总数的约 70%。福建省的上市公司几乎都集中于福州、厦门和泉州三地。证券营业机构也同样集中于这三个城市。因此,内部结构不平衡、发展差距较大是海西区证券业发展所面临的问题。

四、海西区保险业发展所存在的问题

与银行业和证券业的发展状态相类似,海西区保险业虽然在"十一五"期间发展迅速,但是在与经济发达地区的比较中依然处于落后状态。2010 年福建省的保险收入约 346 亿元,但是同期上海市和广东省的保费收入却分别高达约 883 亿元和 1 231 亿元。再看图 7-12 中三个地区的保险深度指标,福建省的保险深度略低于广东省,同时远低于上海市。保险业在福建经济结构中的重要性还未凸显出来,未来海西区保险业发展的空间还很大。

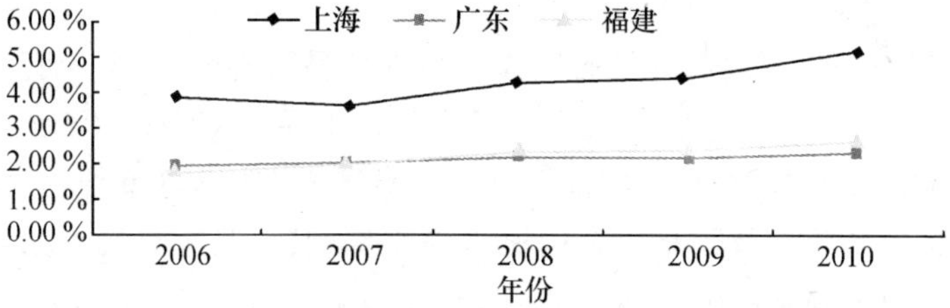

图 7-12　2006—2010 年上海、福建、广东的保险深度

资料来源:CEIC Data Manager。

海西区保险业发展所存在的另一个问题是保险业内部构成和各个险种之间存在此消彼长的关系。图 7-13 列出了 2008—2011 年福建省财产险、寿险、意外险和健康险等四个险种的保费收入在总体保费收入中所占的比重。意外险和健康险在所有保费收入中的比重较为稳定,而财产险的保费收入所占比重一直上升,与此相对应的是寿险保费收入所占比重一直下滑。人寿保险是保险业中保费收入总额最大的一个险种,同时在经济总量快速扩张和居民收入水平迅速提升的情况下,寿险保费收入应该处于大幅提升阶段,但是福建省的寿险收入在总体保费收入中的比重却反而下降了。这说明海西区的寿险行业发展与经济和保险业的增长速度不相适应。

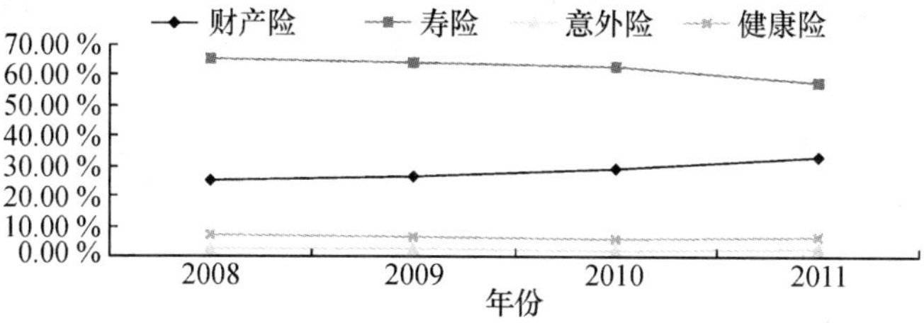

图 7-13 2008—2011 年福建省四个险种保费收入所占的比重

资料来源:中国保险监督管理委员会网站。

五、海西区与台湾金融合作所存在的问题

自 2010 年 ECFA 签订以来,海峡两岸的经贸往来出现快速升温势头,在两岸贸易和直接投资保持增长的基础上,两岸之间的金融业合作与融合已经成为新的合作增长点。海西区在与台湾的金融业合作中具有地缘优势,同时在《规划》、《平潭综合实验区总体发展规划》和《厦门市深化两岸交流合作综合配套改革试验总体方案》等相关政策的推动下,海西区与台湾金融业的合作已经走在全国前列。

但是,两岸之间的金融合作还存在一些问题和不确定因素。其中主要的问题在于两岸对于对方金融业开放的程度不同,步伐并不一致,出现了大陆单方面开放台湾金融机构进驻,而台湾对于陆资金融机构入台还有所限制的不对等局面。不确定因素主要来自台湾地区领导人更替可能导致的政策改变等因素。

(一) 银行业合作

截至 2012 年 1 月,台湾行政院金融监督管理委员会(以下简称“金管会”)已经核准 11 家台湾银行在大陆设立分(支)行,其中有 6 家已经开业,4 家已经获大陆核准筹设。此外,台湾银行在大陆设有 8 家办事处。[①] 但是,直至 2011 年 12 月 20 日,金管会才发布公告称,大陆银行从 2012 年 1 月 2 日起将可以参

① 金管会:“两岸金融政策宣导”。

股台湾本地银行,大陆银行最多可以持有台资银行5%的股权,而在任何一家台资银行中,大陆投资者的股权最多不能超过10%。截至2012年1月,大陆银行在台湾只设立4家办事处。

(二)证券业合作

在金融机构互相进入方面,大陆一直对台湾证券机构持开放和欢迎态度,截至2012年1月,台湾金管会已经核准4家投信事业在大陆参股设立基金管理公司,其中1家已经营业;另有13家证券商在大陆设立25处办事处,2家投信事业在大陆设立办事处。[①] 与之相对应的是,台湾当局对大陆证券机构进入台湾基本上采取禁止的做法,使得大陆证券公司到目前为止仍然没有任何一家在台湾设立代表处。

一直以来,大陆对台湾金融机构进入大陆地区投资持开放态度,台湾保险公司在大陆投资,与港澳保险公司享受同等待遇,没有任何额外的限制。早在20世纪90年代,台湾当局就已开放两岸保险业务往来,目前已有国泰人寿、国泰世纪物产、富邦产险、富邦人寿、新光人寿、新光物产等数家公司在大陆范围内设立代表处。

综上所述,目前两岸金融合作还处于初级和单向不对称的局面,尽管两岸日益频繁的贸易往来使两岸金融合作的愿望和需求日益强烈,ECFA的签署也使得两岸金融合作趋势非常乐观,但是就目前而言,切实加强两岸金融合作是一个循序渐进的过程,双方仍然有很长的路要走。金融合作的滞后,使得两岸金融机构之间缺乏沟通和交流,从而也导致了大陆和台湾商业银行、保险公司缺乏对对方地区企业的了解。

第三节　海西区金融服务业的发展对策与前景展望

一、海西区金融业总体发展对策与前景展望

(一)夯实海西区金融业基础

一是制定出台支持金融业发展的优惠政策措施。抓住海西区建设契机,建立海西区各级政府、部门之间的政策协调合作机制,制定出台支持金融业发展的扶持政策。二是加快海西区金融整合。建立海西区金融整合机制,推动福建

① 金管会:“两岸金融政策宣导”。

与浙南、粤北及赣东南11市的金融资源整合,实现海西区金融一体化。三是加快引进境内外金融机构。积极支持境内外金融机构和股权投资机构入驻海西区。鼓励内外资金融机构在海西区设立总部、资金营运中心、研发中心、外包中心或后台服务机构。参照《关于建立更紧密经贸关系的安排》相关政策规定鼓励港澳台地区的金融机构入驻或参股海西区金融机构。四是大力发展地方性金融机构。支持兴业银行、海峡银行、厦门银行、泉州银行、温州银行等地方金融机构做大做强。争取新设立若干个注册地在海西区的银行、保险、证券等新的金融机构或地区总部。建议成立海西区金融控股集团、平潭发展银行,推动设立闽台合资的海峡证券公司。五是促进海西区金融业均衡发展。进一步深化农村信用社改制,支持符合条件的农村信用社转制为农村商业银行,促进村镇银行、社区银行、小额贷款公司等新型银行业金融机构的发展。加快非银行业金融机构的发展,大力促进证券、期货、保险及金融服务中介机构的发展,建立发达、完善的海西区金融组织体系。六是进一步完善海西区金融市场。加快海西区金融市场建设,进一步完善和规范海西区股票、债券、期货、保险市场。

(二) 优化海西区金融发展布局

优化金融发展区域布局,提升金融服务经济功能。加快推进福州、厦门区域性金融中心建设,强化金融服务功能,充分发挥金融中心对海西区的辐射功能。进一步优化海西区金融机构合理布局,鼓励金融机构合理增加分支机构与营业网点,扩大地域覆盖面。加大对经济发展落后地区金融机构建设的资金支持力度,积极引导金融机构入驻闽西、闽北等海西区经济发展落后地区,引导资金向供给紧张地区流动,推动金融机构的合理布局,促进海西区经济协调发展。

(三) 提升海西区金融生态环境

1. 构建良好的社会信用体系

规范社会信用秩序,创造良好的信用环境,维护信用主体的合法权益是金融系统良性运行的重要保障。构建良好的社会信用体系需要地方政府、企业和市场经济中个人的共同努力。一是加强信用宣传教育,强化信用意识,提高公众的信用水平和道德素质。二是健全法律法规体系,加强法律约束,规范信用秩序,切实保障信用主体的合法权益。三是要构建多层次完善的社会诚信体系,建立统一的企业、个人信用信息库,并实现全国联网运行,加强对重点行业、关联企业信贷风险状况的评估,并及时向金融监管部门和金融机构反馈,同时加强对诚信市场的监管,从而构建良好的、完善的、多层次的、全面的社会信用体系。

2. 健全完善金融监管体系

金融监管的出发点在于消除“市场失灵”的冲击，为金融主体的良性竞争创造一个稳定公平的环境和秩序，本质上是一种规范金融主体不适当行为的规则及其监督管理机制。因此，为实现对金融机构的有效监管，既要充分发挥三大监管机构的监管职能，又要加大央行金融监督检查力度，同时要建立一套有效的金融自律体系，加强金融机构个体及行业自律，此外还要加强社会监督。建立一种“以‘一行三会’监管为主导，金融机构内控为基础，行业自律为制约，社会监督为补充”的立体金融监管运行机制。

二、海西区银行业发展对策与前景展望

（一）健全完善银行业组织体系

一是积极出台优惠政策法规，吸引中外资银行业金融机构在海西设立机构和展业。二是做大做强地方法人银行业金融机构。进一步完善兴业银行全国网点布局，扩大辐射面和影响力，适时推动境外机构建设，争取早日登陆台湾地区。做强做大海峡银行、泉州银行、厦门银行、厦门国际银行、温州银行等海西区地方商业银行，优先布局海西区。深化农村金融机构改革，引进外资、民资、社会资本等参股农村合作金融机构，鼓励发展村镇银行、社区银行等新型银行业金融机构，大力发展金融租赁、财务公司等非银行金融机构。四是创新金融业务。银行业金融机构在风险可控的基础上，通过与证券公司、保险公司、资产管理公司、信托公司之间的合作来拓展新业务。

（二）拓宽中小企业、“三农”金融服务

加强对中小企业的金融服务，拓宽中小企业贷款业务，增强对中小企业的金融支持力度。完善中小企业融资配套服务和措施。增加中小企业信用担保机构的资本金投入，推进中小企业信用担保机构的评级工作，建立健全信用担保的激励和风险补偿机制，鼓励有条件的地区建立中小企业的信用担保基金。加强对“三农”的金融服务，农村合作金融机构以农户小额信用贷款和农户联保贷款为重点，扩大农业贷款的比重和农户贷款的覆盖面。鼓励银行在县域和农村设立机构或服务网点，延伸对农村的金融服务。

（三）加强银行业风险防范与管理

加强监管创新，以便适应当前商业银行资产多元化的发展趋势及金融创新的需要，积极引入先进的监管理念和方法，转变监管理念，进一步完善非现场监管，加快以现场监管为主过渡到以非现场监管为主的进程。提高银行资产质

量,防范大额授信风险,不断扩大案件专项治理成效。打击和制止非法集资,明确非法集资认定,加强宣传教育,提高社会公众的风险和法律意识。

三、海西区证券期货业发展对策与前景展望

(一)健全证券期货机构体系

鼓励境内外证券、期货、基金公司在海西区设立公司总部,合理布局分支机构,推动市场竞争。加强海西区证券、期货、基金公司整合。支持海西区地方证券公司在海西区内外设立证券营业部。吸引境内外期货公司在海西区设立营业部、营业网点。支持证券公司加强组织创新、业务创新和服务创新,进一步拓展证券业务。强化期货经营机构中介功能,鼓励引导期货经营机构为海西区提供更多的风险管理服务。

(二)推动证券期货业做优做强

一是不断健全证券期货公司内控机制,提高规范运作水平。二是不断完善对证券期货业的监管机制。三是积极推动证券公司拓宽融资渠道,实现投资主体多元化。四是鼓励并规范证券业的创新活动,为投资者提供多样化的产品服务。

四、海西区保险业发展对策与前景展望

(一)积极培育海西区保险业,促进各类保险业务的发展

积极吸引境内外各类保险机构赴海西区设点展业,争取在海西区设立法人机构或地区总部;健全保险市场准入制度,按照高标准、规范化的要求,提升保险机构筹建标准。全面落实持证上岗制度,提高从业人员素质。切实转变经营理念,逐步实现从外延式发展向内涵式发展转变,增强行业整体竞争力。积极推进服务手段、服务方式、服务领域创新,不断提高服务品质。

(二)加强和改进监管,防范化解风险

以防范系统性风险为核心,加强保险监管,防范化解风险,维护市场稳定。逐步建立健全规范市场秩序、防范化解风险的长效机制,改进保险监管方式,防范化解行业风险,创造良好的发展环境。

(三)进一步强化保险业外部环境建设

加强保险诚信体系建设,加强保险信息化建设,加强保险人才队伍建设,提高全民保险意识,加强保险行业协会和学会建设。加大政策扶持力度,将保险

列入社会发展项目,推广和加大政绩考核力度,促使基层政府充分利用保险业的经济补偿、资金融通和社会管理功能为社会经济发展服务。加强保险知识宣传普及,提高全民保险意识。加大法律支持力度,公平、公正,尊重、维护保险企业的合法权益,从法律制度、诚信体系和管控流程等方面进行综合整治,防范保险诈骗。

五、海西区与台湾地区金融合作发展对策与前景展望

(一)扩大海西区与台湾地区金融机构合作范围

随着两岸产业互动、经贸发展与人员往来增加,两岸对金融服务业合作的需求日益旺盛,新台币兑换人民币数量迅速增加,迫切需要拓宽两岸金融机构合作领域。因此,应在两岸签署《监管合作备忘录》(以下简称MOU)的基础上,积极推动两岸银行、证券、保险等金融机构双向互设、相互参股,不断拓宽海西区与台湾地区金融合作的领域及层次,加快建设大陆多层次资本市场体系,进一步促进两岸投资贸易便利化,为两岸产业互动、人员往来和台商赴海西区投资提供金融配套服务。

(二)推进海西区两岸区域性金融中心建设

一是扩大两岸货币双向兑换范围。争取新台币兑换范围由目前的福建省扩大到整个海西区,同时扩大开办新台币兑换业务的银行机构范围。二是加快建立两岸货币清算机制。逐步建立两岸货币清算机制,争取开办两岸人民币和新台币现钞调运业务,建立人民币和新台币现钞的供应与回流渠道。推动两岸银行卡联网通用和结算,率先实现两岸跨境贸易人民币结算业务在海西区试点,探讨互相开放设立新台币与人民币清算账户,实现海西区与台湾地区银行直接支付结算,促进两地金融服务业全面对接。三是建立金融征信合作机制。通过搭建两岸金融征信平台,提供大陆鼓励两岸产业合作、相关产业发展的扶持政策,以及有关台湾经济、产业发展和转移动态的资讯。借助台湾金融机构或在台外资银行的资讯优势,了解在大陆台商的经营、资信状况,台湾金融产品与服务创新、风险防范经验等,促进两岸征信平台的信息交流,实现海西区与台湾地区金融征信资源共享。四是积极拓展离岸金融业务。重点吸收非居民资金,包括境外及港澳台地区的个人、法人(含在境外注册的中资企业)、政府机构、国际组织资金,开展外汇存贷、同业外汇拆借、国际结算、发行大额可转让存款凭证、外汇担保等业务,实行新台币自由兑换服务,拓宽台资企业融资渠道,率先给两岸贸易双方提供资金开户、调拨、贸易融资、担保和抵押等便利,全力

打造两岸金融合作平台。

(三) 推动闽台金融机构双向互设、互相参股

一是积极吸引台资金融机构入驻。加大台资金融机构入驻的鼓励措施,适当放低台湾地区金融机构入驻海西区执业的门槛(可参照 CEPA 相关政策规定),加快引进台资金融控股公司、银行、证券、保险等金融机构,拓宽和增加台湾地区金融资本进入海西区的渠道和形式。鼓励实力强、信誉好的台资企业入股海西区地方商业银行、农村信用社,支持台资企业通过增资扩股、股权转让等方式参与组建合资银行等金融机构,吸引台湾证券、保险机构在海西区设立合资证券公司、保险公司。鼓励台资金融机构与海西区民间资本合作,共同设立金融租赁公司、汽车金融服务公司、消费金融服务公司、企业集团财务公司等非银行金融机构,以及中小企业银行、中小企业信用保证基金,为海西区民营企业尤其是中小台资企业提供更加完善的金融保障。二是推动海西区金融机构进入台湾市场。支持海西区兴业银行等本地金融机构到台湾地区直接设立分支机构、办事处,或通过实行战略并购等间接形式进入台湾市场,推动两地金融机构的双向交流。

(四) 加快引进台湾地区金融中介服务机构

鼓励台湾地区风险投资、担保、资产评估等金融中介服务机构赴海西区投资展业。通过设立两地合资的产业投资基金、创业投资基金,加快培育发展海西区战略性新兴产业,深化两地产业对接,促进海西区产业结构转型升级。加快引进台湾金融研发中心、金融资讯服务部等配套服务机构,为两岸经贸往来和人员交往提供金融服务,为海西区台资企业发展提供强有力的金融支持。积极引入台湾兴柜和上柜交易机制,争取设立两岸股权柜台交易市场,打造两岸企业对接的直接平台,逐步扩展为服务大陆台资企业和区域性企业股权融资、股权交易的平台。

专题 7.1 后 ECFA 时代两岸货币兑换清算的合作

一、两岸货币兑换清算合作的发展现状

自 ECFA 签订以来,两岸经贸合作与交流日益紧密,金融对接成为两岸经济合作的重中之重。两岸间的贸易、投资和人员往来引起了大量的资金流动,年均贸易额和资金清算量均达到近 1 000 亿美元,催生了巨大的人民币和新台币的交易性需求。相对滞后的货币兑换清算机制成为掣肘两岸经贸合作的重要因素,因此两岸货币兑换清算成为各界越来越关注的命题。

(一) 两岸货币兑换与流通的发展现状

两岸货币兑换主要指人民币与新台币的现钞、现汇等兑换的一系列制度安排与技术手段。早在 1988 年,经中国外汇管理局批准,中国银行厦门、福州及马江支行就开展了新台币兑换人民币外汇业务。2003 年 10 月,外汇管理局和银监会批准在福州、厦门、泉州、漳州、莆田的中国银行自 2004 年 1 月 1 日起尝试实施开办新台币现钞兑出业务,进行新台币和人民币的直接兑换业务,但是由于未正式挂牌、利率恒定等原因,该业务远无法满足两岸经贸往来的汇兑需求。2010 年 4 月 26 日开始,交通银行、中国银行、厦门银行、兴业银行等有关机构也陆续开办双向兑换业务,可兑换新台币的网点大幅度增加。新台币在大陆流通中具有以下特点:银行每年兑入量远大于兑出量,兑换群体以台胞为主,台资企业集中地的需求较大。可以说,两岸货币兑换与流通量一直与两岸的经贸发展紧密相关,自 ECFA 实施以来,两岸经贸与投资实现了跨越式发展。

1. 台湾流向大陆的资金现状

台湾流向大陆的资金主要是贸易资金、台商到大陆投资的资金、台湾到大陆观光或者探亲所带来的资金。每年流入大陆的这三项资金规模超过 200 亿美元,如果加上其他隐性的地下金融往来的资金数额则会更多。据台湾外汇管理部门估算,在大陆流通的新台币已经超过 1 500 亿元,其中福建占比超过 1/3。以海西区主体——福建省的相关数据为例,2011 年 1—11 月闽台贸易总额达 106.95 亿美元,同比增长 13.69%,超过 2010 年全年闽台贸易总额;其中,进口 79.5 亿美元,同比增长 6.7%;出口 27.4 亿美元,同比增长 40%(李向娟等,2011)。福建全省新批台资项目 349 个,合同台资 17.25 亿美元,同比增长 4.8%,实际利用台资 29.32 亿美元,同比增长 18.7%,显示出自 ECFA 实施以

来巨大的货币兑换清算需求。

2. 人民币在台的流通渠道

人民币在台的流通渠道也因目的不同呈现出多样性，主要流通来源是贸易进口支付、大陆赴台旅游和探亲消费、台商兑换使用余款携回、异地金融市场调入、地下汇兑等方式。根据台湾《中国时报》、《联合报》引述的统计数字，截至2010年，在台湾地区流通的人民币保守估计已达800亿元，2011年的数额极可能超过1000亿元，换汇金额达4000亿新台币以上。2011年11月大陆游客赴台创下历年当月的新高，达到21.3万人次。截至2011年11月底，当年度大陆游客赴台旅游总数已经达到了112.2万人次，其中团队游110万人次，个人游2.2万人次，带来巨大的新台币兑换需求。从前景来看，由于人民币长期升值的预期，台湾各界增持人民币的意愿强烈，在台流通的人民币规模快速增长。人民币在台湾被称为"第二货币"，与美元、台币一起称为台湾三大流通货币，经历了禁入—准入—试点兑换—全面兑换的历程。目前人民币已实现经常项目可兑换，在台湾银楼、景点、小商品市场以及海上小额交易中使用较为普遍。回流的途径则是台湾居民到大陆消费支出、人民币支付款项以及直接投资和购买资产等方式。随着两岸经贸交流的加深，货币兑换需求量也越来越大，虽然已经开放人民币双向兑换，但是需求只能得到部分满足。

不过，两岸银行的现汇机制建设无法跟上两岸金融合作的步伐。2006年12月台湾的各大银行才开始开通与大陆银行直接通汇关系业务，由银行的境外分行直接开展通汇与信用证业务。2009年8月10日银联卡在台湾受理业务开通。截至2010年6月底，在台湾地区银联卡刷卡消费金额已达55亿元人民币，大陆游客赴台观光使用银联卡刷卡平均每天达到700万—1000万人民币。但是，相对于迅速发展的贸易规模，大量的资金在两岸间却不能直接流动，必须经过"新台币→美元→人民币"或"人民币→美元→新台币"的二次汇兑，产生了大量的汇兑成本和汇率风险。越来越大的需求也直接导致了以"地下汇款公司"形式出现的地下钱庄大量涌现，带来了"跑路"等不确定性后果。

（二）两岸货币兑换清算机制的建设现状

两岸货币清算，主要指两岸人民币和新台币在兑换的基础上进行结算、划拨的一系列制度安排（见表7.1A）。建设两岸货币清算机制，两岸均做出了不少努力。大陆方面逐步扩大了新台币在大陆双向兑换的试点范围和跨境贸易人民币结算试点范围，台湾也从限制到有限度允许两岸货币兑换。2010年3月16日台湾修正出台《台湾地区与大陆地区金融业务往来及投资许可管理办法》及2010年6月29日两岸两会签署ECFA；2011年4月25日两岸银行监管合作平台首次会议的召开,标志着两岸金融往来的机制化迈出实质性步伐;2011 年 8 月 31 日台湾核定《台湾地区与大陆地区金融业务往来及投资许可管理办法修正草案》(朱磊,2011)。

在两岸金融交流与合作不断取得阶段性突破的背景下,尽早建立"两岸货币清算机制"成为两岸金融业的共识和亟待解决的问题。两岸贸易额和旅游人数的不断增长,加快了大陆方面行动的步伐。"十二五"纲要中就明确指出要推动两岸建立一个货币清算机制,标志着两岸货币清算机制已被正式提上日程。2011 年 3 月,国台办曾表示要尽早推动两岸建立货币清算机制。2011 年全国"两会"期间中国人民银行副行长易纲也强调 2011 年要重点推进两岸货币清算机制建设。

表 7.1A　两岸货币清算的主要制度安排

时间	事件	意义
2009 年 4 月	两岸签署 ECFA	双方同意先由商业银行等适当机构通过适当方式办理现钞兑换、供应及回流业务。开启了两岸金融交流与合作。
2009 年年末	两岸签订 MOU	扫除了两岸银行业互设机构的障碍,为两岸货币兑换提供了监管基础。
2010 年 7 月	中国人民银行与中国银行(香港)有限公司(简称"中银香港")签署了《关于向台湾提供人民币现钞业务的清算协议》	中银香港将与台湾银行和兆丰银行签订人民币现钞业务协议,间接提供了人民币对台的供应。

资料来源:本研究整理所得。

然而,相较于大陆方面的积极性,台湾方面则显得相对被动并且顾虑重重。因为货币清算协议的签署涉及"主权"概念,在政治因素干扰下台湾显得束手束脚。虽然 2011 年台湾修正了两岸金融业往来办法,但是实际操作中台湾通过严格的"许可"制度和严厉的惩罚措施,限制了两岸金融诸多领域的直接交往,导致两岸货币清算机制的建设迟迟未有实质性的进展。目前大陆商业银行必须经过批准才能办理新台币的兑换业务,对新台币的收兑也不允许挂牌交易,这都极大地限制了两岸货币清算机制的建立。两岸金融监管当局对建设两岸货币清算机制的积极性和对金融市场的调节、干预力度均不同,使得目前两岸货币清算机制更多是停留在"口头上"。

二、两岸货币兑换清算合作存在的问题

(一) 货币兑换清算经济层面的障碍

1. 政治经济形态下的障碍

在金融危机和欧债危机的影响下,两岸加快了合作的步伐以共同应对全球经济衰退。但由于历史原因,两岸政治制度的差异使得两岸曾长期对立,直到现在意识形态也未完全消除,同时,两岸货币清算问题还牵涉到主权问题,台湾方面常因政党利益之争而严格控制两岸货币自由兑换,以安全问题限制两岸金融的进一步开放与交流,这是两岸不能迅速建立货币清算制度的最主要障碍。面对岛内日益高涨的开放呼声,面对日益加剧的金融危机,台湾当局不得不继续松绑"两岸金融业务",推动台湾金融服务业发展。自 2008 年 6 月 30 日开放至 2011 年 8 月 11 日止,台湾当局共批准 223 家金融机构所属 3 563 家分支单位及 194 家外币收兑处办理人民币兑换业务,累积共卖出 175 亿元人民币、买入 142 亿元人民币。台湾银行与兆丰银行的香港分行与中银香港签署协议,从 2010 年 10 月 26 日起,直接向台湾的金融机构提供全新且价格较优惠的人民币现钞。此外,台湾当局 2011 年 7 月 21 日发布"台湾地区银行办理人民币业务规定",允许国际金融业务分行(OBU)办理人民币业务;截至 8 月 12 日,17 家台资银行香港分行均与中银香港签署协议,并已全数开办人民币业务。大陆共受理 13 家台湾地区银行在大陆设分行(6 家)或办事处,台湾金融监管部门也批准 4 家大陆银行到台湾设立办事处。这些代表处的设立,有利于两岸货币的直接兑换。两岸的货币兑换清算有所进展,但从总体上看合作的深度、广度还远远不够。

2. 对货币认同的障碍

目前人民币基本上实现了经常项目下的自由兑换,但是资本项目下的兑换还受到很大的限制。若两岸货币直接通汇,庞大的资金往来将使两岸的商业银行都拥有巨额的对方货币。因此,两岸货币当局对对方货币的认同是实现两岸货币清算的关键条件。然而,货币当局作为外汇市场的主要参与者,必须购售对方货币,并将对方货币纳入外汇储备中,即民众和组织手中持有的对方货币最终必将转移到货币当局手中。货币当局对外汇储备的币种选择有多方面的考量,包括安全性、流动性和盈利性,因此两岸货币能否自由兑换还取决于两岸货币的流动性和盈利性。在目前人民币资本项目不能自由兑换和台湾金融体系不完善的情况下,双方货币当局对于尚未实现自由兑换的本币境外流通的容忍度,对于尚未实现自由兑换的对方货币的接受程度,将成为两岸货币清算机

制能否实现的决定因素。这就要求人民币加快资本账户的开放步伐,台湾逐渐完善其金融体系结构,以增强两岸货币当局对对方货币的认同度。

(二) 货币兑换清算制度方面的障碍

在后ECFA时代,两岸金融的进一步开放为建立两岸货币清算机制打下了基础。新台币在大陆双向兑换的试点范围逐步扩大,跨境贸易人民币结算试点的范围逐步扩大,中银香港为台湾人民币现钞业务提供清算服务等措施使得两岸贸易人民币结算目前在大陆方面已经没有了政策障碍。但是目前两岸在货币清算制度方面的障碍依然存在并且困扰着双方,总的说来体现在如下几个方面:

1. 信息交换制度障碍

由于大陆中央银行和台湾"中央银行"不能进行直接的信息沟通,因此无法及时获得两岸货币的流通数据,也就无法及时对两岸货币流通数量及动向制定相应的政策。自1989年台湾汇率改革以来,施行了自由的单一汇率政策,但是新台币和人民币一样,都不是自由可兑换货币,因此自由流通受到了一定限制。两岸"中央银行"都能监测到大部分经由银行流通的货币,但是无法沟通协调。货币政策本来就存在一定的时滞效应,这样的劣势使得双方无法及时解决诸如"反洗钱"、资金援助等问题。两岸都奉行有管理的浮动汇率制度,都是盯住美元,人民币汇率、新台币汇率必然会存在汇差套利问题,而且新台币先兑换成美元再兑换成人民币加重了汇兑成本和汇率风险,两岸"中央银行"的联手可以解决这一问题。

2. 监督管理上的障碍

近两年来,两岸签署生效了三个具有划时代意义的文件:《海峡两岸金融合作协议》、《海峡两岸银行业监督管理合作谅解备忘录》以及ECFA,标志着两岸金融监管机构正式建立了基础性监管合作机制。但是两岸主要的法律及相关机构对于货币清算方面的流通管理、监督合作仍然存在很多"真空地带",不仅容易造成监管空白,也容易造成监管摩擦。除此以外,两岸的监管机构设置不太一致,两岸金融法规、监管准则、金融作业标准、程序和制度环境等存在差异,这些都是两岸相关部门亟待解决的问题。

3. 代理模式的障碍

目前,海峡两岸货币兑换业务尚未直接开通,人民币和台币的兑换业务仍需通过代理行进行,具体而言,中国人民银行授权中银香港为台湾人民币现钞业务清算行,中银香港与台湾金融监管当局许可的台湾商业银行在香港的分行签订人民币现钞业务协议,由这些分行作为交易主体,通过其总行向台湾当地提供人民币现钞供应和回流业务。这样的业务流程相对复杂,在技术操作上对时间的要求较长,不利于海峡两岸货币清算业务的开展。正如前面所述,海峡两岸货币兑换业务通过中银香港和与之签订协议的台湾商业银行进行。台湾商业银行想开展两岸货币兑换业务,首先要在香港有分行;其次,要经过台湾金融监管当局许可;最后还要与中银香港签订协议。这就导致并非所有台湾商业银行都能开展该项业务,给两岸货币兑换清算带来一定的障碍。因此试点行与代理行的模式导致兑换清算无法推广。

（三）货币兑换清算技术层面的障碍

1. 人民币拆借业务的障碍

人民币拆借业务能否顺利完成是实现两岸货币清算的前提条件。由于目前台湾地区的商业银行和香港的分行都可以进行拆借,因此人民币的兑换不存在障碍,但是新台币和人民币完成兑换之后,人民币能否从香港运送到台湾还必须对话协商两地金融管理部门。若能够实现两岸货币直接通汇,可以有两种方法实现人民币的拆借:

(1) 以香港银行人民币业务清算银行作为两岸清算中介。台湾清算行在香港清算行开立人民币清算账户,台湾参加行在台湾清算行开立清算账户,台湾地区的银行可通过香港清算行进行资金清算和办理现金业务,台湾地区人民币业务可直接利用香港银行办理人民币业务,人民币和新台币可通过香港清算行实现兑换,但人民币和新台币顺利兑换还需经过香港的货币管理当局同意,这取决于大陆、香港、台湾三地金融管理部门的协商结果。

(2) 放宽台资商行和陆资银行到对岸设立分行的政策限制。上海设有全国银行间同业拆借市场,台湾的商业银行可以直接参与人民币拆放款业务,虽然台湾商业银行在传统业务上没有优势,但是人民币兑换业务和其他的一些附加业务会为台湾商业银行带来巨大收益,吸引了台湾商业银行争先来大陆建立分行。目前大陆方面批准了永丰商业银行、台湾工业银行、台北富邦商业银行3家台资银行在大陆设立代表处,批准了中国信托商业银行、兆丰国际商业银行2家台资银行在大陆筹建分行。上述对接在一定程度上促进了两岸货币清算机制的完成,并为两岸货币清算创造了条件。

2. 兑换地域范围狭窄形成的障碍

2011 年 8 月中国人民银行明确提出,跨境贸易人民币结算地区增加了河北、山西、安徽、江西、河南、湖南、贵州、陕西、甘肃、宁夏、青海,至此,地区范围扩大至全国。但是,各地人民币结算业务开展情况并不十分乐观,开展结算业务的网点支行较少。在海西区开展新台币兑换业务的网点主要集中在中国银行系统,另外兴业银行、厦门银行、交通银行等部分分支机构也有所涉及,但是在人流物流密集的码头、机场、贸易点、商品街等处则并没有设立兑换网点。

3. 人才设备较为滞后导致的障碍

一方面,人民币与新台币之间的兑换、票据交换等仍依赖于手工操作,方式陈旧落后,效率低,还容易出错。另一方面,两岸货币兑换清算合作的开展,也产生了一定的人才方面的需求,如对两岸货币兑换清算操作熟练的人员,能较好地识别对方现钞真伪的人员、技术,等等,这些技术人员的培训不仅需要制订完整可行的培训方案,也需要一定的时间和财力。这些相对滞后的人才培训和设备资源导致两岸货币兑换清算业务品种单一,目前主要集中在人民币与新台币现钞的兑入兑出业务上,银行卡业务如 ATM 存取款、POS 机刷卡消费、直接汇兑业务等尚未普遍开展,这给两岸货币兑换清算带来一些障碍。

4. 大陆外币支付系统清算币种的障碍

目前,大陆境内外币支付系统中仅支持美元、港币、日元、欧元、澳大利亚元、加元、英镑和瑞士法郎 8 个币种的支付与结算,并不支持新台币。新台币与人民币之间的兑换清算需要通过美元或者港币才能实现,不但使交易烦琐,而且由于手续费佣金等因素,兑换成本较高。这也是两岸货币兑换清算合作开展较为缓慢的原因之一。

综上所述,两岸货币兑换清算业务在技术层面还存在较多障碍,但是这只是技术层面的障碍,并非制度和经济层面上的障碍,因此也较容易克服。

三、两岸货币兑换清算合作的效应趋势

(一)两岸货币兑换清算机制的效应分析

1. 建立两岸货币兑换清算机制的正面效应

(1)有利于减少汇兑成本,促进海峡两岸经贸往来。商务部发布的最新统计数据显示,2011 年 1—11 月,大陆与台湾贸易额为 1 465.3 亿美元,同比上升 11.2%,占大陆对外贸易总额的 4.4%,其中大陆对台湾出口为 323.5 亿美元,同比上升 21.3%;从台湾进口为 1 141.9 亿美元,同比上升 8.6%。2011 年 11 月大陆与台湾的单月贸易额为 134.1 亿美元,环比上升 9.7%,其中 2011 年 11 月大陆对台湾出口为 28.7 亿美元,环比上升 5.5%;从台湾进口为 105.5 亿美元,环比上升 11.1%。可以看出,两岸间有大量的资金往来,然而新台币和人民币之间并不能直接兑换,两岸的资金交流必须通过第三种货币来实现。新台币必须在台湾兑换成美元,汇到大陆之后再兑换成人民币,这种“新台币—美元—人民币”的模式使得两岸贸易往来面临汇率成本高、时间成本高、汇率风险大的

困境,极大地制约了两岸经贸往来。若两岸经贸往来能绕开美元,实现人民币和新台币的直接兑换,将大大减少两岸贸易商的汇兑成本,同时避开美元汇率波动带来的汇率风险,推动两岸经贸的更快发展。

(2) 有利于两岸人员往来交流。自从 1987 年台湾地区开放赴大陆探亲之后,两岸人员之间的往来逐年增加,据国台办统计:截至 2010 年,台胞来大陆达 61 027 572 人次,大陆居民赴台达 4 513 820 人次。随着两岸旅游交流合作的纵向推进,两岸双向旅游人数暴增。在此有利形势下,建立人民币和新台币的自由兑换与清算机制,能有效地促进两岸居民互访和游客消费,便捷两地支付和清算,从而有利于进一步推进两岸人员的往来交流。

(3) 有利于平缓汇率风险。两岸货币实现直接兑换后,两岸货币与美元的汇率相互联动,经济互补性进一步加强,有利于共同抵御汇率风险,有利于两岸外汇储备结构和管理的改善,维持外汇储备的安全,在一定程度上会加强两岸货币当局之间的交流合作(王世雄、林森,2010)。此外,推行两岸货币的直接兑换,将进一步扩大两岸货币流通量,加快人民币的区域化和国际化进程,有利于提升人民币的国际地位(郑航滨,2009)。

(4) 有利于共同维护两岸金融交流与合作的安全性。两岸货币兑换的高成本和种种限制导致人民币和新台币的兑换直接转向了“地下通汇公司”,使地下钱庄成为两岸货币兑换的主要途径。“地下通汇”的运作模式为:由台湾母公司将新台币汇到地下钱庄指定的新台币账户,然后在大陆台商所在地取得人民币,通过“一手交新台币,一手交人民币”的方式完成通汇。而两岸资金交易头寸则通过贸易定价转移方式或直接通过渔船运送现钞来实现。“地下通汇公司”的存在无疑为两岸金融的稳定埋下了巨大隐患,助长了洗钱、走私等各种不法行为。若两岸货币能实现直接通汇,必将使银行体系之外流通的新台币转向体内循环,大大减少企业抽逃利润、逃税、走私、洗钱等不法行为,提高货币政策有效性和外汇管理效率,促进金融秩序的稳定和安全。

(5) 有利于增强两岸和平共赢的发展关系。两岸相互认可对方货币本身还可以从心理上增强两岸民众的凝聚力。两岸货币清算机制的建立会进一步增加两岸之间的经济、政治、文化等各方面的联系,加强两岸的相互依赖关系,逐步实现经济一体化、金融一体化、货币一体化的进程。显然,这对实现两岸共同利益最大化、发展两岸和平共赢关系有着十分重要的意义。

2. 建立两岸货币兑换清算机制的负面效应

(1) 可能形成操作与系统性风险。建立货币清算机制后,必然需要改进支付清算系统以支持人民币与新台币的兑换业务,同时需要开展后续的软硬件维护工作和相关业务人员的培训,这些有可能给银行业务带来负面冲击,滋生操作风险。外汇交易属于瞬间交易,如果业务员操作失误或计算机交易系统运行不稳定或出现故障,将直接导致交易失败并造成经济损失。

(2) 套汇行为对两岸金融系统的稳定造成冲击。当人民币与美元并存为两种主要的外币之后,台湾外汇市场必将存在套汇行为。基于目前两岸的现实情况,较易发生的是利息套汇,即套汇者利用两岸外汇市场的利率差异,把资金从低利率市场调到高利率市场,赚取利息收入。大量套汇的存在会对两岸金融系统的稳定和安全造成冲击,所以必须合理定位新台币,确定其与人民币的合适兑换比率,研究开发新台币的汇率避险工具。

(3) 两岸民间的洗钱行为可获便利。若实现两岸货币直接兑换,将有利于两岸不法分子利用金融系统实现洗钱的目的,尤其是大陆资本管制下的反管制行为。不法分子可利用购买有形资产、有价证券,然后再出售或转手的方法,或者利用银行将小额钞票换成大额钞票的方式以及利用信用卡付款、空头公司和假借投资名义等进行洗钱活动。所以两岸货币清算机制的建立需加大反洗钱的力度,以维护正常的金融秩序。

(二) 两岸货币兑换清算合作的趋势展望

随着两岸经济联系的日益紧密,两岸的金融合作进一步深化,推动建立两岸货币清算机制成为两岸合作中越来越重要的议题。2010 年 7 月 13 日中国人民银行授权中银香港为台湾人民币现钞业务清算行,迈出了建立两岸货币清算机制的重要一步。在此基础上,未来两岸货币兑换清算合作将会按照先易后难、先局部后整体、先试点后推广、先间接后直接的途径,逐步建立一个科学合理、完备的两岸货币兑换清算机制。两岸未来的货币兑换清算建设的趋势体现如下:

1. 先易后难

两岸关系的复杂性是目前两岸货币兑换清算合作中不可避免的一大障碍,两岸较低的金融对外开放水平也在一定程度上限制了两岸货币兑换清算的合作。两岸现有的政治经济环境决定了两岸货币兑换清算合作将通过先易后难的途径渐进式地进行:初期需要避开政治上的敏感问题,同时考虑到两岸金融开放的程度;后期随着两岸政治环境的改善和金融开放程度的加深,逐步突破,从而由现有的借道香港的现钞清算机制发展到两岸直接联系的货币清算机制(中新网,2011)。

2. 先局部后整体

由于两岸现有政治经济环境的限制,可以考虑两岸货币兑换清算合作先从局部寻找突破口,再逐步推进、深化合作。所谓局部突破可以从以下几个方面着手:未来货币清算的范围可以拓展到存款、汇款和贸易结算等业务;进行货币清算业务的商业银行数目可以进一步增加,由中银香港一家增加至多家;在清算地的选择上,可以逐步由现在的第三方(香港)扩大至大陆,在地域上实行突破,逐步实现建立两岸直接联系的货币清算机制的目标。

3. 先试点后推广

对于两岸货币清算的回流和平盘机制的建立,可以通过先试点后推广的途径予以完善。初期可以利用海西区的地域优势,开展人民币和新台币回流和平盘机制的实务操作,从而在试点的基础上逐步推广,以探索出其合理、成熟的模式。

4. 先间接后直接

就货币清算机制建立模式而言,可以通过先间接后直接的途径。初期建立通过第三方(香港)的货币清算机制;经过间接清算阶段的探索与积累后,逐步解决两岸货币兑换清算机制的问题,建立两岸直接联系的清算机制。在建立直接货币清算机制阶段,初期可先互相开放本、外币清算系统,将对方货币纳入本地外币清算系统的交易货币范围。允许双方银行机构双边对开账户,即两岸的银行机构可在对方银行机构开立清算账户,从而直接通过开立的清算账户对人民币和新台币进行清算和平盘。另外,在支付指令的传递上,可保留经由香港的连接模式作为备份,以备应急之需。在此基础上,可以建立安全畅通、科学合理的货币清算机制。

四、两岸货币兑换清算机制的政策设计

(一) 两岸货币兑换清算机制的制度设计

1. 法律制度设计

两岸货币清算制度的方方面面,比如货币流通、信息交换、金融业合作与监管都缺少不了法律的保障。近两年两岸签署了三份具有划时代意义的文件,标志着两岸金融监管机构正式建立了基础性监管合作机制,但在两岸金融全方位合作迅猛发展的背景下,这些举措仍显不足,给两岸金融合作的创新和拓展都埋下了隐患,对于风险防范尤为不利。本研究认为两岸相关部门有必要利用当前 ECFA 签署后的大好时机,积极推动有关货币流通、金融监管、风险管理等协议的签署,以保障两岸金融发展的合规性。可以说,这些法律法规对促进两岸金融各方面交流合作的广化和深化,带来巨大的推动力。因此,我们建议两岸有关部门比照大陆和香港的金融合作情况,认真研究两岸的具体情况,利用海

西区尤其是厦门具有的较高立法权地位，在相关法律制度上先行先试。若两岸在信息交换、金融监管、风险控制等方面签署有关协议，可通过海西区来率先实施，积累经验后再全面推开。

2. 信息交换制度设计

大陆中央银行和台湾"中央银行"不能进行直接的信息沟通，对两岸金融风险监管是极其不利的。我们建议两岸"中央银行"以及相关外汇管理部门安排设立两岸金融信息交换小组，由两岸派驻相关人员。比如可以在中国人民银行厦门市中心支行公告或在中国人民银行福州中心支行设立这个部门，与台北相关部门对接，交换信息，积极对话，并对两岸的货币流通、金融合作展开监测和管理。

两岸信息交换小组可设在海西区，为两岸银行、证券合作提供相关信息，同时有利于两岸监管部门及时管控风险。当前两岸很多相关信息只能通过香港转送，这对两岸的直接合作无疑是不利的。两岸应争取即时信息交互共享，并且逐步建立相关信息数据库和监管数据库，建立两岸资金流动监测制度，包括两岸货币跨岸调运管理办法、两岸货币流通定点监测制度和定期报告制度。

3. 支付制度创新与人才交流体制设计

建议大陆将新台币纳入境内外币支付系统，承认新台币在大陆交易系统里的"合法性"，同时台湾也必须提升人民币在贸易结算中的地位，让人民币真正成为两岸贸易结算的支付货币。这样可使人民币和新台币之间进行直接兑换，无需通过美元或港币等货币。开展两岸人才交流机制，邀请台湾的相关专家来大陆开展一些关于台湾银行业介绍的讲座，开设一些关于新台币真伪检验的课程。同时，也鼓励大陆前往台湾开展人民币兑换和检验知识普及活动。对于人才交流方面，可以从海西区率先突破，在海西区进行两岸货币兑换检验的培训试点。

（二）两岸货币兑换清算机制的技术设计

当前面临的挑战，更多的是两岸试点政策并没有充分放开所导致的。针对上述障碍及问题，本研究就海西区政策试点进行如下设计：

1. 扩大新台币兑换对象、种类和波动范围

将兑换品种由现钞延伸到现汇，同时扩大试点银行范围，建立现钞回流机制。公开办理新台币兑换业务，放宽兑换地域限制和业务网点，提高对台金融服务能力。除两岸直航客运码头、直航机场、对台贸易点外，逐步拓展兑换业务网点，从台商较多的地域开始，逐步覆盖到有新台币需求的地区，由个人扩展到两岸正常经贸往来的企业。争取中央配套政策，吸引台资银行进驻海西区，减

少设点资产条件,允许在海西区参照港币、澳门元来合理定位新台币,公开挂牌兑换,公开宣传。在试点银行公开宣传及挂牌兑换新台币,将新台币视同外汇进行管理。要使人民币和新台币在相关区域合理流通,就一定要做好并完善二者的定价机制工作,使其有市场弹性。在试点区内,允许相关商业银行根据自身情况,按照人民银行的挂牌汇率,以美元交易基准价为基础,套算人民币对新台币的买卖价,并确保交易市场的公开、公平、公正。两岸还需要进一步加大力度联手打击外汇黑市交易、地下钱庄和非法跨岸洗钱活动,以确保两岸经贸持续健康发展,维护两岸正常的经济金融秩序。本研究将海西区可试点的具体政策列出,如表 7.1B 所示。

表 7.1B　海西区先行先试货币清算汇兑的政策内容

序号	政策设计	政策意义
第一	鉴于中国银行、兴业银行、交通银行的海西区部分分支机构和厦门银行已率先进行新台币双向兑换业务,建议支持这些银行扩大新台币的兑换对象,由个人扩展到两岸正常经贸往来的企业,即将正常经贸往来的企业纳入兑换范围。	目前大陆允许新台币兑换的范围主要限于两岸的服务贸易及小额贸易,如旅游收支、台商日常支出等。但两岸经贸规模的持续壮大,客观上对新台币兑换范围提出了更高的要求。
第二	授权海西区的商业银行试点两岸货币的定价,根据市场行情科学制定人民币和新台币定价机制。由中国银行总行、兴业银行总行、交通银行总行、厦门银行总行对新台币统一定价改为由其自身根据头寸情况,参照国际行情,以国家公布的美元交易基准汇价为依据,在一定幅度内自行套算人民币与新台币的买卖价,公开宣传及挂牌兑换。	新台币与人民币兑换价格允许试点银行根据市场行情而定,改变了以往由总行内部厘定的定价方式,这也为两岸货币的兑换提供了较为科学的定价依据。
第三	借助福建的“小三通”,将大陆收兑的新台币现钞直接押送至金门或马祖,或将台湾收兑的人民币现钞直接押送至厦门、福州(平潭),使海西区成为两岸货币现钞回流的集散中心。	解决两岸货币现钞回流的问题,减少货币运输成本和储藏风险。
第四	在试点银行分支机构开设新台币外汇账户、自行套算人民币与新台币汇价取得成功的基础上,适当扩大新台币业务的试点银行范围,从已经开展新台币兑换业务的银行扩大到海西区的工商银行、农业银行、建设银行、福建海峡银行等其他金融机构。	随着新台币兑换对象及兑换范围的放开,新台币兑换业务需求也将迅速扩大。在这种情况下,有必要相应扩大试点银行的范围,允许更多的中资银行开始经营新台币业务。

资料来源:本研究整理所得。

2. 支持海西区建立两岸货币间接清算汇兑机制

鼓励海西区试点银行与台湾地区的银行,通过代理行直接采用新台币计价结算两岸的通汇业务,逐步拓展代理两岸货币清算汇兑模式,并以此建立人民币与新台币的间接清算平台。本研究将海西区具体政策措施列出,如表 7.1C 所示。

表 7.1C 海西区先行先试间接货币清算平台的政策

序号	政策设计	政策意义
第一	利用对台小额贸易和服务贸易以新台币计价结算试点的基础,全面试点海西区两岸贸易项下以新台币计价结算业务;海西区试点银行可增加新台币的兑出功能;允许非境内注册的台资企业在试点银行开立新台币离岸账户。	方便两岸资金往来,促进两地贸易;通过为台商提供综合账户管理,提高台资企业境内外资金综合运营效率,降低财务成本。
第二	重点引进台资银行,争取上级主管机关对引进台资银行给予政策倾斜,通过降低进入要求、优先审核批准及简化审批手续等给予政策上的优惠。	考虑到台商的业务往来关系,吸引台资金融机构有助于加速两岸货币清算平台的建设进程。
第三	支持海西区内的外资银行开展新台币业务,如恒生银行、集友银行、厦门国际银行等,采用战略代理行的模式,推动闽台银行的香港分支机构直接采用新台币或人民币计价结算开展通汇业务(陈茜,2011)。	无须兑换成美元间接计价通汇,降低了兑换损失及结算成本,并以此为基础建立人民币与新台币的间接清算平台。
第四	授权海西区银行业机构设立新台币账户,减少了兑换环节,便利台商的转账结算、现汇兑换等。	方便台资企业的资金往来,而且为新台币兑换由现钞向现汇扩展打下了坚实的基础。
第五	利用厦门银行和富邦银行的合作关系,将人民币净头寸通过富邦银行汇往厦门银行,厦门银行再根据台湾方面的要求,在中国外汇交易中心将人民币转换成美元等可自由兑换货币后汇出,即完成人民币的平盘操作。相反,也可通过厦门银行将新台币净头寸汇往富邦银行。	解决两岸货币的平盘问题,无须经过第三方外资银行间接汇兑。

资料来源:本研究整理所得。

3. 推进海西区试点两岸货币直接清算汇兑机制

在"间接清算"模式取得成功的基础上,允许两岸银行相互开设人民币和新台币清算账户,将对方货币纳入己方"央行"或商业银行清算账户,通过直联方式以系统直接参与者的身份发起与接收业务,试点建设两岸货币直接清算机制。

本研究认为两岸之间的货币清算不宜采用中港模式，因为新台币如果以中港模式与人民币进行“半通车”式的不对等清算汇兑，将不利于货币清算汇兑机制的真正建立。同时中港清算模式设计违背了《海峡两岸金融合作协议》和ECFA之对等原则，不利于台湾在开展这些合作时政经层面的推进。因此通过海西区试点两岸货币直接清算汇兑机制，可更好地实现互利共赢。具体措施如下：

（1）清算银行。清算银行主要负责为大陆和台湾地区的金融机构、个人提供人民币、新台币现钞/现汇的清算及兑换服务。海西区可以利用先行先试的政策优势和建设两岸区域性金融中心的机遇，争取中央政策的支持，允许厦门或平潭开展两岸货币直接清算汇兑的试点。首先在厦门或平潭选择一家具有丰富的清算经验、拥有完备的网络和熟悉两岸金融管理政策法规的银行作为两岸的清算行。清算行必须在台湾设立相关网点，以便于人民币清算业务的展开。

（2）清算渠道和业务流程。台湾的商业银行在清算银行开立人民币、新台币账户，大陆的商业银行在清算银行开立人民币、新台币账户。而台湾企业在上述台湾商业银行开立人民币、新台币账户，大陆企业在上述大陆银行开立人民币、新台币账户。两个账户之间可以按照人民币和新台币的汇率相互转换，这样便可以满足企业用人民币或新台币进行贸易或直接投资结算的货币需求（陈明华，2010）。两岸间的贸易资金清算路径如图7.1A所示。

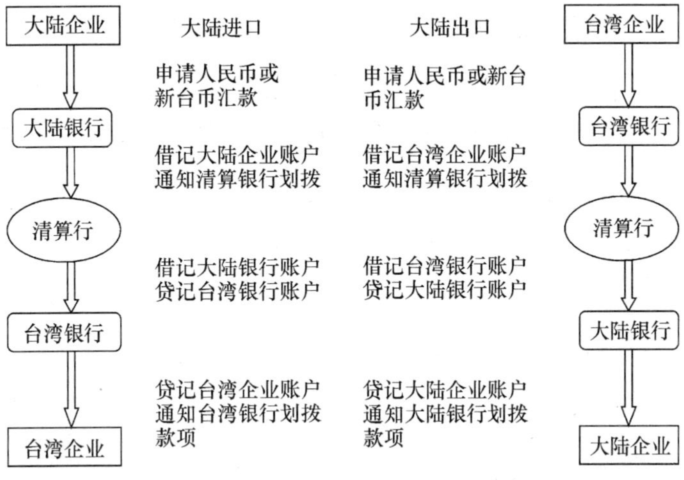

图7.1A　两岸资本清算路径图

资料来源：本研究整理而得。

（3）建立人民币/新台币交易中心。考虑到多边轧差结算的优势，本研究建议在海西区设立人民币/新台币交易中心，使得交易双方能够进行多边轧差结算，将其持有的人民币和新台币现汇头寸轧平。鉴于两岸的体制现状和海西区的银行业发展现状，对海西区试点两岸货币交易中心时，现汇头寸平盘方式可考虑以下策略：清算行提供人民币与新台币之间的兑换市场，各家银行作为参与者，在市场上进行双币种的相互买卖，轧平头寸，清算行不参与买卖（郑鸣等，2010）。人民币对新台币的汇率由市场供求决定。市场期初的人民币/新台币汇率，可由该清算行的董事会协商后由两岸货币当局决定，此后完全由市场供需决定两种货币之间的汇率（现汇价），汇率波动区间可以设定为5%—10%。

（4）新台币与人民币现钞回流。可以考虑将海西区作为大陆地区新台币现钞的集散中心。大陆方面授权海西区的试点清算行对新台币现钞进行集中收存和管理，并在海西区厦门或福州设立新台币代保管库。大陆地区的新台币清算行如果自身现钞库内库存不足，可以从代为管理的新台币代保管库中调出新台币现钞。清算行自身现钞库内现钞过多时，可以将多余台币现钞存入所代管的新台币代保管库。如果设在海西区的代保管库现钞库存水平过高，则由清算行将富余新台币现钞通过平潭“海峡号”直航，运输到台湾地区货币发行当局的发行库，这样可以平抑两岸的新台币现钞供应量。大陆地区其他银行可以从新台币清算行买入新台币现钞。当其新台币现钞库存过多时，可以将富余现钞卖给新台币清算行。同样，台湾地区依托岛内人民币清算行在岛内设立两个人民币代保管库（台北、高雄各一个），具体操作流程与大陆的新台币管理一样。

总之，海西区先行先试两岸货币清算汇兑机制，应遵循稳健性、渐进性、有序性的原则，业务发展初期应集中于风险较低的结算、汇兑等业务，选择具有台资背景的银行作为新台币的清算试点银行，后期建立间接的和直接的两岸货币清算汇兑机制。

专题7.2 海西区两岸区域性金融中心的构建和发展战略

一、海西区区域性金融中心之争

（一）海西区区域性金融中心之争的源起

海西区两岸区域性金融中心之争最早源于2009年国务院《意见(2009)》的出台,《意见(2009)》首次提出建立两岸区域性金融服务中心,作为福建先行先试的政策举措之一。由此,厦门、福州等城市开始竞争构建海西区两岸区域性金融服务中心,以进一步推进两岸金融合作。厦门方面认为,深圳是因香港而设的特区,厦门则是因台湾而设的特区,对台金融交流一直都很频繁,厦门要成为海西区龙头城市,要率先成为两岸货币结算中心。福州方面称,福州希望和台北构成"经贸服务业双中心"。除争取成为两岸区域性金融中心外,还将开发距离台湾最近的平潭岛成为两岸经贸中心,面积是厦门的2.8倍。泉州作为海西区经济总量最大的中心城市,近年来非常重视金融业发展,出台了一系列促进金融发展的优惠政策。最近,有学者提出泉州要与台湾合作发展区域性的金融服务中心的建议。可以说,在两岸金融中心建设方面,三地各具优势,福州有省会优势,厦门有特区优势,泉州则有经济总量优势,可以预见,未来两岸区域性金融中心的争夺会越来越激烈。

（二）海西区区域性金融中心之争的解决途径

国际经验表明,在国际金融中心的周围,同时会形成几个次金融中心。就国内而言,珠三角、长三角、环渤海等地区都同时存在多个金融中心,如长三角形成上海—南京—杭州金融中心布局,其中上海是主金融中心,而南京和杭州是次金融中心。因此,海西区福、厦等城市提出建立两岸区域性金融中心也是可行的,并不在重复建设问题,关键是金融中心城市的目标定位问题,谁为主谁为次的问题,要形成错位竞争优势互补。目前,厦门的目标定位是建设辐射海西、服务两岸的区域性金融服务中心。福州则以对接台湾、立足海西、辐射全国为目标定位。泉州尚未正式提出建设两岸区域性金融中心的设想。虽然泉州经济总量多年领跑海西区,但其金融基础较弱,同时既非省会也非特区,因此,泉州要争取率先实施海峡两岸金融合作试验政策,成为两岸金融试验区。

二、福州、厦门、泉州建设区域性金融中心的基础条件比较

（一）经济发展水平比较

经济发展水平与经济实力对海西区两岸区域性金融中心城市的选择具有重要影响。表7.2A表明，从总量指标来看，海西区的三个中心城市实力各有优劣。其中泉州经济总量持续多年居于海西区首位，厦门经济规模偏小，实力弱于福州与泉州；在固定资产投资总额与社会零售商品总额方面，福州的实力最强，其次是泉州，厦门最弱；而在地方财政收入与地方财政支出方面，厦门强于福州，泉州的实力最弱。从产业结构来看，福州的产业结构优于厦门与泉州，目前已进入三、二、一的结构，第一产业、第二产业与第三产业的比例是9.05∶44.88∶46.06；厦门第一产业比重较小，第三产业与第二产业非常接近，产业结构为11.12∶49.73∶49.15；泉州三大产业呈明显的二、三、一的结构，第二产业所占比重较大，三大产业的比例为3.71∶60.16∶36.13。从人均指标来看，厦门大部分指标都排在第一位，如人均地区生产总值、人均地方财政收入、人均地方财政支出、城镇居民人均可支配收入和农村居民人均可支配收入等。其中，在人均地区生产总值方面厦门高于福州与泉州，而泉州与福州非常接近，但在人均地方财政收入与人均地方财政支出方面，厦门是福州的2倍多，是泉州的3倍多。从经济增速来看（图7.2A），2004—2010年福、厦、泉三市年均地区生产总值增长速度分别为13.2%、14.65%和14.42%。从各年来看，2004—2007年厦门经济增长速度快于泉州和福州，国际金融危机爆发后，经济增速大幅下滑，2009年厦门地区生产总值增长率低于福州和泉州，但随着国际国内经济形势的好转，厦门经济迅速恢复，2010年经济增速明显快于福州和泉州，说明厦门经济外向程度较高，受外部冲击影响较大。因此，从经济发展指标来看，福州、厦门和泉州各具优势。

表7.2A 三城市经济基础比较（2010）

指标		福州	厦门	泉州
地区生产总值	总额（亿元）	3 123.41	2 060.07	3 564.97
	人均（元/人）	43 896.48	58 337.44	43 857.66
三大产业增加值	第一产业（亿元）	282.73	23.06	132.18
	第二产业（亿元）	1 401.92	1 024.51	2 144.86
	第三产业（亿元）	1 438.76	1 012.50	1 287.93
固定资产投资	总额（亿元）	2 317.44	1 009.98	1 250.81
	人均（元/人）	32 569.36	28 600.80	15 387.96

（续表）

指标		福州	厦门	泉州
社会零售商品销售	总额（亿元）	1 624.28	685.02	1 234.43
	人均（元/人）	22 827.67	19 398.52	15 186.44
地方财政收入	总额（亿元）	247.82	289.17	181.53
	人均（元/人）	3 482.87	8 188.77	2 233.25
地方财政支出	总额（亿元）	262.42	306.95	229.64
	人均（元/人）	3 688.06	8 692.27	2 825.12
居民人均可支配收入	城镇（元/人）	22 723.00	29 253.00	25 155.00
	农村（元/人）	8 543.00	10 033.00	7 861.00

注：本表人均指标采用第六次人口普查的常住人口数计算。
资料来源：《福建统计年鉴 2011》。

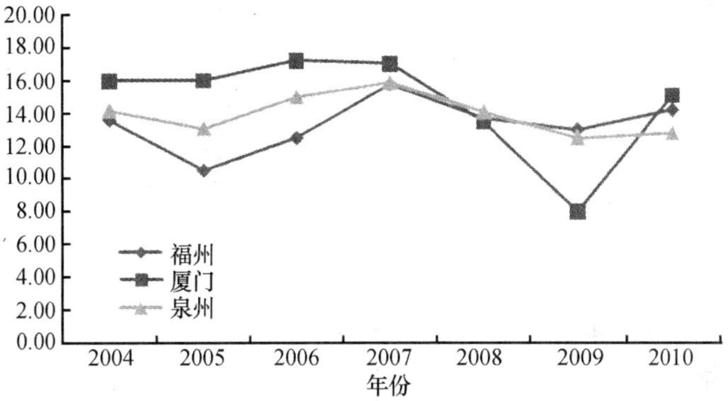

图 7.2A　三城市地区生产总值增速（按可比价格计算）

（二）金融机构集聚程度比较

金融机构是区域性金融中心金融信息传播及金融服务的主要载体，金融机构集聚是金融中心城市的基本特征和必要条件之一。至 2010 年年末，福州市共有中外资银行金融机构 38 家，其中总行设在辖内的股份制商业银行和城市商业银行各 1 家；总部设在辖内的证券公司 2 家，证券营业部 76 家；总部设在辖内的期货公司 2 家，期货营业部 24 家；保险公司经营主体 43 家，各级保险分支机构（含营销服务部）365 家，保险中介主体 52 家，外资代表处 2 家。至 2010 年年末，厦门市共有中外资银行金融机构 35 家，其中总部设在辖内的中资银行、中外合资银行和外商独资银行各 1 家，银行业金融机构营业网点 513 个；总部设在辖内的证券公司 1 家，证券营业部 43 家；总部设在辖内的期货公司 2 家，期货营业部 17 家；保险公司主体 33 家、分支机构 150 家，专业中介机构 29 家、兼业代理机构 896 家。至 2010 年 6 月底，泉州市共有银行金融机构 18 家，其中总部设在辖内的城市商业银行 1 家,银行网点 782 个;证券公司 20 家;期货公司 9 家;保险公司 72 家。可见,福、厦、泉三市金融机构集聚程度并不是很高,尤其是总部设在辖内的金融机构偏少,但相对而言,福州和厦门金融机构集聚程度高于泉州。

(三) 金融市场结构及运行情况比较

表 7.2B 的相关指标表明,海西区三个中心城市中福州金融业规模较大。2010 年,福、厦、泉金融业增加值分别为 180.89 亿元、145.89 亿元和 113.84 亿元。三城市中厦门金融业增加值占 GDP 的比重最高,达 7.08,是泉州的 2 倍左右,其次是福州,为 5.79,表明厦门金融业发展水平较高,金融集聚特征较为明显。从银行业情况来看,福州金融机构本外币存贷款余额均高于厦门与泉州。福州存贷比为 85.75%,高于厦门和泉州,表明福州的货币市场效率高于泉州与厦门。而存贷款余额与 GDP 之比福、厦、泉分别为 3.63、3.91 和 1.69,表明厦门和福州的金融深度较高,资金集散功能较强。从证券期货业来看,福州证券交易总额高于厦门,但期货交易总额仅为厦门的一半左右。从企业上市情况来看,截止到 2010 年年底,福州、厦门和泉州境内外上市公司累计数分别为 60 家、40 家和 61 家,国内 A 股市值分别为 3 358.68 亿元、1 380.84 亿元、319.93 亿元。福州股票市值与贷款余额比例分别是厦门的 1.7 倍和泉州的 5.5 倍,说明福州直接融资相对较广泛,资本市场发育相对较完善,金融资源配置相对较合理。从保险业来看,福州的保费收入高于厦门和泉州,说明福州保险市场规模相对较大。但从保险密度与保险深度来看,厦门保险市场相对较发达。而较之于福州和厦门,泉州的保险市场发展相对落后。

表 7.2B 三城市金融市场结构及运行指标比较(2010)

指标	福州	厦门	泉州
金融业增加值(亿元)	180.89	145.89	113.84
金融业增加值/GDP(%)	5.79	7.08	3.19
金融机构本外币存款余额(亿元)	6 100.92	4 440.60	3 313.71
金融机构本外币贷款余额(亿元)	5 231.41	3 621.72	2 717.12
存贷比(%)	85.75	81.56	82
存贷款余额/GDP	3.63	3.91	1.69
证券交易总额(亿元)	19 709.81	12 482.99	—
境内外上市公司累计数(家)	60	40	61
境内上市公司累计数(家)	26	25	10
股票市值(亿元)	3 358.68	1 380.84	319.93

（续表）

指标	福州	厦门	泉州
股票市值与贷款余额比例(%)	64.2	38.13	11.77
期货交易总额(亿元)	28 550.28	54 701.36	—
保费收入(亿元)	119.53	77.55	66.2
保险密度(%)	3.83	3.76	1.86
保险深度(元)	1 679.88	2 195.98	814.42
寿产险比例	2.61	1.75	2.57

注:股票市值为国内 A 股市值。

资料来源:各市统计年鉴及统计公报。

（四）经济外向程度比较

从进出口情况来看,无论是出口总额还是进口总额厦门均远高于福州和泉州(见表 7.2C)。其中:厦门出口总额是福州的 2.2 倍,是泉州的 4.3 倍;进口总额是福州的 2.6 倍,是泉州的 7.3 倍。从外贸依存度来看,厦门高达 187.41%,而福州和泉州分别为 53.29% 和 21.37%,说明厦门是明显的外向型经济,经济外向程度较高。从外商投资来看,厦门外商投资合同数最多,福州合同外资金额最大,泉州实际到资最多。从实际利用外资占 GDP 的比重来看,福州、厦门和泉州分别为 2.24%、5.54% 和 3.27%。从两岸经贸关系来看,三个城市中厦门对台贸易规模最大,其次是福州,泉州规模最小。其中,福州、厦门和泉州对台贸易总额占其进出口贸易总额的比重分别为 8.23%、11.18% 和 7.24%。从台商投资来看,厦门无论在合同数、合同外资还是实际到资上都居于首位。其中,福州、厦门和泉州实际台资占其实际利用外资的比重分别为 6.23%、23.95% 和 7.1%。可见,就两岸经贸合作而言,厦门较之于福州和泉州具有相对优势。

表 7.2C　三城市经济外向程度比较(2010)

指标		福州	厦门	泉州
对外贸易	进出口(亿美元)	245.86	570.31	112.56
	出口(亿美元)	163.08	353.24	82.79
	进口(亿美元)	82.75	217.12	29.74
	外贸依存度(%)	53.29	187.41	21.37
对台贸易	进出口(亿美元)	20.23	63.78	8.15
	出口(亿美元)	4.25	10.61	1.14
	进口(亿美元)	15.98	53.17	7.01
	对台贸易比重(%)	8.23	11.18	7.24

（续表）

	指标	福州	厦门	泉州
外商投资	合同数（项）	186	398	156
	合同外资（亿美元）	16.73	16.62	16.11
	实际外资（亿美元）	10.32	16.87	17.20
	实际外资/GDP（%）	2.24	5.54	3.27
台商投资	合同数（项）（亿美元）	65	197	31
	合同台资（亿美元）	3.22	4.95	0.50
	实际台资（亿美元）	0.64	4.04	1.22
	实际台资比重（%）	6.23	23.95	7.10

注：外贸依存度 = 进出口贸易/城市 GDP，在计算时，采用人民币兑美元汇率 6.7695 将进出口贸易金额折算成人民币。

资料来源：相关统计年鉴。

（五）促进金融业发展政策措施比较

近年来，福、厦、泉为促进金融发展陆续成立了金融办，并制定出台了一系列优惠政策。厦门两岸金融中心建设得到各级政府的积极支持，目前已上升为国家战略。为推进两岸金融中心建设，厦门市专门成立了两岸金融中心建设指挥部，制定并实施了《厦门市关于鼓励金融业发展的若干意见》和《关于促进股权投资类企业发展的若干规定》及其实施细则，编制了《厦门两岸金融中心城市设计概念方案》。福州两岸金融中心建设得到了省、市政府的积极支持，为推进两岸金融中心建设，福州市首次编制出台了《福州市构建海峡两岸区域性金融服务中心专项规划》（简称《专项规划》），制定并实施《福州市促进金融业发展若干意见》及其实施细则；率先在全省成立了政府金融工作部门——福州市金融工作办公室。为吸引金融机构入驻，福、厦、泉对新设立或迁入的金融机构（含配套服务机构、中介机构）给予奖励，并对购地、购房、租房及引进高级管理人员和保险精算师、保荐代表人等专业技术人才给予优惠，尤其是厦门对新设立或迁入“两岸金融中心”的金融机构给予更高的奖励及优惠。

三、福州、厦门和泉州谁更有条件成为海西区两岸区域金融中心？——运用熵值法和灰色关联分析法进行实证检验

（一）区域金融中心建设条件的指标评估体系

本研究依据目的性、完备性、可行性、可比性和层次性原则，同时借鉴国内外学者相关研究成果，构建区域金融中心建设条件指标评估体系的基本框架。具体指标体系分为三级，其中一级指标 5 个，二级指标 20 个，三级指标 50 个（见表 7.2D）。

表 7.2D　区域金融中心建设条件的指标评估体系

一级指标	二级指标	三级指标	指标说明
区位要素	自然区位	与台北、高雄的平均距离（公里）	
	经济区位	GDP/海西区 GDP（%）	
	行政区位	政府级别[①]	
基础支持要素	交通设施	客运总量（万人次）	
		货运总量（万吨）	
		港口货物吞吐量（万吨）	
		民航旅客吞吐量（万人次）	
		公路密度（公里/100 平方公里）	公路里程/区域面积
	信息化水平	互联网用户数（万户）	
		电信业务量/区域面积（万元/平方公里）	
		移动电话普及率（部/百人）	
		人均邮电收入（元）	
	科技水平	R&D 经费投入/GDP（%）	
		专利授权量（项）	
	教育环境	高等学校在校生人数（万人）	
		教育投入（亿元）	
	文化环境	万人公共藏书量（万册）	
	生态环境	城市污水处理率（%）	
		人均公共绿地面积（平方米）	
经济发展要素	经济实力	GDP（亿元）	
		人均 GDP/全国人均 GDP	
		GDP 指数（%）	
		社会固定资产投资（亿元）	
		社会零售商品总额（亿元）	
		城镇居民人均可支配收入（元）	
	产业结构	三产从业人员/二产从业人员	
		第三产业增加值/GDP（%）	
		非农业增加值/全国非农业增加值（%）	
	经济开放	外贸依存度（%）	进出口总额/GDP
		投资依存度（%）	实际利用外资/GDP
		对台贸易总额/进出口总额（%）	
		实际利用台资/实际利用外资（%）	
	经济效率	经济密度（百万元/平方公里）	GDP/区域面积

（续表）

一级指标	二级指标	三级指标	指标说明
金融发展要素	金融集聚	金融业增加值/GDP(%)	金融产业集聚
		每万人金融机构数(个)②	金融机构集聚
		每平方公里金融机构数(个)②	金融机构集聚
		存贷款余额/全国存贷款余额(%)	资金集聚
		金融从业人员/全社会从业人员(%)	金融人才集聚
	金融市场	存贷款余额/GDP	
		存贷比(%)	贷款余额/存款余额
		证券化率(%)	证券市值/GDP
		证券营业部数/上市公司数	
		保险密度(%)	保费收入/GDP
		保险深度(元)	人均保费
		寿产险比例	人身险保费/财产险保费
	市场结构	地方股票市值/贷款余额(%)	
	金融监管	金融监管机构级别③	
政府推进	国家支持	是否得到国家政策支持④	
	省政府支持	是否得到省政府政策支持④	
	市政府支持	是否出台专项规划④	

注:① 省会城市为3,副省级城市为2,地级市为1;② 每万人金融机构数和每平方公里金融机构数用银行营业网点(ATM)数表示;③ 省会城市监管机构为3,副省级城市监管机构为2,地级市监管机构为1;④ “是”赋值1,“否”赋值0。

1. 区位要素

由于对接台湾、服务两岸经济是两岸区域性金融中心最突出的功能,因此,相对而言,区位要素显得相当重要。本研究中区位要素包括自然区位、经济区位和行政区位3个二级指标。其中:自然区位用与台湾、高雄的平均距离表示;经济区位用GDP/海西区GDP表示;行政区位用政府行政级别表示。

2. 基础支持要素

基础支持要素涵盖交通、通信、科技、教育、文化、生态等多方面的内容,是一个综合性指标。基础支持是否完善将直接影响金融中心的形成与发展。本研究中基础支持要素由交通设施、信息化水平、科技水平、教育环境、文化环境和生态环境6个二级指标构成。其中:交通设施选取客运总量、货运总量、港口货物吞吐量、民航旅客吞吐量和公路密度6个指标;信息化水平选取互联网用户数、电信业务量/区域面积、移动电话普及率和人均邮电收入4个指标;科技水平选取R&D经费投入/GDP和专利授权量2个指标;教育环境选取高等学校在校生人数和教育投入2个指标;文化环境选取万人公共藏书量1个指标;生态环境选取城市污水处理率和人均公共绿地面积2个指标。

3. 经济发展要素

经济发展水平既是区域性金融中心建设的先决条件,又是区域性金融中心发展的基础。本研究中经济发展要素由经济实力、产业结构、经济开放和经济效率4个二级指标构成。其中:经济实力选取GDP、人均GDP/全国人均GDP、GDP指数、社会固定资产投资、社会零售商品总额和城镇居民人均可支配收入6个指标;产业结构选取三产从业人员/二产从业人员、第三产业增加值/GDP和非农业增加值/全国非农业增加值3个指标;经济开放选取外贸依存度、投资依存度、对台贸易总额/进出口总额和实际利用台资/实际利用外资4个指标;经济效率用经济密度表示,经济密度指地区生产总值与区域面积之比,表示城市单位面积上经济活动的效率和土地利用的密集程度,经济密度越高表示经济效率越高,金融的作用越大。

4. 金融发展要素

金融发展水平是金融中心建设的重要条件,金融集聚、金融市场发达、金融市场结构优化、金融监管完善等因素是金融中心的重要特征。本研究中金融发展要素由金融集聚、金融市场、市场结构和金融监管4个二级指标构成。金融集聚主要反映在金融产业集聚、金融机构集聚、资金集聚、金融人才集聚等方面。本研究选取金融业增加值/GDP作为金融产业集聚指标,选取每万人金融机构数和每平方公里金融机构数作为金融机构集聚指标,用金融机构本外币存贷款余额/全国金融机构本外币存贷款余额指标反映资金集聚程度,用金融从业人员/全社全从业人员指标反映金融人才集聚程度。金融市场是资金供应者和需求者融通资金的市场,即实现货币借贷和资金融通、办理票据和有价证券交易活动的市场,拥有发达的金融市场是金融中心的重要特征。本研究选取存贷款余额/GDP、存贷比、证券化率、证券营业部/上市公司数、保险密度、保险深度和寿产险比例7个指标反映金融市场发达程度。此外,本研究用地方股票市值/贷款余额和金融监管机构级别分别反映金融市场结构和金融监管情况。

5. 政府推进

国际经验表明,政府推进和大力支持对金融中心的形成和发展起到了重要作用。因此,本研究选取国家支持、省政府支持和市政府支持3个二级指标反映政府对金融中心建设的扶持力度。其中:用是否得到国家政策支持、是否得到省政府政策支持和是否出台专项规划3个指标作为国家、省、市政府支持指标的下一级指标。

(二) 研究方法与资料来源

1. 研究方法

熵值法是一种根据指标数据提供的信息量客观赋权的方法。在信息论中,信息熵是系统无序程度的度量。一般而言,指标的指标值变异程度越大,信息熵越小,指标提供的信息量越大,该指标赋予的权重也应越大;反之则反是。因此,可以根据各指标的指标值的变异程度,运用信息熵工具计算各指标的权重,为多指标综合评价提供依据。而灰色关联分析是根据因素之间发展态势的相似或相异程度来衡量因素之间关联程度的一种系统分析方法,由中国著名学者邓聚龙教授提出。

2. 资料来源

本研究中区域性金融中心建设条件指标评估体系由 7 个一级指标、20 个二级指标、50 个三级指标构成,样本为福州、厦门和泉州三个城市,样本数据为 2010 年数据,其中流量数据为 2010 年数据,存量数据截至 2010 年年底。[①] 数据主要来源于《福建统计年鉴 2011》、《福州统计年鉴 2011》、《厦门经济特区统计年鉴 2011》、《泉州统计年鉴 2011》、《福建科技年鉴 2011》、《2010 年福州市国民经济和社会发展统计公报》、《2010 年厦门市国民经济和社会发展统计公报》、《2010 年泉州市国民经济和社会发展统计公报》等。证券公司营业部、上市公司资源来源于中国证监会福建监管局和厦门监管局网站;银行营业网点(ATM)资源来源于银率网[②];人均指标采用第六次人口普查(2010)的常住人口数计算。

(三) 实证检验结果

本节基于上文建立的区域性金融中心建设条件指标评估体系框架,运用熵值法和灰色关联分析法对福、厦、泉的金融中心建设条件进行综合评价,结果见表 7.2E。由该表可知,就区域性金融中心建设条件综合评价结果而言,不管是熵值法还是灰色关联分析法,厦门均居于首位,其次是福州,泉州排在末位。从一级指标来看,区位要素和金融发展要素福州排在首位,基础支持要素、经济发展要素和政府推进 3 个指标厦门居于首位。其中,区位要素综合评价顺序为福、泉、厦;基础支持要素、经济发展要素和政府推进综合评价排序均为厦、福、泉;金融发展要素综合评价排序为福、厦、泉。从三级指标来看,区位要素中的自然区位和经济区位指标排序均为泉、福、厦,而行政区位指标排序为福、厦、

① 银行营业网点(ATM)、证券公司营业部、上市公司数据截至 2011 年年底。

② 银率网网址,http://www.bankrate.com.cn/cms/bankcenterList。

泉;基础支持要素中的交通设施与生态环境指标排序为厦、福、泉,信息化水平和科技水平指标排序为厦、泉、福,教育环境指标排序为福、泉、厦,文化环境指标排序为福、厦、泉;经济发展要素中的经济实力和产业结构指标排序为福、厦、泉,经济开放和经济效率指标排序为厦、福、泉;金融发展要素中金融集聚指标排序为厦、福、泉,金融市场、市场结构和金融监管指标排序为福、厦、泉;在政府推进方面,厦门政府推动与支持力度强于福州和泉州。

表 7.2E　三城市区域性金融中心建设条件评估结果

指标		熵值法			灰色关联分析法		
		福州	厦门	泉州	福州	厦门	泉州
区位要素	自然区位	0.3688	0.2564	0.3748	0.9165	0.3333	1.0000
	经济区位	0.3512	0.2596	0.3892	0.6302	0.3333	1.0000
	行政区位	0.4000	0.3333	0.2667	1.0000	0.5000	0.3333
区位要素综合评价		0.3731	0.2826	0.3443	0.8489	0.3889	0.7778
基础支持要素	交通设施	0.3346	0.3443	0.3211	0.6242	0.6674	0.5137
	信息化水平	0.3135	0.3704	0.3161	0.4230	0.8333	0.5034
	科技水平	0.2981	0.3941	0.3079	0.4273	1.0000	0.4761
	教育环境	0.3811	0.2813	0.3376	0.8329	0.3537	0.6667
	文化环境	0.4065	0.3176	0.2760	1.0000	0.4233	0.3333
	生态环境	0.3334	0.3935	0.2731	0.5884	1.0000	0.3333
基础支持要素综合评价		0.3348	0.3537	0.3114	0.5944	0.7376	0.4917
经济发展要素	经济实力	0.3448	0.3357	0.3195	0.6431	0.6667	0.5049
	产业结构	0.3584	0.3384	0.3032	0.7398	0.7120	0.5556
	经济开放	0.2970	0.4085	0.2946	0.3623	1.0000	0.3580
	经济效率	0.2913	0.4102	0.2984	0.3333	1.0000	0.3472
经济发展要素综合评价		0.3308	0.3618	0.3074	0.5615	0.7954	0.4625
金融发展要素	金融集聚	0.3539	0.3776	0.2685	0.6993	0.8658	0.3333
	金融市场	0.3719	0.3277	0.3004	0.8473	0.6413	0.5148
	市场结构	0.3999	0.3336	0.2665	1.0000	0.5013	0.3333
	金融监管	0.4000	0.3333	0.2667	1.0000	0.5000	0.3333
金融发展要素综合评价		0.3695	0.3462	0.2843	0.8162	0.7014	0.4241
政府推进	国家支持	0.2948	0.4103	0.2948	0.3333	1.0000	0.3333
	省政府支持	0.3718	0.3718	0.2564	1.0000	1.0000	0.3333
	市政府支持	0.3718	0.3718	0.2564	1.0000	1.0000	0.3333
政府推进综合评价		0.3475	0.3840	0.2685	0.7778	1.0000	0.3333
金融中心建设条件综合评价		0.3466	0.3513	0.3020	0.6736	0.7385	0.4723

资料来源:本研究整理所得。

可见,厦门最有条件成为两岸金融中心建设城市,但我们也看到,虽然厦门经济发展水平居于三城市之首,但其经济实力和产业结构却落后于福州,尤其是经济总量偏小,与京、沪、深、穗、宁、杭等其他金融中心城市差距较大,经济辐射能力偏弱,带动力不强,与两岸区域性金融中心的定位和条件存在一定差距。此外,虽然厦门金融机构集聚程度相对高于福州,但其金融发展水平低于福州;而福州虽然两岸金融中心建设综合条件弱于厦门,但在金融发展水平、经济实力、产业结构等方面优于厦门;较之福州和厦门,泉州大部分指标居于末位,说明其两岸金融中心建设条件较弱,很难与福、厦角逐两岸区域性金融中心。

四、海西区两岸区域性金融中心的功能定位

一般而言,金融中心的功能定位就是在确定多大腹地范围内为腹地提供什么样的金融服务。在对海西区两岸区域性金融中心具体功能进行定位时,要明确以下两点:一是要明确海西区建设的是区域性金融中心,属于国家级金融中心下的区域性金融中心,主要以服务海西区为主,这样可避免与京、沪、深等城市形成竞争,并与之形成优势互补;二是要明确所建设的金融中心是"两岸"金融中心,具有独特的海西特色,要突出对接台湾、服务两岸经济的功能。具体功能包括如下:

(一) 服务两岸经济发展

服务两岸经济发展是构建海西区两岸区域性金融中心的最突出功能,也是最重要的功能,要充分利用海西区两岸金融合作先行先试的政策优势,将海西区两岸区域性金融中心建设成为服务两岸经贸和金融往来的枢纽,成为两岸金融产业集聚中心、新台币兑换中心、两岸资金清算中心、两岸直接通汇中心、台资企业和台商特色金融服务中心、区域性柜台交易中心、两岸金融信息集散中心、对台离岸金融中心。

(二) 资源配置功能

海西区两岸区域性金融中心要成为两岸金融资源配置的枢纽。两岸区域性金融中心建设可以消除区域性的金融垄断或独占,推动海西区内部及与台湾地区金融资源的整合,实现金融一体化,有助于金融市场的充分竞争。根据福利经济学原理,只有充分竞争的有效市场才能实现社会福利的帕累托最优,而金融资源的最优配置只有通过充分竞争的市场才能够实现;只有实现金融资源的有效配置,才能进一步实现实体经济的健康发展。

(三) 融资服务功能

海西区两岸区域性金融中心能够将海西区分散的金融机构、金融活动融进

中心城市的金融网络,从而发挥资金集散和融通中心的功能;通过中心城市的区位优势和发达高效的金融体系,将海西区的资金集聚起来进行有效配置,成为资金融通的枢纽。金融中心集聚的金融机构不仅为资金需求者提供多样化的融资渠道,而且提供了便利的融资服务。值得一提的是,两岸区域性金融中心要成为海西区中小企业融资中心,为中小企业提供多样化的融资渠道,促进中小企业发展壮大。

(四)市场交易与结算便利

拥有发达的金融市场是金融中心形成的必要条件。区域性金融中心既可以是综合性的金融市场中心,也可以是单一的功能性金融市场中心。两岸区域性金融中心必须拥有发达的金融市场,成为金融交易与结算中心,为市场买卖双方提供交易的平台和机会,为金融交易提供快捷便利的结算服务。金融中心集聚的银行机构为企业国内贸易、国际贸易、人民币跨境贸易结算提供安全、快捷的资金结算服务。

(五)提供多样化投资渠道

海西区两岸区域性金融中心为投资者提供多样化的投资渠道。金融中心集聚的各类金融机构,为投资者提供了多样化的投资渠道。其中,银行类金融机构通过发放贷款进行间接投资,证券公司(投资银行)通过证券交易所或柜台交易系统为投资者提供直接投资服务。金融中心高效的投资机制,可以减少投资活动的交易成本,降低投资风险,推动投资增长。

(六)防范与规避风险

海西区两岸区域性金融中心建设具有金融风险防范与规避的功能。金融机构和金融活动在金融中心集聚可以形成充分竞争的有效市场,同时可以降低监管部门的成本,有利于金融业之间的监管合作,为有效的金融监管创造条件,进而降低金融系统运行的风险,减少经济波动和社会动荡。完善规范的信息披露机制、高度透明的金融交易活动,有利于金融机构和金融监管机构防范规避金融风险。发达的金融交易体制和完善的金融交易系统,能有效促进金融业发展壮大,进而提升其抵御风险的能力,改善融资环境并降低企业财务风险。

(七)金融信息

海西区两岸区域性金融中心要成为金融信息的集散地。现代金融业在组织结构、内部管理、业务流程、风险防范和客户服务等方面日益体现出以信息为基础的特征。金融信息为金融机构决策提供参考和依据,同时使市场价格及利率的波动建立在可靠的信息基础之上。此外,建立两岸区域性金融中心,推动金融业跨区域经营，均要以信息技术为支撑。

五、海西区区域性金融中心的空间布局

（一）以厦门湖里为核心，形成“一带一核多节点”的空间格局

根据 2012 年 2 月专家评审通过的《厦门两岸金融中心城市设计概念方案》，厦门两岸金融中心整体规划区域范围为 21 平方公里，在空间布局上，将形成“一带一核多节点”的格局。一带就是 6.5 公里长的金融大道；一核是 1.5 平方公里的金融核心区；多节点则是金融核心区、国际会展区、金融监管区、观音山商务总部区、高林五通金融国际服务区、五缘湾商务运营中心区，总建筑面积约 1 210 万平方米。金融大道介于环岛路与环岛干道之间，作为贯穿两岸金融中心南北的主干道，沿金融大道分布多个产业节点。金融大道的核心区紧临环岛路，是金融大道南北两端向中央位置的汇聚点，离海岸线最近，也是沿环岛路海岸线最靠近大小金门的区域。同时，金融大道向内陆辐射三个产业带：仙岳路产业带、吕岭路产业带、莲前路产业带，加上金融大道上的六个金融区，从而形成一个配套完善、充满活力的金融集聚区域，以金融服务的提升带动厦门整体城市的发展。

（二）以福州鼓楼为核心，形成“一核两翼”的空间布局

福州两岸区域性金融中心空间布局将形成“一核两翼”的格局，即以五四路—湖东路为核心，海峡金融商务区与闽江北岸中央商务区为两翼的空间布局。五四路—湖东路是福州市的传统金融街、福州金融机构的集聚区，中国人民银行福州中心支行、福建证监局、福建保监局、兴业银行总行、中国银行福建省分行、兴业证券总部、华福证券总部等金融机构就集聚于此。海峡金融商务区位于福州台江区东部鳌峰片区，用地范围总面积约 63.51 公顷（合 952 亩），是福州市作为海峡西岸中心城市未来发展的金融商务中心。其中，一期地块 392.62 亩，西起长乐南路，东至前横路，南临闽江北岸，北至鳌峰路。根据《专项规划》，未来将把正在建设的海峡金融商务区周边次干道纳入规划范围。目前，海峡金融街集聚效应正在显现，兴业银行、交通银行、福建海峡银行等金融机构已先后拍得该区域地块建设总部大楼，同时，建设银行、招商银行、福建海峡银行、福州农商行等十余家金融机构已确定入驻海峡金融街。闽江北岸中央商务中心规划用地范围西至上浦路，东至西二环路，北至工业路，南至北江滨大道。

六、海西区区域性金融中心的模式选择和发展策略

（一）海西区区域性金融中心的模式选择

虽然经过多年发展，海西区渐成规模，经济社会得到较大发展，但与长三角、珠三角、环渤海及台湾等地区仍存在一定差距。因此，单纯依靠自然形成模式不适应海西区的实际情况，且自然形成模式所需时间长、构建效率低，这与当前加快推进海西区建设的客观需要不符。而如果采取政府主导模式，又存在政府行为高度膨胀、过度干预市场运作的现象，阻碍了市场机制的正常运行和进一步完善。而较之自然形成模式和政府主导模式，混合模式具有独特的优势，它既能弥补自然形成模式中金融中心的形成受到经济发展水平的限制、经历时间较长、构建效率较低的缺陷；又能防止政府主导模式中政府对经济、金融的不恰当干预，致使经济出现失衡的局面。因此，海西区区域性金融中心的模式选择，最好借鉴东京、香港金融中心的形成模式，采取混合模式。

（二）海西区区域性金融中心的发展策略

1. 在政府主导为主的混合形成模式中，充分发挥政府的推动作用

从国内外金融中心的发展历程和经验来看，政府的推动和扶持在金融中心建设中起到重要作用。因此，在海西区两岸区域性金融中心建设过程中，尤其是开始阶段要充分发挥政府的推动作用。切实抓住国家支持海西区建立两岸区域性金融服务中心及厦门两岸区域性金融中心建设上升为国家战略的契机，争取国家更多优惠政策的支持。在用好国家赋予海西区先行先试政策的基础上，争取中央赋予更多的优惠政策，推动两岸经贸合作，尤其是两岸金融交流与合作的发展。福建要建立两岸区域性金融中心办公室，专门推进两岸区域性金融中心建设。要建立促进海西区金融整合的相关机制，推动福建与浙南、粤北及赣东南 11 市的金融资源整合，实现海西区金融一体化。进一步优化海西区金融生态环境，增强金融中心城市的综合竞争力。要强化依法行政工作，夯实良好金融生态的制度基础。加快发展金融中介服务体系，丰富和完善金融生态链。制定出台扶持金融业发展的优惠政策，加大对金融业的财税支持力度，完善各项配套金融服务基础设施，做优做大做强海西区金融业。此外，在 MOU 与 ECFA 框架下，完善台海金融合作法律法规体系，加强台海两地金融管理部门沟通与协调，推进海西区与台湾地区金融整合，实现台海金融一体化。

2. 提高海西区金融机构集聚程度,形成海西区金融集聚区

培育壮大海西区金融业集群,做优做大做强海西区金融业,提升海西区金融集聚程度,形成海西区金融集聚区。支持海西区已有的金融机构合理增加分支机构与营业网点,扩大地域覆盖面,鼓励内外资金融机构和股权投资机构入驻海西区。参照CEPA相关政策规定鼓励港澳地区的金融机构入驻或参股海西区金融机构,同时支持海西区法人金融机构到港澳地区设立分支机构或投资参股。推动海西区与台湾地区金融机构双向互设、互相参股。加大台资金融机构入驻的鼓励措施,适当放低台湾地区金融机构入驻海西区执业的门槛(可参照CEPA相关政策规定),拓宽台湾地区金融资本进入海西区的渠道和形式,如借助港澳渠道间接到海西区投资参股。同时支持海西区兴业银行等本地金融机构到台湾地区直接设立分支机构、办事处,或通过实行战略并购等间接形式进入台湾市场,推动两地金融机构的双向交流。做大做强海西区本地金融机构,支持兴业银行、海峡银行、厦门银行、泉州银行等金融机构做大做强。争取新设立若干个注册地在海西区的银行、保险、证券等新的金融机构或地区总部。建议成立海西区金融控股集团、平潭发展银行,推动设立闽台合资的海峡证券公司。加快福州、厦门金融核心区建设,出台相关优惠政策,鼓励内外资金融机构在区内设立总部、资金营运中心、研发中心、外包中心或后台服务机构。

3. 用好"先行先试"政策,打造两岸金融合作实验区

抓住MOU、ECFA签署及实施契机,切实用好先行先试优惠政策,发挥台海互补优势,加强台海金融交流与合作,加快两岸金融资源整合,打造两岸金融合作实验区,夯实海西区金融基础。一是扩大两岸货币双向兑换范围。争取新台币兑换范围由目前的福建省扩大到整个海西区,同时扩大开办新台币兑换业务的银行机构范围。二是推动两岸货币清算中心建设。逐步建立两岸货币清算机制,争取开办两岸人民币和新台币现钞调运业务,建立人民币和新台币现钞的供应与回流渠道。推动两岸银行卡联网通用和结算,率先实现两岸跨境贸易人民币结算业务在海西区试点。三是争取开办包括新台币在内的离岸金融业务,为台资企业提供离岸存款质押、在岸授信、离岸综合授信、离岸贸易融资授信、离岸贷款业务等服务。四是促进两岸合作建设多层次资本市场。积极引入台湾兴柜和上柜交易机制,争取设立两岸股权柜台交易市场,打造两岸企业对接的直接平台,逐步扩展为服务大陆台资企业和区域性企业股权融资、股权交易的平台。

4. 厦门构建两岸区域性金融中心发展策略

2010年6月,国务院同意厦门建立两岸区域性金融服务中心,先行试验一

些金融领域重大改革措施。2011 年 3 月,国务院批准的《规划》中,明确支持厦门建立两岸区域性金融服务中心。为推进两岸金融中心建设,厦门市出台了一系列优惠政策。厦门的目标是建设辐射海西、服务两岸的区域性金融服务中心。然而厦门金融业总体规模偏小、业务辐射能力有限、本地及区域经济规模偏小、腹地纵深受限等问题严重制约了厦门两岸区域性金融中心的建设,因此,要夯实厦门金融经济基础。一是争取中央和有关部门的特殊政策支持,创新金融改革,通过"大通关、大港口",拓展辐射纵深,做台海产业升级转型通道和两岸金融对接通道的桥头堡。二是加快推进厦漳泉大都市区同城化建设,建立世界级大都市圈。2011 年 7 月,厦漳泉大都市区同城化第一次党政联席会议原则通过省发改委提出的《关于加快推进厦漳泉大都市区同城化的工作方案》,标志着厦漳泉同城化建设正式启动。加强厦漳泉金融资源整合,鼓励支持三市地方金融法人机构互相设立分支机构,率先实现厦漳泉金融同城化。充分发挥厦漳泉产业结构优势互补,优化资源配置,加快三市产业整合,实现经济一体化,夯实厦门两岸金融中心建设的经济基础。三是抓住 MOU、ECFA 及国务院批复《厦门市深化两岸交流合作综合配套改革试验总体方案》的契机,深化两岸交流合作综合配套改革试验,用好海沧、杏林、集美三个国家级台商投资区的平台,积极推进厦台产业深度对接和厦台经贸交流的进一步拓展。四是切实用好两岸金融合作先行先试的政策优势,加强厦台金融交流与合作。加快拟定两岸区域性金融服务制度性机制,强化涉台金融立法工作,推进相关的配套优惠政策措施,建立两岸区域金融合作磋商机制,加快厦台金融服务业对接,鼓励台湾金融机构进驻厦门"两岸金融中心",形成厦门台资金融机构集聚区。

5. 福州构建两岸区域性金融中心发展策略

近年来,福建省政府和福州市政府出台了一系列政策措施,推动福州两岸区域性金融中心建设,不仅成立了福州市金融工作办公室,制定并实施《福州市促进金融业发展若干意见》及其实施细则,还编制出台了《专项规划》。《专项规划》提出,福州海峡两岸金融服务中心以对接台湾、立足海西、辐射全国为目标定位。虽然福州在金融业总体规模、经济总量上高于厦门,但其金融中心建设综合条件弱于厦门。福州作为海西区中心城市的核心度不高,在海西区中的经济对外辐射还不够、带动能力还不强,金融业发展总体规模不大,发展不平衡,金融集聚程度不高,与构建两岸区域性金融中心的定位和要求还存在一定的差距。因此,福州不仅要进一步夯实经济金融基础,还要进一步完善基础设施及加大政府推进力度。一是实行差异化定位,与厦门形成错位竞争且优势互补的两岸区域性金融中心。二是加快推进福州大都市圈建设。加快福莆宁金融资源整合，鼓励支持三市地方金融法人机构互相设立分支机构，实现福莆宁金融同城化。同时，加快推进三市产业群、城市群、港口群“三群”建设，实现经济一体化，夯实福州两岸金融中心建设的经济基础。三是切实用好中央赋予平潭的多项对台优惠政策，推进平潭大开发，将平潭建成两岸经贸中心、两岸金融合作实验区。四是做大做强福州金融集群，形成海西区金融集聚区。设立福州金融控股公司，做大做强海峡银行，出台相关优惠政策鼓励支持金融机构进驻福州，尤其是进驻海峡金融商务区。五是切实用好两岸金融合作先行先试的政策优势，深化榕台金融交流与合作。加快拟定两岸区域性金融服务制度性机制，强化涉台金融立法工作，推进相关的配套优惠政策措施，建立两岸区域金融合作磋商机制，加快榕台金融服务业对接，鼓励台湾金融机构进驻海峡金融商务区，形成福州台资金融机构集聚区。

专题7.3 两岸金融投资合作

改革开放以来,两岸的经济贸易合作主要集中于产业投资,尤其是传统制造业的产业投资与合作,主要表现为大陆吸收来自台湾的产业投资资本以建立传统制造业的加工工厂,并秉承出口导向战略发展外向型经济。目前,这样的经济贸易合作模式显然已经不能适应大陆提升产业结构水平的要求,海峡两岸在产业投资合作的领域需要拓宽,在合作方式上需要有新的突破。因此,金融业投资合作将成为未来海西区两岸投资合作的重要领域。由于金融业合作不同于传统产业,两岸之间必须寻求金融业合作方式的创新与突破。

随着2010年6月ECFA的签署,两岸之间的经济合作面临着全面升级的良好机遇。与此同时,海西区建设上升为国家规划战略,海西区也适时提出了加快两岸金融业合作、打造海峡西岸金融中心的战略构想。海西区与台湾的金融业合作正处于一个前所未有的良好发展阶段。

一、两岸金融投资合作现状

2008年以来,马英九先生提出了以“活水计划”取代之前针对大陆的经贸政策,这对两岸未来关系的发展是一个积极的信号。随着两岸关系的全面回暖,两岸在文化、经贸、旅游等领域的合作不断加深,据大陆台港澳司公布的数据显示:2011年前9个月,大陆与台湾贸易额达到1 209亿美元,同比上升12.5%;2011年赴台旅游的大陆游客约179万人次①,并且在2012年有望突破200万。虽然两岸之间的经贸合作与人员往来出现大幅增长的态势,但是两岸金融投资领域的合作仍然十分滞后,处于单向、间接和局部的状态,显然与两岸在金融投资领域的合作欲望不相适应。本节将阐述两岸在银行业、保险业以及证券业领域的金融投资合作现状。

(一)两岸银行业合作现状

两岸银行业合作的最初阶段是以香港作为桥梁的,20世纪90年代,第一商业银行、国泰世华银行、彰化商业银行、华南商业银行、华侨银行和台湾银行等相继在香港设立办事处,以此为纽带间接争取两岸相关金融业务。1994年台湾协和集团在宁波独资成立协和银行,标志着两岸银行业合作的正式开始。2008

---

① 台港澳司网站,http://tga.mofcom.gov.cn/aarticle/d/201110/20111007787476.html。

年 11 月，富邦银行（香港）斥资人民币 2.3 亿元（约合 2.6 亿元港币），亦即每股 2.3025 元人民币，取得厦门市商业银行增资后发行股本 19.99% 的股权。截至 2012 年 1 月，台湾金管会已经核准 11 家台湾银行在大陆设立分（支）行，其中有 6 家已经开业，4 家已经获大陆核准筹设。此外，台湾银行在大陆设有 8 家办事处。①

与之形成鲜明对比的是，在 ECFA 协议签署之前，还没有一家大陆银行在台湾设立代表处。但是在 ECFA 协议签署之后，中国工商银行和中国建设银行先后在台湾设立了代表处，成为打破两岸银行业合作单向不对称局面的开端。2011 年 12 月 20 日，台湾金管会发布公告称，大陆银行从 2012 年 1 月 2 日起将可以参股台湾本地银行。公告称，大陆银行最多可以持有台资银行 5% 的股权，而在任何一家台资银行中，大陆投资者的股权最多不能超过 10%。截至 2012 年 1 月，大陆银行在台湾已经设立 4 家办事处，2011 年 12 月台湾金管会已经同意中国银行和中国交通银行在台北设立分行。②

从上述数据中可以看出，台湾银行业金融机构早在 20 世纪 90 年代就已经进入大陆，或是在大陆开设代表处，或是以参股的方式注资大陆的商业银行。而大陆商业银行进入台湾开展业务的时间很短，而且规模也较小。

（二）两岸证券业合作现状

台湾证券业虽然是对外开放的，但是对大陆来说基本上是隔绝的，两岸证券业合作基本上处于低级和单向的层面，两岸相互投资的唯一中转地是香港。台湾当局规定进入台湾市场的基金必须向台湾当局出示不含有大陆资金的申明，并且台湾投资香港 H 股和红筹股也有十分严格的限制。在金融机构互相进入方面，大陆一直对台湾证券机构持开放和欢迎态度，截至 2012 年 1 月，台湾金管会已经核准 4 家投信事业在大陆参股设立基金管理公司，其中 1 家已经营业；另有 13 家证券商在大陆设立 25 处办事处，2 家投信事业在大陆设立办事处。③ 与之相对比的是，由于台湾当局对大陆证券机构进入台湾基本上采取禁止的做法，大陆证券公司到目前为止仍然没有任何一家在台湾设立代表处。

2008 年以来，两岸关系迅速改善，台湾方面加快了开放资本市场和加强两岸金融合作的步伐，台湾当局于 2008 年 6 月 26 日通过了 5 项关于放宽两岸金融合作限制的政策，放宽了基金投资涉及大陆股票的海外投资限制，开放了赴

① 台湾金管会："两岸金融政策宣导"。
② 台湾金管会："两岸金融政策宣导"。
③ 台湾金管会："两岸金融政策宣导"。

大陆投资证券期货业等,这标志着台湾当局在两岸资本市场合作中迈出了重要一步。

大陆方面,截至2010年底,证监会已经批准设立了9家中外合资证券公司和39家中外合资基金管理公司[①]。此外大陆还主动实施合格境外机构投资者(QFII)制度和合格境内机构投资者(QDII)制度,到目前为止,已经有54家境外投资机构获得了QFII资格;大陆还鼓励符合条件的境内企业到境外上市,积极实施"走出去"战略。

(三) 两岸保险业合作现状

一直以来,大陆对台湾金融机构进入大陆投资持开放态度,台湾保险公司在大陆投资,与港澳保险公司享受同等待遇,没有任何额外的限制。早在20世纪90年代,台湾当局就已放开两岸保险业务往来,因此,相对于银行业和证券业,保险业的合作在两岸金融投资合作中走在了前列。目前已有多家台湾保险公司在大陆设立办事处,其设立情况见表7.3A。

表7.3A 台湾保险业在大陆设立办事处一览表

业务类型	公司名称	设立地区	设立时间
寿险	国泰人寿	北京、成都	2001.1、2002.12
	新光人寿	北京、上海	2001.1、2002.12
	富邦人寿	北京	2002.4
	台湾人寿	北京	2003.9
	中国人寿	北京	2005.8
产险	富邦产险	北京、上海	2001.1、2002.12
	中央产险	上海、广州	2002.12、2004.12
	明台产险	上海	2001.12
	友联产险	北京	2002.8
	国泰世纪产险	上海	2002.12
	新光产物	苏州	2004.12
	台湾产物	上海	2006.5
	新安东京海上产物	上海	2006.5
	华南产物	深圳	2007.6

资料来源:郑鸣、肖剑、黄光晓,《新形势下两岸金融合作发展先行先试政策研究——厦门建设两岸金融合作中心的战略构想》,厦门:厦门大学出版社,78。

① 中国证监会网站,http://www.csrc.gov.cn/pub/zjhpublic/G00306208/201203/t20120309_206906.htm?keywords=中外合资。

尽管两岸保险业合作相对于银行业、证券业的合作较为超前，但是到目前为止仍然存在很多问题。首先，两岸保险业合作呈现严重的单向不对称性，如表 7.3A 所示，台湾保险公司已有多家在大陆设立办事处，与之形成鲜明对比的是，大陆至今仍没有任何一家保险公司在台湾设立代表处；其次，两岸保险业合作存在政策性障碍，大陆对外资保险公司在大陆设立分公司，要求其必须符合“五三二条款”，即母公司资产达到 50 亿美元，在原地区经营保险公司 30 年以上，并且在大陆设立办事处至少两年。这对于台湾地区的保险公司来说，门槛太高，台湾最大的保险公司——富邦产险的资产规模都不到 20 亿美元，这就迫使台湾保险公司只能以合资的形式在大陆开展业务。最后，两岸保险业的合作交流存在技术性障碍，两岸保险公司不仅仅在发展程度和水平上存在较大差距，而且在行业规则、会计准则、行业术语等方面存在明显差异，给两岸保险业的交流造成不便。

综上所述，目前两岸金融合作还处于初级和单向不对称的局面，尽管两岸日益频繁的贸易往来使两岸金融合作的愿望和需求日益强烈，ECFA 的签署也使得两岸金融合作趋势非常乐观，但是就目前而言，切实加强两岸金融合作是一个循序渐进的过程，双方仍然有很长的路要走。金融合作的滞后，使得两岸金融机构之间缺乏沟通和交流，从而也导致了大陆和台湾商业银行、保险公司缺乏对对方地区企业的了解。由于产业投资基金的投资主体除了政府机构和国有企业之外，主要是大型商业银行、投资公司以及保险公司等金融机构，两岸金融合作的滞后使得两岸在产业投资合作中缺乏投资主体的支持，从而导致了两岸产业投资基金合作相对滞后的局面。

二、两岸金融投资合作重点领域

（一）两岸银行业合作重点领域

两岸银行业之间的合作，应该着眼于满足台商和大陆投资者在大陆和台湾进行经济活动过程中所产生的各种需求，在当前两岸金融合作仍然处于单向不对称的条件下，尤其应当注重满足台商在大陆投资过程中所产生的各种金融需求。在赴大陆投资的台资企业中，中小型企业占到了 95% 以上，中小型企业在大陆的融资具有特殊的困难，表 7.3B 对大陆台资企业的融资来源进行了说明。

表 7.3B　大陆台资企业融资来源

台商地区＼资金来源	台湾银行 DBU	台湾银行 OBU	大陆银行	外资银行	其他机构	合计
长三角	18.8%	13.3%	19.1%	6.4%	1.0%	58.6%
非长三角	21.1%	8.6%	8.4%	2.0%	1.3%	41.4%
合计	39.9%	21.9%	27.5%	8.4%	2.3%	100%

资料来源:蔡慧瑞,"台商在大陆的融资市场研究",(台湾)国立中山大学财务管理研究所硕士论文,2007。

表 7.3B 显示,台湾银行机构为大陆台资企业提供的融资比重超过 60%,是大陆银行机构提供的融资数额的 2 倍之多,台资企业在大陆融资困难的状态暴露无遗。因此,两岸银行业合作应该以为台资企业提供便捷的融资渠道为基本出发点和重点领域,两岸银行在合作过程中,应加强客户信息的沟通和共享,努力解决台资企业在大陆投资期间与大陆银行之间的信息不对称难题,增强台资企业与大陆银行之间的相互了解和相互信任,最终实现多方共赢的合作发展目标。

(二)两岸证券业合作重点领域

针对两岸关系发展的新形势以及两岸金融投资合作的不断深入,我们认为两岸证券市场的整合已经初具轮廓,ECFA 和 MOU 的签署为两岸证券市场的整合大大消除了障碍。在此背景下,两岸证券业在合作过程中,应该在遵循"循序渐进、安全可控、竞争合作、互利共赢"原则的前提下,循序渐进地在市场开放、机构合作和跨地区上市交易三个重要领域开展合作。

两岸证券市场的整合必须首先相互开放证券市场,活跃双向投资活动和两岸证券交易,促进两岸金融机构的合作。大陆方面要加紧放宽对台资的 QFII 资格,积极引进台湾投资者。2008 年之前台湾方面在很长一段时间内对大陆资本投资台湾证券市场采取禁止态度;2008 年之后,台湾当局开始允许外资基金(包含大陆资金)投资台湾证券市场,在证券市场开放的道路上迈出了重要一步。其次,在两岸证券市场一体化的过程中,必然要加强两岸证券机构之间的整合,即两岸证券从业者以及证券业相关机构在两岸证券市场自由从事证券投资业务和公司上市融资业务等。在该过程中,必然会导致两岸证券业结构的深入调整和资源的优化配置。最后,努力实现两岸证券市场一体化,不仅有利于两岸资本的迅速流动和产业结构的调整,而且有利于防止台湾地区经济被边缘化,有利于两岸证券市场向国际化迈进。

（三）两岸保险业合作重点领域

近年来，随着保险业的快速发展和保险资金规模的不断扩大，混业经营逐渐成为保险行业发展的主流趋势，因此，在新形势、新背景下，两岸保险业的合作应该紧跟行业发展的主流趋势，将重心放在混业经营模式上。

目前大陆和台湾的保险业竞争日趋激烈，两岸保险公司为在激烈的竞争中脱颖而出，都在积极寻找银行、证券等金融行业与保险行业的业务交叉点，以此来寻找自身新的利润增长点。由于两岸在这方面都还处于萌芽尝试阶段，并未形成各自的固定模式，因此，两岸保险业在混业经营方面存在很大的合作发展空间。两岸保险业的混业经营合作可以通过银保合作与证保合作来实现。此外，台湾地区保险公司在混业经营方面，无论是银保合作还是证保合作，都比大陆地区的发展水平高，对大陆保险公司具有很强的借鉴意义。因此，两岸保险业在混业经营上加强合作，可以实现两岸保险公司的优势互补，在相互借鉴中共同发展。

三、两岸金融投资合作方式

（一）两岸银行业合作方式

1. 两岸中小商业银行合作

针对中小商业银行规模小、抗风险能力弱的特点，对于两岸中小商业银行之间的合作，应该采取循序渐进、先易后难的方式分两个阶段进行。

（1）建立策略联盟。所谓策略联盟是指两个或两个以上的企业之间或职能部门之间，为实现某种共同的战略目标，通过公司协议或联合组织而结成的一种联合体。考虑到两岸金融合作比较滞后，两岸中小商业银行之间的相互了解程度较低，采取策略联盟的合作方式可以使合作双方投入较少的资金，以原有的经验相互开展业务，从而降低双方合作的风险，是两岸中小商业银行初期合作的理想模式。其经济效益在于：结成策略联盟可以形成规模效应，通过管理、经营以及财务的协同效应提高双方的管理水平和运作效率。具体数据见表 7.3C。

表 7.3C　台湾银行与大陆银行策略联盟一览表

台资银行名称	策略联盟	合作业务
永丰银行	华一银行	保证业务及信用贷款为主;北京办事处做业务转介,可办理海峡两岸、香港、澳门当地货币业务
台新银行	德意志银行上海分行、渣打银行	洽谈保证及应收账款合作
兆丰国际商业银行	华一银行、上海浦东发展银行	保证业务、人民币融资及外汇业务
国泰世华银行	招商银行上海分行、农业银行苏州分行	应收账款融资、联合贷款
台北富邦银行	中国银行	应收账款保证、融资
第一银行	香港永亨银行	以贸易融资为主
远东银行	德国商业银行上海分行、DBS上海分行	以保证业务为主
中国信托商业银行	民生银行	大陆应收账款保证及融资
新竹商业银行	香港东亚银行	以保证业务为主

资料来源:吕世惠,“台湾银行业进入大陆发展之策略探讨”,台湾大学硕士论文,2007。

(2) 股权合作。两岸中小商业银行经过一段时间的策略联盟合作,相互之间拥有一定的合作基础之后,可以根据发展需要,步入股权合作阶段。可以通过合资新设、单方入股和互相参股的方式进行。通过股权合作,新资本的注入增强了双方的资本实力,扩大了业务规模;与此同时,可以共享双方的先进技术和管理经验,提升自身的经营管理水平和金融创新能力;更为关键的是,可以通过合作,利用对方在当地的有利条件和品牌效应,积极开展自身的优势业务,扩展自身的发展空间。富邦金控参股厦门市商业银行就是最好的例证。

2. 两岸大型商业银行合作

对于两岸大型商业银行的合作,可以分为设立代表处(或者互相参股)和独资与并购两个阶段进行。

(1) 设立代表处或互相参股。大型商业银行由于规模较大、抗风险能力较强,因此刻意跳过策略联盟这一过渡阶段,可以通过直接设立代表处的方式为将来设立分行进行搜集客户信息、前期市场调查研究等准备工作。目前已有八家台湾银行在大陆设立代表处。自 ECFA 签署以来,大陆也已经有中国工商银行和中国建设银行在台湾设立代表处,打破了此前没有大陆银行赴台设立代表处的空白状态。除此之外,两岸大型商业银行之间合作的初级阶段,还可以采取互相参股的方式进行,互相参股可以使合作双方投入较少的资金来达到了解市场、进入市场的目的,有利于控制和防范风险,并且互相参股可以使双方形成更为紧密的合作关系,通过优势互补,达到互利共赢的目的,比如富邦金控参股厦门市商业银行的案例。

（2）独资和并购。独资模式是针对第一阶段设立代表处而言的，即在相互在对方设立代表处之后，根据双方发展的需要和政策的支持，适时地将代表处升级为分行或者支行，这是两岸银行业合作发展到一定阶段的必然产物。并购模式是针对第一阶段互相参股而言的，在第一阶段互相参股的基础上，根据后来双方发展的需要，采取一系列并购的资本运营措施，一方面可以利用当地银行的品牌效应和客户资源迅速融入市场；另一方面大陆银行并购台湾银行，也可以改善台湾岛内银行业拥挤的局面，提高银行业的整体盈利水平。

（二）两岸证券业合作方式

两岸证券机构之间的合作主要通过技术合作、管理合作和股权合作的方式进行。技术合作即双方在人员培训、业务指导等方面开展合作，相互借鉴；管理合作即双方相互出让部分管理权，大陆证券机构邀请台湾证券机构管理者介入管理，台湾证券机构也可邀请大陆管理人员进入其机构进行管理工作。台湾目前已经建成了多层次的证券市场体系，国际化程度较之大陆要高，因此台湾证券机构的管理理念对大陆证券业有很强的借鉴意义。股权合作即两岸证券机构通过互相参股以及合资新设等方式进行合作，这是一种更深层次的合作。

在两岸证券市场一体化过程中，最大的障碍莫过于两岸证券市场中存在的巨大差异。两岸证券市场在市场体系、市场主体、监管模式和信息披露等方面存在很大的差异性，因此，在两岸证券行业致力于一体化的合作过程中，要努力建设一个跨市场的交易平台，制定规范统一的上市制度。比如，为适应两岸证券市场整合的趋势，在证券市场领域，可以考虑尝试两岸金融从业人员资格考试相互认证制度，允许双方投资基金进入对方证券市场进行投资，等等，显然，这将有助于解决当前在大陆的台资企业筹资、产业升级等难题，改善大陆台资企业特别是中小企业的融资环境。ECFA 和 MOU 的签署体现了两岸对这一目标的实现所进行的努力。

（三）两岸保险业合作方式

1. 银保合作的合作方式

我们认为，两岸保险与银行之间的合作也应该遵循循序渐进、由易到难、逐步深入的原则。

在合作的初始阶段，可以采取协议合作的模式，在这种合作模式下，银行只是较浅地涉足保险业务，比如通过收取手续费、充当中介机构等方式从保险业务中获得收益。银行与保险公司仅仅是销售合作关系。在两岸银保合作中，台湾保险公司与大陆银行或者大陆保险公司与台湾银行签署合作协议，保险公司以银行为代理中介，为其销售保险产品，以此来扩大销售渠道，占领市场份额，扩大业务范围；与此同时，银行业可以获得保险公司的大额定期存单，增加自身资产数额，提升金融竞争力。

在双方协议合作积累了一定基础之后，双方可以考虑步入战略联盟的合作模式，在该模式下，银行与保险公司不仅仅是简单的销售代理关系，而是双方进入到了较为全面深入的合作阶段，银行开始全面地涉足保险业务。除去银行代理销售保险产品之外，双方可以互相借助对方的研发能力，共同开发一些与银行传统业务不同的复合产品，在进一步加深双方合作的同时，实现彼此之间的客户信息资源共享、市场共同开发，并且可以通过互相参股的形式来使彼此的合作关系更加稳固。

随着保险公司与银行之间的战略联盟合作程度不断加深，各种各样复杂的管理问题会不断地衍生出来，因此，成立金融控股公司将很好地解决这一问题。所谓金融控股公司模式，是指银行和保险公司为了应对日趋激烈的金融市场竞争，采取一系列的资本运作，比如并购、合资新设等方式，成立金融控股公司作为大股东对银行和保险行业进行统一管理。这是银保合作战略联盟模式发展到一定程度的必然结果。

2. 证保合作的合作方式

两岸证保合作应当从以下三个方面展开，包括扩宽两岸保险资金的运用渠道、开发投资性保险产品以及保险证券化。

首先，要扩宽两岸保险资金的运用渠道。目前两岸对保险资金的运用范围都比较窄，台湾保险资金中超过50%是银行存款，只有不到10%运用于资本市场。目前由于台湾岛地域狭小，保险行业已经度过了高速发展时期，逐渐呈现饱和趋势，因此，台湾保险业的保险资金总量上升缓慢，急需通过扩宽保险资金运用渠道和提高资金运用效率来获得利润。2008年6月25日，台湾当局通过了5项放宽两岸金融投资合作的政策，这为两岸证保合作提供了良好的契机。

其次，努力开发投资型保险产品。所谓投资型保险产品，其显著特点是保障因素与投资因素相分离。随着经济社会的发展，目前我国大陆地区居民的投资意识和保险意识显著提高，对投资型保险产品的需求日益旺盛，并且台湾保险公司急需通过扩大在大陆的市场份额来应对日趋激烈的金融市场竞争，在此背景和条件下，两岸保险行业合作开发投资型保险产品对于台湾保险公司迅速扩大在大陆市场的市场份额、增加业务量、开拓发展空间等具有重要意义。对大陆保险市场而言，开发投资型保险产品必将对该行业的竞争方式、经营理念、制度创新等产生积极的影响,促进大陆保险业的不断升级。

最后,积极推动保险证券化。所谓保险证券化,是指保险公司通过资本市场和金融工具,将自身承保的风险转变为流动性较强的证券,以此来实现承保风险的分散和转嫁,这是保险业与资本市场交汇融合的高级形式。近些年,地震、海啸等自然灾害不断发生,因此两岸都存在巨大的保险需求,同时也使得保险公司开始考虑自身的偿付能力能否应对该类巨灾风险。由此看来,巨灾风险的证券化可以成为两岸保险业合作过程中推进保险证券化的一个很好的切入点。

四、两岸金融投资合作趋势展望

在两岸关系趋于缓和以及 ECFA 签署的大背景下,两岸的金融投资合作未来趋势十分乐观,特别是 2012 年 1 月 14 日,马英九再次当选台湾地区领导人,使得两岸关系获得十分难得的发展机遇期,在此背景下,两岸的金融投资合作必将获得更加广阔的发展空间。

(一) 两岸银行业合作趋势展望

从 ECFA 签署至今,两岸银行业合作取得了十分显著的成果,一定程度上改善了之前两岸银行业合作严重滞后的局面,且经过前面一段时间的合作,两岸银行业合作的基础更加牢固,愿望更加迫切,环境更加宽松。比如,中国工商银行和中国建设银行已经在台湾设立代表处;日前,台湾有关方面也已经表示,允许大陆银行参股台湾银行机构,大陆银行最多可以持有台资银行 5% 的股权,而在任何一家台资银行中,大陆投资者的股权最多不能超过 10%。该公告一经发布,大陆数家银行纷纷递交申请,将其视为拓展发展空间的重大机遇,努力争当进入台湾银行业的第一家大陆银行,以此来争取在台湾地区的品牌效应,占得市场先机。此外,早在 2010 年 5 月,温州就欲以超过 50 亿元人民币的民间资本参股台湾银行,足见大陆地区对两岸银行业合作的热情之高。从大陆银行以及大陆民间资本进入台湾的意愿和台湾当局趋于松动的政策导向以及两岸不断签署的各项具有积极意义的协议来展望,未来数年两岸银行业的合作将拥有非常广阔的发展空间。

(二) 两岸证券业合作趋势展望

ECFA 的签署一定程度上缓解了两岸间金融领域交流与合作的一些现实困难,但就证券业的合作来看,还需要进一步就两岸金融机构相互开放的准入政策展开商谈,尽快就市场准入的相关问题达成一致意见和具体协议,给双方有别于外资金融机构的更优惠待遇，加快两岸互设金融机构和相互参股的步伐，加快推进两岸金融人才交流往来，为深化两岸金融交流与合作提供更为广阔的空间。

虽然台湾证券市场已经形成多层次的市场体系，但是台湾经济腹地狭小，发展空间不大，目前岛内证券行业的激烈竞争即将到达饱和的临界点，大陆广阔的市场导致台湾许多企业外迁至大陆，这也加剧了台湾证券市场的空洞化趋势，为防止自身被边缘化，台湾与大陆的证券市场进行整合是大势所趋，在目前两岸关系日趋缓和的背景下以及两岸对金融合作的日趋重视，两岸证券市场的一体化进程必将进一步深化。

（三）两岸保险业合作趋势展望

自从我国加入世贸组织以来，到 2004 年已经完全履行了对世贸组织的承诺，全面放开了我国的保险业市场；ECFA 的签署为两岸保险业合作大大消除了制度性障碍，马英九的连任使得台湾对大陆的宽松经贸政策得以延续，这都为两岸保险业的合作提供了良好的契机。

此外，两岸保险业合作具有天然的优势：首先，两岸保险市场存在很多共性，例如，两岸的社会保障体系都不完善；两岸社会节俭的传统造就的高储蓄率；人口老龄化都已经成为当地社会的重大问题等。其次，台湾保险业的国际化发展经验将为大陆保险公司提供非常有益的借鉴，这必将提高大陆保险业的国际化水平，最终促进大陆保险业的健康发展。

综上所述，两岸保险业目前合作态势良好，处于两岸金融投资合作的超前位置，且两岸保险业合作具有其他外资保险公司不具备的天然优势，再加上两岸政治关系的缓和以及各个领域交流的不断加深，两岸保险业合作具有非常广阔的发展空间和非常良好的发展趋势。

第八章

海西区海洋经济

第一节　海西区海洋经济发展现状

海西区东临台湾海峡，北承长三角，南接珠三角，是我国沿海经济带的重要组成部分，所属 20 个设区市中有 10 个地处沿海，全区大陆海岸线长 4614 公里，占全国海岸线的 25.6%；海域面积 16.68 万平方公里，相当于全区陆域面积的 60.5%，占全国海域总面积的 5.6%；单位陆地面积拥有的海岸线长度为 0.60 公里，是全国 0.31 公里的近两倍，具有发展海洋经济的突出优势条件。

一、海西区海洋经济总体发展情况

（一）福建海洋经济总体发展现状

福建三面环山、一面临海的特殊地理条件，决定了其可持续发展必须依托海洋，向海洋拓展发展空间。全省九个设区市中福州、厦门、泉州、漳州、莆田、宁德六市临海，共有海域面积 13.6 万平方公里，比陆域面积大 12.4%。福建海洋资源丰富，全省海岸线长 3752 公里，拥有大小港湾 125 个，可建 20 万—50 万吨级泊位的深水岸线长度居全国第一位；水深 200 米以下的海洋渔场面积 12.51 万平方公里，浅海滩涂可利用养殖面积广阔，贝、藻、鱼、虾等海产品种类的数量位居全国前列；滨海旅游景点多、品位高、品牌响，旅游载体特色明显；拥有全国最丰富的风能、潮汐能、波浪能，海峡油气资源蕴藏量大（见表 8-1）。

表 8-1　福建省海洋经济总体情况

福建省	2005 年	2006 年	2007 年	2008 年	2009 年	2010 年
福建省海洋生产总值(亿元)	1 450	1 831.1	2 290.3	2 688.2	3 202.9	3 680
福建省 GDP(亿元)	6 554.69	7 583.85	9 248.53	10 823.01	12 236.53	14 737.12
占福建省 GDP 比重(%)	22.12	24.14	24.76	24.84	26.17	24.97
全国海洋生产总值(亿元)	17 655.6	21 260.4	25 073	29 718	32 277.6	38 439
占全国海洋经济的比重(%)	8.21	8.61	9.13	9.05	9.92	9.57
福建海洋第一产业增加值(亿元)	159.5	205.8	222.2	252	272.1	305
福建海洋第二产业增加值(亿元)	595.9	741	909.3	1 097.7	1 408.9	1 597
福建海洋第三产业增加值(亿元)	694.6	884.3	1 158.9	1 338.5	1 521.9	1 777
占福建第一产业比重(%)	19.28	23.76	22.17	21.76	23.01	22.37
占福建第二产业比重(%)	18.76	20.05	20.31	20.64	23.46	21.23
占福建第三产业比重(%)	27.22	29.25	30.74	30.8	30.15	30.37
海洋三次产业比例	11.0:41.1:47.9	11.2:40.5:48.3	9.7:39.7:50.6	9.4:40.8:49.8	8.5:44.0:47.5	8.3:43.4:48.3

资料来源:2005—2009 年海洋经济数据来自历年中国海洋统计年鉴;2010 年海洋经济数据来自国家海洋局及福建省海洋与渔业厅;GDP 数据来自历年福建统计年鉴。

1. 海洋经济实力大幅提升

2010 年全省海洋生产总值由 2009 年的 3 203 亿元提高到 3 680 亿元,增加 477 亿元,增长 14.9%,"十一五"期间福建海洋生产总值年均增长 19.72%;2010 年海洋生产总值占全省 GDP 的比重达 24.97%,海洋经济总量居全国第五位。

2. 海洋产业加快集中

2005 年以来,福建海洋产业集聚和升级速度加快。2010 年福建海洋渔业、港口物流业、滨海旅游、船舶修造、海洋工程建筑五个海洋主导产业增加值之和达 1 321.9 亿元,占主要海洋产业增加值的 79.64%,海洋产业集中度明显提高,形成以这五大产业为支柱的海洋经济产业体系。

3. 海洋新兴产业加速发展

近年来,福建对海洋新兴产业的扶持力度加大,采取的措施得力,海洋新兴产业呈现快速增长势头。其中海洋生物制药总产值从 2008 年的 4.3 亿元提高到 2009 年的 6.1 亿元,增长 41.9%;海洋可再生能源业总产值从 3.9 亿元提高到 5.9 亿元,增长 51.3%;海水综合利用业总产值从 6.6 亿元提高到 8.2 亿元,增长 24.2%。此外,邮轮游艇业、海洋工程装备制造业等产业发展势头也很强劲,正加快成为海洋经济的新增长点。

4. 闽台海洋合作持续拓展

福建经国家批准分别设立了海峡两岸(福建)农业合作试验区,4 个台商投资区,4 个台湾农民创业园,35 个台轮停泊点,29 个对台小额贸易口岸。覆盖沿海 6 个设区市的 8 个港口率先开通对台海上直航,率先开通对台海上直航客滚航线,率先实现两岸间双向旅游,两门、两马、泉金等"小三通"航线成为两岸人员往来的黄金通道。闽台海洋渔业合作深入开展,2009 年福建对台水产品贸易额达 1.82 亿美元,同比增长 62.9%,成为福建水产品出口一大亮点,台湾跃居福建第二大水产品出口目的地;全省在东山、霞浦、连江等地规划建设了两岸水产品加工集散基地,闽台渔业合作已涵盖苗种繁育、水产养殖、远洋渔业、渔工劳务合作及渔业科技合作等领域。

5. 海洋科技创新持续增强

福建拥有国家海洋三所、厦门大学海洋学院、集美大学水产学院、省水产研究所、省海洋研究所、厦门海洋职业技术学院及福建农林大学、省农科院、省微生物研究所等一批海洋科研教育机构,科研能力较强,海洋药物、海产品精深加工等技术研发取得重大突破,在全国率先初步建成海上立体实时监测网,率先开展 13 个主要海湾"海湾数模与环境研究"。

6. 海洋生态环境持续优化

由于沿海地区经济的快速发展,海洋资源环境保护的压力越来越大。近年来,福建把海洋管理工作重心向海洋环保倾斜:全面开展全方位、高频率、多要素的趋势性近岸海域海洋环境监测;重点监控涉海工程海洋排污;努力整治海洋环境,开展海漂垃圾综合整治,减少海上养殖造成的污染;尝试修复海洋生态;积极保护典型海岛生态,选择无居民海岛及周边海域实行全封闭管理,维护生态环境。

(二) 浙南、粤东海洋经济总体发展现状

海西区除福建省的六个设区市临海外,还有浙南的温州市和粤东的汕头市、潮州市、揭阳市共四个设区市地处沿海地带。近年来,浙南、粤东四个沿海设区市的海洋经济发展也十分迅速,海洋经济对当地国民经济的贡献率不断提高(见表8-2)。

表8-2 浙南、粤东沿海四市海洋经济总体情况

	2005年	2006年	2007年	2008年	2009年	2010年
温州市海洋产业增加值(亿元)	198.6	—	250	354	—	402.8
占温州市GDP比重(%)	12.44	—	11.58	14.6	—	13.77
温州市海洋产业总产值(亿元)	472.1	—	660	964	—	1 103.6
汕头市主要海洋产业产值(亿元)	146	151.42	165	—	195	248.28
潮州市主要海洋产业产值(亿元)	—	—	54	62.98	80	87.7
揭阳市主要海洋产业产值(亿元)	21.3	—	33.8	—	67.3	80

资料来源:温州市海洋与渔业局、汕头市海洋与渔业局、潮州市海洋与渔业局、揭阳市海洋与渔业局。

1. 温州市海洋经济总体发展现状

温州市全市海岸线长1 031公里,其中深水岸线资源67公里;沿海滩涂分布广阔,拥有海域滩涂资源约95.42万亩;拥有海岛近500个,其中无居民海岛385个;海洋渔业资源丰富,素有"浙南鱼仓"之誉;海洋能源蕴藏丰富,温州东海海域油气储量较大,具有建造万千瓦级潮汐电站的理想坝址,海岛风能资源分布较为集中。

温州市海洋经济基础较好。温州市海洋产业增加值占全市GDP的比重由约12.4%提升到13.8%左右。海洋三次产业结构为4.4∶26.6∶69。海洋经济已成为全市国民经济的重要组成部分,并已经成为温州区域经济新的增长点。

2. 汕头市海洋经济总体发展现状

汕头市地处广东省东南部，位于太平洋西海岸国际航线和我国南北航线要冲，距香港187海里、台湾高雄180海里，是东南沿海重要的港口城市。“十一五”期间，汕头市海洋经济保持持续较快增长，年均增长12.5%，海洋交通运输业、海洋旅游业、临海工业、海洋渔业等产业综合实力进一步提升。2010年，全市主要海洋产业产值248.28亿元，同比增长27.3%，是“十五”期末的1.7倍，海洋三次产业比例为30.8:32.5:36.7。

3. 潮州市海洋经济总体发展现状

潮州市地处广东省东南部闽粤交界，濒临南海，海域面积533平方公里，海岸线总长136公里，岛屿33个。较大的海湾有柘林湾和大埕湾，其中柘林湾是国家级海域使用管理示范区。潮州港距高雄184海里、香港198海里，被列为国家对外开放一类口岸。潮州市以海洋渔业、临港工业、海洋运输业为主导的海洋经济发展取得明显成效。2010年，全市主要海洋产业产值87.70亿元。海洋经济三次产业结构比例为26:70:4，海洋经济成为该市国民经济重要的增长点。

4. 揭阳市海洋经济总体发展现状

揭阳市位于广东省东南部，南濒南海，全市海岸线长136.9公里，小型海岛28个、微型海岛51个，海域面积9 300平方公里，海洋资源得天独厚。揭阳市海洋经济快速发展，2010年，全市以海洋电力业、海洋交通运输业、海洋渔业、滨海旅游业为主要内容的海洋产业产值80亿元，比2005年增长275%，年均增长30.3%。海洋经济呈现较好的发展势头。

二、主要海洋产业发展情况

（一）海西区海洋渔业发展情况

1. 福建省海洋渔业发展现状

“十一五”期间，福建省海洋渔业经济快速发展，海洋渔业经济实力显著提高，实现了由量的扩张向质量和效益提升的根本转变，形成了以优势主导品种养殖为主，加工、物流、远洋和休闲渔业为辅的发展格局，促进了海洋渔业产业结构调整和渔民增收，初步构建了生态型现代渔业发展新格局。

福建海洋渔业稳步增长。2010年福建省海洋渔业经济（包括海水养殖、海水捕捞、海洋渔业服务及海洋水产品加工）实现增加值555.54亿元。福建省渔业（包括养殖、捕捞、渔业服务）实现产值674.18亿元，比2009年增长4.2%，实现渔业增加值376.37亿元，其中海水产品产值533.83亿元，比2009年增长

5%。2010年全省海水产品产量513.26万吨,"十一五"期间年均增长1.4%;海洋捕捞产量209.36万吨,年均增长0.85%;海水养殖产量303.9万吨,年均增长1.78%。

福建海洋渔业结构不断优化。水产养殖、水产加工、远洋渔业、休闲渔业的结构日趋完善。2010年海水养殖产量占海水产品总量的59.21%,比2005年提高1.11%,呈现海水养殖比例逐年提高的态势。2010年水产品加工产值362.99亿元,年均增长17.02%,加工业处于全国领先水平。远洋渔业从单一捕捞生产,发展到产、销、工、贸综合经营,从开始涉足个别海域,扩展到三大洋公海及21个国家200海里专属经济区海域。休闲渔业快速发展,休闲渔业品牌效应初步显现。

闽台渔业合作日益深化。闽台渔业合作涵盖水产苗种繁育、水产加工、水产饲料、远洋渔业、水产贸易、渔工劳务、科技合作等领域,台湾已成为福建省第二大水产品出口目的地,福建省已成为台湾先进渔业科技、设备外移的重要区域。

2. 浙南、粤东海洋渔业发展现状

(1) 温州市海洋渔业。近年来,温州海洋捕捞产量基本保持"零"增长。针对海洋渔业资源的衰退和形势的变化,温州积极采取有效的对策和措施。相关企业尝试发展休闲(生态)渔业,目前沿海各地已建立了颇具规模的休闲渔业场所30余处,成为渔区增收的新亮点。

(2) 汕头市海洋渔业。2010年汕头市渔业产值33.60亿元,比上年增长6%。海水产品产量33.18万吨,比上年增长3.7%。汕头水产品养殖充分发挥浅海滩涂多、水质优良等自然优势,着力打造特色渔业。

(3) 潮州市海洋渔业。2010年潮州市渔业产值20.05亿元,比上年增长8.2%;海水产品产量13.14万吨,比上年增长5.9%。潮州市坚持把发展海洋渔业作为发展海洋经济的基础。

(4) 揭阳市海洋渔业。2010年揭阳市渔业产值15.15亿元,比上年增长2.5%。海水产品产量7.49万吨,比上年增长1.2%。其中海洋捕捞5.61万吨,增长0.3%;海水养殖1.88万吨,增长3.9%。

福建省及浙南、粤东沿海四市海洋渔业发展情况详见表8-3。

表 8-3 福建省及浙南、粤东沿海四市海洋渔业发展情况

		2006 年	2007 年	2008 年	2009 年	2010 年
渔业产值（亿元）	福建省	410.75	474.32	549.35	565.58	674.18
	其中：海水产品	312.40	368.41	437.64	448.51	533.83
	温州市	36.58	38.69	39.98	43.82	50.39
	其中：海水产品	—	35.24	37.65	41.08	46.82
	汕头市	—	23.59	26.31	30.30	33.60
	潮州市	—	14.40	16.18	17.26	20.05
	揭阳市	8.93	10.33	14.07	14.48	15.15
渔业增加值（亿元）	福建省	231.69	266.41	307.62	316.08	376.37
	温州市	—	21.09	21.31	22.59	26.21
	潮州市	—	7.26	8.53	9.10	—
	揭阳市	—	6.05	8.46	8.89	9.11
海水产品产量（万吨）	福建省	461.48	466.47	486.85	497.96	513.26
	其中：海水捕捞	189.33	192.10	203.17	204.94	209.36
	海水养殖	272.15	274.38	283.68	293.03	303.90
	温州市	60.22	60.40	59.18	58.00	56.11
	其中：海水捕捞	47.92	48.10	47.93	46.13	45.13
	海水养殖	12.30	12.30	11.25	11.87	10.98
	汕头市	—	25.43	31.17	32.01	32.93
	潮州市	—	11.65	12.41	13.14	13.70
	揭阳市	—	6.98	7.12	7.40	7.48
	其中：海水捕捞	—	—	5.59	5.59	5.61
	海水养殖	—	—	1.53	1.81	1.88
	海西区产量合计	—	—	596.73	608.51	623.48
海水养殖面积（千公顷）	福建省	111.69	110.12	120.70	133.94	137.64
	温州市	—	12.32	19.92	20.44	21.92

资料来源：历年福建统计年鉴、温州市统计年鉴、汕头市统计年鉴、潮州市统计年鉴、揭阳市统计年鉴。

（二）海西区海洋化工业发展情况

1. 福建省沿海石化工业发展现状

福建石化工业发展较快。作为沿海地区石化工业的组成部分，2010 年，福建省海洋化工业实现增加值 102.52 亿元。“十一五”期间，福建省大力推进和实施石化产业调整和振兴规划，石化工业总产值年均增长 23.7%，沿海石化基地建设也取得较好成效。

产业布局向沿海集聚。福建石化工业主要集中在泉州和厦门两个沿海城市，分别实现工业总产值 791.9 亿元和 320.9 亿元，占全省的 67.6%；莆田、福州、漳州实现产值 88 亿元、84.3 亿元和 63.9 亿元，这 5 个沿海地区石化产业总产值

占全省的82%。另一个沿海城市宁德当年实现产值15.1亿元,同比增长32.4%。

产业集中度明显提高。分行业看,精炼石油产品制造业、橡胶制造业、合成材料制造业、专用化学品制造业和基础化学原料制造业产值分别为601.7亿元、306亿元、207.9亿元、189.6亿元和140亿元,这5个行业产值占全省的87.8%,产业集聚明显。

主要产品生产方面。统计数据显示,2010年福建省海洋化工相关产品产量增减不一(见表8-4)。比较突出的是原油加工量及石油制品总量规模大且增幅显著,其中原油加工量1 134.5万吨,同比增长60.7%;汽油149.6万吨,增长22.3%;煤油94.7万吨,增长193.3%;柴油388万吨,增长41.9%;乙烯84.5万吨,增长316.5%,而产量下降的产品主要有盐酸、烧碱、纯碱等,原因主要是受重点生产企业搬迁停产的影响。

表8-4　福建省部分海洋化工相关产品产量　　单位:万吨

福建省	2005年	2006年	2007年	2008年	2009年	2010年
盐酸(含量31%以上)	14.02	14.81	13.61	13.66	11.84	7.07
烧碱(折100%)	25.51	26.24	31.36	28.35	21.64	20.11
纯碱	19.23	21.15	19.79	18.86	19.91	17.79
合成氨	94.15	103.72	100.52	100.73	100.83	102.13
氮肥(折含氮100%)	55.70	60.15	59.19	65.44	57.25	55.37

资料来源:历年福建统计年鉴。

沿海石化基地建设方面。福建省着力推进石化工业基地化、园区化建设,重点建设的四大石化基地正按规划推进。2010年,湄洲湾石化工业基地实现工业总产值超过600亿元。漳州古雷石化工业基地两个启动项目80万吨/年PX和150万吨/年PTA已经动工建设。

2. 浙南、粤东沿海石化工业发展现状

(1) 温州市石化工业。温州市2010年石油加工业产值36.64亿元,化学原料及化学制品制造业产值165.96亿元,相关产品产量见表8-5。

表8-5　温州市部分海洋化工相关产品产量　　单位:万吨

温州市	2007年	2008年	2009年	2010年
盐酸(含量31%以上)	5.94	4.16	4.32	—
烧碱(折100%)	6.97	3.47	3.40	—
合成氨	2.20	2.39	2.32	1.23
氮肥(折含氮100%)	1.04	1.18	1.10	0.55

资料来源:历年温州市统计年鉴。

（2）汕头市石化工业。汕头市是我国聚苯乙烯的主要产地，石化产业主要规划于濠江临港片区。石化产业成为汕头市的主要支柱产业。汕头市2010年化学原料及化学制品制造业产值125.96亿元，增加值28.82亿元。

（3）潮州市石化工业。潮州市具有发展海洋化工产业的良好条件。产值方面，潮州市2010年化学原料及化学制品制造业产值11.14亿元，增加值3.02亿元。

（4）揭阳市石化工业。揭阳市石化产业起步迅速。2010年揭阳市石油加工产值0.27亿元，增加值0.07亿元；化学原料及化学制品制造业产值46.84亿元，增加值11.74亿元。

福建省及浙南、粤东沿海四市石化工业发展情况详见表8-6。

表8-6 福建省及浙南、粤东沿海四市石化工业发展情况

		2005年	2006年	2007年	2008年	2009年	2010年
石油加工业产值（亿元）	福建省	124.14	167.70	174.89	209.43	339.81	641.47
	温州市	—	—	20.97	19.29	25.86	36.64
	汕头市	0.05	1.16	1.67	3.87	3.69	0.00
	潮州市	0.00	0.00	0.00	0.00	0.00	0.00
	揭阳市	0.37	0.87	1.16	0.76	0.09	0.27
化学原料及化学制品制造业产值（亿元）	福建省	333.32	387.29	467.06	542.27	566.59	780.09
	温州市	—	—	140.91	144.92	133.01	165.96
	汕头市	52.42	55.07	74.31	88.92	96.33	125.96
	潮州市	4.50	5.42	6.13	7.17	8.36	11.14
	揭阳市	10.00	13.66	19.38	26.80	31.82	46.84
石油加工业增加值（亿元）	福建省	17.07	4.09	22.38	-2.00	60.59	122.81
	温州市	—	—	3.22	—	—	—
	汕头市	—	0.27	0.36	0.87	0.78	0.00
	潮州市	—	0.00	0.00	0.00	0.00	0.00
	揭阳市	—	0.21	0.29	0.10	0.02	0.07
化学原料及化学制品制造业增加值（亿元）	福建省	88.00	82.71	104.89	119.83	141.91	202.43
	温州市	—	—	26.89	—	—	—
	汕头市	—	13.43	16.55	21.85	22.65	28.82
	潮州市	—	1.43	1.71	2.17	2.29	3.02
	揭阳市	—	3.99	6.11	7.92	7.47	11.74

资料来源：历年福建统计年鉴、温州市统计年鉴、汕头市统计年鉴、潮州市统计年鉴、揭阳市统计年鉴。

（三）海西区港口物流业发展情况

1. 福建省港口物流业发展现状

“十一五”期间，福建省沿海港口进入历史上发展最快的阶段，沿海港口规划、建设、生产和管理等方面取得令人瞩目的发展成效（见表 8-7）。2010 年福建省海洋交通运输业实现增加值 115.05 亿元。

表 8-7 福建省港口基础设施情况

福建省	2005 年	2010 年
年综合通过能力（万吨）	13 738	32 102
其中：集装箱吞吐能力（万标箱）	539	1 282
生产性泊位（个）	343	444
其中：万吨级以上泊位（个）	66	123

资料来源：《福建省交通运输“十二五”发展规划》。

港口投资大幅度增长，港口运输保障能力不断增强。“十一五”期间，福建省完成港航建设投资 332 亿元。

港口生产平稳增长，运行质量不断提升。港口货物吞吐量从 2005 年的 1.96 亿吨增长至 2010 年的 3.27 亿吨，年平均增长 10.5%；集装箱吞吐量从 2005 年的 492.5 万标箱增长至 2010 年的 867.2 万标箱，年平均增长 12.0%。

腹地范围逐步扩大，周边省份从福建港口进出的货物量快速增长。2010 年，福建省共为外省中转大宗散货 826.44 万吨，同比增长 78.5%，其中厦门港中转大宗散货 572.63 万吨，同比增长 29.4%；福州港中转 133.81 万吨，同比增长 551%；厦门港国际集装箱中转量约 33.88 万标箱，同比增长 93.7%，约占厦门港集装箱吞吐量的 6%。

对台客运设施条件加快改善，闽台“三通”快速发展。福建省全面完成了福州、厦门、泉州、湄洲岛等对台码头设施改造和提升，极大改善了对台客运软硬件设施条件。2010 年，全省沿海主要港口共开通对台集装箱班轮航线 23 条，是 2009 年的 3 倍多。

2. 浙南、粤东港口物流业发展现状

（1）温州市港口物流业。近年来，温州市港口物流业快速发展，形成“一港七区”的总体发展布局。2010 年温州市港口货物吞吐量 6 408 万吨，比 2005 年增长 107%；集装箱吞吐量也迅猛增长，达到 41.2 万标箱，较 2005 年增长 79%。

（2）汕头市港口物流业。到 2010 年，汕头市港口泊位数达到 86 个，其中万吨级以上深水泊位有 18 个。港口吞吐量方面，2010 年汕头市货物吞吐量 3 509

万吨,“十一五”年均增长15.2%。

(3)潮州市港口物流业。潮州市港区基础设施建设加快。目前全市港口码头泊位16个,总投资达75亿元的亚太通用码头一、二期工程正在建设中,其中一期工程2个10万吨的深水泊位2011年年底建成。

(4)揭阳市港口物流业。揭阳市港口、码头货物运输年吞吐量逐年增长。2010年揭阳市主要港口完成货物吞吐量1 290.33万吨,比上年增长73.4%,是2005年港口货物吞吐量248万吨的5.2倍。

福建省及浙南、粤东四市水路运输及港口物流发展情况见表8-8。

(四)海西区滨海旅游业发展情况

1. 福建滨海旅游业发展现状

福建是我国海洋大省之一,有悠久的海洋开发历史。海域广阔,海岸线长度居全国第二位,海岸曲折,具有旅游开发价值的岛屿多,同时又具有侨胞祖地、闽台同根的独特资源,发展滨海旅游的自然条件较好。

二十多年来,福建省滨海旅游业发展趋势良好,2010年全省滨海旅游业增加值达到392.17亿元。近几年来福建滨海旅游业已成为滨海地区的主要产业之一,并带动了第三产业的发展,滨海旅游正朝向海洋旅游迈进。目前,福州地区有海坛国家重点风景名胜区、马尾船政文化旅游区、长乐郑和下西洋文化旅游区、琅岐岛龙鼓度假区、连江黄岐半岛滨海旅游度假区、福清东壁岛旅游度假区等几个重要的海滨旅游区,已经有一定的发展规模和较好的基础。

2. 浙南、粤东滨海旅游业发展现状

(1)温州市滨海旅游业。近年来,温州市滨海旅游业取得了长足的发展,在“北雁荡山、楠溪江、洞头列岛”和“南雁荡山、飞云湖、南麓列岛”两大“山、水、海”金三角旅游圈的基础上,初步形成了包括瓯江口、洞头海岛风景区、南麂海洋自然保护区、苍南滨海旅游区在内的海洋旅游网络。

(2)汕头市滨海旅游业。汕头气候宜人,人文底蕴深厚,拥有丰富的滨海旅游资源,全市已评定国家AAAA级旅游区3处,国家AAA级旅游区1处,国家农业旅游示范点1处,国家级森林公园1处,省级旅游度假区4处,滨海旅游已成为汕头海洋经济的亮点,2008年汕头旅游总收入61亿元,占粤东4个城市旅游总收入的50%。

(3)潮州市滨海旅游业。潮州市海滨旅游业具有广阔的发展潜力。海岸线漫长,海岸类型多,旅游资源十分丰富。沙滩可为旅游观光和休闲度假提供丰富的条件。

表 8-8　福建省及浙南、粤东四市水路运输及港口物流发展情况

		2005 年	2006 年	2007 年	2008 年	2009 年	2010 年
水路运输货运量(万吨)	福建省	9 210	10 841	12 130	15 193	14 271	16 803
	温州市	2 372	2 476	2 770	2 823	2 923	3 347
	其中:沿海及远洋	1 782	1 894	2 168	2 303	2 500	3 040
	汕头市	—	325	360	502	598	674
	潮州市	—	480	480	486	488	610
	揭阳市	—	27	28	39	24	26
水路运输货物周转量(亿吨公里)	福建省	1 134.64	1 434.92	1 553.84	1 708.39	1 785.85	2 218.88
	其中:沿海及远洋	1 126.6	1 421.65	1 539.52	1 695.26	1 775.05	—
	温州市	225.33	250.52	294.34	302.22	331.43	402.91
	其中:沿海及远洋	223.2	248.45	292.47	300.55	329.74	401.4
	汕头市	—	21.96	26.1	30.1	57.66	76.16
	潮州市	—	22.48	24.73	27.66	65.47	78.9
	揭阳市	—	0.28	0.28	1.74	0.93	1.14
水路运输客运量(万人)	福建省	985	1 148	1 320	1 305	1 340	1 444
	温州市	142	66	61	55	53	52
	其中:沿海及远洋	125	56	54	50	51	50
	汕头市	—	70	14	12	0	0
	潮州市	—	10	10	10	7	10
	揭阳市	—	0	0	0	0	0

（续表）

		2005 年	2006 年	2007 年	2008 年	2009 年	2010 年
水路运输旅客周转量（万人公里）	福建省	13 900	15 000	17 500	16 700	18 300	21 400
	其中:沿海及远洋	—	13 000	14 800	12 900	15 200	—
	温州市	6 204	2 369	2 160	2 109	2 053	1 854
	其中:沿海及远洋	6 042	2 266	2 071	2 045	2 023	1 820
	汕头市	—	301	80	71	0	0
	潮州市	—	60	60	60	29	30
	揭阳市	—	0	0	0	0	0
沿海港口货物吞吐量（万吨）	福建省	19 605	23 688	23 603	27 070	30 542	32 687
	温州市	3 637	3 924	4 247	5 043	5 773	6 408
	汕头市	1 736	2 014	2 301	2 806	3 102	3 509
	潮州市	80	205	293.6	354.3	348	635
	揭阳市	248	301	419	606.3	744.1	1 290.3
	海西区吞吐量合计	25 306	30 132	30 863.6	35 879.6	40 509.1	44 529.3
其中:集装箱吞吐量（万标箱）	福建省	492.5	587.3	686	743	716	867.2
	温州市	23.02	28.17	35.11	38.05	39.35	41.2
	汕头市	36.83	44.33	59.39	71.93	82.06	93.5
	海西区吞吐量合计	552.35	659.8	780.5	852.98	837.41	1 001.9

资料来源:历年福建统计年鉴、温州市统计年鉴、汕头市统计年鉴、潮州市统计年鉴、揭阳市统计年鉴。

（4）揭阳市滨海旅游业。揭阳市沿海可开发的旅游资源十分丰富，特别是惠来仙庵镇的排角湾、靖海的绿洲场、赤沙澳，神泉的芦园等大片沙滩，都是开辟海水浴场的好地方。

海西区滨海旅游业发展情况见表8-9。

表8-9　海西区滨海旅游业发展情况

		2005年	2006年	2007年	2008年	2009年	2010年
沿海城市接待入境旅游人数（万人）	福建省	176.71	209.39	244.10	265.50	291.58	345.65
	温州市	21.33	25.34	28.90	31.82	32.98	39.16
	汕头市	20.19	16.32	15.02	13.93	12.32	13.39
	潮州市	18.01	20.85	23.59	26.29	33.81	40.32
	揭阳市	2.80	2.97	3.73	4.08	4.88	6.69
	海西区合计	239.04	274.87	315.34	341.62	375.57	445.21

资料来源：历年福建统计年鉴、温州市统计年鉴、汕头市统计年鉴、潮州市统计年鉴、揭阳市统计年鉴。

（五）海西区海洋生物医药业发展情况

1. 福建省海洋生物医药业发展现状

福建省海域属亚热带海洋和大陆架浅海，寒暖流交汇，盐度适中，水质肥沃，海洋生物十分丰富，生长着多种优质、高产的海洋生物。全省拥有海洋生物种类2 000多种，紫菜的产量居全国第一，藻类的人工育苗技术处于领先水平。

海洋生物医药产业是海洋新兴产业中的朝阳产业。“十一五”以来，福建省加大了对海洋医药生物技术的研发力度，开发出高纯度河豚毒素等一批高新技术成果；拥有国家海洋三所、厦门大学生物医学工程研究中心、福州大学生物和医药技术研究院等一批生物医药研发机构；截至2010年年底，我省海洋科技进步对海洋经济贡献率达59%，比2005年增加6个百分点。

2. 浙南、粤东海洋生物医药业发展现状

（1）温州市海洋生物医药业。温州市海洋药物的研发投入非常少，仅有浙江诚意药业有限公司做过羊栖菜提取物的研发，浙江海蕴生物有限公司生产羊栖菜保健饮料产品，其余企业或由于找不到好的项目，或由于其他原因而未致力于海洋生物医药行业。

（2）粤东地区海洋生物医药业。汕头、潮州、揭阳的共性是海洋科技薄弱，海洋生物制药等海洋资源深度开发利用的高附加值的产业还没有形成，与其他先进地区存在明显差距。

（六）海西区海洋船舶制造业发展情况

1. 福建省海洋船舶制造业发展现状

福建船舶工业主要经济指标在“十一五”期间，保持连续增长（见表 8-10）。

表 8-10 福建省海洋船舶制造业情况

福建省	2005 年	2006 年	2007 年	2008 年	2009 年
海洋修船完工量（艘）	1 384	1 716	2 622	2 431	1 761
海洋造船完工量（万综合吨）	33.66	46.05	53.87	109.66	93.92

资料来源：历年中国海洋统计年鉴。

截至 2010 年年底，福建具备修造万吨级以上船舶能力的企业 45 家，拥有船台 65 座，总容量达 125 万吨，其中 3 万—5 万吨船台 13 座，5 万—10 万吨级船台 6 座，最大单船建造能力 8 万吨，年造船生产能力 360 万载重吨。船坞 41 座，坞容量 218 万吨，其中建成或即将建成的 20 万—30 万吨级船坞 5 座，10 万—20 万吨级船坞 6 座，5 万—10 万吨级船坞 4 座。基本实现“十一五”发展规划年造船生产能力 350 万载重吨和船坞容量 200 万吨的目标。

2. 浙南、粤东海洋船舶制造业发展现状

（1）温州市海洋船舶制造业。温州市的船舶修造业，无论从船舶制造的数量上、吨位上，还是投入的资金上均有较大幅度的增长。船舶主要销往上海、山东、广东、福建、宁波、舟山等地，少量的还销往欧洲国家，出现了前所未有的繁荣景象。

（2）粤东地区海洋船舶制造业。粤东与海西区其他城市相比，一方面，存在总量规模偏小的现状，大部分船厂只能生产中小型船舶，大型造船设施不足制约了进一步发展。另一方面，船舶配套业发展滞后，船舶配套产业规模较小，本地配套率低下，也是粤东海洋船舶制造业面临的一个重要问题。

（七）海西区海洋可再生能源发展情况

1. 福建省海洋可再生能源发展现状

海洋可再生能源业作为新兴产业，有广阔的发展空间。虽然福建省海洋可再生能源业在海洋产业中所占比重还不大，但发展迅速，总产值从 2008 年的 3.9 亿元提高到 2009 年的 5.9 亿元，增长 51.3%。潮流、海流、波浪、温差和盐差等海洋能是巨大的可再生能源，尤其是如何将潮汐能转换成机械能已成为世界沿海国家开发的重点。福建省位于台湾海峡西岸，海岸线曲折，海岛棋布，有许多优良的天然港湾。福建省近岸海岛海域风大、浪大、潮差大，蕴藏有巨大的可供开发利用的海洋能资源，潮汐能占全国沿海的 50%，其中的三都澳潮汐电站是迄今全球15座发电量在10亿千瓦时以上的大型潮汐电站之一。

2. 浙南、粤东海洋可再生能源发展现状

(1) 温州。温州地处东南沿海,其所辖乐清湾是一个半封闭的浅海内湾,是强潮海湾之一,蕴藏着巨大的潮汐能资源。

(2) 粤东地区。汕头、潮州、揭阳地区对海洋可再生能源的开发规划起步较晚,发展现状较差,与先进地区存在明显差距。

第二节　海西区海洋经济发展存在的问题

一、福建省海洋经济发展存在的问题

(一) 总体情况

改革开放以来,福建省海洋经济虽然有很大发展,但从总体上看,目前海洋经济尚处在初步发展阶段,发展缓慢,产业规模小,技术档次低,资源利用程度差,综合开发能力和开发效益低,这与巨大的资源优势和广阔的开发前景不相协调。

1. 产业结构不合理

福建省海洋产业结构性矛盾突出,海洋产业结构不合理,轻型化特征明显,发展空间有待拓宽。全省海洋产业总产值中第一、第三产业比重占了86.7%,第二产业占的比重与全国平均水平有相当大的距离,其中海洋渔业、海洋运输业和滨海旅游业的产出占全部海洋产出的近70%,福建省海洋产业的开发仍处于初级阶段(见图8-1)。

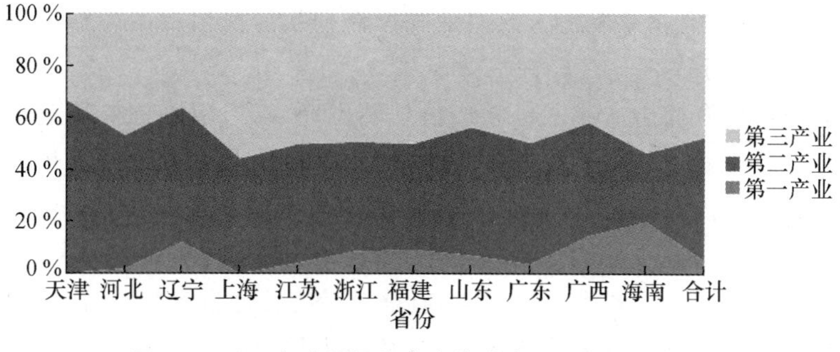

图8-1　2008年全国沿海省市海洋产业结构面积堆积

资料来源:《中国海洋统计年鉴2009》。

2. 海洋开发水平不高

在人员结构方面,搞资源调查和理论研究的人多,搞技术开发、应用研究的人少;在人员组织方面,分散研究、低水平重复研究多,联合对一些重大课题的攻关少;在成果应用方面,缺乏中试基地,缺少科研经费,缺乏中介组织,与市场脱节,生产力转化过程困难。

3. 港口开发滞后

福建港口资源优势明显,港口建设发展虽快,但滞后于长三角、珠三角,全省可建深水泊位的天然良港占全国的 17.6%,但深水泊位数为全国沿海 11 个省市的倒数第一,港口吞吐量为倒数第二。

4. 海洋开发管理机制不健全

海洋开发涉及多领域、多行业,需要统一组织、协调,但由于目前机构不健全,管理滞后,海洋经济开发发展不平衡。由于缺乏健全法制,海洋环境恶化,海洋沙漠化现象严重。

5. 开发投资不足的瓶颈

各级地方财政和民间均尚未历经资本积累道路,良好的资源优势无法进入高速车道,转化成商品和经济优势,包括第一产业的纵深拓展也依赖雄厚的资金助其提升。

6. 其他因素

除以上因素外,还有其他一些因素制约福建海洋产业的发展,如海洋意识淡薄,重陆轻海;自然灾害频发;台湾问题的拖延,等等。

(二) 产业情况

1. 海洋渔业

这里的海洋渔业专指海水养殖业和海洋捕捞业所组成的海洋经济第一产业,不包括广义上的海水产品加工业。

(1) 近、内海捕捞渔业。每年产量虽然不断攀升,但这主要得益于渔船数量、总吨位及渔船功率等渔捞工具、手段的不断增强,而渔获物的鱼体却越趋小型、低质化,近、内海渔业资源由于捕捞过度而出现趋于枯竭的现象。

(2) 海水养殖业。虽然海水养殖在近十年来获得持续迅猛的发展,已取代了海洋捕捞业,成为全省渔业的主体,但是与沿海其他省市相比,产量与产值之比差异很大,落后于沿海大部分省份,如表 8-11 所示。

表 8-11　2010 年我国沿海各省海水养殖产值产量数据

省份	广西	海南	广东	福建	浙江
产值(元)	797 451	489 027	2 544 500	3 160 811	1 091 385
产量(吨)	877 408	184 162	2 490 688	3 038 990	825 730
产值/产量	0.908871	2.655418	1.021605	1.040086	1.321721
省份	江苏	山东	河北	天津	辽宁
产值(元)	947 744	4 191 923	509 280	37 920	2 735 966
产量(吨)	785 173	3 962 643	329 308	14 212	2 314 694
产值/产量	1.207051	1.05786	1.546516	2.668168	1.181999

资料来源:《中国渔业统计年鉴 2011》。

上述现象的主要原因是福建的海水养殖产品中相对于其他沿海省市含有较大比例的低值水产品,这也是福建渔民增产不增收的主要原因。

(3) 远洋渔业。在激烈的国际竞争形势下,远洋渔业面临严峻挑战。如福建沿海滩涂已开发利用近 90%,发展空间已不大;由于中韩、中日、中越渔业协定的生效,福建周边渔场受制,等等。

2. 海水产品加工业

(1) 水产品加工比率低。据 FAO 统计,自 20 世纪 70 年代以来,世界渔业发达国家水产品产量的 60%—70% 左右是经过加工后销售的,鲜销的比率仅占总产量的 1/4。福建水产加工水平与渔业生产水平发展不相适应,2010 年用于加工的水产原料仅占海洋水产品总量的 46.88% 左右,与发达国家相比差距较大。

(2) 三大种类大宗水产品加工技术及产业化水平较低。三大种类大宗水产品(贝类、藻类、低值鱼类)占福建渔业总产值的比例仍较大,因科技投入不足,加工过程关键增值技术和产业化配套体系的研究尚不完善,缺乏高附加值和产业化前景好的拳头产品。

(3) 企业规模小,产品科技含量低,质量意识有待加强。福建省水产品加工企业的突出特点是公有经济成分比重低,主要以集体和私有企业为主,企业生产规模较小。截至 2010 年,全省共有水产品加工企业 1 156 个,其中规模以上的只有 399 个。在 2003 年,水产加工企业通过 HACCP、欧盟、ISO9000 等国际质量体系认证的约占 5.3%,说明福建省水产加工及质量管理的整体水平与国际水平相比仍存在较大差距。

(4) 水产品质量监督检测体系与渔业标准化体系建设滞后。一是市级的质量监督检测体系不健全,难以在职责范围内开展质量监督检查工作;二是渔业标准的制定、宣传贯彻与渔业发展不相适应,跟不上渔业发展的要求。

(5) 出口水产品原料基地建设滞后。福建省尚未全面建立规范化的出口水产加工品原料养殖基地,无形中给水产品的加工与出口带来质量和安全隐患,如农药残留、重金属含量超标等。

3. 船舶制造业

(1) 企业规模小,资金不足,融资困难。首先,规模总量小,难以形成产业集聚效应;其次,没有自主开发船型的能力,缺乏船型储备。

(2) 船舶工业各类人才不足。当前福建省船舶工业的经营管理人才、高级技术人才和高级技术工人总量偏少。2011 年省公务员局印发的《福建省 2011 年度紧缺急需人才引进指导目录》显示,当年福建省急需 21 个产业共 61 个领域的人才,其中就涉及船舶工业。

(3) 管理落后,技术开发能力弱。生产模式和管理模式还不能适应现代造船和高效率生产的要求,建造技术落后,造船周期较长,与国际水平和国内先进水平有较大差距。

4. 海洋物流业

(1) 港口与航道建设投资力度不够大。福建省解放后各级地方财政和民间均未历经建设资本积累,对港口与航道高投资的开发只是量力而行,投资力度不够大。

(2) 港口布局规划不尽合理,各市区建设各自为政形成恶性竞争。一是港口规划不科学,布局不合理;二是港口岸线使用不合理,深水浅用,优线劣用,岸线资源浪费大;三是港口结构不尽合理,适应大型船舶靠泊的集装箱码头和大宗散货码头仍显不足;四是有的港口经营者经营行为不规范,盲目竞争。

(3) 本地区航运业的发展落后于港口的发展。福建海洋运输企业普遍规模小、实力弱、成本高,经营手段落后,运输经营以短途、单程运输为主,运量少、周转慢,不利于将本地港口发展成为货运中转港和集散地。

(4) 货物通关能力不足。福建省在货物通关能力上的不足是比较明显的。虽然政府相关部门出台了一些规定,要求提高通关速度,但与上海、深圳等地相比,还有一定差距。

(5) 两岸关系充满变数,影响福建海洋物流业的发展。闽台两省自然资源、历史人文及经济结构优势互补,成为构建闽台经济区的基础。然而,台湾问题未得到根本解决将影响福建海洋经济以及闽台经贸合作的发展。

5. 滨海旅游业

(1) 供给配置欠合理,旅游产业水平有待提高。旅游产业发展水平需要进一步提高,主要表现在:旅游产业对经济增长的贡献率不高;旅游经济的增长仍主要依靠资金及劳动投入的增长,科技进步的贡献低;旅游六大要素"食、住、行、游、娱、购”中，游览、娱乐、购物等收入弹性较高项目的比重在旅游收入构成里处于较低水平。

（2）管理水平和与国际惯例接轨慢于对外开放和国际化的进程。一是旅游资源归口管理不明确，相关管理部门非协调化地多头介入；二是旅游产业内部结构不合理；三是旅游法规不完善，与国际惯例接轨方面仍存在问题。

（3）科技支持力度不够。目前福建滨海地区旅游资源开发中的总体科技含量依然较低，主要体现在旅游环境质量检测、承载力研究、资源开发、行业管理上。

（4）旅游产品较单一，附加值低，未形成规模。滨海地区的旅游产品仍以单一的观光产品为主，其主要缺陷一是附加值低，二是缺乏对资源内涵的深层次挖掘造成的游客重游率低。

（5）思想观念上的制约。“旅游是无烟工业，不会对环境造成破坏”、“旅游是低投入、高产出的行业”、“旅游业应当超前发展”这些思想观念还在部分宏观管理者中起作用。

（6）旅游交通等基础设施滞后。福建省内各沿海地区在大力发展滨海旅游时，没有相应地加快基础设施的建设，导致交通、住宿等跟不上。

（7）旅游景区缺乏有效的促销手段。尽管平潭举办过几届国际沙雕节，起到了一定的效果，但整个福建没有充分地对旅游资源进行宣传促销。

（8）周边地区的挑战。福建滨海旅游发展已有一定的时期，周边的滨海旅游胜地举不胜举，浙江、广东等滨海旅游资源发展相对较快，已经形成了一定的规模和品牌，成为福建旅游市场的强劲竞争者，夺走了福建大批海内外游客。

二、浙江省海洋经济发展存在的问题

（一）总体情况

近几年，从总体上来看，浙江省海洋开发利用水平与浙江海洋资源大省的地位还不相适应，离海洋经济强省还有一定距离。

1. 海洋经济总量较小，比重较低

根据《中国海洋统计年鉴 2010》公布的沿海地区海洋生产总值数据，2009 年浙江海洋生产总值居全国第 4 位，排在广东、山东、上海之后；海洋生产总值占 GDP 的比重在沿海 11 个省、市、自治区中的排位也偏后。

2. 海洋产业结构有待进一步升级

在海洋渔业方面，浙江现代海洋渔业，特别是远洋捕捞的规模、水平、技术和远洋基地建设等，都与发达地区有不少差距。

3. 海洋科技人才缺乏,创新能力不足

海洋科研机构及院校和海洋开发人才相对缺乏,高等院校内设置的与海洋相关的专业也较少,而上海、辽宁、山东、广东、福建等省市海洋院校及与海洋相关的专业均比浙江省多。

4. 海洋生态环境保护形势严峻

2010年,海洋环境监测结果表明,浙江省近岸海域环境质量总体趋差,未达到清洁、较清洁海域面积较上年有较大增加,严重污染和中度污染海域占五分之三。

(二) 产业情况

1. 海洋渔业

(1) 渔业发展不平衡。根据《浙江统计年鉴2008》,浙江海洋渔业产值主要分布在台州、舟山、宁波三地区,三地区总产值基本相同,且占全省总产值的67%左右,其他地区极少。

(2) 渔业发展的矛盾。浙江绝大部分海洋渔业都位于近海岸,各个行业在利用海岸线、滩涂、浅海方面存在矛盾。

(3) 水产企业分布不集中,不利于形成集群效应。加工企业总体上呈现产业集群不明显、产业链短的特点,水产品加工企业龙头企业少,还没有形成高附加值、高市场占有率的企业。

2. 海洋交通运输业

2008年宁波舟山港的吞吐量占全省吞吐量的75%左右,达到全省的四分之三,浙江港口发展不平衡。

3. 海洋盐业的问题

浙江海洋盐业企业工艺及技术设备落后,竞争力低,没有主体品牌,缺乏产业发展规划。

4. 滨海旅游存在的问题

由于地理位置和资源分布因素,杭州湾、宁波及舟山一带旅游经济较发达,温州、台州发展相对不足。

5. 船舶修造业存在的问题

浙江造船企业规模普遍较小,多数企业只能生产小型船舶,船舶产品的吨位和附加值低,企业综合实力不强。

三、广东省海洋经济发展存在的问题

(一) 总体情况

1. 基础设施建设仍然滞后

渔区水、电、路、港以及管网、水产品交易场所、航标、灯塔等设施落后的面貌仍然十分明显。

2. 生态环境恶化的势头尚未遏止

全省因病害造成水产养殖产值损失达15%以上,尤其是对虾,湛江2006年上半年对虾养殖约有62.5%的发病率。环境问题已成为制约水产养殖业发展的障碍。

3. 科技力量薄弱问题日益凸显

广东科技力量仅处在全国11个省市的中等水平,尤其是顶尖级人才(如研究生)数量与山东差距较大,如图8-2所示。海水淡化、发电、药物、船舶制造在全国都不具备优势。

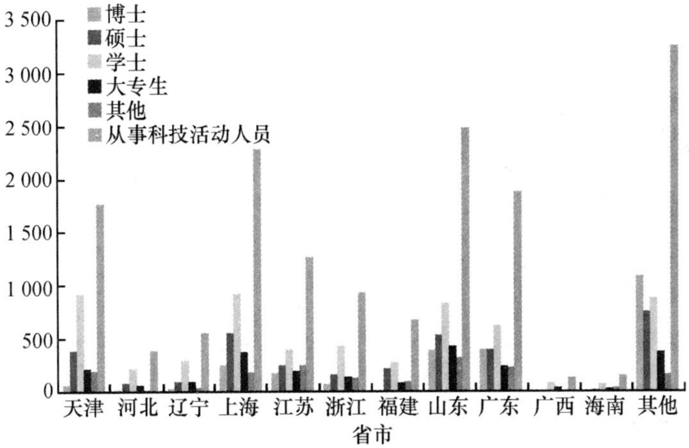

图8-2 2008年我国沿海省市海洋科研机构及人员学历构成

资料来源:《中国海洋统计年鉴2009》。

4. 渔民返贫现象仍很严重

仍然有不少渔民无地、无房、子女上不了学、有病不能医。对渔民的技能培训不少是流于形式,培训项目单一,时间短,培训的对象年龄较大,无法达到预期效果。

5. 综合管理水平有待提高，政出多门、条块分割的问题仍然严重

现行的海洋法规多为部门法，调整的是各管理机构管辖的局部利益，缺乏整体性和协调性。

（二）产业情况

2004年广东省传统海洋产业在海洋产业总产值中的比重为30%左右，而新兴海洋产业在总产值中所占的比重约为40%，新兴海洋产业的发展速度和比重均超过了传统海洋产业。

1. 船舶业

（1）广东船舶产业总量规模偏小。广东省是国家规划建设的三大造船基地之一，但与浙江等省市相比，存在总量规模偏小的现状。

（2）自主创新能力有待提升。广东船舶企业科研投入总体不足，缺少专业的船舶研发机构，设计能力薄弱，产品自主开发能力差。

2. 渔业

（1）渔业管理比较薄弱。这主要表现在渔业管理缺乏有效的机制和整体功能及渔政建设不能适应当前渔业管理的需要等方面。

（2）渔业生产结构不够合理。捕捞作业结构不合理，主要是渔获选择性能差；养殖结构不合理，养殖品种过于单调，缺乏市场预测和市场平衡导向；水产品加工层次较低，产品增值十分有限。

（3）海洋捕捞强度超过渔业资源的再生能力。20世纪80年代以来，由于社会对水产品需求量的剧增和"重生产、轻管理"观念的影响，海洋捕捞生产几乎处于失控状态，捕捞强度大大超过了渔业资源的再生能力，导致了渔业资源严重衰退，生产效益不断下降。

（4）渔业生态环境日趋恶化。据《2009年南海区海洋环境质量公报》，2005—2009年，南海未达到清洁海域水质标准的面积从11 200平方公里增加到30 750平方公里，严重污染海域面积从1 420平方公里增加到5 220平方公里，污染海域面积显著增加。

3. 滨海旅游业

（1）地区发展严重失衡。广东省海洋经济过分集中于珠三角一带，导致珠三角海洋资源开发利用过度，如目前深圳市260公里的海岸线中，由于多年的高强度开发，未划用途的保留区生态海岸线现仅存47公里，城市的海岸生态空间越来越小。

（2）滨海旅游业缺少统一规划，旅游产品项目重复、雷同现象严重。目前广东省海洋开发利用活动主要集中于近海海域，海岛开发力度不够，海洋经济

发展宏观调控力度不强，各种项目交错分布，部分海域和海岛开发秩序混乱。

(3) 旅游产品特色不突出，形成品牌不多。广东省滨海旅游资源虽然丰富多样，而且发展很快，但从整体上说，滨海旅游开发主题不鲜明，特色不突出。

(4) 与日益强势的竞争对手相比弱势明显。与国内竞争对手相比，广东省弱势明显，主要表现在春冬季气温偏低，旅游资源被低水平重复开发，缺乏有影响的拳头产品等。

(5) 重开发，轻管理，市场秩序混乱。各景点内的管理水平低，秩序混乱，更突出的是区域间的宏观管理协调不够，使得滨海旅游资源开发呈现出凌乱混杂的景象。

(6) 缺乏深层次的开发。旅游者的旅游活动可以分为三个层次：基本层次、提高层次和专门层次。目前，广东省的旅游资源开发多数尚处于满足旅游者观光需求上。

(7) 滨海旅游资源破坏问题突出。保护好滨海旅游资源是发展滨海旅游的前提，受短期利益驱使，现在广东很多滨海旅游资源正在遭受严重破坏。

第三节　海西区海洋经济发展的对策

一、总体思路

海洋经济的研究范围包括海岸带、海岛及全部海域，海岸带经济与海岛经济都属于海洋经济范畴，海洋经济具有区域性特点，是与特定区域的资源、环境和社会经济发展基础紧密联系的。我们发展海西区经济应紧密联系周边地区如我国台湾地区、东南亚、内陆腹地等，以宏观的地理视角来谋求一种合作共赢的局面。同时从社会发展的多维层面去思考经济发展，始终以不损害资源环境为前提。

(一) 发挥对台优势

海西区与金门、台湾地理相近、人文相通、血脉相亲，经贸文化交流比较紧密。海西区海洋经济发展应该突出对台区位特色，加强与台湾合作。一是海西区要密切关注台湾产业转移动态，加强与台湾企业协会、同业公会的联系；二是吸引台商投资现代服务业，鼓励台商投资港口码头的基础设施建设，引导台商参与海西区旅游资源的开发，稳步扩大对台旅游服务；三是推进两岸渔业技术合作，提高海西区渔业的生态养殖水平。

（二）加强与东南亚地区的合作

海西区特别是福建省地处东南亚到东北亚的海上交通要冲，与菲律宾等东南亚国家邻近，海港、空港交通便捷。一是要积极引进东南亚华商参加海西区海洋资源的开发，鼓励东南亚华商投资海西区海洋高新技术的开发与应用；二是要扩大海西区与东南亚国家的经贸合作。

（三）加强海陆合作和区域合作

海西区要成为海洋经济发展的龙头，必须突破区域界限，加强区域协作。在港口航运业方面，要形成一个互联互动的大组合港口群，并努力往国际枢纽港的方向发展。与此同时，要积极开拓福建通往粤东、赣南、赣东、浙南、湘南、湘东的通道，建设腹地市场和疏运体系，加强对内陆腹地的揽货力度，实现向内陆腹地的拓展。

（四）走可持续发展之路

海洋开发、经济发展的规模与速度不超过海洋资源环境的承受力，对生态脆弱区要实行有效的保护措施，要继续加强海西区海域的综合治理，进一步规范用海秩序，做好已被污染的生态环境的修复工作；海岸带的新建项目、改造项目必须严格实行环保措施的同时到位，力争实现海洋生态环境退化零增长。

二、发展对策

海洋经济是对沿海区域资源经济、产业经济和滨海区域经济的有机综合，发展海洋经济是以海洋资源为基础，以海洋产业为桥梁，以沿海区域的社会经济全面发展为目标的一项系统工程。结合以上分析的海西区沿海三省（福建、浙江及广东）在海洋经济发展中存在的诸如海洋经济综合开发能力和开发效益低、产业规模小、技术档次低、资源利用程度低等问题，我们应主要从创新海洋综合开发与开放体制、构建现代海洋产业体系、提升海洋自主创新能力和完善海洋生态环境保护体系等四方面来统筹海西区三省跨区的长期发展，充分利用海西区巨大的海洋资源优势，实现整个海西区海洋与非海洋产业间的协调。

（一）创新海洋综合开发开放体制

1. 创新海洋综合开发体制

海西区应立足于综合的观点制定并实施海洋的战略、政策和海洋的开发与保护规划，实施中应建立科学的决策程序，要有利于各有关部门、单位的兼容和平衡。

一是确定优先合作项目，不断改善并提高各成员经济体的海洋科学技术水平和海洋产业技术能力；二是努力改善海洋经济环境，充分保持和发挥中小企业的活力、创造力、灵活性，协助海洋中小企业确定优先发展领域，保证海洋信息的可获性和透明度；三是合理使用海域，科学布局海洋产业，建立涉海产业、部门和单位之间的信息交流平台，及时通报海洋开发活动，定期交流管理经验；四是加大财税扶持力度，地方财政通过集中的海域使用金，加大支持海岸带与无居民海岛整治与修复、海洋管理和海洋生态保护的力度。

2. 创新海洋开放体制

海西区发展海洋经济应注重整合提升、集群发展。海西区应凭借其地理优势扩大海洋合作交流。加强海洋科技创新、教育培训、金融保险、新兴产业等领域的国内外合作，支持有条件的企业并购境内外相关企业、研发机构和营销网络。加强与港澳台和相关国家、地区在海洋产业、科技、教育等领域的交流合作。加强海峡两岸的合作，推进海西区陆域综合开发。其中特别要在有条件的地区设立台商投资区，在促进两岸贸易投资便利化、台湾服务业在大陆市场准入等方面先行先试。

（二）构建现代海洋产业体系

海洋经济是个多门类、多产业、多行业的系统工程。海洋产业之间的关联度很高。这就要求我们以战略的眼光、全局的观念来考虑推进综合开发，在优化产业组合中形成新的优势。加快以海洋水产、海洋运输、海洋高新技术开发、海洋工业和滨海旅游为重点的对外开放步伐。

一是拓展对外开放通道，强化海洋经济开放优势。从今后海洋开发的趋势看，海洋养殖业、滨海旅游业、海洋药物开发具有巨大的发展空间。要把握重点，协调上述三个优势产业的发展，使之在海洋产业组合发展中起到主导作用。与此同时，要重点对渔业等传统产业进行提升、改造。

二是充分重视海洋空间、资源开发利用中的生产布局，科学、合理地安排区域的生产结构。在生产布局上既要考虑区域经济优势和经济与社会发展方向，也要符合区域海洋的功能区划。

三是实现海洋运输政策、海洋法规、海洋程序、海洋经济技术标准的统一，为产业信息的协调及高透明度提供便利。

（三）提升海洋自主创新能力

海洋经济具有综合性特点，既包括以海洋资源和海洋空间为基本生产要素的生产和服务活动，也包括不依赖海洋资源和海洋空间，但直接为其他海洋产业服务的经济活动。更加宽泛意义上的海洋经济还包括海洋科学研究、教育、技术等其他服务和管理活动。结合海西区的海洋科技人才缺乏、创新能力不足等问题，我们应加大对海西区海洋经济的科研的扶持力度。

一是加强海洋科技创新，提升海洋产业素质。要加强海洋科技创新，应引进国外一批海洋高新技术，同时加强自主开发，并注意技术的集成，促进多学科技术在海洋科研上的交叉、融合、渗透和联合攻关。

二是产、学、研相结合，真正形成促进科研成果转化和产业化的有效机制。研究经费除政府资助部分外，其他部分由产业部门和参与的大学、研究所共同承担，研究开发出来的成果即转移到产业部门。

三是构筑海洋科技创新平台。努力完善设施建设和先进的仪器设备条件，采取灵活的人才政策和广泛的国际交流与合作。

四是抓好国家技术创新工程试点工作，发挥海洋科研院所的平台集聚效应，加快实施一批涉海重大科技专项。扶持一批海洋战略规划、勘测设计、海域评估等中介机构。

（四）完善海洋生态环境保护体系

海洋经济就是指对海洋及其空间范围内的一切海洋资源进行开发的经济活动或过程，海洋经济实质上是关于海洋资源的经济问题，即为了满足人们对海洋资源产品的需要，如何协调资源的开发利用与保护培育之间关系的经济问题。海洋开发利用的过程，本质上是通过人为的努力把自然物转变为社会财富的过程。在科学技术进步的推动下，海洋开发的深度、广度不断扩展，过度开发海洋资源的事件就难免发生。为此，应把生态环境的保护贯彻到海洋开发中，成为海洋开发的一项内容和实现目标。

一是切实贯彻生态原则和社会原则。海洋产业的最佳化发展是以海洋环境保护为前提并具有可持续性。重视海洋政策的结果考核（而非过程控制），鼓励对海洋资源的多用途综合利用、商业和微观经济改革等。

二是生态优先，持续发展，推进海洋生态建设和修复。加快建立科学的资源开发利用与保护机制，加强海域、海岛、海岸线和海洋地质等基础调查与测绘工作。加强涉海项目的区域规划论证和环境影响评价工作，规范海洋产业、海域围填、海洋工程的规划审批、建设监管和监测评估。

三是加强陆海污染综合防治。切实做好陆源污染物入海排放控制和近岸海域污染整治工作，整合提升石化、钢铁等产业，强化污染企业治理。

第四节　海西区海洋经济发展展望

海西区将以提升综合竞争力为核心，努力调整海洋产业结构，优化区域布局，采取集约型发展方式，积极巩固发展传统海洋产业，同时，积极发展新兴海洋产业，转变海洋渔业增长方式，大力培育发展现代港口物流业、滨海旅游业和海洋高新技术产业，加快海洋产业集聚，形成一批市场竞争力强、带动力大的海洋产业集群。延伸海洋经济产业链，增强产业的辐射作用，为建设海西区提供强有力的产业支撑。

一、传统海洋产业的发展展望

海西区海洋经济发展应将其置于国民经济和社会发展的全局中考虑。对于传统海洋产业应按照海西区各地区的社会经济总体规划，把海洋产业发展与布局更好地与沿海、海岛的优势资源开发和工业化、城市化结合起来，合理布局海洋产业和临海工业园区，加快形成功能分工明确的海洋产业带。正确处理产业布局与海洋产业布局的关系、海洋资源的开发利用与沿海地区经济发展水平的关系、发展传统海洋产业与发展新兴海洋产业的关系，使海洋产业的规划布局有利于当地经济增长、产业结构升级和可持续发展。

正确处理海洋深度开发与传统渔业的关系。解决传统渔业海域功能区划改变或陆续被征用，转移用于工业建设、围垦造地、发展港口或旅游开发，渔业补偿矛盾增多，渔民生活出路受影响等问题。

二、海洋战略性新兴产业的发展展望

海西区为培育壮大海洋新兴产业，在深海、远洋开发上还处于探索为主的阶段，海洋新兴产业发展空间巨大。

一是积极发展资源开发型海洋高新技术产业。海西区经济的持续发展需要稳定的资源保障，而陆地资源的贫瘠已经使地区经济不得不转向海洋资源的充分和有效利用，因此海洋石油天然气和固体矿产探测与开采业、海水资源的新利用、海上风力发电等海洋产业都是以现代高技术为支撑的产业，在海洋科学技术和社会市场需求的推动下，海洋资源开发的范围更广且层次更深。

二是积极培育以产品为导向的海洋高新技术产业。海西区的经济发展已经迫切需要寻求新的产业增长点，而发展以产品为导向的海洋高新技术产业正

符合未来海西区在所拥有的人才资源、技术资源和自然资源的基础上进行产业发展的方向。聚力开发一批具有资源特色的海洋药物,初步形成海洋药物产业;创新海洋医药发展路径,灵活利用健康食品、保健品作为海洋药物的过渡;在海洋工程方面,发展高科技海洋装备制造业和高技术含量的船舶制造业。

三是继续加大对高技术和高附加值的涉海服务业的支持。相对于传统的海洋产业,以滨海旅游业为主导,海洋游艇业、滨海旅游业等海洋新兴产业的集成发展必将成为未来发展趋势,同时必将大大提升采取这种发展方式的海西区海洋经济结构、产业层次和海洋经济的社会综合服务能力。

总之,当前世界海洋经济快速增长,已成为本世纪最具活力的国民经济新领域,这也将成为拉动海西区经济的新的增长亮点。而海西区作为我国重要的海洋经济区,海洋经济的产业关联效应比较强,对相关的产业、行业的带动能力也比较强。虽然海西区现在还处在传统海洋产业占主导地位的阶段,但未来发展潜力巨大,而且随着人们生活水平的不断提高、保健意识的不断增强,海洋产品的市场需求也会越来越大。

第九章

海西区文化产业

改革开放三十多年来，在大力促进经济社会发展的同时，海西区内各地政府高度重视文化产业的发展，先后制定了多项促进文化产业发展的政策，为加快文化产业发展指明了方向，推动了海西区文化产业持续健康发展。近年来，以创意产业为代表的新兴文化产业异军突起，成为“软实力”成就“硬发展”的典型体现。特别是在2008年金融危机的影响下，众多文化产业更是逆势上扬，稳健发展，形成多类文化产业迅速发展的态势，所实现的增加值逐年递增，占本区域GDP的比重日益显著。

第一节　海西区内共有的文化资源

本节着重介绍海西区内共有的文化资源，一方面可以摸清区域文化产业发展的内容依据和特色来源，另一方面也可由此展示区域文化产业发展尚待整合的共有财富和可以拓展的发展空间。

一、客家文化

客家是一个具有显著特征的汉族分支族群，也是汉族在世界上分布范围广阔、影响深远的民系之一。在我国国内，客家聚居的地区共19个省区、265个县市，其中纯客或基本纯客县市41个，总人数约5 500万。香港约125万，澳门约10万，台湾约460万。国外则遍布五大洲四大洋，分布在80多个国家和地区，总人口1 000余万。所有客家人合计总人口在7 000万以上。

2007年8月，河南省洛阳偃师市被确认为客家先民首次南迁地，是客家文化的源头。从西晋永嘉之乱开始，中原汉族居民大举南迁，抵达粤、赣、闽三地交界处，与当地土著居民杂处，互通婚姻，经过千年演化最终形成相对稳定的客家民系。此后，客家人又以梅州为基地，大量外迁到华南各省乃至世界各地。客家四州为梅州、赣州、汀州、惠州。福建省宁化县石壁是客家传说民系形成的中心地域，石壁被称为“客家祖地”。梅州因其为客家人的最主要聚居区而被称为“世界客都”；赣州则与客家民系形成有密切关系，被称为迁居台湾的“客家摇篮”，清朝和日据时期以广东祖先和福建祖先来区分，福建客家被列入闽籍，而原登记为闽籍的汀州府、漳州府客家，则因语言亲近关系，加入了粤籍。不过，现在籍贯为闽、粤两省的台湾客家人，已经不分你我，都接受统一的“客家”称呼，一起团结奋斗。客家人非常团结，在中国大陆多居于闽、粤、赣地区，故有浓厚的山区文化，客家人也被称为“丘陵上的民族”。客家文化特点是耕读传家，保留古代汉民族的特点，有古汉文化活化石之誉。由于客家人行走天下，移民世界，且在海外商界不乏成功者，因此亦有“东方犹太人”之称。有人说：哪里有阳光，哪里就有客家人；哪里有一片土，客家人就在哪里聚族而居，艰苦创业，繁衍后代。客家文化是特定历史条件下形成的以移民为代表的地域性文化。在梅州，客家民居典雅堂皇，是客家人南迁后的历史文化遗产，风格独特，是中国民宅建筑瑰宝，堪称世界建筑一绝。土楼、围龙屋、走马楼、五凤楼、四点金、多杠楼及中西混合式等多种形式，集中体现了中原宫殿式、府第式、四合院式等建筑风格，反映了客家人的历史和传统文化变迁。这些民居屹立于青山绿水之间，构成了神秘而绚丽的画卷，形成了客家独特的人文景观。

二、畲族文化

根据2000年第五次全国人口普查统计，畲族人口数为709 592人。畲族属汉藏语系苗瑶语族，现在还有极少部分继续使用畲语。90%的畲族使用接近于汉语客家方言的语言，但在语音上与客家话稍有差别，有少数语词跟客家语完全不同，也有部分讲闽南语。他们没有本民族文字，通用汉文。全国只有一个畲族自治县，即位于浙南山区的景宁。景宁畲族源于唐永泰二年（公元766年），由闽迁居浙西南时落户，距今已有1 200多年历史。因此，景宁又被称为中国畲乡。

在畲族中，广泛流传着属于原始社会图腾崇拜性质的盘瓠传说。传说他们的始祖盘瓠因为帮助皇帝平息了外患,得以娶其三公主为妻,婚后迁居深山,生下三男一女,长子姓盘,次子姓蓝,三子姓雷,女婿姓钟,子孙逐渐繁衍成为畲族。畲族人民在迁徙过程中,在拓荒殖土的同时,创造了绚丽多姿的文化艺术,具有鲜明的民族特色。

(1) 畲族文学艺术十分丰富。山歌是畲族文学的主要组成部分,多以畲语歌唱的形式表达。所以畲族文学基本上是民间口头文学。每逢佳节喜庆之日,歌声飞扬,即使在山间田野劳动、探亲访友迎宾之时,也常常以歌对话。畲族流传下来的山歌约有1 000多首、四五万行。畲族的演唱形式有独唱、对唱、齐唱等。其中无伴奏的山歌是畲族人最喜爱的一种民歌方式。“双音”是畲族人擅长的二声部重唱的唱法,又称“双条落”。潮汕人把用方言唱出来的歌谣,统称为“畲歌”。“畲歌”的含义,其实就等同于“潮州歌”。

(2) 精巧的编织工艺。勤劳淳朴的畲族妇女,不但是生产能手,也是编织刺绣的能工巧匠。她们的手工艺品种类丰富,色彩斑斓,风格独特。如编织的彩带,又称合手巾带,即花腰带,图案花纹多样,配色美观大方。编织的斗笠,花纹细巧,工艺精致,配以水红绸带、白带及各色珠子,更富有民族特色,是畲族妇女最喜爱的一件装饰品。畲族姑娘精心织绣的绣帕或彩带,送给心爱的情侣,是最好的定情物。新中国成立后,这种工艺技术得到了发扬光大,成为抢手的旅游产品和出口产品。畲族妇女的服装,各地略有差别,其共同特点是上衣多刺绣,尤其是福建福鼎和霞浦的女上装,在衣领、大襟、服斗甚至袖口上都有各色刺绣花纹图案和花鸟龙凤图案。畲族妇女最主要的装束就是“凤凰装”。

(3) 别具一格的民族体育。畲族人民历来重视体育活动,体育活动的项目也很多,有武术、登山、“打尺寸”、“操石磉”、骑“海马”、竹林竞技等。畲族武术以畲拳最为著名,棍术次之。畲拳乃畲族独创,已有300多年的历史。棍术种类多,动作名称复杂多样。拳术十分普及,作为拳术的一部分,有令人叫绝的点穴功夫。武术精通的老拳师一般都会点穴术和医术。

(4) 悠久的酿酒文化。景宁山区有一种珍贵的绿曲酒,是畲族人民的智慧结晶,据传于唐永泰二年(公元766年)酿造,距今有1 200多年历史。景宁畲族绿曲酒采用深山天然原材料作为基酒原材,崇尚自然健康、尊重传统文化、重视现代科技,符合人们回归自然的要求。并且酿造原材料取自无污染自然生成物,富含天然有效活性营养成分,具有较强的延缓衰老和增强免疫力的作用。

(5) 畲族的传统服饰,斑斓绚丽,丰富多彩。畲族服饰以头饰的“凤冠”和“牛角帽”闻名,服饰的颜色以黑色、蓝色为主,衣料多为自织的麻布。现在畲族男子服装与汉族无异,而闽东、浙南的部分畲族妇女,服饰仍具有鲜明的民族风格。衣领、袖口和右襟多镶花边,有穿短裤裹绑腿的习惯。但是妇女的发式与汉族不同。特别是,客家人的服饰,与唐宋时期中原人民的服饰差别甚大,却与畲族服饰类似,显然是在长期与畲族人民交往中,受到畲族的影响,吸收了畲族服饰文化的有益养分所致。

三、红色文化

红色文化是在革命战争年代,由中国共产党人、先进分子和人民群众共同创造并极具中国特色的先进文化,蕴涵着丰富的革命精神和厚重的历史文化内涵。闽西是一块红色的土地,是全国仅有的赢得“红旗不倒”光荣赞誉的两个地方之一。在这里,留下了毛泽东、周恩来、刘少奇、朱德、陈毅等老一辈无产阶级革命家从事伟大革命实践的深深印记。这里是红军长征的出发地之一,当年十万闽西儿女踊跃参加红军,中央主力红军 8.6 万人的长征队伍中,有 2.6 万多闽西儿女。在长期的革命斗争中,闽西人民为新中国的建立做出了巨大牺牲和重大贡献。闽西在册革命烈士 2.36 万名,占全省烈士人数的一半多。1955—1965 年间,闽西有 68 人被授予少将以上军衔,占福建省籍将军总数的 82%,成为全国著名的“红军之乡”、“将军之乡”。

赣州是全国著名的革命老区,赣州的瑞金市以及周边几个县是第二次国内革命战争时期的中央革命根据地和中华苏维埃共和国临时政府所在地,因此,瑞金市被誉为“共和国的摇篮”。每年都有大批游客来到瑞金观光旅游,接受革命传统教育。毛泽东、周恩来、朱德、邓小平、叶剑英、陈毅、彭德怀等老一辈无产阶级革命家都曾在赣南从事过伟大的革命实践活动。举世闻名的二万五千里长征,就是从瑞金、于都等地开始的。

第二次国内革命战争时期,抚州有六个县为全红区,许多老一辈革命家都在抚州活动过,至今遗存的革命遗址有:第四次反“围剿”东、黄陂战役旧址,第五次反“围剿”高虎脑战场旧址,康都会议及红一方面军总部旧址,闽赣省苏维埃政府旧址,毛泽东、周恩来、朱德、邓小平等革命领导人旧居。红色人文景观也是具有抚州特色的旅游资源之一。

潮州凤凰山不仅是全国畲族同胞公认的民族发祥地和始祖开基地,而且由于 1927 年朱德、陈毅率南昌起义军途经饶平茂芝,在这里召开“全德会议”,做出了“奔向湘南”的重大决策,随后与毛泽东井冈山会师,创建了“中国工农红军”,为井冈山根据地的巩固壮大,为中国革命的胜利做出了关键抉择,因而也成为红色旅游资源之一。

四、华侨文化

华侨是指定居在国外的中国公民。一般来说华侨的祖籍在中国各大城市都有，海西区是华侨文化的重要聚集地之一。广东省最多的是江门市，达320多万，其次还有梅州市300多万，汕头市300多万，揭阳市（包括普宁市）300多万，广州市100多万。福建省最多的是泉州市，近760万。

中国人移居国外，可追溯到2000多年以前的古代。从各方面看，21世纪初海外华人华侨的人口总数约为3975.8万人，其中约有200万为近20余年间从大陆迁出的新一代华人华侨，分布在161个国家，其中绝大多数已加入所在国国籍，属外籍华人。可以说，除个别的内陆国家和偏远的岛屿地区之外，环球皆有炎黄子孙的踪迹。从大洲分布看，亚洲为2125万人，占83.7%；美洲245万人，占9.9%；欧洲125万人，占4.9%；大洋洲32万人，占1.2%；非洲9万人，占0.3%。按国家和地区划分，华人华侨的85.5%集中在东南亚地区，仅印度尼西亚（600万）、泰国（465万）、马来西亚（509万）三国就有1574万人，占世界华人华侨总数的60%以上。按华人华侨的祖籍划分，广东籍占54%，福建籍占25%，海南籍占6%，其他省、市、自治区共占15%（其中以台湾、广西、山东、新疆、云南为主）。

在东南亚，粤籍、闽籍和其他省市华人华侨之比为5∶3∶2；而在亚洲以外，粤籍占绝大多数。若以方言划分，使用闽南（泉州）、广府（广州）、客家、潮州四种方言的人，占海外华人华侨总数的80%左右。根据广东省政府网数据，广东籍的华人华侨有2000多万，广府籍800多万，潮汕籍700多万，客家籍500多万。另加上闽籍客家华人华侨近200万，各省客家华人华侨共约800万左右。其中较有影响力的有：闽南籍的陈嘉庚、郭鹤年等，广府籍的骆家辉、容闳、陈宜禧、陈启沅、陈芳等，客家籍的胡文虎、张弼士、叶亚来、李光耀、罗芳伯等，潮汕籍的陈慈黉等，他们都是华人华侨中的杰出代表，体现了海外华人华侨艰苦奋斗、自强不息的精神。

华侨文化是区域文化的一个特殊组成部分，即一部分在内地，另一部分在海外，具有跨地域性质，文化特质具有相对独立性的一面。

（1）一部华侨史见证了中国苦难史、移民史、革命史，是一部爱国主义和国际主义教科书，特别是鸦片战争后的华侨史，尤其如此；

（2）华侨文化是中西文化交流、融合的产物，除了具有区域文化（如岭南文化或广东文化）的共同特质以外，更富有创新性、边缘性；

（3）华侨文化的另一源头是侨居地，华侨文化在异质文化包围中不但没有被同化，反而能在与之的交流中发展、创新，卓然独立于当地文化之中，这其中隐藏着许多深层次的原因，有必要做深入的探讨；

(4) 华侨文化所凝聚、反映的人文精神对激励当代人和后人艰苦奋斗、爱国爱乡、建立崇高的民族精神和民族气节，都是一笔宝贵的精神财富；

(5) 华侨文化存在于各个文化层面，依靠各种关系和联系网络保持自己的发展、传播和进步，而文化和经济又是紧密不可分割的，所以充分利用华侨文化遗产，扩大对外开放、招商引资，发展外向型经济，有非同寻常的作用，改革开放以来侨乡甚至非侨乡的成功经验已验证了它的意义；

(6) 华侨文化遗迹遗址也是一种宝贵的文化旅游资源（如开平碉楼、华侨名人故居、华侨名镇、名村等），对当地的旅游开发、发展地方经济贡献匪浅。

五、两岸同源文化①

海峡两岸的文化价值观都来自中华传统文化，特别是闽台之间的文化习俗几乎完全相同，尤其重视血缘、地缘、神缘、业缘、学缘关系。

(1) 血缘。自古以来，福建人就喜欢族居，即使向海外发展，也把家乡的血缘组织带往异地。台湾作为早期福建人开辟的一个区域，也是福建宗族组织移植的一个地点。一般是分散进入台湾，成家立业之后再与家乡的宗族联系续谱。随着时间的推移，一个家族逐渐兴盛，血缘组织例如宗亲会也随之发展起来。

(2) 地缘。即使到了现代，台湾农村的族居现象还是相当普遍的，甚至以族姓或籍贯作为聚居地的名称。由于福建地处偏远，对普通福建人而言，同乡往往是他们在异地可以求助的对象。因此，不论在哪里，他们都喜欢居住在一起。为了联络友情，他们在异乡建立了会馆。会馆成了在外福建人交流信息、沟通感情、互帮互助的一种纽带。在台湾开发之初，同乡人共居的现象也十分普遍，至今仍有“闽庄”之类的称呼。

(3) 神缘。对死亡的恐惧，多是中国南方宗教生长的心理土壤。台湾的民间信仰与福建特别是泉州几乎相同，而且台湾多数的神佛宫庙都是从闽南分蘖过去的。由于闽台两地在宗教信仰上同神、同拜、同庙，关系不分彼此，因此长期以来互相之间的神缘文化交往非常密切。在台湾和福建境内，最为著名的神明是妈祖、观音、关帝、吴真人、临水夫人等，共同的信仰成为社会整合的一种形式。除了香火旺盛的宗教外，即使在普通的乡村，往往也有自己的“境主神”，当地人认为这些神灵是本地的主宰，拥有很高的权威。甚至热心本地公益事业的

① 本段辑录了黄绍臻，《走向整合——海峡西岸经济区发展报告》，北京：经济科学出版社 2011 年版的有关内容。

人,也会借用神明的权威来协调民众的利益。尽管商品经济日渐发达,但是闽台的神灵崇拜不仅没有淡化,反而增强了。在闽台区域,不论在城市还是在乡村,到处都有神灵的庙宇,甚至家家户户都有神像设置,商家供神龛、烧纸钱更是蔚然成风。

(4) 业缘。业缘最早出现于自由手工业者之间。为了自我管理,防止过度竞争,工匠们组织了自己的行会。同业者的行会是典型的业缘组织。在清代,福州和厦门已经成为典型的工商业城市,手工业相当发达,因此几乎每一行都有自己的会,甚至商人和手工业者之间也没有严格的区别,行会和商会在一定条件下可以相互转化。福州的"帮"和闽南的"郊"实际上就是当地的商人组织。后来,工厂制度开始出现,分行业的商人组织开始统一,但是却依然没有打乱原有的行会关系。

(5) 学缘。学缘是指师生之情、同学之谊,因曾经共同就读于同一所学校而形成比较亲近的人际关系。学缘作为一种文化,甚至可以超越地域、信仰、血统、专业,寻找到共同语言。中国是一个尊师重教的国家,人们常将师生关系比作家庭中的父子关系,而同学关系也就成了同门中的兄弟关系。不论在福建,还是在台湾,到处都有同学会、校友会,学缘关系对社会生活的各个方面都有影响。此外,在海峡两岸,注重伦理、强调情感、信赖亲缘,也构成了相似的企业管理文化。

第二节　海西区文化产业发展现状及存在的问题

一、文化产业的界定

2004 年,国家统计局在与中宣部及国务院有关部门共同研究的基础上,制定了《文化及相关产业分类》,从国家有关政策方针和课题组的研究宗旨出发,结合我国的实际情况,将文化及相关产业概念界定为:为社会公众提供文化、娱乐产品和服务的活动,以及与这些活动有关联的活动的集合。

根据上述概念,文化产业的范围为:

(1) 为社会公众提供的实物形态文化产品和娱乐产品的活动,如书籍和报纸的出版、制作、发行等。

(2) 为社会公众提供可参与和选择的文化服务和娱乐服务,如广播电视服务、电影服务、文艺表演服务等。

（3）提供文化管理和研究等服务，如文物和文化遗产保护、图书馆服务、文化社会团体活动等。

（4）提供文化、娱乐产品所必需的设备、材料的生产和销售活动，如印刷设备、文具等生产经营活动。

（5）提供文化、娱乐服务所必需的设备、用品的生产和销售活动，如广播电视设备、电影设备等生产经营活动。

（6）与文化、娱乐相关的其他活动，如工艺美术、设计等活动。

二、海西区文化产业现状

（一）文化团体等资源

据不完全统计[①]，海西区范围内，共有文艺表演团体246个，占全国文艺表演团体总数6864个的3.6%；共有公共图书馆1032个，占全国公共图书馆总数2884的35.8%；共有博物馆1128座，占全国博物馆总数2435座的46.3%；共有群众性文化馆（站）1190个，占全国群众性文化馆（站）总数93382个的1.3%。

从表9-1可见，海西区的博物馆和公共图书馆数量在全国占有较大比重，尤其是博物馆数量占全国博物馆总数的接近一半，似乎显示出它是一项具有相当规模、值得开发利用的重要文化资源。相形之下，海西区的文艺表演团体以及群众性文化馆（站）的数量则显得不足，尤其是后者，仅占全国群众性文化馆（站）总数93382个的1.3%。不过，从发展潜力角度看，大力发展公益性、群众性文化事业，势必会成为海西区文化产业（事业）发展的重要方面。

表9-1 海西区与全国的文化资源比较

比较项目	海西区（个）	全国（个）	海西区占全国比例（%）
文艺表演团	246	6864	3.6
公共图书馆	1032	2884	35.8
博物馆	1128	2435	46.3
群众性文化馆（站）	1190	93382	1.3

资料来源：《中国统计年鉴2011》、《福建统计年鉴2011》以及2011年海西区除福建省外其他11个地级市的统计年鉴。

（二）广播人口覆盖率和电视人口覆盖率

从广播人口覆盖率和电视人口覆盖率来看，海西区福建省及福建省外另11

① 限于统计数据的可得性，加之本报告有专章予以考察，本研究没有将文化旅游纳入本节分析。

个设区市,前者的平均值为97.2%,后者的平均值为96.6%,分别高于和低于全国平均值1个百分点,似乎显示该区域内多山特征对电视信号传播的不利影响,同时,该区域多以地方性广播覆盖辖区人口,地方性广播成为当地获取此类信息的重要途径(见表9-2)。

表9-2　海西区与全国的广播、电视人口覆盖率比较　　单位:%

比较项目	海西区	福建省外另11个设区市
广播和电视人口覆盖率	97.2	96.6
与全国平均值比较结果	+1	-1

资料来源:《中国统计年鉴2011》、《福建统计年鉴2011》。

(三)文化消费支出

从海西区城镇居民人均消费支出和农村居民人均消费支出的情况来看(见表9-3),海西区城镇居民人均消费支出的平均数为12 143.68元/人,高于全国城镇居民人均消费支出的平均水平10 239.3元/人19个百分点,其中用于文化体育娱乐方面的消费支出平均数为1 404.1元/人,高于全国城镇居民人均消费支出用于文化体育娱乐方面的消费支出的平均水平904.69元/人55个百分点,显示了本区域城镇居民对文化体育娱乐产品及服务的强劲的有效需求,也为人均收入超过3 000美元、恩格尔系数下降至40%以下会出现文化体育消费的旺盛需求的经验观察趋势提供了佐证。海西区农村居民人均消费支出的平均数为5 498.33元/人,高于全国农村居民人均消费支出平均水平3 089.7元/人78个百分点,其中用于文化体育娱乐方面的消费支出平均数为386.19元/人,高于全国农村居民人均消费总支出用于文化体育娱乐方面消费支出平均水平244.25元/人58个百分点,显示出该区域农村居民对文化体育娱乐产品及服务大大超出全国平均水平的旺盛的有效需求。

表9-3　海西区与全国的文化消费支出比较

比较项目	海西区城镇居民	海西区农村居民
人均消费支出的平均数(元/人)	12 143.68	5 498.33
与全国城镇/农村居民人均消费支出平均水平比较结果	+19%	+78%
用于文化体育娱乐方面的消费支出平均数(元/人)	1 404.1	386.19
与全国城镇居民人均消费支出用于文化体育娱乐方面的消费支出平均水平比较结果	+55%	+58%

资料来源:经计算分析得到。

从以上简单的对比分析中似乎可以看出:海西区城乡居民对文化体育娱乐

产品及服务的较多的有效需求，一方面是与该区域较高的人均收入水平相联系的，另一方面则预示着在该区域发展文化产业（事业）不会缺乏内生的有效需求的支撑。

（四）文化体育娱乐业

就文化体育娱乐业的地区生产总值的情况来看（见表 9-4），2010 年海西区文化体育娱乐业地区生产总值已达 702 亿元，为该区域全部地区生产总值 23 209.8 亿元的 3%；按区位熵（海西区文化体育娱乐业地区总产值/海西区地区总产值）/（全国文化体育娱乐业生产总值/国内生产总值）计算，海西区文化体育娱乐业的区位熵值为 0.31，说明海西区的文化体育娱乐业尚不足以实现自源性供给，在全国没有比较优势。

表 9-4 海西区文化体育娱乐业产值与全国文化娱乐业产值的比较

比较项目	文化体育娱乐业产值（亿元）	占本区域生产总值的比例（%）	区位熵值
海西区	702	3	0.31
全国	2 231	0.47	—

资料来源：经计算分析得到。

不过，根据规模以上工业企业生产总值分行业的统计数据，2010 年海西区的印刷与媒体复制行业的工业总产值已达 343.25 亿元，约占该地区工业总产值的 1%，但计算其区位熵（海西区印刷与媒体复制业工业总产值/海西区工业总产值）/（全国印刷与媒体复制业工业总产值/全国工业总值）却达到 1.8，说明它可以被看成是在海西区形成了专业化和有一定比较优势的行业。再从文化体育用品制造业的情况来看，2010 年海西区的文化体育用品制造业的工业总产值约为 452.78 亿元，也约占本地区工业总产值的 1%，但计算其区位熵（海西区文化体育用品制造业工业总产值/海西区工业总产值）/（全国文化体育用品制造业工业总产值/全国工业总值）达到 1.5，说明它也可以被看成是在海西区形成了专业化和有一定比较优势的行业。就文化和办公用仪器设备制造业的情况看（见表 9-5），2010 年海西区的文化和办公用仪器设备制造业的工业总产值约为 414.2 亿元，尽管该产值约占本地区工业总产值的 1%，但计算其区位熵（海西区文化和办公用仪器设备制造业工业总产值/海西区工业总产值）/（全国文化和办公用仪器设备制造业工业总产值/全国工业总值）却只有 0.06，说明它尚不足以实现自源性供给，在全国没有比较优势，差距较大。就工艺品和其他用品制造业的情况来看，2010 年海西区工艺品和其他用品制造业的工业总产值达到 769.31 亿元，约占该地区工业总产值的 2%，计算其区位熵（海西区工艺品和其他用品制造业工业总产值/海西区工业总产值)/(全国工艺品和其他用品制造业工业总产值/全国工业总值)已高达2.54,说明工艺品和其他用品制造业在海西区是非常专业化和具有巨大比较优势的行业。

表9-5　海西区规模以上相关文化产品制造业情况

比较项目	工业总产值(亿元)	占本区域工业总产值的比例(%)	区位熵值
印刷与媒体复制行业	343.25	1	1.80
文化体育用品制造业	452.78	1	1.50
文化和办公用仪器设备制造业	414.20	1	0.06
工艺品和其他用品制造业	769.31	2	2.54

资料来源:经计算分析得到。

2010年海西区文化体育娱乐业从业人员有73 700多人,占该区域全社会从业人员总数47 869 400人的0.1%,占全国文化体育娱乐业从业人员总数95 447 000人的0.7%,按区位熵方法计算,其值为0.01,可以视为海西区文化体育娱乐业从业人员尚不足以满足该区域文化体育娱乐业发展的需要,在全国也没有比较优势(见表9-6)。在某种意义上,也说明海西区文化产业尤其是文化体育娱乐业发展的人才缺口巨大。

表9-6　海西区与全国的文化体育娱乐业从业人员情况

比较项目	海西区
文化体育娱乐业从业人员(人)	73 700
占本区域全社会从业人员总数的比例(%)	0.1
占全国文化体育娱乐业从业人员总数比例(%)	0.7
区位熵值	0.01

资料来源:经计算分析得到。

(五)财政支出

2010年海西区区域地方一般性财政预算支出总计为3 255.1亿元,其中用于文化体育传媒方面的财政支出总计为59.77亿元,占前者的1.84%。同期,全国财政预算用于文化体育传媒方面的支出总计为1 542.7亿元,占全部财政预算总支出89 874.6亿元的1.72%。这样,按区位熵方法计算,其值为1.07,说明海西区对文化体育传媒业的财政支出不仅超过了全国同类支出的平均水平,而且相对具有较大贡献,反映出该区域在产业结构调整和振兴文化产业大背景下,对发展文化体育传媒业的高度重视和大力支持。

表 9-7 海西区与全国的财政预算支出比较

比较项目	海西区区域	全国
地方一般性财政预算支出(亿元)	3 255.1	89 874.6
用于文化体育传媒方面的财政支出(亿元)	59.77	1 542.7
文化体育传媒方面的财政支出占财政支出的比例(%)	1.84	1.72
按区位熵方法计算两者比值	1.07	

资料来源:经计算分析得到。

(六) 固定资产投资

从全社会固定资产投资的情况看(见表 9-8),2010 年海西区区域共完成全社会固定资产投资 59 415 939 亿元,其中对文化体育娱乐业的固定资产投资完成了 1 289 044 亿元,占该区域全社会固定资产投资的 2.17%。同期,全国全社会固定资产投资为 2 781 219 000 亿元,其中对文化体育娱乐业的固定资产投资完成了 29 594 000 亿元,占全国全社会固定资产投资的 1.06%。这样,按区位熵方法计算,海西区对文化体育娱乐业的固定资产投资的区位熵值为 2.04,说明海西区对文化体育娱乐业的固定资产投资不仅大大超过了全国对同类产业固定资产投资的平均水平,而且在区域内的各项固定资产投资中占据了相当大的比重,预示着海西区发展文化体育娱乐业的物质基础正在形成,在正常情况下势必会迎来一个文化体育娱乐业的高速增长时期。

表 9-8 海西区与全国的全社会固定资产投资比较

比较项目	海西区区域	全国
全社会固定资产投资(亿元)	59 415 939	2 781 219 000
对文化体育娱乐业的固定资产投资(亿元)	1 289 044	29 594 000
文化体育娱乐业的固定资产投资占全社会固定资产投资的比例(%)	2.17	1.06
按区位熵方法计算两者比值	2.04	

资料来源:经计算分析得到。

第三节 海西区文化产业发展成果、趋势与展望

一、海西区文化产业发展成果

(一) 发展规划与政策措施

近年来,福建省先后制定出台了加快文化产业发展的意见和文化改革发展

的专项规划，落实金融、财政、税收等一系列扶持文化产业发展的政策措施，文化产业发展势头良好，文化在经济社会发展中的地位越来越凸显。在资金投入方面，每年都安排1亿元扶持资金，用于加快动漫、游戏等创意产业的发展。此外，通过各种举措，实现文化产品创作生产的丰硕成果全民共享。“十一五”期间，全省人均文化事业费27.82元，同比增长133%。

为推动创意产业加快发展，2011年年初，福建省政府首次召开全省创意产业发展工作会议，明确本省创意产业发展的重点。福建省还设立省级创意产业发展专项资金，从2011年起省级财政将连续3年，每年统筹安排1亿元，重点扶持创意产业园区（基地）、重点企业、公共服务平台、人才培养等。在政策东风的鼓舞下，福建全省各地纷纷抢抓机遇，充分发挥本地文化资源优势，发展和壮大特色文化产业，拉长创意研发设计、产品生产、推广销售的产业链，催生新型文化业态。

为加大对文化产业的扶持力度，温州市出台了《温州市促进文化产业发展的若干意见》，拿出2 000万元专项资金，在税收、土地、投融资等方面倾力支持文化企业。2010年10月，温州市文化广电新闻出版局和温州民间资本投资服务中心签订协议，双方将共同合作发起设立“温州文化发展产业基金”，共同搭建民间资本与文化产业之间的互动平台。

从2009年起，衢州市财政每年安排1 500万元宣传文化事业发展资金，用于市本级文化保障、文化研究、文物保护、非遗保护、精品制作、文化阵地等方面的宣传文化事业建设。市本级财政投入的增幅不低于本级财政经常性收入的增幅，宣传文化事业发展资金和文化事业建设经费逐年增加。

（二）文化产业发展成果

2010年福建省动漫游戏产业收入达40亿元，制作动画片近8 000分钟。海峡两岸文博会、茶博会等活动已成为闽台文化贸易和产业交流对接的重要平台。据初步估算，2010年福建省包括广播影视、文化创意在内的十大文化产业增加值近600亿元，同比增加了30%以上。“十一五”期间，福建全省文化产业增加值年均增长29.8%，比地区生产总值年均增速高12.8个百分点。2010年，福建文化产业占GDP的4.2%，文化产业法人单位实现增加值居全国各省区市第7位。全省动画片产量位居全国第7位；全省93个国有专业艺术院团演出近1.63万场次，国内观众近1 304万人次，年度总收入3.05亿元；800余家民间艺术院团演出场次超过16万场，观众近1亿人次，演出总收入4亿多元；评论集《五种形象》获第五届鲁迅文学奖；曹禺剧本奖中全国8部作品获奖，福建省占1部；南音《相聚在宝岛》首次摘取中国曲艺最高奖牡丹奖；第十届国际摄影艺术展中，获 1 金、1 银、2 铜、1 推荐、1 优秀，30 入选，在全国名列前茅。

2011 年年初以来，福建省就已获批发行国产电视动画 17 部 508 集 6 695 分钟，其中 4 部获评优秀国产动画片，精品数继续位居全国第 4；获批国产电视剧 4 部 155 集，报备电影剧本故事梗概 14 部，4 部电影获准公映。在 2011 年第二届中国出版政府奖评选中，福建省 3 种出版物获提名奖，1 个单位获先进出版单位奖；20 个项目列入新闻出版总署“十二五”重点出版物出版规划。据厦门海关披露，2011 年 1—10 月，福建累计出口文化产品 15.2 亿美元，同比增长 57.1%，高出同期福建外贸出口整体增速 25.6 个百分点。其中，美国和欧盟为主要出口市场，各出口 5.5 亿美元，分别同比增长 65.7% 和 55.8%，合计占同期福建文化产品出口总值的 72.4%。视觉艺术品为主要出口商品，出口 14.1 亿美元，增长 54.6%，占同期福建文化产品出口总值的 92.8%。

近几年来，温州市在科学发展观指导下，文化事业建设取得了明显成效，文化产业规模进一步扩大，文化产业在国民经济中所占比重逐年提高。据了解，2010 年，温州市实现文化产业增加值 100.58 亿元，比上年增长了 22.7%，比全市同期 GDP 增幅高出 9.87 个百分点。温州市文化产品制造业经十余年的发展，目前已拥有“中国工艺礼品生产基地”、“中国印刷城”、“中国礼品城”、“中国制笔之都”、“中国工艺美术之乡”和“中国教学玩具之都”等“国字号”金名片，在同行业中走在全国前列，成为温州市经济发展的支柱产业之一。

2011 年 11 月丽水市举办了第十四届中国国际摄影艺术展览暨中国 · 丽水国际摄影文化节，吸引了 30 多个国家和地区的 1 000 多名摄影家和全国上万名摄影爱好者，共布置了 300 多个展览，来自 80 多个国家和地区的 2 000 多名摄影师近万幅摄影作品参展，国际展览数和国家数均突破上届。同年，畲族舞蹈诗《畲家谣》代表浙江省参加了第三届全国少数民族文艺汇演；庆元《月山春晚》荣获全国“群星奖”；《畲水秋歌》荣获浙江省“五个一”工程奖；大型畲族舞蹈歌舞《千年山哈》代表浙江省参加了第四届全国少数民族文艺汇演。

近年来，汕头市围绕建设文化强市的目标，大力发展文化产业，使文化产业不仅成为经济发展的支柱产业，更是在产业发展上形成“汕头样本”，初步形成金平和龙湖的印刷业、潮阳的音像业、澄海的玩具业、潮南的文具业四大聚集度高的区域性优势产业，探索出一条将文化与产业相结合的发展新路。据统计，印刷、音像、玩具、文具四大产业年产值合计超 370 亿元，拥有中国名牌产品 4 个、中国驰名商标 4 个、省名牌产品 12 个、省著名商标 48 个、省出口名牌 4 个，形成行业品牌群。2011 年前三季度，工艺玩具、印刷包装、音像材料三大支柱文化产业分别实现工业产值 155.28 亿元、104.26 亿元和 37.9 亿元，分别比增

30.2%、21%和16%。

2010年,梅州接待旅游总人数740万人次,同比增长35%,旅游总收入72亿元,同比增长44.78%,旅游产业总值占第三产业总值的31.5%,占GDP总值的12.1%。2011年"五一"假期,梅州3天就接待游客49.68万人次,同比增长22.2%。其中,过夜游客12.87万人次,同比增长9.6%;一日游游客36.81万人次,同比增长27.2%;旅游收入14 373.36万元,同比增长25.3%。2010年12月,文化部正式授予梅州"国家级客家文化生态保护实验区"称号。在梅州的"中国旅游强县"梅县的旅游特色镇雁洋镇,镇政府通过大力促进文化、旅游与农业结合,2010年全镇总收入实现60.4亿元,其中旅游收入20多亿元,农民人均纯收入达8 055元。

本着"修复一批文物景点、振兴一批传统工艺、建设一批文化设施、创作一批文化精品、做大一批文化产业"的发展战略,建设"文化潮州",最近两年多时间,潮州市先后投入10多亿元,而潮州市年财政收入也只有10多亿元。随着文化产业政策的进一步完善,民资兴办的文化产业开始活跃在潮州城乡各地。例如,2010年潮州市各类民办印刷复制企业803家,年完成工业总产值近30亿元,文化产业成为潮州经济一个新的增长点。

2010年,揭阳市投入文化事业支出5 427万元,增长33.96%,略高于2010年全市财政一般预算收入33.89%的增长率。2011年揭阳市投入文化建设资金11 265万元,占全市财政总支出的0.99%。

上饶市以"大文化"的视野,依托文化事业大力发展文化产业,重点开发了文艺演出、文化娱乐、艺术培训、影视音像、文化旅游、图书6个行业,把文化资源优势转化为产业优势,运用新的管理理念和市场化运作,加快文化产业发展步伐,逐步实现文化由"事业型"向"产业型"转变,文化本身已成为推进经济发展的主导产业之一。

在赣州,文化创意产业是经济发展的"绿色引擎"。近年来,赣州不断加大对文化创意产业的扶持力度,将其作为转变经济发展方式的一个重要着力点,努力提高文化创意产业的发展水平,推进文化产业转型升级。据统计,2010年,全市文化产业主营收入约95亿元,文化产业增加值约29亿元,同比增长19%,增速高于GDP与部分新兴产业,其背后离不开文化创意产业的贡献。

近年来,抚州市依托得天独厚的文化资源优势,以建设文化生态名城为目标,坚持"市场引导、企业主打、政府推动、社会支持"的发展模式,把文化产业作为全市的一项重点产业来发展。目前,全市已初步形成了以演艺、音像、影视、休闲娱乐、文化旅游和艺术培训、印刷为主体的文化产业群体。2010年,全市文化产业主营收入 33.43 亿元,文化产业增加值达 13.02 亿元,同比增长 48.3%,占全市 GDP 的比重为 2.07%。2011 年抚州市文化产业增加值(快报数)达 17.56 亿元,较上年增加了 4.54 亿元。文化产业增加值占 GDP 的比重为 2.37%,比上年提高了 0.3 个百分点。

“十一五”以来,鹰潭的文化产业出现较好的发展势头,初步形成了文化旅游业、传媒业、歌舞娱乐业、艺术培训业等主导产业;文化市场形成了包括文化娱乐、演出市场、网络市场、音像市场、电影市场、美术市场、文物市场等在内的综合性文化市场体系。新闻出版、文艺演出、传媒等成为鹰潭市文化产业品牌。全市现有艺术表演团体 2 个、文化馆(站)37 个、图书馆 4 个、博物馆 3 个、广播电台 3 座、电视台 3 座,有线电视网络光缆干线 537 公里,有线电视用户 7.5 万户。广播和电视的人口综合覆盖率分别达到 98.3% 和 98.2%。这些科教基础设施,为鹰潭市“十二五”文化产业的科学发展提供了坚实的基础和可靠保证。2010 年,全市文化企业和各类文化经营户总量 500 余家,文化产业增加值达 10.98 亿元,占 GDP 的比重为 3.2%,文化产业从业人员 13 834 人,占全市从业人员的 2.6%。

(三)加快构建覆盖城乡的公共文化服务体系

近年来,福建省委、省政府每年都将文化建设列入为民办实事项目,加快构建覆盖城乡的公共文化服务体系。中国闽台缘博物馆、福建省昙石山遗址博物馆、福建大剧院等一批重点项目相继建成投入使用,丰富多彩的公益性文化活动更好地满足了群众的文化需求。据了解,目前,福建省共有 12 个图书馆新馆投入使用,18 个图书馆被列入规划或正在建设,晋江市图书馆等 16 个图书馆被文化部评定为国家一级图书馆。同时,全省公共博物馆设施建成面积、数量大增,其中国家一级博物馆 5 座,数量居全国第三。

在农村,广播电视村村通、文化信息资源共享、乡镇综合文化站改造完善、农村电影放映、农家书屋建设和基层文化建设等六项工程扎实推进。提前两年半完成自然村广播电视“村村通”建设;实现农村电影数字化放映,村村月月有电影;建成农家书屋 8 450 个,图书拥有量 1 014 万册,到 2012 年,农家书屋将覆盖所有建制村;投入 1.78 亿元改造完善乡镇综合文化站,建设省文化信息网资源 35 万亿字节。2011 年 9 月,福建省开始分批对“一年百个乡镇综合文化站改造完善工程”项目进行设备安装,每站配送一台移动播放器和一套移动式无线扩音机。近年来,福建省开展“新农村百镇行”、送戏下乡等惠农文化服务活动和激情广场大家唱、文化志愿者服务、社区文化艺术节等文化品牌服务活动,在深入基层中顺应和满足城乡群众文化生活的新期待。此外,积极推广莆仙戏加演现代文明小戏、南安市蓉中村与东方歌舞团开展文化共建等典型经验。通过各具特色的公共文化服务，越来越多的基层群众文化生活丰富了，文化水平提高了，幸福指数提升了。

2011年揭阳市投入文化建设资金11 265万元，占全市财政总支出的0.99%。2011年揭阳市的农村电影放映2131工程、文化信息资源共享工程、农家书屋建设工程、农村广播电视无线覆盖工程、公共文化设施免费开放工作、非物质遗产保护、文物保护维修等，共支出文化发展专项资金和文化事业建设费等1 871万元，增长14.71%。2011年揭阳市公共文化服务设施建设资金支出2 142万元，加大对公共文化场馆和基层文化站室建设的投入力度，加快推进文化基础设施建设，完善城乡公共文化服务体系，丰富群众文化载体。

二、海西区文化产业发展趋势

（一）理清发展思路，壮大文化产业规模

按照“招引大项目、培育大企业、建设大园区、发展大产业”的思路，福建深入实施五大文化产业工程，大力发展文化旅游、文化创意等十大文化产业，产业布局结构持续优化。目前，福建已建成国家级动漫产业基地2个，省级以上文化产业示范基地71个，文化产业集中度和聚集效应进一步提升。“印象大红袍”已成为武夷山的文化品牌：公演一年，演出380场、观众40万人次、门票收入近5 000万元。

汕头市已经做出规划，力争到2015年全市文化及相关产业增加值占全市GDP的比重超过9%，2020年比重超过10%，成为汕头重要支柱产业和战略新兴产业，使汕头成为名副其实的粤东区域文化产业中心。

《梅州市建设文化强市规划纲要（2011—2020年）》提出，到2020年，要把梅州建设成为广东区域性文化品牌建设示范市、中国梅州文化旅游特色区、全球客家人的心灵家园。

（二）创新金融服务，加快发展文化产业

加快发展文化产业对于转变经济发展方式、提升经济发展质量具有重要作用。六中全会提出要“加快发展文化产业、推动文化产业成为国民经济支柱性产业”，福建省多家金融机构认为，应该努力探索金融产业与文化产业的结合，创新金融服务方式，支持具备完整公司治理结构、区域行业龙头的文化企业做大做强，助推文化产业“软实力”成就“硬发展”。2011年年初福建省工商银行积极扩大文化产业融资规模，创新金融服务文化企业模式。同年4月27日，福

建省工商银行与福建省文化厅签署了《支持文化产业发展战略合作协议》,支持福建培育一批竞争力强、全球化发展的文化企业。同年 10 月 14 日,福建省政府又与中国工商银行在北京签署《战略合作备忘录》,中国工商银行进一步明确要加大支持福建省文化产业发展力度。据统计,2011 年福建省有 62 户文化企业在银根紧缩的情况下获得工商银行的金融支持,实现快速健康发展。截至 2011 年 9 月末,福建省工商银行文化产业贷款余额已达 14.08 亿元,比年初增加了 3.76 亿元,增幅达到 36.43%,远远高于该行 10.72% 的贷款平均增幅。2011 年前 9 个月,福建省工商银行还通过办理国内保理、信用证、贸易融资、黄金白银租赁、行内银团贷款等形式为文化企业融资 15.45 亿元。

(三)推动转企改制,打造合格的文化市场主体

把国有经营性文化单位打造为自主经营、自我发展、自我创新、依法运营的合格文化市场主体。截至 2011 年 3 月,福建省出版、发行、电影放映、影视制作全行业如期完成了转企改制。同时,福建整合资源,组建海峡出版发行集团有限责任公司、海峡世纪(福建)影视文化有限公司等国有骨干文化企业。福建新华发行集团、厦门音像出版社被评为全国文化体制改革先进企业。

(四)落实文化惠民工程,增扩文化资源

“十一五”期间,福建重点文化惠民工程全面落实,新增和改建乡镇文化站 599 个,建成农家书屋 8 450 个;提前实现 20 户以上自然村通广播电视目标,基本实现农村电影数字放映和“一个行政村一月放映一场电影”,圆满完成农村广播电视节目无线覆盖工程建设任务;2008 年开始,全省县级以上公共图书馆、博物馆、纪念馆全部免费开放。

2010 年,梅州市设立市公共文化服务设施建设专项资金,规划 2011—2015 年,市财政每年安排 200 万元以上,主要用于文化设施和重点工程建设。大力推进文化先进镇创建活动,到 2015 年,全市 85% 的镇(街道)建成文化先进镇;中国客家博物馆到 2014 年力争建成为国家一级博物馆,2015 年全市博物馆信息系统建成;梅州市剑英图书馆到 2013 年建成为国家一级图书馆。到 2015 年,市要有标准的青少年文化宫,市和每个县(市、区)要有中心文化广场,每个镇要有文化广场。到 2020 年,全市各县(市、区)图书馆、文化馆全部达到国家二级馆以上标准,镇(街道)综合文化站达到省二级站以上标准,行政村(社区)按照“五个有”标准全面完成文化室设施建设;文化信息共享工程服务网点和“农家书屋”覆盖到每个行政村;农村电影放映建立市、县(区、市)两级财政保障机制,从 2011 年起,全面实现一村一月放映 1 场公益电影。抓好电影院线建

设,每个县(市)至少拥有1个同步院线制的电影院,全面建立起固定放映和流动放映相结合、公益放映和商业放映互补的农村电影公共服务体系。到2015年,实现全市基层文化设施全覆盖;到2020年,城区建成“十分钟文化圈”和农村建成“十里文化圈”,争创全省公共文化建设示范区。

(五) 加强闽台文化交流,实现合作共赢

目前,福建5家媒体赴台驻点,50多种闽版期刊在台发行;组织福建文化宝岛行等活动140多项,形成“妈祖之光”等一批入岛精品项目。第二届版博会展出作品1 530件,台湾参展企业和作者240家(名),参展作品530件;签约项目31个,总签约额近60亿元。福建注重利用台湾创意优势共同开发文化产品和服务,目前正在规划建设台湾文化创意园、台湾创意商品一条街,更好地承接台湾文化创意产业转移。神画时代数码动画与台湾和利得多媒体公司共同投资3 000万元,目前正在联手打造《小星星的愿望》项目,预计2012年年底上映。2009年,闽台文化交流开创了两岸文化交流的诸多“第一次”:3月,两岸首次客家族谱交流——“两岸客家族谱文物展”先后在台北、台中、高雄、苗栗等地展出;5月,“福建文化宝岛行”前往台南市参加“2009郑成功文化节”,填补了大陆文化团组赴屏东县、高雄县交流的空白;10月,两岸歌仔戏界60年来真正的团对团舞台合作剧目《蝴蝶之恋》在“2009海峡两岸民间艺术节”上演。据统计,2009年,闽台文化交流项目37批、3 602人次,其中赴台28批1 035人;来闽9批2 567人次,交流人次比去年同期递增了50%。闽台缘博物馆2009年接待参观人数超100万人,其中台胞7.5万人,同比接待参观人数大幅增加。

三、海西区文化产业发展展望

(一) 各地文化产业发展目标

2012年年初通过的《中共福建省委关于贯彻落实党的十七届六中全会精神推动文化大发展大繁荣的实施意见》指出,福建省将实施文化产业提升工程,力争到2016年,文化产业成为国民经济支柱性产业,文化企业在境内外上市达10家以上。根据该意见,福建省将加快文化产业结构调整和转型升级,文化创意等十大文化主导产业占文化产业增加值的比重超过75%,年均增幅超过30%。福建省将制定实施省级文化产业示范园区基地评选认定办法,建设一批国家级文化产业示范园区和示范基地,重点打造10家文化产业园区。

培育发展青少年职业体验、卡通动漫主题公园、互动式影视基地等文化互动体验新业态。福建省将壮大骨干文化企业,支持有实力的重点文化企业跨地

区、跨行业、跨所有制兼并重组，做大做强省属主要文化集团，到2016年实现省属主要文化集团总资产、增加值“双翻番”。据福建省财政厅介绍，福建省级财政2011—2013年统筹1亿元，设立省级创意产业发展专项资金。为规范专项资金管理，提高资金使用效益，福建省还专门出台了《创意产业发展专项资金管理暂行办法》。专项资金将主要用于支持创意产业发展，支持创意产业园区（基地）和公共服务平台建设及重大创意产业活动等。

支持重点文化企业依法通过上市、发行企业债、公司债、短期融资融券、中期票据等方式融资，研究制定支持重点文化企业上市融资意见，推动海峡出版发行集团、省广电有线网络集团等有条件的文化企业加快股份制改造。

福建省政府办公厅转发省委宣传部、中国人民银行福州中心支行、福建省财政厅《关于金融支持福建省文化产业振兴和发展繁荣实施意见的通知》。根据通知，福建省将加大对十大重点文化产业的金融支持。金融机构要针对行业特色，合理设计符合行业信贷需求特点的信贷品种，增加信贷投放总量。主要包括报刊服务业、出版印刷发行业、广播影视业、演艺娱乐业、文化旅游业、文化创意产业、动漫游戏业、文化会展业、广告业、工艺美术业。

福建省将重点扶持具有本省区域特点和对台特色的报刊精品，扩大对在细分市场中居领先位置的重点报刊出版单位的信贷支持，推动传统报刊出版单位数字化转型；推动动漫、网游、网络出版和手机出版的发展。据悉，福建省将支持大型演艺娱乐项目的发展，推动演艺娱乐业与旅游产业的结合，重点支持福州、厦门、武夷山开发大型文化旅游演艺项目。支持武夷山世界文化与自然遗产、福建土楼世界文化遗产、泰宁世界自然遗产、宁德世界地质公园、厦门鼓浪屿、福州三坊七巷、福州船政文化、莆田妈祖文化、德化陶瓷文化等特色文化旅游区建设；推动武夷山、安溪等茶文化旅游区建设；进一步挖掘红色文化、客家文化、畲族文化、朱子文化等文化旅游资源，支持特色旅游开发。福建省将重点发展动画动漫及网络游戏、软件设计、互联网信息服务、数字化传播制作等领域，以福州、厦门、泉州等沿海中心城市为文化创意产业发展的重点区域，打造一批具有福建风格和国内外影响力的文化创意品牌，培养一批国内外知名设计师和文化创意龙头企业。支持创意企业拓展市场，对参加国际重点和专业展会的企业给予补助。对出口业绩突出的创意企业，给予资金鼓励。根据意见规划，到2016年，福建文化产业增加值占地区生产总值的比重要达到8%，成为本省国民经济支柱性产业。

“十二五”期间，福建省将大力发展文化创意类研究生教育，加强本科教育，适度扩大高职教育。福建省将依托高校和重点创意企业，建立若干个公共服务平台或大师工作室。还将支持创意设计企业孵化基地。省教育厅、省文化厅、省财政厅、省经贸委等四部门已经联合出台意见称,到 2015 年,全省争取培养文化创意类专、本、硕、博各类人才 4 万多人,基本建成与产业发展需要相适应、学科专业门类比较齐全、结构合理的文化创意类人才培养培训体系。"十二五"期间,福建省还将支持闽台高校在时尚设计、工业设计、影视制作、音乐制作、视觉艺术等相关学科专业领域开展合作办学,共同制订专业人才培养方案,联合开展专业、课程、教材等教学资源库建设新模式,大力推进两岸高等学校的学生互换、教师互聘、学分互认,提升两岸文化创意人才培养培训的交流与合作水平。

据悉,福建省发展和改革委员会将把推进文化产业成为支柱产业落实到年度经济社会发展计划之中,与年度经济社会发展任务一同研究部署、一同组织实施;把文化产业纳入"十二五"规划中期评估评价体系;策划重大文化产业项目,推动有实力的文化龙头企业跨地区、跨行业、跨所有制兼并重组,延伸文化产业链;支持一批文化产业重点园区(基地)、重点企业发展,推进形成一批文化创意产业聚集区,培育研发设计、产品生产、推广销售等文化创意产业链;依托"6·18"、文博会等平台,集中推介一批科技含量高、带动力强的文化创意成果,促进文化创意产学研对接。

(二)主要城市的发展目标

1. 福州

福州确立了文化创意产业的发展目标:到 2012 年,文化创意产业增加值以年均 25% 以上的速度递增,文化创意产业增加值占地区生产总值的比重超过 8%,成为海西区省会城市的支柱产业之一;到 2020 年,形成产业特色鲜明、创新能力强大、专业人才集聚、知名品牌众多、公共服务完善的文化创意产业集群,把福州打造成为引领海西区、辐射全国的文化创意产业中心。

2. 厦门

"十二五"期间,厦门将推进文化产业加快发展,力争到"十二五"期末,全市文化创意产业增加值达到 400 亿元以上,占全市 GDP 的 10% 左右,成为厦门经济发展的支柱性产业。尤其是,力争使文化创意产业增加值的年均增长幅度保持在 25%。展望"十二五",厦门将重点发展演艺娱乐业、动漫网游业、影视与新媒体、创意设计业、古玩艺术品业、印刷复制业、互联网文化服务和文化会展旅游等产业。同时推动文化产业园区建设和文化产业品牌建设。力争"十二五"期间建成 3—5 个有一定规模和影响、具有带动和示范作用的文化产业园区项目,形成一批具有一定影响和聚集效应的文化产业聚集区。此外,厦门还将积极引导演出、商品油画、艺术品等具有一定出口优势的产业发展，推出品牌化的文化产品，到国际市场进行商演和销售。

3. 泉州

文化创意产业是泉州重点发展的文化产业之一。泉州不仅以涵盖产业高端环节的“文化创意设计”为龙头，还将重点发展制造业设计文化创意、文化传媒创意、文化艺术创作、文化传统与文物保护、数字服务文化创意、建筑文化创意、咨询策划创意和休闲消费创意等八大领域。在福建省《关于加快文化产业发展的意见》的框架下，泉州出台《关于加快文化产业发展的意见》、《文化产业调整和振兴实施意见》、《关于推动泉州市动漫产业发展的试行意见》等多项政策。将每年投入约2 000万元用于设立文化产业发展专项资金，重点发展十大文化产业。到2015年，泉州市文化产业增加值占GDP的比重将超过6%。泉州市将推动晋江、石狮和中心市区印刷产业基地建设，形成集聚规模。到2015年，泉州市将重点培育10—15家印刷龙头企业，力争将德化列入世界知识产权组织版权产业调研试点基地。资金之外，税费减免、土地优惠等政策也是不小的手笔。各县(市、区)更是统筹规划了各门类文化产业发展，依托历史、民俗、茶、陶瓷、雕艺等文化资源优势，培育具有地方特色的优势文化品牌。业内人士认为：泉州独具特色的“海丝”文化、博大精深的闽南民俗文化以及一衣带水的对台“五缘”优势，都为泉州市发展文化创意产业奠定了坚实的基础。

4. 海西区内其他城市

(1) 温州市“十二五”规划指出，到2015年，全市文化产业增加值达到376亿元，占全市GDP的比重达到8%，成为温州市国民经济支柱性产业。

(2)《中共丽水市委关于认真贯彻党的十七届六中全会精神大力推进文化强市建设的决定》提出，要推动文化产业成为丽水市国民经济重要的支柱性产业，整体实力和竞争力显著增强，到2016年，文化及其相关产业增加值占GDP的比重达到7%以上。

(3) 在“十二五”规划时期，汕头市将力争到2015年全市文化及相关产业增加值占全市GDP的比重超过9%，2020年比重超过10%，成为汕头重要的支柱产业和战略新兴产业，使汕头成为名副其实的粤东区域文化产业中心。

(4) 梅州市规划，在今后10年，全市文化及相关产业增加值实现年均增长15%以上。到2015年，全市文化及相关产业增加值占全市生产总值的比重超过6.5%，到2020年比重要达到8%。此外，到2020年，力争创建国家级文化产业示范园区3个，省级文化产业示范园区5个，产值超10亿元的园区2个以上，产值超3亿元的园区3个以上。

(5) 在《赣州市"十二五"规划纲要》里，特别提出了文化创意产业工程。在未来5年内，将推进文化创意产业服务创新示范区或基地建设，打造赣州民间工艺创意基地、赣州市印刷产业基地、赣州市动漫产业基地等，利用赣南纺织厂旧厂房兴办文化创意产业区。建设文化创意产业园、动漫科技产业园、文化创意装修职业学院。打造全省乃至全国文化创意产业重要的产品原创基地、企业孵化基地、人才培养基地、国内外文化创意和服务外包转移的重要承载地。

(6)"十二五"时期，鹰潭市文化产业发展的总体目标是：到2015年，建成5个以上特色文化产业基地(园区)和5个文化产业专业市场，培育10个具有自主知识产权、业务收入超亿元的文化产业龙头企业，全市文化产业科技发展主营业务收入力争达到20亿元，年均增长25%以上，文化产业增加值占地区生产总值的比重超过6%，成为全市经济结构优化的重要推动力和经济发展的重要增长点。

四、结语

中共十七届五中全会通过的《中共中央关于制定国民经济和社会发展第十二个五年规划的建议》提出，要"推动文化产业成为国民经济支柱性产业"。海西区文化资源丰富、底蕴深厚、特色鲜明，具备加快发展文化产业的良好基础和条件。只要利用好海西区可以"先行先试"的政策机遇，深入开展两岸之间的文化产业互动发展，加大力度整合和拓展区域内文化市场，就可以加快海西区发展方式的转变乃至实现跨越式发展。

专题 平潭文化产业发展研究

一、平潭文化产业发展现状

(一) 文化产业概述

1. 文化产业的概念

2002 年出版的《中国文化产业蓝皮书》[①]从现代工业社会大规模生产技术的特点,将文化产业定义为"按工业标准生产、再生产、存储以及分配文化产品和服务的一系列活动",该定义强调了现代社会文化产业工业化生产的特点。联合国将文化产业定义为:"通过创造、生产与商品化的方式将无形的文化内容产品化或服务化的产业,这些文化内容往往受著作权的保护但又能以产品或服务的方式体现。"[②]该定义所涵盖的范围十分广泛,从文化商品化的角度理解文化产业,以区别文化事业。

国家统计局 2004 年发布的《文化及相关产业分类》和《文化及相关产业指标体系框架》两个文件,将文化产业定义为:为社会公众提供文化、娱乐产品和服务的活动,以及这些有关的活动的集合。根据国家统计局的界定,文化及相关产业可分成三类:核心层、外围层和相关文化服务层。其中核心层包括新闻服务、出版发行和版权服务,广播、电视、电影服务和文化艺术服务。外围层则主要包括网络文化服务、文化休闲娱乐服务、其他文化服务,如广告、会展等新兴文化产业。相关文化服务层主要包括文化用品、文化设备、文化产品的生产和销售。该界定比较清晰地体现了文化产业的整体轮廓,本研究主要沿用这种文化产业界定。

2. 文化产业发展的简要历程

文化产业作为新兴产业形态进入大众的视野始于 20 世纪 90 年代后期。1997 年,英国、澳大利亚、新加坡、韩国和日本等国,不约而同地把文化产业作为新世纪产业结构调整的新战略,作为增加本国就业和推动经济快速增长的新兴力量。

在中国,作为国家的文化产业发展战略始于 1998 年,其标志是当年文化部设立文化产业司,专门负责文化产业的政策制定和行业指导。其后,党中央和

---

① 江蓝生等,《中国文化产业蓝皮书》,北京:社会科学文献出版社,2002,2。

② 联合国教科文组织网站,http://www.unesco.org/culture/industries。

国务院分别在《国民经济和社会发展“十五”规划纲要》中提到大力发展“文化及相关产业”，在2002年党的“十六大”报告里提到“加快文化体制改革和文化产业发展”，表明新世纪的中国迎来了一个新的时代——知识经济催生的文化消费时代。2004年《中国城市“十一五”核心问题研究报告》指出，“影响和决定一个城市、一个地区综合竞争力和持续发展能力的因素很多，但城市软实力至关重要”。《报告》认为，在“十一五”期间，我国城市竞争将进入以软实力为标志的新阶段。2006年9月，国务院的《国家“十一五”时期文化发展规划纲要》又重点表述了文化产业发展的国家战略，文化产业成为“十一五”期间国家社会发展和经济进步的最大语境之一。

2007年11月，党的“十七大”报告再次强调发展文化产业的重要性，并提出提升我国文化软实力的重要论断，“软实力”首次被写入中国共产党全国党代会报告中，这标志着我国文化产业国家战略的正式形成。2009年7月22日国务院《文化产业振兴规划》出台，文化产业全面加速。2011年10月，中国共产党第十七届七中全会通过了《中共中央关于深化文化体制改革推动社会主义文化大发展大繁荣若干重大问题的决定》，到2020年，文化产业将成为国民经济支柱，文化产业面临着发展的极佳机会。

3. 文化产业发展的意义

（1）直接增加生产总值。根据联合国教科文组织公布的资料，从1980年开始，全世界的文化产品交易值在近二十年来，从953亿美元迅速增长到3 900亿美元。20世纪的文化创意产业伴随着科技的进步，逐渐成为文化生活中重要的产业项目。从经济面来看，文化产业的经济产值已是展现各国经济实力的国际趋势。就个别国家来看，1996年，文化产品在美国已成为最大宗的输出品，有史以来首度超过所有其他传统产业（包括汽车、农业或是航天与军火等）产品的输出。甚至在一片经济不景气当中，文化创意产业的市场扩张率反而急速扩张。

（2）带动相关产业发展。文化产业作为一些相关产业的群聚，在创造自身价值的同时也带动其他产业的发展。例如，建设一个文化娱乐场所，将会相应带动周围餐馆、商场、停车场等的投资和消费。广播影视业不仅能够带动音像、影像、游戏软件、家电、通信设备、广告展览等产品和服务市场的发展，也能促进旅游、宾馆、餐饮、交通和演艺市场的发展。据有关专家预测，国际上展览业的产业带动系数为9，即如果展览的直接收入为1亿，那么相关的社会收入为9亿元。

(3) 提高经济增长质量。现代经济增长理论研究表明,经济总量的增加不仅取决于劳动力和物质资本数量的增加,更取决于劳动者的素质提高、工作效率增加和技术水平提高。文化产业首先提供了人们精神享受的产品,减轻了劳动者的工作压力,有利于劳动者更加轻松地投入工作,提高工作效率。其次,文化产业还提供了教育类产品,增加了劳动者的知识面和视野,这提高了劳动者的业务技能和素质。最后,文化产业借助高科技成果发展,这有利于加强科学研究开发,促进科学技术水平的提高。这些都表明,文化产业能够提高经济增长质量,促进经济增长。

(4) 扩大劳动就业机会。文化产业在发展自身产业的同时,还带动了相关产业的发展,产出增加必然需要更多的劳动力,这将创造出更多的就业机会,开辟出新的就业空间。澳大利亚从事文化产业的人员占总就业人口的比例为10%,巴西的这一比例为4.5%。就城市而言,纽约文化产业人口占就业人口的比例为12%,伦敦为14%,东京为12%。

(5) 加强文化交流。各国、各地区、各民族的文化、观念都有差异,通过文化的交流能增进了解、互信、合作、和平。发展文化产业,使文化产品和服务日益丰富,日益广泛地进入不同地域、不同国度人们的生活中。例如,美国通过把多部"大片"输入到中国,使我们了解到好莱坞电影的运作,了解到美国人那种前瞻未来、探索创新的文化特点;日本的《聪明的一休》、《樱桃小丸子》等动画片在中国的放映,让我们了解到日本人的思维方式和生活风情。

(二) 平潭文化产业现状

1. 文化资源具有一定基础

平潭的旅游资源相当丰富。平潭位于福建省东部海域,由以海坛岛为主的126个岛屿组成,是福建省第一大岛、我国第五大岛,素有"千礁岛县"之称,是祖国大陆距台湾最近的岛县。全县境内有名称的岛屿126个,岩礁702个。宽阔的海域与外海大洋相连,众多的岛礁点缀其间,使海岛拥有秀丽迷人的自然海域风光。由于地质构造和海水侵蚀的影响,发育了众多奇特壮观的海蚀地貌形态,既有平坦宽阔的海滨沙滩,又有数不胜数的象形奇异岩石。湖、海、沙、石相映成趣,奇、幽、险、俏引人入胜,构成独具特色的海岛风景线,博得文人墨客的吟咏赞叹。

平潭还拥有一定的历史资源。据平潭县平原乡南垄村壳丘头新石器时代遗址的发掘、考证,平潭远在六七千年前就有人类活动。岛上拥有琉球国驸马墓、三处新石器时代遗址等文化古迹。

2. 文化基础设施有一定发展

平潭地理位置特殊,改革开放以前,长期以备战为主,国家对平潭的基础设施建设投入甚少,但这种情况已经有了一定改善,主要体现在交通方面。平潭跨海大桥正在修建,建成后平潭与福州市区将缩短至40分钟车程,至福州长乐机场仅需20分钟。已列入交通部长期规划的台湾海峡隧道,其方案之一就是建设连接平潭到台湾新竹的海峡隧道。一旦隧道建成,平潭将实现陆路交通半小时到达台湾。与此同时,城市轻轨一号线目前已经开建,到时6号线与1号线衔接,经过长乐到达平潭岛。中国民航总局已经正式公布,在福建省建立4个支线机场,其中1个就在平潭岛,定位为4C级的临海机场,规划可停放波音737飞机,目前已经启动前期工作。另外,两岸快捷客货滚装码头也在筹建中,建成后将形成较为完备的海、陆、空、港综合交通体系。

另外,平潭初等教育基础较为扎实。平潭的教育始于明代的义学、私塾。清雍正年间,始设书院。民国以前,历代科举选士,有举人13名,进士6名。清末,欧美传教士在县内倡新学、办学校,特别是在"五四"新文化运动的影响下,县内出现改良私塾、兴办国民学校的热潮。中共十一届三中全会后,平潭落实知识分子政策,恢复升学考试制度,调整学校布局,加强校园建设。1994年,全县已建成小学至高中的相对完整的教育体系。

3. 文化产业有一定的萌发环境

岛内现有主导产业为海洋产业、远洋捕捞业、船舶修造和以旅游为主的商贸服务业;岛外产业以海上运输业、隧道工程业为主。平潭旅游业发展势头强劲,据统计,2011年上半年以来,来平潭旅游的人数就达到51.59万人次。①

4. 对台合作基础良好

人员交往频繁。平潭与台湾仅一水之隔,交往历史源远流长,两地经贸往来尤其是民间贸易,已历经30世纪。明代时期,海上贸易蓬勃兴起,许多平潭籍商人漂洋过海,东渡台湾,有的便定居客地。新中国成立前夕,千余国民党军政人员及亲属随军撤到台湾。据统计,旅居台湾的平潭乡亲后代已近两万人。

两岸经贸数量可观。新中国成立以后,两岸商贸一度断绝。随着两岸关系逐渐解冻,平潭与台湾民间渐有接触。1978年6月30日,经上级批准,平潭建立"台湾渔民接待站",这是福建最早设立的对台工作窗口之一。继而先后开辟东澳港、南中港为台湾渔船停泊点,并在东岛开辟"对台小额贸易"窗口,作为民间经贸试点。20世纪80年代初,一些来平潭避风、补给的台湾渔民随船捎带少量日用品,如手表、自动伞等,与当地渔民在海面上交换黄花鱼、板子蟹等。后来,逐渐发展到中药材、名酒和土特产品,民间贸易开始复苏,并不断扩大。平

① http://www.pingtan.gov.cn/xxgk/show.aspx?ctlgid=842234&id=2347。

潭县人民政府根据新形势发展需要，争得上级同意，正式批准成立两家"对台小额贸易"专门公司，作为民间贸易的主导机构，同时允许部分小额贸易由渔民直接向台湾渔船以物易物，等价交换。据统计，1981—1995年，全县对台小额贸易成交额（不包括渔民互换物资）达到60多万美元，位居全省前列。

5. 政策环境极佳

福建省委做出建设海西区战略部署后，平潭县委、县政府于2006年年初提出了设立实验区的初步设想，并着手开展相关前期工作。2009年5月14日，国务院正式下发《关于支持福建省加快建设海峡西岸经济区的若干意见》，标志着海西区建设从区域战略上升为国家战略，为地处海西区"桥头堡"的平潭加快发展提供了前所未有的战略机遇。《意见（2009）》指出，"在现有海关特殊监管区域政策的基础上，进一步探索在福建沿海有条件的岛屿设立两岸合作的海关特殊监管区域，实行更加优惠的政策"。根据这一精神，福建省委、省政府在深入调研的基础上，于7月底召开省委八届六次全会正式做出设立福州（平潭）综合实验区的决定，提出积极探索开展两岸区域合作，建立两岸更加紧密合作交流的区域平台，努力把平潭建设成为探索两岸合作新模式的示范区和海西区科学发展的先行区。

二、平潭文化产业发展现存的问题

（一）文化资源方面

1. 历史资源、自然资源利用率低

首先，平潭具有丰富的历史资源和自然资源，旅游文化开发的空间极大。但其自身优势资源目前尚未充分挖掘。比如，平潭远在六七千年前就有人类活动，岛上拥有琉球国驸马墓、三处新石器时代遗址等文化古迹。这些可以作为很好的历史资源，建立平潭博物馆和相应的旅游景区，丰富相关材料，形成良好的历史带动旅游的文化产业链。

其次，平潭丰富的自然资源是其最富代表性、最突出的资源优势，但是自然资源的利用率还是偏低。比如，平潭处在台湾海峡的最狭窄处，风力强劲，风向稳定，是天然风库。虽然该地已在莲花山等处建立风力发电机群，但由于技术、资金等原因，还远远没有达到充分利用风力、满足当地需求的程度。另外，平潭旅游业是当地最著名的产业，当地景区远富盛名，但开发程度仍显不足，对旅游资源的开发尚处于浅表阶段，还需要充分挖掘特色文化项目，建立完善的产业链。

2. 文化产业专业人才缺乏

平潭是一个美丽的岛城,有自身的优势和优越感,但却面临无法引进人才的困境。平潭县人才辈出,但很少人学有所归,为家乡做贡献。相当多的人对文化产业的属性和规律没有完全把握或完全没有把握,对文化创意产业更知之甚少。文化产业理念和知识技能的匮乏,严重阻碍了文化经济的发展。理论研究队伍中复合型人才极少,大多数成员知识结构不合理、学科规范缺乏、视野狭窄,对文化产业规律的探讨不深入,做表面文章多,在知识储备上难摆脱偏见、成见。两大类专门人才非常缺乏:既通晓创意产业内容又擅长经营管理的管理者;灵感迸发、创意迭现的创作者。

(二) 文化基础设施较为薄弱

平潭虽然基础教育体系较为完善,但在高等教育方面,基本上一片空白,在平潭岛上基本没有独立的高等教育机构。文化场馆和文化站的建设基本处于起步阶段。平潭岛上没有适应平潭经济进一步发展的文化生活所需的大型文化体育场馆,文化站建设发展较为缓慢,其应有的作用没有得到有效发挥。

(三) 文化消费环境较差

1. 居民收入水平较低

平潭地处福州前沿阵地,拥有对台的地理优势,但在经济总量上,平潭县人均地区生产水平却处于福州各区县的倒数第几位,经济实力较为薄弱(见表9A)。平潭要发挥其在福州、福建和国家发展战略上应有的作用,就需要谋求发展。

表 9A　福州各县区人均经济总量　　单位:元

项目	人均 GRP				
年份	2004	2005	2007	2008	2009
全市	23 444	22 301	29 515	34 668	38 015
市区	43 600	29 188	35 449	43 477	49 003
福清	25 004	21 727	28 620	32 154	34 137
长乐	20 973	24 212	31 814	32 929	37 179
闽侯	16 614	14 794	19 185	28 384	31 007
连江	15 341	14 162	19 092	25 838	28 682
罗源	17 650	16 215	23 086	32 675	39 442
闽清	17 840	16 405	20 753	27 664	30 742
永泰	9 439	8 426	14 493	20 446	22 815
平潭	10 194	10 479	13 766	19 614	20 726

资料来源:各年福州统计年鉴。

2011 年 4 月,福建省政府批转《平潭综合实验区生态建设指标体系》,对今后生态平潭的构建提出了明确要求,力争 2015 年,平潭人均 GDP 超过东部地区平均水平。到 2015 年,平潭综合实验区的城镇居民人均可支配收入达 38 636 元,农民人均纯收入达到 13 245 元以上,预计城镇居民、农民收入均高于全省平均水平。

2. 人员停留时间过短

文化产品消费需要一定的人群基础。平潭尽管本岛居民较少,但只要有大量的人员流动到这里,还是能够弥补这一缺陷的。平潭凭借其拥有的旅游资源,旅游业具有一定规模,但由于缺乏总体规划,外地人到平潭旅游基本都是一日游,很少在平潭岛上住下,旅游业的带动效应无法充分发挥出来。人员停留时间过短导致没有足够的人群消费文化产品。

(四) 文化产业基础方面

1. 文化产业基本空白

现阶段,平潭文化产业基础薄弱,产业结构不是很合理。目前,平潭主要产业是远洋捕捞、造船业、隧道业和农业。整个国民生产结构不尽合理,特别是第三产业发展非常落后。岛内的第三产业主要是旅游业,但岛内旅游景点没有形成点线片面的总体规划。文化产业基本上可以称为平潭岛的空白区域,尽管这会给文化产业规划提供广泛的空间,但由于前期没有试点工作,哪些文化产业适合平潭岛的发展、哪些文化产业不适合都没有实践结果定论,因此平潭的文化发展还需要不断的探索及实验。

2. 投融资体系不完善

投资渠道单一,民间投资不足。在调研过程中,我们了解到平潭岛文化产业发展是由省政府、文化厅等领衔,平潭县进行具体布局规划,投资渠道比较单一,发展资金主要依赖财政项目等。平潭县隧道业在全国享有名气,其民间资本巨大,但由于整个岛屿经济发展缺乏合理布局规划,这些巨额民间资本不能有效地回乡投资。

3. 市场竞争激烈

平潭的文化产业发展面临着来自不同方面、不同地区的竞争。

首先,从福建省内来看,以厦门为例,厦门市充分发挥对台特有优势,勇于探索、先行先试,积极推进厦台文化产业的交流与合作。图书交流方面,2005 年以来,举办了五届海峡两岸图书交易会,累计参展图书 2 260 万册,销售图书 1.2 亿元人民币码洋,项目签约 446 项。[1] 4 年来,厦门日常出口入台湾的大陆图书

① 网易新闻,http://news.163.com/10/0902/11/6FISNIR2000146BC.html。

累计达2亿元，年增长超过20%，持续多年占大陆图书入岛总量的1/3强。

平潭文化产业发展还面临省外竞争。目前，文化产业发展比较好的地方主要集中在长三角。上海、无锡、宁波、杭州等文化产值非常可观。平潭岛的文化产业发展从无开始，虽然在积极打造自身的特色，但在文化产业人才培养、文化产业创新能力、文化产业宣传营销等方面都与长三角差距较大。

三、平潭文化产业发展对策

（一）基本指导思想

以文化内容创新、业态创新、科技创新为引领，着力发展文化创意产业，促进平潭经济发展。深刻领会海西区先行先试精神，开拓进取，开发文化创意产业先行先试领域。以两岸对接为核心，寻找平潭与台湾文化产业结合点，加强两岸合作交流，促进两岸文化产业共同发展。

（二）青岛文化产业经验借鉴

1. 完善文化基础设施，提供发展便利

新建的青岛大剧院、青大音乐厅和丽晶音乐厅等是目前国内比较先进的文化设施。由街道社区文化中心、镇文化中心所组成的基层文化设施体系也日益完善，城乡公共文化设施同步发展。

2. 改革文化体制，创造良好的制度环境

青岛市政府一直就非常重视文化体制改革问题。早在1992年，青岛市文化局就制定下发了《关于深化文化体制改革的意见》，积极推动文化体制改革工作，促进文化产业发展。

青岛市文化体制改革的总体思路是：第一，坚持以创新文化体制机制为核心。第二，大力发展公益性文化事业和经营性文化产业。第三，深化国有文化单位改革，充分发挥国有文化在文化市场中的主导作用，大力发展民营文化企业，积极引进外资发展文化产业。第四，抓住四个关键。包括重塑文化市场体系，完善市场体系，改善宏观管理，转变政府职能。第五，转出一批主体，改出一批主体，放出一批主体，扶持一批主体，建设一批文化产业基地和园区。

在此思路指导下，文化体制改革的顺利开展，加快了青岛文化产业的发展速度，目前青岛日报报业集团、出版集团等单位在改革后都效益良好，既发挥了国有企业的主导作用，又体现了民营企业的活力，充分调动了各方力量，文化产业各方面和谐发展。

3. 深入挖掘文化资源,以资源优势促进文化产业发展

目前,在文化资源利用方面,青岛市提出了结合多种资源、"捆绑"发展的思路。石老人休闲旅游度假区、海滨木栈道上的欧式风情咖啡街、闽江路一带的休闲娱乐区等体现了文化与旅游、休闲、度假相结合;胶南的世界体育文化村、世界帆船锦标赛等体现了文化与体育、奥运相结合;中国海洋大学的文化产业班、莱阳农学院的动漫制作班以及恒星职业技术学院等推出的文化专项培训等体现了文化开发与高校教育相结合。其中,文化产业与旅游资源相结合,是最符合青岛城市特色的一种文化产业发展方式,在旅游产品开发中充分展现青岛山、海、自然景观的特色,巧妙地增加了一些人文因素,实现了自然资源与特色文化资源的结合,甚至把文艺院团演出和会展等灵活的形式都与旅游结合起来,实现青岛的文化与旅游"联姻",还可以有效地克服旅游的季节性差异问题。

4. 培育文化品牌,提高产业核心竞争力

一个城市文化产业的发展核心是形成文化产业核心竞争力的首要条件。2005 年青岛市第一次提出全面打造"帆船之都"、"音乐之岛"、"影视之城"三大城市文化品牌,正式确立了文化产业发展的主题、方向和品牌,此后,青岛市的文化产业发展一直围绕着这三大文化品牌而展开,文化产业发展主题明确。以文化品牌引导城市文化产业发展,塑造城市文化形象,是青岛市文化产业发展道路上的成功之举,也是城市文化产业发展的特色所在。

(三) 具体策略

1. 培育与引进文化人才

一个城市要发展,重视人才的培育和引进非常重要。文化产业,人才为本;人才工程,百年大计。文化产业的人才培养要考虑到人才标准、人才类型、师资队伍、经费支持、学员选拔等诸多方面,要根据当地文化产业发展的实际需要,进行文化专业技术人才、文化产业经营管理人才的培养。坚持培养和引进并重,加大对高级经营管理人才、高级营销人才和高级策划人才的培养和引进,探索解决文化创意产业高层次人才的结构性短缺问题。

引入人才成本很高,本地可以先培养起来。平潭首先必须继续重视小学到高中的基础教育,本地人才是当地文化产业发展的重要基础。其次,平潭可以引进一些教育人才办一所大学,与平潭齐步发展。这所大学可以根据平潭发展的需要设立文化创意相关专业,建立产学研一体的人才培训基地,为文化创意产业培养输送专业人才,供平潭发展使用。第三,加强与国内外教育机构的合作交流,开办文化创意产业经营管理人才培训班,逐步建立起教育培训和岗位实践相结合的文化创意人才培养机制。如可以鼓励厦门大学、北京大学等高校

都来这里办班。最后,引进成熟企业,吸引人才进驻。如果企业到平潭来办分公司,它也需要人才。引进国际一流的企业,让它们驻扎在那里,也会将人才吸引进来。人才有了发挥的平台,企业又可以找到人才,两者相互促进。

与此同时,平潭应建立符合地方情况的人才引入优惠政策,抓好高端经济与策划人才、高端创意人才的认定和引进工作。鼓励海外高层次留学人才来平潭创业工作,对文化创意企业引进外国专家优先给予立项、经费资助等方面的支持。给予外来人才在落户、购房、税收等方面一定的优惠措施,创造良好的包容的大环境,有利于他们在平潭安家、工作和学习,创造人才辈出、人尽其用的人才支撑体系。

2. 构造文化消费环境

构造良好和谐的文化消费环境是发展平潭文化的关键一步。目前,福建省正在加快平潭的基础设施建设,以“一天一个亿,一天一个样”的“平潭速度”向前推进。2010 年以来,平潭综合实验区全力推进规划编制、基础设施、产业发展、城市建设和社会事业等“五个一批”重点项目,集中力量打好五大战役,年度完成投资 96.7 亿元。

另外,平潭应充分挖掘旅游资源,系统规划旅游产业,增加人员停留平潭的时间,提高文化产品消费能力。首先,规划沙雕艺术园。近年来,沙雕艺术越来越引起民众的广泛兴趣,平潭东南面的坛南湾有较长的高质量沙滩,这非常适合打造沙雕艺术园。其次,建立海洋文化主题公园。借鉴香港海洋主题公园建设,侧重海峡两岸海洋特色,建立特色的平潭海洋主题公园。第三,建立水下博物馆。平潭作为历史上的重要港口,往来船只较多,平潭岛周围沉船拥有一定的数量。这些沉船由于历史年代久远,其船上遗留的物品具有很高的历史价值。通过有计划按步骤地对沉船进行打捞,建立水下博物馆,展示打捞沉船上的成果,具有很高的历史教育价值。最后,修建高尔夫球场。高尔夫爱好者具有打遍所有球场的偏好,只要球场设计具有独特风格,高尔夫爱好者就会蜂拥而至。平潭拥有较好的地理资源,可以建立两个高尔夫球场,通过风格设计,吸引高尔夫爱好者。

3. 引导与扶持文化产业

首先,政府必须提高对文化创意产业链的研究能力。在新一轮海西区建设中平潭政府应做好产业定位,科学合理地整合和引导支柱产业的发展。同时,政府还应客观务实地进行产业分析,寻找产业优势及机会,提出行业指导意见和配套政策,真正形成与台湾产业对接的区域中心集群,发挥辐射作用。政府应组建一个产业研究和咨询团队,做好产业研究,宏观与微观层面研究并重。

其次,建立健全组织引导协调推进机制。政府应成立专门的文化创意产业政府领导小组,制定专项文化创意产业发展规划,强调以发展文化创意产业为新引擎推动产业升级。制定《平潭综合试验区文化产业发展专项资金管理暂行办法》以及《平潭综合试验区建设文化产业基地的实施意见》,并设立专项资金支持创意产业的发展。进一步健全沟通协调机制,促进文化创意产业发展。指导各区依据实际情况,健全完善相应的文化创意产业领导协调机构,推进文化创意产业的领导体制和工作机制日趋完善。

再次,平潭应重点发展三大产业。第一,结合传统旅游产业基础,发展文化旅游业。① 第二,发展创意设计业,注重创意成果转化。利用良好的对台合作交流基础,发展动漫产业。为了更好地集中一批艺术家进行艺术创作,提供动漫产业艺术构思源泉,可以借鉴北京"798"文化艺术村,在平潭敖东科技文化创意园区,利用已有村落,进行合理设计,凸显乡村风格,吸引艺术家前来从事文化艺术创作。第三,发展印刷图书交流中心,强化两岸文化交流与融合。台湾图书具有巨大商机,通过建立两岸图书交流中心,让平潭成为台湾图书在大陆的落地点,增加两岸文化交流。

最后,完善文化产业投融资体系。一方面,政府对文化产业发展所需的资金提供一定的经费支持,并在厂房用地方面给予适当减免。对于一些急需重大发展的文化产业,可以考虑3—5年免于征收土地或厂房租金。另一方面,政府充分利用先行先试的机会,在文化产业投融资体系方面进行大胆尝试。如可以考虑建立文化产品交易所,尽快实现文化创意企业资金融通。也可以考虑开展文化博彩业,将筹集资金用于提供和扶持文化产业发展。

4. 寻找对台合作的切入点

第一,举办两岸体育比赛活动。两岸要更好地进行合作,前提就是双方有效且充分沟通,体育比赛就是一种最为有效的合作沟通方式。可以根据平潭本身的特点,举办两岸游泳、自行车比赛,最好以小型团体赛或双人赛为主,每个参赛小组都有海峡两岸的人员,通过这样的比赛,每个小组人员的内部配合本身就体现了两岸人员的一种合作。

第二,建立两岸文化产业研究院。平潭的文化产业发展必须要依托高校、研发中心以及企业三方力量的综合。其中,高校、研发中心可以积极引进台湾一些大学和研究机构,也可以引进国内相关机构,实现三方共建共管,实现平潭文化产业的产学研链条式发展。可以通过一些优惠政策,争取两岸文化产业研究联盟到

① 这已经在前面阐述过,这里不再重复。

平潭设立研究院，从事文化产业研究，加速文化成果产业化。

第三，免费提供相应设施，建立两岸文化产业大学生创业基地，提供大学生文化创意产业创业机会，增加文化创意产出。共同继承中华文化优秀传统，挖掘和提炼有益的思想价值，发扬光大中华文化的民族性和包容性，推动中华文化走向世界。

四、平潭文化产业发展前景展望

（一）经济展望

平潭作为两岸对接的重要窗口，海西区建设必将给平潭带来重大的战略机遇。福建省“十一五”规划纲要指出福建新一轮发展战略中包括八项举措和九大支撑体系，分别包含促进文化振兴和产业发展，这为提高平潭文化产业竞争力提供了政策支持。

作为两岸共建的综合实验区，福建第一大岛平潭已成为海峡西岸的一片“热土”。加快平潭综合实验区开放开发被写入国家“十二五”规划。2011 年 3 月 8 日，国务院正式批准了《规划》，明确要求“设立平潭综合实验区，开展两岸区域合作综合实验，努力把平潭建设成为两岸同胞合作建设、先行先试、科学发展的共同家园”。平潭的发展遇到了前所未有的良好契机，各种机遇和挑战也随之而来。综合来看，平潭的经济发展前景一片光明，各种政策优惠措施也相继到位，各类政策性投资和民间投资不断注入，优秀高端人才将引入该地，这一切都将带动平潭进入高速发展期。

（二）对台交流展望

发展两岸文化产业，不仅有利于中华文化的创新和发展，而且有助于实现两岸互利双赢，增进中华民族的整体利益。两岸文化产业各具特色，合作潜力巨大。台湾文化产业起步较早，在创意、研发、营销、品牌经营、资本运作等方面具备优势。大陆文化产业拥有深厚的底蕴、丰富的资源和广阔的市场。两岸共同面临着发达国家文化产业的竞争压力和推进科技升级、产业升级的迫切任务。两岸共同推动文化产业合作实现优势互补，共同做强做大中华民族文化产业，大力提升在国际上的影响力和竞争力。随着平潭文化产业步入良好的发展期，两岸文化产业带动的各种合作关系将进一步深化，平潭将能够更好地体现对台重要窗口的地位。

第十章

海西区生态文明

第一节　海西区生态文明发展现状

党的“十七大”正式提出了“生态文明”这一概念，将“建设生态文明”作为实现全面建设小康社会奋斗目标的新要求之一。2009 年中央十七届四中全会中，将生态文明建设提升到新时期的五大建设之一。2009 年 5 月国务院出台了《关于支持福建省加快建设海峡西岸经济区的若干意见》，将海西区发展上升为国家战略。如何在实现经济快速发展的同时，促进发展方式转变，实现中央所提出的生态文明社会，是海西区当前及今后一段时期亟待解决的问题。经过改革开放三十多年的发展，海西区生态文明建设已经取得下列成就：

一是实现经济社会持续发展。近三十年海西区 GDP 增长速度普遍高于全国平均水平，产业结构不断调整，第三产业比重逐步上升，经济结构日趋合理，城市化建设加快，城镇化水平稳步提高。经济的发展带动了整个社会的协调发展，表现在城市公共设施和卫生体系不断完善，社会保障体系不断健全，基本公共服务水平明显改善，海西区内沿海快速通道已经建成，社会更加和谐。

二是初步建立起资源利用有效机制。海西区通过开发、推广节能和资源综合利用新技术、新工艺，对传统产业进行技术改造，发展循环经济，提高了三废综合利用率，降低了单位 GDP 能耗。厦门、鹰潭等地的工业园区，通过园区资源利用循环链，推行清洁生产。厦门开展国家低碳城市试点，大大节约了能源等资源。

三是环境保护卓有成效。海西区通过对森林资源的抚育更新，提高了森林资源的生态功能，使海西区森林覆盖率一直处于全国前列，尤其是福建省的森林覆盖率位列全国第一。厦门、衢州等城市进行环保模范城市和园林城市建设，使得这些城市的整体生态环境显著提高。坚持保护与治理并重的原则，闽江、九龙江等重点流域的环境污染整治取得阶段性进展。此外，厦门自 2012 年 3 月开始实行发布 PM2.5 指数的制度，建立起了微尘污染的预警机制。

海西区在社会经济飞速发展的同时，生态文明建设取得了上述显著成绩。但我们也应清醒地认识到，海西生态文明建设仍然存在不少问题：

一是区域发展不平衡。虽然近年来海西区经济以年均超过 10% 的速度增长，但海西区内城市之间的发展水平差距较大。如厦门、泉州、福州发展速度较快，而沿海的部分地区和内地城市的发展明显滞后。经济差异影响了海西区整体生态文明的发展步伐。

二是资源利用方式粗放。海西区的资源利用技术和利用效率同国内经济发达区域如珠三角、长三角与国外发达地区相比仍有较大差距。海西区节能减排科技支撑体系尚未建立起来，先进技术推广应用不够广泛，多数企业技术装备水平不高。许多企业沿用传统技术工艺，单位产值所消耗的水、能源、物料等资源都非常高。

三是环境保护措施乏力。海西区在环境保护方面的法律体系不够完善，缺乏能体现海西区域特色和解决地方实际问题的地方法规。环境方面的统计工作不够完善，统计制度和指标体系不够健全，相关的机构设置和人员配备比较薄弱。尚未建立可持续的环境投入保障机制，环境保护投入资金不能满足发展的需要。

为了进一步促进海西区生态文明程度的提高，我们需要研究如何在兼顾生态效益、经济效益、社会效益的情况下，实现生态文明的包容性发展。这也是海西区转变经济发展方式、优化经济结构、提升核心竞争力的必然要求。目前国内已有较多文献开展了对生态文明的研究，这种研究主要包括以下几个类型：一是以省为单位，分别研究单一或者若干省份的生态文明发展程度，如严耕等(2009)研究了全国各省 2005—2008 年的生态文明发展水平，并发布了中国第一份省级生态文明建设评价报告①；二是单独评价某一个城市的生态文明发展水平，如胡廷兰等(2005)构建了宁波市的生态文明健康评价指

① 严耕、杨志华等，“2009 年各省生态文明建设评价快报”，《北京林业大学学报(社会科学版)》，2010，(1)。

标体系[①],吴琼等(2005)评价了扬州市的生态城市建设水平[②];三是对经济发展程度相似的某些城市进行评价,如宋永昌等(1999)选择上海等五个沿海城市并对其进行了评价[③];四是评价某一省份内所有城市的生态文明发展水平,如高珊等(2010)利用绩效考核分析了江苏省内 13 地市的生态文明建设水平。[④] 这些研究中,并没有涉及对海西区的生态文明的评价。本章我们将针对这一问题,提出一项新的生态文明评价体系,对海西区的生态文明进行评价与分析,并提出政策意见。

第二节 生态文明评价指标体系

从人与自然关系的角度来说,生态文明是人类在改造自然以造福自身的过程中为实现人与自然之间的和谐所做的全部努力和所取得的全部成果[⑤];从基于人、自然与社会关系的角度来说,生态文明是人类遵循人、自然、社会和谐发展这一客观规律而取得的物质与精神成果的总和,是以人与自然、人与人、人与社会和谐共生、良性循环、全面发展、持续繁荣为基本宗旨的文化伦理形态。[⑥]

一、生态文明概述

1. 生态文明的内涵

王慧敏(2003)基于可持续发展的角度,提出生态文明的核心内容是生态平等,包括人地平等、代际平等、代内平等三个方面。[⑦] 燕乃玲(2007)从人、自然与生态的关系来界定生态文明的内涵,认为它应包括人与自然和谐的文化价值观、生态系统可持续前提下的生产观、满足自身需要又不损害自然的消费观。[⑧]

---

① 胡廷兰、杨志峰、何孟常等,"一种城市生态系统健康评价方法及其应用",《环境科学学报》,2005,25(2)。

② 吴琼、王如松、李宏卿、徐晓波,"生态城市指标体系与评价方法",《生态学报》,2005,25(8)。

③ 宋永昌、戚仁海、由文辉、王祥荣、祝龙彪,"生态城市的指标体系与评价方法",《城市环境与城市生态》,1999,12(5)。

④ 高珊、黄贤金,"基于绩效评价的区域生态文明指标体系构建——以江苏省为例",《经济地理》,2010,30(5)。

⑤ 俞可平,"科学发展观与生态文明",《马克思主义与现实》,2005,(4)。

⑥ 潘岳,"论社会主义生态文明",《绿叶》,2006,(10)。

⑦ 王慧敏,"对建设生态文明的思考",《学习论坛》,2003,(8)。

⑧ 燕乃玲,"生态文明",《解放日报》,2007-10-24。

2. 生态文明的建设

对于生态文明的建设,主要的思想是可持续发展。白杨等(2011)认为生态文明建设即在经济发展的同时,考虑自然资源和生态环境的承载力,尊重自然规律,实现人与自然的和谐发展。[①] 在生态文明建设具体实施上,于维民(2008)认为应从政治层面通过制度设计,为建设生态文明提供政治保障;法律层面健全生态方面的法律法规,提高执法力度;经济层面转变生产方式和生活方式,发展循环经济;文化层面深入研究生态文明理论,加强生态道德教育,普及生态文明观念;社会层面上倡导绿色生活方式,加快宜居城镇、农村和社区建设。[②]

3. 生态文明与其他文明的关系

有的学者认为,生态文明是比物质文明、精神文明和政治文明更高一级的概念,是其他三种文明的总称。薛惠锋(2009)指出,生态文明表现在物质、精神、政治等各个领域,体现人类取得的物质、精神、制度成果的总和,生态文明比"三个文明"高一个层次。[③] 马拥军(2007)、张云飞(2006)等人指出生态文明是人类文明发展的一个新阶段,生态文明并不是与"四个文明(包括社会文明)"并列的一个新层次,而是"四个文明"的统一。[④⑤] 姬振海(2007)认为,四个文明既相互区别,又相互联系、相互作用:一方面,物质文明、政治文明、精神文明为生态文明建设提供坚实的物质基础、科学的制度保证和强大的智力支持;另一方面,生态文明所创造的生态环境、生态理念、生态社会等为物质文明、政治文明和精神文明提供了必不可少的生态基础。[⑥]

4. 国外关于生态文明的研究

国外学者并没有提出生态文明这一概念,但他们在可持续发展理论的基础上,研究了经济、社会、环境、生态之间的关系,突出了它们之间的重要意义。如约扎斯(Juoza)(2010)运用生态足迹理论对世界各国的均衡发展水平做出了评价,提出发达国家应该为建立更加均衡稳定的社会而筹备全新的发展战略,这

---

① 白杨、黄宇驰、王敏、黄沈发、沙晨燕、阮俊杰,"我国生态文明建设及其评估体系研究进展",《生态学报》,2011,31(20)。

② 于维民,"生态文明建设初探",《开发研究》,2008,(3)。

③ 薛惠锋,"生态文明:中国环境与发展战略的抉择",http://www.npc.gov.cn/npc/xinwen/rdlt/sd/2008-07/11/content_1437523.htm,2009-08-11。

④ 马拥军,"生态文明:马克思主义理论建设的新起点",《理论视野》,2007,(12)。

⑤ 张云飞,"试论生态文明在文明系统中的地位和作用",《教学与研究》,2006,(5)。

⑥ 姬振海,《生态文明论》,北京:人民出版社,2007。

一战略应该考虑对自然资源的重复利用和有效的环境保护措施。[①] 布鲁克斯(Brooks)(2010)以不丹为样本研究了经济和社会因素对人们做出环境保护行为的影响,他建议政府应该结合地方特色制定公共政策,来激励人们保护环境。[②] 武本(Wubben)(2000)在其论著中考察了生态效益经济问题。[③] 他认为近年来环境友好已经成为影响企业比较优势的一种重要因素,适当的环境要素管理是能够激励企业创新、提高生活质量和满足消费者需求的一条途径,企业家、政策制定者和消费者之间的博弈会引导经济向生态友好、资源节约的方向发展。莫汉(Mohan)(2007)在其书中说明了避免海洋污染的重要性,提出世界面临的水资源危机情况下,开发污水处理和水储备技术的迫切性,强调科技进步需要创新的思维模式,以承担解决现有环境问题的重任。[④]

二、生态文明指标的构建

本部分根据生态文明的内涵,提出了海西区生态文明评价指标体系。指标体系的选择充分考虑指标的代表性、客观性、相对独立性和数据的可得性,将其分为经济发展、社会支撑、资源利用和环境保护四个子系统。各个子系统的含义及指标构成如下:

(一) 经济发展

经济发展是生态文明发展的基础。它能够为后者提供物质基础与动力源泉。这一子系统下的指标有:

(1) 人均GDP,它是衡量整体经济发展状况,了解和把握一个地区宏观经济运行的重要指标,是衡量人民生活水平的一个重要标准;

(2) 城市化水平,通过城镇人口占总人口的比重可以衡量地区城市化发展水平;

(3) 第三产业比重,该指标可以反映出地区产业结构调整程度,指标的高低能反映出一个地区对于第三产业的依赖程度;

(4) 失业率,它是直接衡量一个地区就业状况的主要指标,通过该指标能

① Juozas Ruževičius, "Ecological Footprint As An Indicator of Sustainable Development", *Economics and Management*, 2010, (15).

② Jeremy. S. Brooks, "Economic and Social Dimensions of Environmental Behavior: Balancing Conservation and Development in Bhutan", *Conservation Biology*, 2010, Vol. 24, (6).

③ Emiel F. M Wubben, *The Dynamics of the Eco-efficient Economy*, Edward Elgar Publishing Limited, 2000.

④ I. Mohan, *Environmental Crisis: New Dimensions and Challenges*, Anmol Publications Pvt. Ltd., 2007.

判断一定时期内全部劳动人口的就业情况,该指标也被视为一个反映整体经济状况的指标;

(5) 城乡居民可支配收入比,该指标可以反映城乡居民收入差距,反映出一个地区城乡居民生活状况的相对水平。

(二) 社会支撑

适度的人口密度、完善的基础设施、先进的科研教育水平、合理的消费方式和城乡差距等构成了良好的社会支撑,反映了生态文明建设过程中不可或缺的制度安排和内在包含了生态环境保护理念的人民的精神追求。这部分指标包括人口密度等指标,主要有:

(1) 人口密度,是指单位面积土地上居住的人口数,反映地区内人口密集程度,在人口自由流动的前提下,其值越高,说明该城市经济发展和文明程度越高,但过于密集的人口不利于维持生态平衡和保护生态环境;

(2) 每千人拥有病床数,反映了当前本地区的公共医疗状况,其数值越高说明该地区的公共医疗体系越发达;

(3) 科技投入占 GDP 的比重,反映了一定时期内支持各项科技活动的投入占地区生产总值的比重,该比重越高,表明城市对科技进步带动生产发展的重视程度越高,有利于科学技术的进一步发展;

(4) 申请专利数,代表城市科技创新能力,其数量越多,文明程度越高;

(5) 人均住房建筑面积,是指按居住人口计算的平均每人拥有的住宅建筑面积,这一指标反映了城乡居民居住条件和生活环境;

(6) 万人拥有公交车数量,反映了城市公共设施建设水平和居民生活便利程度;

(7) 社会保障,主要包括社会保险、社会救助、社会福利和社会优抚,其支出占财政支出的比重标志着政府对丧失劳动能力、失去工作机会或生活面临困难的社会成员提供的基本保障支出多少,其比重越高,表明政府越重视缩小贫富差距、促进城市经济发展和文明进步;

(8) 教育支出占财政支出的比重,说明政府对教育投入的重视程度,增加教育投入是提高劳动生产率的根本方式;

(9) 恩格尔系数,是指居民食物支出总额占个人消费支出总额的比重,是消费结构的体现,其系数越低,说明每个居民的平均收入中用于购买食物的支出所占比例越小,相应的用于非食品消费支出(如穿着、住宅、耐用消费品、教育、旅游等消费)所占比例越大,是城市经济增长和文明程度提高的表现。

（三）资源利用

资源利用状况能够反映生态文明的先进程度。事实上，一个具有较高生态文明的城市，其能源的产出与废物综合利用率等都较高。在资源利用子系统中我们设立了 4 项指标：

（1）能源产出率，用于衡量规模以上工业企业单位增加值能耗，是规模以上工业企业增加值与其在实际生产中所耗费的能源数量的比值；

（2）单位 GDP 电耗，在资源利用中，除了要衡量能源的消耗以外，还需要对电耗进行衡量，因为电力也是社会经济发展所必需的重要资源，单位 GDP 电耗是所耗的电量与地区 GDP 的比重，用来判断电能的利用效率；

（3）三废综合利用产出率，对城市消费和发展所产生的废物的利用是资源利用中的重要组成部分，三废综合利用产出率即三废综合利用产值占 GDP 的比重；

（4）工业固体废物综合利用率，是指每年综合利用工业固体废物的总量与当年工业固体废弃物产生量和综合利用往年贮存量总和的百分比，开展工业固体废弃物综合利用是转变经济发展方式的必然要求，同时也是突破资源环境制约的现实选择，其值越高，说明该市资源转化和再生利用能力越好。

（四）环境保护

该系统选择的统计指标包括空气质量、人均公共绿地面积、城市污水集中处理率、单位 GDP 二氧化硫含量、工业废水处理排放达标率、城市生活垃圾无害化处理率、农药施用强度和森林覆盖率等指标。

（1）空气质量，反映了空气的污染程度，依据空气中污染物浓度的高低来判断，在此使用空气污染指数（API）来评价空气质量，一个城市的 API 越低，说明空气质量越好，越适合人居住和生活。

（2）人均公共绿地面积，是指城镇公共绿地面积的人均占有量，其值越大，说明该城市绿化情况越好，空气调节能力和人民生活环境越好。

（3）城市污水集中处理率，是指城市市区经过城市污水处理厂二级或二级以上处理且达到排放标准的生活污水量与城市生活污水排放总量的百分比，我国国家环保模范城市考核要求城市生活污水集中处理率要大于 70%，该比率越高，说明对污水的处理程度越好，对水环境质量的保护越好。

（4）单位 GDP 二氧化硫含量，是生产与生活二氧化硫排放量与 GDP 的比值，该指标值越小，说明工业废气二氧化硫排放情况越好，生产单位 GDP 对空气的二氧化硫污染排放量越小。

(5) 工业废水处理排放达标率,是指工业废水排放达标量占其工业废水排放总量的百分比,该指标反映了企业在控制污水排放方面的力度,比值越高,说明工业企业对污水处理情况越好,对人民良好生活环境的影响越小。

(6) 城市生活垃圾无害化处理率,该指标反映城市生活垃圾处理情况,比值越高,说明城市生活垃圾处理设施越完善,生活垃圾处理情况越好,对环境质量影响程度越小。

(7) 农药施用强度,是指每亩地所使用的农药的数量,在农业生产中农药使用得越多,对生态的破坏越严重,这个指标能够很好地衡量在农业生产中环境保护的情况。最后,要说明的是,环境保护好与否,可能通过生物多样性来得以体现,但生物多样性这个指标难以直接的衡量,必须采用相关指标,间接判断这一地区的生物多样性程度。在这些指标中,最具有代表性的就是森林覆盖率。

(8) 森林覆盖率,用某地区森林面积与区域总面积的比重来表示,森林覆盖率越高,说明区域对生态保护的作用越大。

第三节　生态文明综合评价指数的计算

生态文明综合评价指数(Eco-culture Index,ECI)是将各项指标的数据标准化之后,分别乘以各项指标在评价体系中的权重,再将乘积相加,得出各个子系统的最终结果,最后由子系统相加所得。

一、指标层权重的确定

本部分采用德尔菲法(Delphi)确定生态文明评价体系各个指标层的权重。德尔菲法又名专家意见法,是依据系统的程序,采用匿名发表意见的方式,即团队成员之间不得互相讨论,不横向联系,只能与调查人员发生关系,反复地填写问卷,以集结问卷填写人的共识及搜集各方意见,使专家小组的预测意见趋于统一,确定出权重。

本项目的研究,我们挑选了 52 位专家,每位专家均依照其学术背景做出独立判断,确定各项指标的权重,如表 10-1 所示。

表 10-1 指标层权重

	子系统	序号	指标层	权重
生态文明综合评价指数	经济发展(0.1416)	1	人均 GDP(+)	0.0326
		2	城市化水平(+)	0.0314
		3	第三产业比重(+)	0.0301
		4	失业率(-)	0.0191
		5	城乡居民可支配收入比(-)	0.0284
	社会支撑(0.2700)	1	人均住房面积(+)	0.0246
		2	单位面积人口密度(-)	0.0343
		3	万人拥有营运载客汽车数量(+)	0.0259
		4	每千人拥有病床数(+)	0.0237
		5	社会保障支出占财政支出比重(+)	0.0284
		6	科技投入占财政支出比重(+)	0.0322
		7	申请专利数(+)	0.0148
		8	城乡居民恩格尔系数(-)	0.0276
		9	教育占财政支出比重(+)	0.0356
		10	消费物价指数(-)	0.0229
	资源利用(0.1852)	1	能源产出率(-)	0.0394
		2	单位 GDP 电耗(-)	0.0445
		3	三废综合利用产出率(+)	0.0487
		4	工业固体废物综合利用率(+)	0.0526
	环境保护(0.4032)	1	空气质量(+)	0.0543
		2	人均公共绿地面积(+)	0.0496
		3	城市污水集中处理率(+)	0.0504
		4	单位 GDP 二氧化硫含量(-)	0.0517
		5	工业废水处理排放达标率(+)	0.0526
		6	城市生活垃圾无害化处理率(+)	0.0509
		7	农药施用强度(-)	0.0441
		8	森林利用率(+)	0.0496

在此基础上，按照下列步骤计算出各个城市的 ECI。

二、生态文明综合评价指数的计算

（一）数据的标准化

由于不同的指标具有不同的性质，其数值的单位也不尽相同，因此，为了方便指标的比较和计算，需要对各个数据进行标准化。标准化数据要遵循单调性和可控性原则。单调性是指经过标准化的数据不能改变原始数据的大小排列，可控性是指标准化的数据必须在一个确定的取值区间范围内，一般是[0,1]的区间。此外，对于有些指标而言，指标数值越大越好，对另一些指标而言，指标数值越小越好，前者即正向指标，后者为逆向指标。为了对这些指标进行区分，也需要采用不同的数据标准化方法。在本部分生态文明评价体系的27个指标中，共有18个正向指标，9个逆向指标。对于正向指标，指标数值越大越好；对于逆向指标，指标数值越小越好。

正向指标 D_{kij}^{+} 和逆向指标 D_{kij}^{-} 的计算公式分别为：

$$D_{kij}^{+} = \frac{C_{kij} - \min C_{kj}}{\max C_{kj} - \min C_{kj}}$$

$$D_{kij}^{-} = \frac{\max C_{kj} - C_{kij}}{\max C_{kj} - \min C_{kj}}$$

其中，C_{kij} 表示在 i 城市 k 子系统第 j 指标的实际数值。$\max C_{kj}$ 表示在所有城市 k 子系统中第 j 指标的最大值，$\min C_{kj}$ 表示在所有城市 k 子系统中 j 正向指标的最小值。在这种计算方法下，每个指标的大小比较关系得到了保留，并且标准化后的数据都落在了[0,1]的区间范围内。

（二）指标层指数的计算

在将各项指标标准化后，分别乘以各项指标的权重，得出各项指标的指标层指数，即：$B_{kij} = D_{kij} \times W_{kj}$。其中，$B_{kij}$ 表示 i 城市 k 子系统中第 j 指标的指标层指数，W_{kj} 表示在 k 子系统中 j 的权重。

（三）子系统指数的计算

各个子系统指数由每个子系统中各项指标层指数相加得出，即 $A_{ki} = \sum B_{kj}$。其中，A_{ki} 表示 i 城市的 k 子系统指数。

（四）生态文明综合评价指数的计算

将每个城市4个子系统指数相加，就可以得到ECI的最终结果，即 $\mathrm{ECI}_i = \sum A_{ki}$。其中，$\mathrm{ECI}_i$ 表示 i 城市的生态文明评价指数。经过计算的2009年和2010年海西区各个城市子系统和生态文明评价指数的结果见表10-2和表10-3。

表 10-2 2010 年生态文明评价结果

城市	排名	总得分 ECI_i	经济发展 A_{1i}	社会支撑 A_{2i}	资源利用 A_{3i}	环境保护 A_{4i}
厦门	1	71.43	12.77	15.87	9.57	33.22
泉州	2	67.29	10.06	15.62	9.92	31.70
丽水	3	63.39	7.20	12.31	11.07	32.80
衢州	4	62.01	6.76	14.93	12.49	27.82
漳州	5	60.85	7.88	9.53	10.33	33.10
莆田	6	59.91	7.78	13.98	12.32	25.83
福州	7	59.69	10.46	15.31	6.31	27.61
温州	8	59.65	10.19	13.89	10.37	25.19
鹰潭	9	58.42	5.94	11.29	12.79	28.40
龙岩	10	58.17	7.79	13.26	8.01	29.11
南平	11	56.70	7.07	10.37	6.65	32.60
宁德	12	55.09	7.51	11.82	10.09	25.66
赣州	13	51.13	2.01	9.89	9.97	29.26
梅州	14	49.24	5.89	11.34	7.34	24.66
抚州	15	47.65	4.59	7.20	10.73	25.13
揭阳	16	47.32	6.00	9.27	8.72	23.34
平均	—	58.00	7.49	12.24	9.79	28.47

注:暂缺 2010 年汕头、三明、上饶、潮州数据。

资料来源:经作者计算分析得到。

表 10-3 2009 年生态文明评价结果

城市	排名	总得分 ECI_i	经济发展 A_{1i}	社会支撑 A_{2i}	资源利用 A_{3i}	环境保护 A_{4i}
厦门	1	73.14	10.82	17.09	11.64	33.59
泉州	2	65.54	6.78	16.35	10.80	31.61
南平	3	62.98	5.53	15.59	12.06	29.80
丽水	4	61.90	3.68	14.39	11.64	32.18
莆田	5	60.59	6.52	16.01	12.67	25.39
龙岩	6	59.77	7.00	15.72	10.06	26.99
衢州	7	58.12	5.10	16.35	9.74	26.94
漳州	8	57.91	6.60	11.96	9.77	29.58
福州	9	57.72	8.50	16.30	9.98	22.94
鹰潭	10	57.64	4.70	13.97	13.85	25.12
宁德	11	57.54	5.13	12.52	10.54	29.35
温州	12	56.81	7.84	16.89	11.30	20.77
梅州	13	52.97	5.57	13.34	7.20	26.85
汕头	14	52.40	6.96	9.45	11.53	24.46

（续表）

城市	排名	总得分 ECI_i	经济发展 A_{1i}	社会支撑 A_{2i}	资源利用 A_{3i}	环境保护 A_{4i}
潮州	15	51.76	8.12	11.70	11.50	20.44
三明	16	49.98	5.14	13.03	5.48	26.33
赣州	17	49.90	2.08	10.88	9.46	27.48
揭阳	18	49.09	5.06	12.29	8.66	23.09
抚州	19	48.55	3.20	9.34	10.45	25.57
上饶	20	48.36	2.40	11.40	5.87	28.69
平均	—	56.63	5.84	13.73	10.21	26.86

资料来源:经作者计算分析得到。

第四节　海西区生态文明评价结果分析

一、类型划分

本部分在前面对海西区城市的生态文明评价结果的基础上,进行分类归纳,并得出相关的政策建议。

分类时,基于数据的有限性,我们将经济发展与社会支撑合并为一类指标。其原因在于,本部分中的经济系统与社会系统的意义相近,从生态文明研究的角度来说,他们均构成了资源利用与环境保护的基础。这样我们就得到三类指标:社会经济、资源利用、环境保护。以这三类指标作为分类基础。具体地,某一城市社会经济子系统的得分超过海西区 20 个城市的平均值,我们就认为这个城市的社会经济发展状况良好;同理,资源利用效率的高低以及环境保护的好坏均采用其子系统的平均得分来划分。因此,海西区 20 个城市可以分成 7 类(见表 10-4)。

表 10-4　生态文明城市分类标准

类型	子系统平均值			城市
	经济社会	资源利用	环境保护	
全面发展型	大于	大于	大于	厦门、泉州
经济薄弱型	小于	大于	大于	宁德、丽水
环境薄弱型	大于	大于	小于	温州、衢州、潮州、莆田
经济优势型	大于	小于	小于	福州、龙岩
资源优势型	小于	大于	小于	鹰潭、汕头、抚州
环境优势型	小于	小于	大于	漳州、梅州、赣州、上饶、三明、南平
相对落后型	小于	小于	小于	揭阳

二、类型分析

（一）全面发展型

海西区中属于全面发展型的城市有厦门和泉州。数据显示，厦门和泉州的整体情况较好，经济社会发展水平位居海西区前列，资源利用比较合理，环境保护质量较好，生态活力高，体现出生态文明协调发展的特征。这两个城市在社会经济快速发展的情况下，提高资源利用效率，努力协调经济发展与环境保护的关系，坚持开发与保护并重，做到了发展经济和保护生态的双赢。厦门和泉州的情况相近，就生态文明而言，二者表现出了相似的特征，下面以厦门为例，对全面发展型的城市进行具体的分析。

首先，经济社会方面，厦门的社会经济发展指数位列海西区第一位，2009 年和 2010 年分别得到了 27.91 和 28.64 的高分，超过平均水平 40%。其中，厦门的人均 GDP、城市化水平、第三产业比重、万人拥有公交车数、每千人拥有病床数、科技投入占财政支出比重等指标均位于海西区 20 个城市的首位。这些说明，海西区中，厦门的经济总量大，现代化水平高，经济结构日趋合理，城市建设和公共卫生体系完善，城市公共设施保障能力较强，为发展生态文明奠定了坚实的基础。当然，也存在一定的问题，特别是厦门面临着较大的人口压力，单位面积人口密度高于平均水平，并且，厦门人口的地域结构不合理，52.7% 的常住人口集中在不到总面积 10% 的岛内。人口密度较高对生态环境造成了较大的压力，成为限制厦门生态文明发展的主要障碍。

其次，资源利用方面，厦门的能源产出率和单位 GDP 电耗都具有比较明显的优势。导致这一现象的主要原因有以下两个：一是厦门积极推动低碳城市发展，实施节能减排工程，发展高新技术产业、低碳建筑等，提高了能源效率，降低了碳排放。二是厦门大力发展航运物流、旅游与会展、金融与商贸以及软件与信息服务业等新型服务产业，这些产业均具有能耗低、产值高的特点，也推动了厦门资源利用效率的提高。但是，厦门的三废综合利用产出率低于海西区的平均水平，应加大对废水、废物和废气的利用，大力发展循环经济。

最后，环境保护方面，厦门的得分也超过了平均水平。其中，人均公共绿地面积、城市污水集中处理率和城市生活垃圾无害化处理率两年均保持在第一位，市政建设水平高，城市生态系统比较完善。此外，厦门还在水污染及大气污染治理上取得了不小的成就，工业废水处理排放达标率稳步提升，从 2009 年的 99.45% 提升到了 2010 年的 99.97%，两年内单位 GDP 二氧化硫含量减少了 20%。然而，较大的人口和经济压力带来了对空气质量的负面影响，2009 年和

2010 年分别有 5 天和 9 天的空气质量大于或等于三级标准。其中汽车数量增加是造成空气质量下降的重要原因之一。

（二）经济薄弱型

研究结果表明，海西区中属于该类型的城市有宁德市和丽水市。这两座城市的共同特征在于资源利用效率较高，生态环境未被严重破坏，但在社会经济发展方面落后于海西区其他城市的平均水平。形成这种情形的主要原因在于：这些城市的工业化起步较晚，近年来经济的迅猛发展尚未对环境构成威胁。此外，宁德、丽水二市的自然环境优美，资源储备相对丰富，知名风景众多，这些因素提高了生态环境的质量。下面将以丽水市为例具体分析一下这种类型城市的发展概况。

首先，在经济社会发展方面，丽水市在 2009 年和 2010 年的人均 GDP 标准化得分分别为 0.217 和 0.398，与平均水平相差甚远。其他经济相关指标如城市化水平、失业率、城乡居民可支配收入比等几项得分同样比较低，仅在第三产业比重一项上略高于平均值。从历年来丽水的经济发展情况来看，生产总值总量始终保持着稳步增长的态势，每年的增长速度高于 10%（见图 10-1），其中第二产业和第三产业的发展尤为迅速。但是，丽水市区域发展水平严重不均衡，城乡收入差异较大，城镇基础设施和社会事业设施不够完备，资金、土地等保障要素不能同步发展。

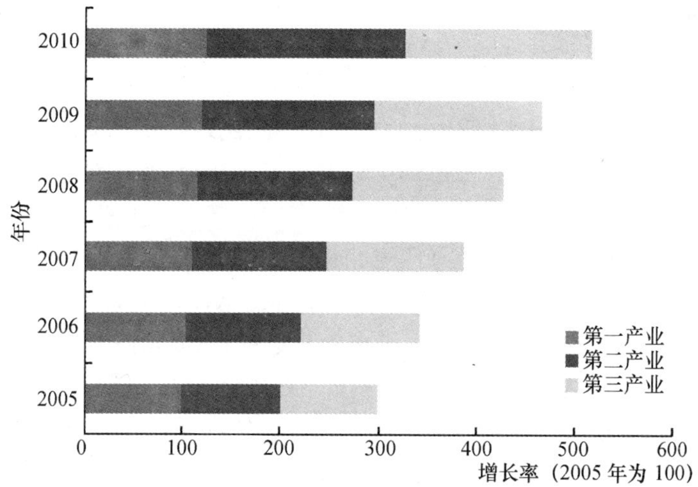

图 10-1　丽水市地区生产总值（GDP）与构成

资料来源：2006—2011 年丽水统计年鉴。

其次，在资源利用方面，2010 年丽水市在资源利用方面的得分为 11.07，高于海西区平均值 9.79。从具体数据可以看出，丽水市产业能源效率较高、高污染产业较少。此外，丽水市已经做到较好地开展工业固体废物的回收利用。这些因素有利于该市的生态文明发展和建设新型资源节约型社会。

最后，在环境保护方面，丽水市在 2010 年环境保护部分的得分为 32.80，远高于平均水平 28.47。环境质量优良是丽水市生态文明发展的比较优势，在海西区 20 个城市中仅次于国家经济特区厦门市。环境保护子系统的八项指标中，丽水市的标准化得分全部高于 0.5。其中二氧化硫排放程度、生活垃圾处理率、农药污染程度和森林覆盖率等几项指标其标准化得分均高于 0.9。事实上，丽水市拥有的生态环境优势十分明显，生物种类和数量居浙江省第一，水资源和湿地资源也相当丰富，被誉为天然的“绿色宝库”、“浙南林海”、“华东地区的动植物摇篮”等。这些因素也凸显了丽水的环境保护卓有成效。

（三）环境薄弱型

该类型城市的经济社会发展和资源合理利用程度超过平均水平，但环境保护得分低于平均水平。符合这类情况的城市包括温州、衢州、潮州、莆田。这说明，海西区中这些城市的环境保护与经济发展没有实现协调发展，环境污染较为严重，生态平衡遭到一定程度的破坏。下面以温州为例作具体分析。

首先，在经济社会发展方面，2010 年温州市得分为 24.08，远高于平均值 19.73。温州市经济实力雄厚，人均 GDP 起点较高，并保持稳中有升的发展趋势（见图 10-2）。温州市的城市化水平优于海西区各城市均值，第三产业占 GDP 比重得分高。此外，温州市在社会保障支出、科技投入支出以及促进本地区创新发明等方面的投入远高于同等 GDP 水平的其他城市，此举对加快推进公共事业和现代产业的发展起到了积极的作用。

其次，在资源利用方面，2010 年温州市得分 10.37，说明能源产出率较低且电耗较高。这一现象反映出该市产业能效不高、低碳产业转型乏力的特点；也反映了经济快速发展下产业的电力需求的快速增长，以及随着温州居民收入水平的提高，生活用电在全部用电中所占比重也相应增长的现象。除此之外，温州市的两项废物再利用相关数据维持在均值左右，在开发新能源和实现循环经济方面没有实现与经济发展相适应的速度。

最后，在环境保护方面，温州市环境质量低于海西区平均水平。温州市环境得分仅为 25.19（平均水平为 28.47）。主要原因在于：温州市的人均绿地面积低于 7 平方米，而海西区其余各城市普遍拥有 10 平方米以上的人均绿地面

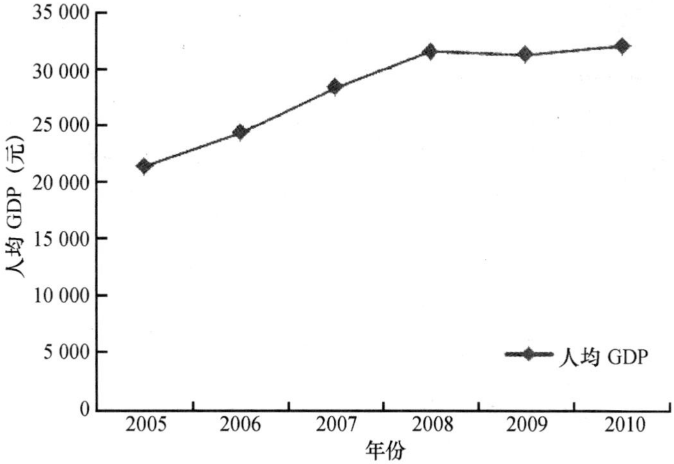

图 10-2　温州市 2005—2010 年人均 GDP 变化情况

资料来源:2006—2011 年温州统计年鉴。

积;温州市大型电厂建成投产、工业生产排放粉尘过量和机动车数量的上升导致空气质量相对于其他城市较差;此外,温州市工业废水处理排放达标率、城镇生活污水处理率和农村生活污水处理率不高,环境污染严重。

(四) 经济优势型

这一类型的城市在社会经济方面的数据处于海西区各城市中的中上水平,但在资源利用和环境保护方面则相对薄弱甚至没有达到平均水平。这说明该类城市在经济发展方面取得了较好的成绩,但在资源利用效率及对生态环境保护等方面还需进一步加强。具体而言我们将海西区城市中的福州、龙岩归入此类。下面以福州为例说明这类城市的特点。

首先,在经济社会发展方面具有较为明显的优势。福州的经济发展得分在 2009 年和 2010 年均处于海西区 20 个城市中的第二位,仅次于厦门。这主要得益于福州市较高水平的人均 GDP(如图 10-3 所示)。2006—2010 年的五年间,福州的人均 GDP 保持了持续增长,达到了 2010 年的 4.4 万元。此外,福州在每万人拥有公交车数量、每千人拥有病床数等几个指标方面也位于海西区各市前列(如图 10-4 所示)。这说明,福州市的经济社会条件为生态文明建设发挥了重要的支撑作用。

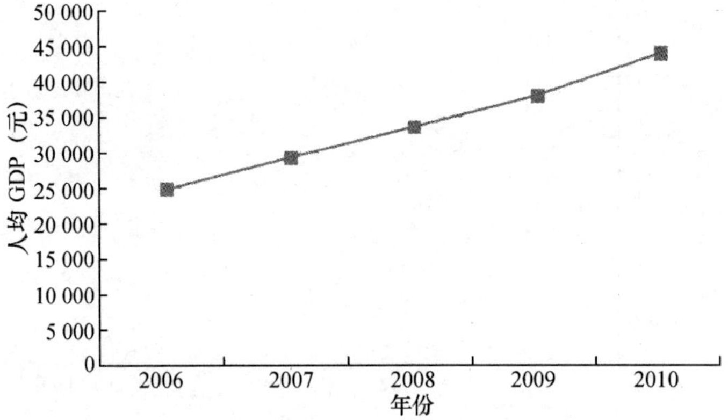

图 10-3 福州 2006 年到 2010 年人均 GDP 变化情况

资料来源:2007—2011 年福州统计年鉴。

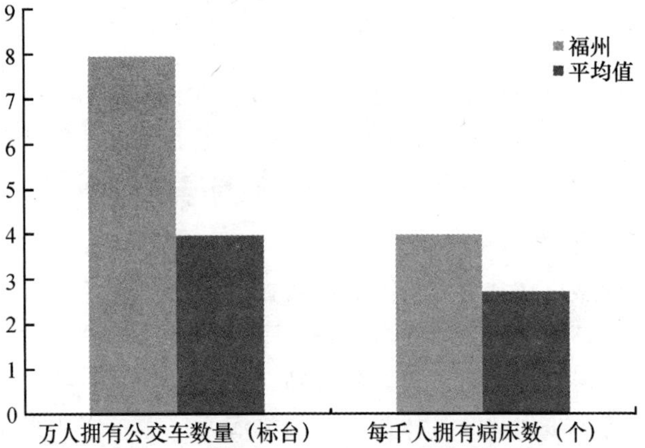

图 10-4 福州万人拥有公交车数量及每千人拥有病床数与海西区 20 个城市均值比较

资料来源:《福州统计年鉴 2010》。

其次,福州在资源利用方面低于平均水平。造成福州在这方面得分偏低的原因主要是较高水平的单位 GDP 电耗和较低水平的三废综合利用产出率。一方面,随着福州市民收入水平的提高与生活条件的改善,对电力消耗的需求大量增加。另一方面,福州工业结构高碳化特征仍然非常明显,使得产业用电出现快速增长。

再次,相对于快速的经济发展,福州的三废综合治理没有保持同步提高。如图 10-5 所示,福州的三废综合利用产出率甚至远比海西区各城市均值低。造成这种现状的原因与较低的工业固体废物综合利用率有关,也说明了工业企业对生产过程中产生的三废再利用程度较低。

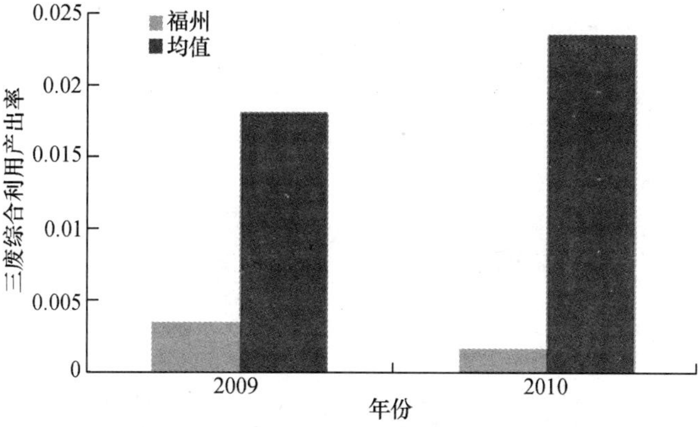

图 10-5　福州三废综合利用产出率与海西区 20 个城市平均值比较

资料来源:2010—2011 年福州统计年鉴。

最后,福州在环境保护方面也相对薄弱。从具体指标来看,造成这一结果的主要因素是福州的空气质量、工业废水排放达标率等处在海西区各城市中的中下水平。如在空气质量方面,福州 2009 年和 2010 年中全年未达到二级标准的有 12 天左右,普遍多于大部分海西区城市,而工业废水排放达标率处于海西区城市的下游水平。

(五) 资源优势型

这一类型的城市在资源利用方面总体有相对较好的表现,但在经济社会的协调发展方面以及污染治理情况等环境保护方面则相对薄弱。属于这种类型的城市有鹰潭、汕头、抚州三市。下面我们以鹰潭市为例作具体分析。

首先,在经济社会发展方面,鹰潭的得分处于海西区城市中的下游水平。从鹰潭的经济规模等指标来看都还处于小规模发展阶段。大部分指标基本处于海西区城市的平均水平,第三产业比重这一指标处于所调查城市中的最低值,这与鹰潭长期致力于以铜产业为支柱的工业的发展而第三产业发展缓慢是分不开的。

其次,在资源利用方面,鹰潭在海西区 20 个城市中得分最高。这得益于鹰潭突出抓好三废综合利用产出率。如图 10-6 所示,鹰潭这项指标的值将近海西区各城市均值的三倍。其原因在于,近年来鹰潭积极调优经济结构,提升产业发展的层次和水平,坚定推进新型工业化,努力形成铜产业和非铜产业“双引擎”快速发展的工业结构。同时在扶优扶强非铜产业发展中,树立低碳经济发展理念,发展节能节水环保产业。通过这些举措,既提高了三废利用率,又降低了能耗,最终提高了整个经济的资源利用效率。

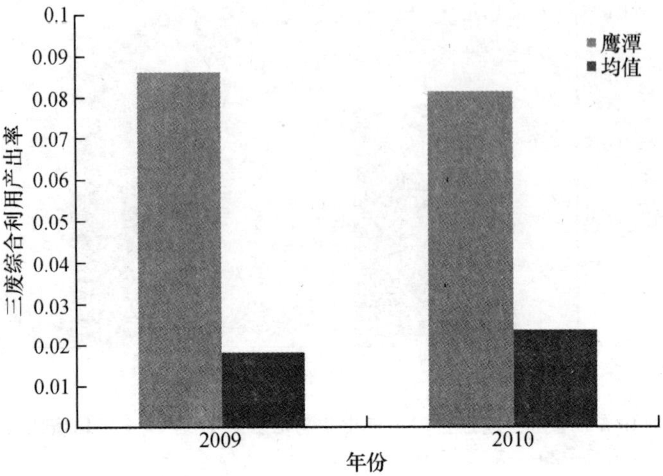

图 10-6　鹰潭三废综合利用产出率与海西区 20 个城市均值比较

资料来源:2010—2011 年海西区 20 个城市统计年鉴。

最后,在环境保护方面,鹰潭市的得分低于平均水平。由于鹰潭城市规模较小,城市污水和垃圾处理系统还不够完善,因此污水集中处理率和生活垃圾无害化处理率都很低;同时工业经济内有色金属产业尤其是铜产业占了很大比重,使得二氧化硫的工业排放量规模较大,单位 GDP 二氧化硫含量数值达到 15.9,远高于 4.5 的平均值,导致这一指标得分很低。

(六) 环境优势型

这一类型的城市环境质量位居海西区前列,但在经济发展和资源利用方面仍低于海西区平均水平,环境优势尚未转化为经济效益,尚未实现经济和环境协调发展。属于这种类型的城市有漳州、梅州、赣州、上饶、三明、南平等。下面以漳州为例进行分析。

首先,在经济社会发展方面,漳州的平均得分低于海西区平均水平。具体地,2009 年和 2010 年,漳州的得分分别为 18.55、16.41,而海西区平均值为 19.55、19.73。从生产总值的平均增速来看,2007—2010 年漳州的数据分别为 15.1%、13.6%、13.3%、14.9%,对比福建的增速 15.2%、13.0%、12.3%、13.9%和海西区的增速 15.5%、13.1%、12.0%、13.8%并无多大优势(见图 10-7)。总的来看,漳州的 GDP 增速多数位居福建的第 6—7 位,在海西区中也仅略高于平均水平。社会支撑方面,支持漳州经济加快发展的环境偏紧。数据显示,漳州万人拥有公交车数量偏低,交通运输业的发展明显滞后于经济是制约漳州经济发展的一大重要因素。

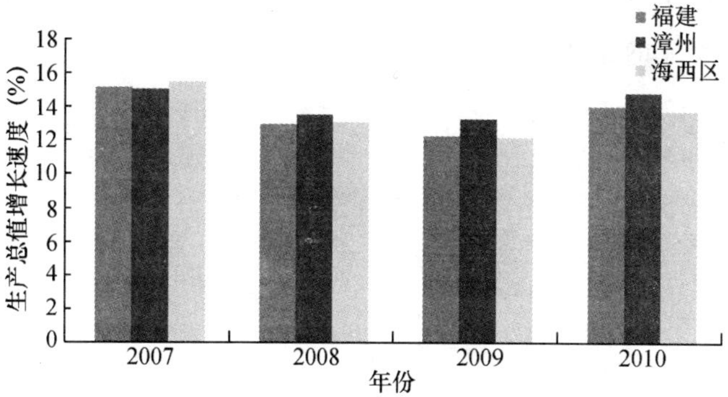

图 10-7　GDP 增长速度比较

资料来源:2008—2011 年海西区 20 个城市统计年鉴。

其次,在资源利用方面,漳州 2009 年的得分仅为 9.77,低于平均值 10.21;2010 年的得分 10.33 略高于平均值 9.79。综合两年的数据分析,可以看出,尽管漳州在节能减排、提高资源利用效率方面做了不少工作,能源损耗有一定幅度的下降,但是漳州的三废综合利用产值仍然低于海西区其他城市。部分原因是由于漳州经济增长方式仍然属于粗放型增长,相应的科技创新和自主研发等力量较为薄弱,其资源利用率相对较低。

最后,在环境保护方面,漳州的环境保护水平位居海西区前列。在 2010 年,漳州环境保护方面的得分为 33.09,高于海西区平均值 28.46。这得益于漳州市政府重视环境保护。城市生活污水处理、生活垃圾无害化处理、工业废物处置等城市环境基础设施相继建成,重点流域水环境的综合整治,极大地改善了城市人居环境,使得城区环境质量稳中有升,同时漳州的污染防治能力和环境监测能力也得到不断提升。此外,漳州环保方面的数据中农药施用强度明显高于海西区平均水平,这是需要治理的一个重要方面。

（七）相对落后型

这一类型的城市在经济社会、资源利用、环境保护等方面均低于海西区平均水平,需要着力全面发展提高。海西区中属于这种类型的城市是揭阳市。

首先,在经济发展方面,揭阳市人均 GDP 在海西区 20 个城市中处于较低水平。人均 GDP 虽然有较大增长,如 2010 年在 2009 年基础上增长超过 20%(见图 10-8),但被揭阳市较低的城市化水平抵消,第三产业所占比重较上一年呈下降趋势(见图 10-9)。这些反映了揭阳市粗放的经济增长方式,产业结构尚未得到有效调整与提升。单位面积人口密度较高,达到了 1 223.74 人/平方米,在海西区20市中仅次于厦门。在人口压力较大的情况下,基础设施的建设力度相应不足,公共事业的发展缓慢。

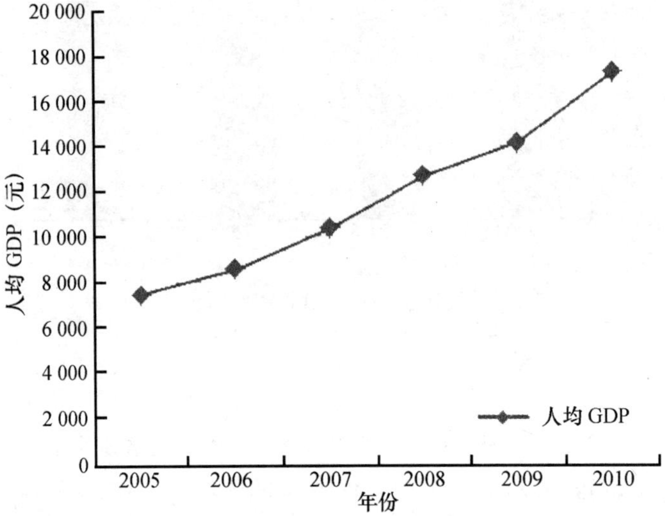

图10-8 揭阳市近年人均GDP变化

资料来源:2006—2011年揭阳统计年鉴。

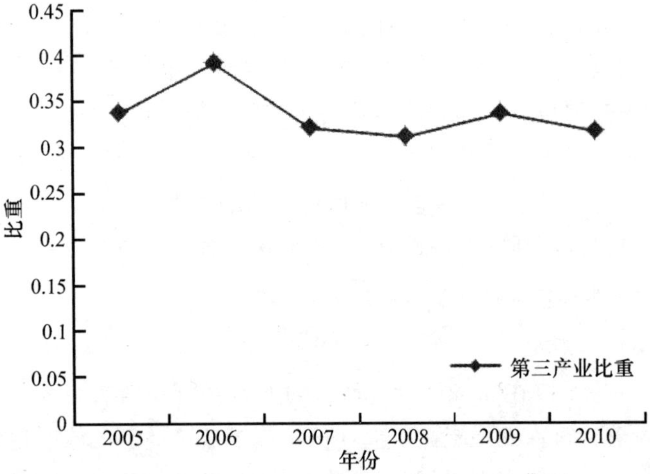

图10-9 揭阳市近年第三产业比重变化

资料来源:2006—2011年揭阳统计年鉴。

其次,在资源利用方面,揭阳市的得分为8.66,低于平均值10.21。结合2009年、2010年的数据来看,揭阳市在节约资源、低耗能生产方面具有成效,三废综合利用产值虽有微小提高但相比其他海西区城市仍处于绝对劣势。揭阳市内的工业园区的生产粗放,没有形成产业集聚节能、节约资源的规模效应。

最后,在环境保护方面,揭阳市的空气质量、绿地面积和森林覆盖率相对较高。但是,城市污水处理和排放、垃圾无害化处理等方面落后于其他城市。这从侧面反映了揭阳市的城镇污水处理设施和配套污水管网建设严重不足,高污染严重的企业依然存在;环保准入措施、规划、指导、审批流程不完善;环保部门监管不严格,重点行业对污染的治理不力,推行清洁生产缺乏动力等。

第五节　政策建议

一、全面发展型

厦门和泉州在生态文明建设上表现出全面发展的特征,但与国内国际发达城市的生态文明建设相比,仍然存在一定的差距。厦门和泉州应当进一步全面地促进生态文明建设,在海西区积极发挥生态文明建设的带头作用,实现与世界发达的生态文明城市接轨。

(一) 进一步明确生态文明城市的发展目标

目前看来,厦门和泉州的生态文明建设状况良好,取得了经济发展与生态保护的双赢,这与厦门和泉州政府全面贯彻落实科学发展观、促进可持续发展的方针政策密不可分。在此基础上,厦门和泉州应努力成为海西区生态文明建设的示范区,明确提出生态文明发展战略,将生态文明建设与低碳经济发展、城市经济结构转型结合起来,努力实现包容式发展。

(二) 大力发展低碳环保型产业

作为海西区的经济增长极,厦门和泉州位于海西区产业链的上端,应充分发挥其在资金、技术和经济规模上的优势,调整产业结构,大力发展低碳生态环保产业。低碳环保型产业是指那些具有高技术、高附加值、低能耗的产业,具体包括新能源的开发与应用、文化创意产业和节能建筑业,等等。通过对低碳生态环保产业的扶持,可以进一步提高能源产出率,降低单位 GDP 电耗,提高生态城市建设水平,促进经济又好又快发展。

(三) 加大对新能源的开发,提高能源利用效率

大力开发新能源和清洁能源,能够有效地缓解厦门和泉州的能源压力。例

如，厦门市的生活耗电占总耗电量的 40% 以上，大力发展太阳能和光能，能够解决居民用电量大的难题，减轻厦门的能源供求压力。另外，工业化和现代化的发展中，需要提高资源利用效率，开展对高能耗设备的低碳化改造，建立生态型工业社会。

（四）进一步优化交通结构

要进一步完善城市规划，积极发展厦门、泉州的卫星城镇，推行随产业转移的就业安置，缓解城市人口压力。在此基础上，进一步完善城市公共交通系统。对厦门而言，相比岛内的城市交通规划，岛外的公共交通较为落后，在人口迁移的基础上，必须加大对岛外公共交通的投入，大力发展轨道交通，节省居民的出行时间和出行成本。对泉州而言，也应将发展城市公共交通作为泉州城市公共建设的重点。目前新能源汽车技术已经实现了突破，在市场上已经可以购买到利用电力行驶的新能源汽车。厦门和泉州应顺应新能源汽车的发展趋势，出台一系列鼓励新能源汽车消费的政策法规，大力推广新能源汽车在日常生活中的应用。

二、经济薄弱型

针对丽水市现阶段存在的经济发展起步晚、速度慢、工业化和城市化水平低的问题，结合丽水市生态环境整体质量好、区位优势和文化优势明显等特点，我们提出以下政策建议：

（一）通过加强区域合作推进产业经济发展

丽水处在长三角和海西区两大经济区的结合部，要抓住机遇，主动承接与周边两大经济区的产业对接和产业转移工作，积极开展区域经济合作，吸引国内外先进技术、资金、人才和管理经验，提高本地区的经济竞争力。依托丽水市本身的产业基础和相对优势，发挥产业集群对推动区域经济增长的重要作用，大力发展产业集聚，推进特色产业链的建设。

（二）加快城市化进程，缩小城乡收入差距

在解决丽水城乡发展不平衡问题上，则应积极探索建立促进农民稳定增收的新机制，推进农村改革和新农村建设。将协助农民转移就业作为促进农民增收、缩小城乡收入差距的重要方式，把农民异地转移工程与城市化和中心镇建设相结合，同工业园区建设相结合，同完善基础设施建设相结合。这也有助于解决城市劳动力相对不足的问题，进一步提高该地区城市化水平。

（三）积极发展生态产业

生态产业可以细分为生态农业、生态工业和生态服务业。丽水发展生态农业具有良好的前景，可以将丽水建设成为长三角绿色农产品供应基地、无公害水产基地。发展丽水生态工业，重在优化产业结构，应优先发展环保和电子信息产业，利用高新技术和先进设备提升传统产业。发展丽水生态工业中，要按照生态文明的内涵要求工业企业、工业园区在生产过程中提高资源利用效率，减少污染，降低环境压力，形成循环经济产业链，提高节能减排力度。

（四）积极发展低碳服务业

丽水具有发展低碳型服务业的优势，特别是生态旅游业。这一产业能够成为丽水市发展生态服务业的重点。开发特色旅游区，打造精品旅游线路，完善旅游设施和配套服务，既不会破坏现有的生态平衡，又能够充分利用丰富的旅游资源，提高地区经济效益和促进当地居民就业。除此之外，大力发展现代物流业、金融业、科教文卫事业等第三产业，这有助于生态文明城市的建设，促进丽水市城镇化水平的稳步提高。

三、环境薄弱型

以温州为代表的环境薄弱型城市，经济社会发展较好，但面临生态环境恶化等问题，后者反过来制约了生态文明的发展。为了实现这种类型城市的可持续发展，创建新型生态文明城市，提出如下政策建议：

（一）加强对企业的环境管理

要以发行排污许可证、对排放污染物征税等经济措施促使温州企业尽快实施对传统工业的高新技术改造，推行清洁的生产和环境管理方式，以实现资源利用最大化和“三废”排放最小化。对高能耗、高污染的项目应严格控制，定期淘汰浪费资源、污染环境的落后生产工艺和设备，并积极扶持污染小、消耗低、效益高的资源节约型产业的发展。通过制定各项优惠政策，积极发展垃圾处理和循环利用产业，使垃圾资源化、无害化，提高资源的利用率，减少污染。

（二）倡导低碳生活方式

温州应大力倡导节约资源和保护环境的生活方式及消费方式，鼓励使用节约型产品，增加绿色产品消费，减少过度包装和一次性用品的使用。通过中小学的课堂教育普及低碳生活、低碳消费理念，积极开展低碳相关公益活动，教育温州市民树立起节约能源、保护环境的意识，使低碳理念深入人心并付诸实际行动。

（三）积极发展新能源产业

温州应以产业结构调整和升级为目标，大力发展新型能源、新兴技术，真正实现绿色经济的发展模式。主要有三种措施：加强科技、工艺的研究和应用，为鼓励新能源的开发和新技术的研究，政府应对能源开发重大项目的资金、人才、设备等提供支持；促进新能源企业发展，使之赢得市场占有率，以确保新能源的开发对企业具有持续吸引力；促进社区以及农村对太阳能、沼气能等新能源的合理开发利用。

（四）合理布局产业结构

根据建设生态城市和可持续发展的要求，应该做好温州市经济发展的统筹规划，引导产业合理布局，避免重复建设带来的资源消耗、能耗浪费、生态环境破坏和可持续发展受损。合理布局产业结构要逐步实现产业集群，提高区域内企业间合作与组织化程度，增强产业链纵向联合度，实行专业化、社会化分工协作、市场联合开拓的产业集群。这有利于节约资源与能源，保护生态环境，在促进经济发展的同时，兼顾生态城市建设的要求。

四、经济优势型

经济优势型城市，如福州在经济发展和社会协调方面达到了较高的水平，但在环境保护等方面处于相对劣势。因此在保持经济平稳发展的同时要注意考虑环境承受能力，加强环保建设，保证人与自然和谐发展。具体政策建议如下：

（一）加强社会支撑体系建设

推进生态文明建设是保障和改善民生的内在要求。在经济发展的同时，应着眼于将经济发展成果转化为人民生活水平的提高。福州应进一步加强社会支撑体系建设，通过加大社会保障支出占财政支出的比例、加强公共交通建设等措施，切实方便和保障市民生活，提高市民生活质量。

（二）推进企业低碳转型

促进福州企业低碳转型，逐步建立发展低碳经济的长效机制。针对福州单位 GDP 电耗较高的特点，一方面，政府应加大资金投入，鼓励低碳创新，改良设备，减少工业三废产生量，提高能源的使用效率；另一方面，要加快研发低碳甚至零碳能源，增加企业生产中绿色低碳能源的使用。此外，要建立资源可再生利用产业链，充分提高资源效率，减少资源过度消耗产生的污染。

（三）进一步优化投资环境

良好的投资环境是进一步改善和提升城市竞争力的重要动力。客观上看，福州的投资环境与国内经济发展较发达的地区相比还有一定差距。这是福州经济发展急需解决的一个问题。因此，建议政府改善投资环境，提高服务质量。从建立健全企业服务体系着手，增强企业融资、技术开发、信息交流、人才交流等服务；整顿规范市场秩序，为产业的发展创造一个平等竞争的市场环境，在国家允许范围内放宽民间资本的行业准入政策，促进各种所有制经济共同发展；切实减轻企业负担，降低企业不必要的成本。

（四）预防治理相结合加强环境整治

针对福州环境污染主要是工业污染产生的现状，应立足于治，严格执行“环评”制度，形成比较完善的工业三废污染防治设施体系；着眼于防，严控新上高耗能、高污染项目，严格环境执法监管，加强生态环境监测监控预警；同时，对建筑过程中造成的噪声、粉尘等污染进行严格控制。此外，还要进一步加强公共绿地建设和植树造林活动，推进城乡绿化一体化。

五、资源优势型

这类城市虽然在资源利用方面有相对较好的表现，但由于地理位置等长期历史因素所致，这些城市或许有较好的经济发展，但在经济社会协调发展方面却还不尽如人意。针对这种情况，提出下列政策建议：

（一）进一步调整经济结构

鹰潭主要以工业为主，第三产业比重偏低。对调整经济结构而言，一方面要加快由传统工业向新型工业转变，延长产业链，培育企业自主创新能力，以科技创新带动集约型的经济发展；另一方面则要为第三产业的发展营造良好氛围，提供产业支撑和组织保障，提高第三产业在经济中的比重。着重发展物流业和围绕鹰潭道教资源大力发展旅游行业。在资源利用率方面，提高三废利用技术，将污染转化为产品，形成废物资源利用产业链。

（二）促进铜产业集群发展

铜产业是鹰潭的优势产业和特色产业，应该继续培育和壮大铜产业的发展。要继续依靠江铜集团这一龙头的有力支撑，带动相关企业快速发展，以此增强地方经济发展的动力和活力。在做大做强铜产业的同时，要大力推进战略性新兴产业的发展，通过财税、科技奖励、招商引资等多渠道鼓励节能照明、生物医药、新能源等行业的发展，实现铜产业和非铜产业齐头并进，形成新的大工业布局,拉动鹰潭工业经济快速平稳地发展,为鹰潭生态文明程度的提升创造条件。

(三) 积极发展低碳型产业

鹰潭的铜业等工业发展过程中,排放了大量的二氧化硫。因此要转变工业过程中的能源消费,采用无硫煤或清洁能源,减少污染气体的排放。同时鹰潭正逐步树立低碳经济发展理念,积极发展低碳型产业,使之成为推动绿色发展的"新引擎"。另外,要加强城市输水管网和污水处理设施建设,加大对生活垃圾的清理和无害化处理力度,从环境质量方面保证生态文明建设的顺利进行。

六、环境优势型

对于环境优势型城市而言,环境压力相对较小,在未来生态文明建设中应该侧重经济发展,提高能源利用能力,将环境资源优势转化为经济效益,实现经济和环境和谐发展,基于此,政策建议如下:

(一) 大力调整经济结构

漳州应大力调整经济结构,发展能源、新材料等战略性新兴产业,发挥后发优势,将劣势转化为优势。同时,大力发展旅游行业和服务业,构建区域生态经济圈,带动漳州经济新发展。特别是在旅游业方面,漳州的人文景观和自然景观资源都十分丰富,但是由于旅游资源分散、开发水平和知名度较低等原因,长期以来旅游业并未对漳州经济有太大贡献。因此漳州应该整合旅游资源,进一步完善旅游设施。主动对接厦门的旅游业,促进旅游业的发展。

(二) 加强交通基础设施建设

针对漳州交通设施薄弱的状况,应该加强交通运输业的发展。现代交通运输业的发展能为国民经济提供生产性和生活消费品、旅客运输及其他相关服务,是经济正常运转的基本保障。因此漳州市应采取有力措施,加快交通基础设施建设,特别是要加快公路建设,提高公路通行能力;加快贯穿全境的铁路建设;加强港口建设,提高港口的吞吐量。

(三) 突出发展循环经济

漳州在资源利用方面可以加强以下几方面的工作:首先,加大科技投入,鼓励企业及相关机构加强科技创新,改进生产流水线,尽量降低生产能耗,同时引进资源的循环利用技术,多渠道地提高资源利用率;其次,进一步完善工业布局,增加相关的配套设施,扩大和完善有规模的工业园区,提高其承载能力,为产业的集约化发展提供有利条件,推动产业链的延长和发展,同时也能降低生产能耗;最后,继续推行节能减排政策,转变经济增长方式。增加三废综合利用产出率,促进经济和谐可持续发展。

（四）推进农业现代化发展

作为环境优势型的城市,生态农业在漳州的环境保护中起到了重要作用。为此,漳州一方面要加强农业基础设施现代化改造,改善农业生产的硬件环境,降低农业生产的风险和成本,提高农业生产效率,促进农业生产从传统农业到现代农业的转变。另一方面,承接台湾农业产业转移,深化同台湾的合作,利用独特的区位优势,加强同台湾农业界的交流。利用海峡两岸农业合作实验区这一平台,继续引进台资农业企业,带动优良品种、先进生产技术、加工设备、工艺流程和先进管理理念等一系列方式的同步引进,促进漳州农业产业结构的优化,增加农业中的科技含量和附加值,给漳州农业经济发展引入新的增长点,同时也能降低农业活动中的环境影响。

七、相对落后型

揭阳市的经济发展基本面较好,但工业发展基础相对薄弱,经济转型步伐较慢。农业和传统工业产业占地区生产总值比重过大。与此同时,揭阳市在发展经济的过程中不注重采纳高新技术,不及时更新换代老旧设备,重点污染企业未能得到有效监督管理,导致资源利用效率低下,生态环境破坏程度较为严重。具体的政策建议有:

（一）发展多样性产业结构,增强主导产业竞争力

揭阳市固有的产业结构简单,应多方位引进高新技术产业与新型服务业,以降低对资源的依赖度,增强城市的综合发展能力。此外,在已有的资源型产业基础上,需要以市场需求为导向,发展资源型产品深加工,提高产品技术含量和附加值,增强其市场竞争力,通过延伸产业链,发挥资源型产业对下游其他产业的带动作用。比如以榕泰、康美为龙头企业的化工、中药产业能够通过延伸产业链进一步发展深加工产业。

（二）发展环境友好型特色产业

揭阳市在农业、林业等方面具有资源优势,同时其独特的气候和农村较为适宜的生态环境等条件有利于发展种植、养殖、经济作物改良产业、农副产品深加工、保鲜、贮藏产业及农业技术开发和农业机械技术产业。此外,揭阳市可以利用较为丰富的自然景观和人文环境等旅游资源,开发相关旅游产品、休闲产业和餐饮、住宿等配套产业。揭阳市还可以在坚持维护生态平衡的前提下,合

理利用潜在资源优势,大力发展环境友好型产业,加快提高地区经济发展速度和社会支撑能力。

(三) 贯彻循环经济理念,倡导资源集约利用

资源的集约利用是实现综合利用,最大限度地回收各种废物,提高再生资源的利用效率。揭阳市现有的几大主导产业,如冶金、纺织、皮革、造纸等仍然沿袭“高消耗,低产出”的粗放型增长模式,资源利用效率远远落后于其他城市。为鼓励企业和居民个人增强循环经济意识,揭阳市应逐步建立和完善再生资源回收和综合利用体系,形成再生资源回收—加工—再利用的产业链。学习国内外先进技术,引进一批有经验、有水平、有规模的“三废”回收利用项目,积极推进城市生活污水再生利用和生活垃圾的分类收集处理系统的建设。

(四) 促进企业实施清洁生产,普及生态文明理念

一方面,政府如能科学规划和合理布局产业分布,组织紧密联系的工业生态链,建立优化的产业结构体系,就可以实现资源的闭合循环,削减甚至消除废料的产生和能源的浪费。另一方面,企业本身在选择原料时应优先选择无毒无害、少污染的原材料,不断改革生产工艺和更新换代生产设备,形成科学严谨的岗位问责制管理模式,并在运输、营销环节尽可能降低资源浪费程度。

(五) 突出生态文明的社会性教育

生态文明建设不仅仅是政府与企业的责任,同时也与居民生活息息相关。揭阳市的资源环境现状脆弱一定程度上与科教文卫等公共事业的缓慢发展存在联系。因此,必须开展生态文明教育,加强城市居民对环境保护和可持续发展的认识;制作农民环境教育读本,鼓励农民减少使用化肥,推广生态农业和有机农业。另外,应该在中小学开展环境教育,不但要在课堂上传授知识,更要引导学生走进自然,积极行动,使学生明确保护生态环境是每个人义不容辞的责任。倡导绿色生活方式,呼吁个人节约用水、用电、用能,减少购买和使用一次性制品,拒绝食用濒危野生动物,形成良好的环境道德和生活习惯。

参考文献

[1] 刘叶志,“资源约束下的福建能源战略”,《发展研究》,2006,(8)。

[2] 陈朝柱,“建设核电是福建经济发展的当务之急”,《能源与环境》,2005,(2)。

[3] 郭光照,“从海峡西岸经济区综合交通网分析轨道交通规划方案”,同济大学硕士学位论文,2008。

[4] 米红、曹晖、庞兰芳,“‘海峡西岸经济区’区位分析和城市综合竞争力”,《经济地理》,2008,(5)。

[5] 驰明,“50多年来中国空港布局演变及其影响因素——基于空间分析和数理统计的方法”,《经济地理》,2008,(5)。

[6] 李文溥、王燕武、郑建清、刘照坤,“充分利用全国最优港口资源,加快发展港口经济大省研究”,专项研究报告,2010。

[7] 张娟敏,“高速公路网规划评价指标体系研究”,《道路工程》,2010,(7)。

[8] 福建省铁道学会,“福建铁路网建设进展报告”,《海峡科学》,2007,(1)。

[9] 郑晓东,“福建能源供求与经济发展”,《发展研究》,2008,(11)。

[10] 林国庆、林馨,“福建能源状况与电能产业发展战略探讨”,《福建电力与电工》,2010,(9)。

[11] 杨洪春,“福建省能源生产、消费及问题分析”,《能源与环境》,2007,(5)。

[12] 国家发展和改革委员会交通运输司,“综合交通网中长期发展规划”,《交通运输系统工程与信息》,2008,(8)。

[13] 伍长南,“构建海峡西岸经济区基础设施支撑体系”,《福建论坛》,2005,(8)。

[14] 杜强,“福建能源结构的优化与新能源的发展”,《发展研究》,2009,(7)。

[15] 福建省铁道学会,"福建铁路网建设进展报告",《海峡科学》,2007,(1)。

[16] 陈柳钦,"关于我国发展战略性新兴产业的几点思考",《四川行政学院学报》,2011,(1)。

[17] 刘宇,"产业的关联性分析及其产业选择",《中国经济问题》,2011,(5)。

[18] 林民书,"厦漳泉区域合作的突破口、路径及对策研究",2011,(11)。

[19] 倪晓宁,《中国多重工业化水平测度及相关问题研究》,北京:中国经济出版社,2007。

[20] 任宗哲,"城市功能和城市产业结构关系探析",《电子科技大学学报》,2000,(2)。

[21] 王力、刘春生等,《中国服务外包发展报告 2010—2011》,北京:社会科学文献出版社,2011。

[22] 严任远,"生产性服务业与现代制造业互动发展研究",《华东经济管理》,2010,(8)。

[23] 赵敏、李谕齐等,"产业集聚、创新扩散与一区多园运行模式探讨",《软科学》,2008,(11)。

[24] 舒尔茨,"改造传统农业",北京:北京经济学院出版社,1987。

[25] 张武、徐晓静,"发达国家农业现代化建设对我国发展特色农业现代的启示",《安徽农业科学》,2010,(9)。

[26] 郭敏学,《台湾农会发展轨迹》,台北:台湾商务印书馆,1984。

[27] 农业部软科学委员会办公室,《农民收入与劳动力转移》,北京:中国农业出版社,2007。

[28] 丁长发,《农业和农村经济学》,厦门:厦门大学出版社,2006。

[29] 丁长发,"我国农地产权需要配套改革保护",《中国经济问题》,2006,(6)。

[30] 丁长发,"建立福建省可持续发展的农地产权制度的思考",《发展研究》,2010,(6)。

[31] 丁长发,"小农经济现代化之路——东亚模式的经济学分析",载尹成杰,《加大城乡统筹力度 协调推进工业化、城镇化与农业农村现代化》,北京:中国农业出版社,2011。

[32] 刘根荣,"转型时期城乡流通一体化问题研究",《中国经济问题》,2011,(3)。

[33] 刘根荣,"流通产业竞争力理论体系研究",《中国经济问题》,2007,(5)。

[34] 国家发展与改革委员会,"海峡西岸经济区发展规划",《福建日报》,2011-04-09。

[35] 国务院,"关于支持福建省加快建设海峡西岸经济区的若干意见",http://www.gov.cn,2009-05-14。

[36] 福建社会科学院课题组,"福建省'十二五'总体规划思路",http://wenku.baidu.com/view/20aa942558fb770bf78a55e0.html。

[37] 蔡芳竹,"福建省旅游型海岛低碳旅游应用研究",《现代商贸工业》,2010,(22)。

[38] 蔡朝双,"福建省入境旅游市场聚类分析及对策研究",《吉林师范大学学报(自然科学版)》,2011,(2)。

[39] 唐得昊、林岚、刘树明、叶琴,"福建沿海主要城市入境旅游客源市场结构的比较研究",《亚热带资源与环境学报》,2010,(4)。

[40] 赖勤、徐澜,"基于竞争态模型的入境旅游客源市场分析——以浙江省为例",《商业现代化》,2010,(10)。

[41] 沈华玉,“信息化促进福建省旅游业转型”,《发展研究》,2011,(5)。
[42] 王爱民、陈苏,“培育旅游市场主体的思考”,《企业经济》,2011,(2)。
[43] 张著名,“把握海西区域旅游综合竞争战略推动福建旅游跨越发展”,《发展研究》,2010,(11)。
[44]《2006—2010年福建省红色旅游发展规划纲要》。
[45]《2010年福建省旅游业发展报告》。
[46]《海峡西岸旅游区发展总体规划(2010—2020年)》。
[47] Krugman P., Increasing Returns and Economic Geography, *Journal of Political Economy*, 1991, Vol. 99, (9).
[48] 夏芳晨,“城市公共资源的‘漂移’及成因分析”,《财政研究》,2011,(6)。
[49] 胡芬、张进,“‘高铁时代’湖北旅游发展战略的思考”,《当代经济》,2010,(10)。
[50] 朱磊,“两岸金融交流合作进入ECFA后的快速发展时期”,http://www.chinataiwan.org/jinrong/zjzl/201111/t20111118_2158379.htm,2011-11-08。
[51] 王世雄、林森,“人民币自由兑换问题的研究”,《财经界》,2010,(4)。
[52] 郑航滨,“海峡两岸货币清算与金融监管合作机制研究”,《福建金融管理干部学院学报》,2009,(3)。
[53] 李向娟、廖启平、吴鹏,“前11个月闽台贸易突破百亿美元”,《福建日报》,2011-12-15。
[54] 郑鸣、肖建、黄光晓,《新形势下两岸金融合作发展先试先行政策研究——厦门建设两岸金融合作中心的战略构想》,厦门:厦门大学出版社,2010。
[55] 陈茜,“两岸货币清算机制内涵、困境及进程的探讨”,《亚太经济》,2011,(4)。
[56] 中新网,“探析阻滞两岸货币直通之‘深层路障’”,http://news.xinhuanet.com/2011-04/18/c_121318460.htm,2011-04-18。
[57] 陈明华,“海峡两岸货币直接清算的现状和展望”,《海峡科学》,2010,(7)。
[58] 李鸿阶,“ECFA框架下闽台金融合作的路径选择”,《福建金融》,2011,(7)。
[59] 张望,“厦门先行:两岸金融合作试验田启幕”,《21世纪经济报道》,2011-04-11。
[60] 李雅娟、郭碧銮,“ECFA下厦门构建两岸区域性金融服务中心探讨”,《福建金融》,2011,(3)。
[61] 胡哲一,“改变两岸金融合作不对称的状况”,《中国金融》,2011,(2)。
[62] 严佳佳、梁俊,“海峡两岸货币合作与汇率协调机制研究”,《福建金融》,2011,(3)。
[63] 吴勇超,“海峡两岸金融服务贸易比较研究”,《福建金融》,2009,(10)。
[64] 杨东,“海峡两岸金融经济合作发展的瓶颈与对策探讨”,《福建金融》,2007,(5)。
[65] 课题组,“海峡两岸离岸金融市场发展比较与对接”,《福建金融》,2008,(5)。
[66] 吴国培、张立,“《经济合作框架协议》后海峡两岸金融合作展望”,《中国金融》,2010,(17)。
[67] 张宇,“后ECFA时代:两岸金融深化合作的新契机”,《湖北函授大学学报》,2011,(3)。
[68] 庄宗明、高志勇,“后危机时期的两岸金融监管合作”,《厦门大学学报(哲学社会科学

版)》,2011,(4)。
[69] 张红力,"加强两岸金融合作基础设施建设",《中国金融》,2011,(2)。
[70] 翁建国,"两岸关系新格局下的闽台金融合作",《福建金融》,2009,(2)。
[71] 刘冰、刘喜平,"两岸银行业合作与发展的法律之路",《两岸法苑》,2009,(2)。
[72] 徐刚,"两岸证券业合作的机遇与潜力",《中国金融》,2011,(2)。
[73] 课题组,"闽台金融服务领域合作政策研究",《福建金融》,2007,(6)。
[74] 张文棋、郑境辉,"深化海峡两岸金融合作的基本思路",《福建金融》,2008,(8)。
[75] 傅子能,"深化闽台金融合作,助推海西区建设",《福建金融》,2009,(3)。
[76] 武志,"厦门建设两岸区域性金融服务中心的总体思路",《福建金融》,2011,(4)。
[77] 邱思萍、林霞,"消除海峡两岸金融监管合作法律壁垒初探",《湖北工业大学学报(社会科学版)》,2011,(8)。
[78] 王恺、冯卫华、宋岗新,"滨海新区产业投资基金运作模式研究",《天津大学学报(社会科学版)》,2007,(5)。
[79] 高文岗,"渤海产业基金的运行机制分析",《生产力研究》,2008,(3)。
[80] 黄亚玲,"私募股权基金文献综述",《国际金融研究》,2009,(3)。
[81] 王洋天,"我国发展产业投资基金存在的问题与对策",《特区经济》,2010,(8)。
[82] 窦尔翔,"中国产业投资基金发展的路径选择",《中国人民大学学报》,2006,(5)。
[83] 刘盈曦、郭其友,"建设海峡西岸经济区的金融支持探讨",《西部金融》,2009,(9)。
[84] 施宇辉,"改善海峡西岸经济区金融生态环境的政策思考",《福建农林大学学报(哲学社会科学版)》,2006,9(3)。
[85] 李鸿阶,"ECFA 框架下闽台金融合作的路径选择",《福建金融》,2011,(7)。
[86] 课题组,"江苏金融业发展的对策研究",《东南大学学报(哲学社会科学版)》,2008,10(9)。
[87] Kingdleberger, Chris, "The Formation of Financial Centers: A Study in Comparative Economy History", *Princeton Studies in International Finance*, 1974, (36).
[88] Powell Ellis T., *The Evolution of the Money Market (1384—1915): An Historical and Analytical Study of the Rise and Development of Finance as a Centralised, Coordinated Force*, New York: reprint by Kelley, 1966.
[89] Gras N. S. B., *An Introduction to Economic History*, New York: Harper and Brothers Press, 1922.
[90] Kindleberger, *The Word in Depression: 1929—1939*, California: University of California Press, 1973.
[91] Park. Y. S., "The Economics of Offshore Financial Centers", *Columbia Journal of World Business*, XVII(4).
[92] Economists Advisory Group, *The Evolution of London as an International Financial Centre*, London: Lafferty Publications, 1984.

[93] Davis E. P., "International Financial Centers: An Industrial Analysis", Bank of England Discussion Paper, 1990.

[94] Porteous D., *The Geography of Finance: Spatial Dimensions of Intermediary Behavior*, Wiltshire: Avebury, 1995.

[95] Reed H. C., *The Preeminence of International Financial Centers*, New York: Pradeger Publishers, 1981.

[96] 张军洲,《中国区域金融分析》,北京:中国经济出版社,1995。

[97] 潘英丽,"论金融中心形成的微观基础:金融机构的空间聚集",《上海财经大学学报》,2003,(1)。

[98] 玛德连、葛文静,"国际金融中心成长机制新说: 轮式模型",《财贸研究》, 2004,(1)。

[99] 温斯托·劳拉詹南,《金融地理学:金融家的视角》,北京:商务印书馆,2001。

[100] 埃里克·谢泼德、特雷弗·J. 巴恩斯,《经济地理学指南》,北京:商务印书馆,2009。

[101] 王力,《中国区域金融中心研究》,北京:中国金融出版社,2008。

[102] 曹源,《中国区域金融中心体系研究——以金融地理学为理论视角 》,北京:中国金融市场出版社,2010。

[103] 王苏生、谭建生等,《深圳建设金融中心研究》,北京:人民出版社,2010。

[104] 时光、杨海燕、伍艳,《区域金融学纲要》,北京:民族出版社,2010。

[105] 李晓峰、贺鹤、姚敏、林宇,"创建厦门区域金融中心的构想及措施",《福建金融》,2005,(5)。

[106] 李雅娟、郭碧銮,"ECFA 下厦门构建两岸区域性金融服务中心探讨",《福建金融》,2011,(3)。

[107] 武志,"厦门建设两岸区域性金融服务中心的总体思路",《福建金融》,2011,(4)。

[108] 郑清贤,"论厦门建立两岸区域性金融服务中心的立法建设",《福建金融》,2011,(6)。

[109] 赵航、戴双兴,"建设两岸区域性金融服务中心的 SWOT 分析及对策",《福建金融》,2011,(11)。

[110] 吴应宁,"ECFA 实施后两岸区域性金融服务中心构建模式浅探",《福建金融》,2011,(11)。

[111] 黄志强,"基于两岸关系的厦门区域金融中心建设构想",《亚太经济》,2009,(3)。

[112] 刘义圣、王俊,"福建构建两岸区域性金融服务中心问题探讨",《亚太经济》,2010,(1)。

[113] 陈丰,"ECFA 时代闽台区域性金融中心构建模式——基于金融生态演化视角",《亚太经济》,2011,(5)。

[114] 王平、张景新,"关于厦门发展离岸金融市场的探讨",《集美大学学报(哲学社会科学版)》,2005,8(1)。

[115] 陈跃进,"厦门建设区域性金融中心的 SWOT 分析",《厦门大学学报(哲学社会科学

版)》,2006,(2)。
[116] 郑青,“建设海峡两岸区域性金融中心对策研究”,《东南学术》,2009,(9)。
[117] 杨贤芳、宋殿清,“厦门建立海峡西岸区域金融中心的探讨”,《港口经济》,2010,(11)。
[118] 谢东梅,“两岸区域性金融中心的构建与发展思路探讨”,《未来与发展》,2011,(12)。
[119] 吴颖玲,“构建厦门国际金融中心的可行性及其发展思路”,《福建行政学院福建经济管理干部学院学报》,2005,(4)。
[120] 郭显光,“改进的熵值法及其在经济效益评价中的应用”,《系统工程理论与实践》,1998,(12)。
[121] 周梅华,“可持续消费测度中的熵权法及其实证研究”,《系统工程理论与实践》,2003,(12)。
[122] 穆瑞、张家泰,“基于灰色关联分析的层次综合评价”,《系统工程理论与实践》,2008,(10)。
[123] 唐万梅,“基于灰关联分析的多层次综合评价研究——风险投资项目综合评价模型”,《系统工程理论与实践》,2006,(6)。
[124] 梁小珍、杨丰梅、部慧、车欣薇、王拴红,“基于城市金融竞争力评价的我国多层次金融中心体系”,《系统工程理论与实践》,2011,31(10)。
[125] 刘思峰、郭天榜、党耀国,《灰色系统理论及其应用》,北京:科学出版社,1999。
[126] 胡坚、杨素兰,“国际金融中心评估指标体系的构建——兼及上海成为国际金融中心的可能性分析”,《北京大学学报(哲学社会科学版)》,2003,40(5)。
[127] 姚洋、高印朝,“金融中心评价指标体系研究”,《金融论坛》,2007,12(5)。
[128] 陆红军,“国际金融中心竞争力评估研究”,《财经研究》,2007,33(3)。
[129] 王仁详、石丹,“区域金融中心指标体系的构建与模糊综合评判”,《统计与决策》,2005,(9)。
[130] 张泽慧,“国际金融中心指标评估方法及指标评价体系”,《社会科学研究》,2005,(1)。
[131] 徐立世、曾珍香、田野、黄春萍,“区域金融中心的形成及其动力机制研究”,《武汉金融》,2009,(9)。
[132] 张志南、李闽榕,《海峡西岸经济区发展报告(2010)》,北京:社会科学文献出版社,2011。
[133] 福建省海洋与渔业厅,“福建省‘十二五’渔业发展规划”,http://www.fjof.gov.cn/_xxgk/tzgg/article.html? id=61290,2011-06-22。
[134] 福建省交通运输厅,“福建省沿海港口及内河水运‘十二五’专项规划”,http://www.fjjt.gov.cn/xxgkml/ghjh/gsglgh/201108/t20110803_62401.htm,2011-07-27。
[135] 福建省人民政府发展研究中心课题组,“福建海洋经济发展的基本思路”,《发展研究》,2011,(12)。

[136] 刘修德,“立足优势 科学谋划 扎实推动福建海洋经济跨越发展(2011)”,《海洋开发与管理》,2011,(4)。
[137] 张亿平,“试论汕头海洋经济的现状、存在问题及发展策略”,《特区经济》,2010,(1)。
[138] 蒋铁民,《海洋经济探索与实践》,北京:海洋出版社,2008。
[139] 孙吉亭等,《海洋经济理论与实务研究》,北京:海洋出版社,2008。
[140] 张晓明、胡惠林、章建刚,《中国文化产业发展报告》,北京:社会科学文献出版社,2005。
[141] 胡惠林、李康化,《文化经济学》,太原:书海出版社,2006。
[142] 胡惠林,《文化产业学》,上海:文艺出版社,2006。
[143] 黄婷,“福建文化优势产业群构建的依据和基础”,《发展研究》,2006,(10)。
[144] 刘小利,“青岛市文化产业发展的特征及路径选择”,《山东经济》,2008,(5)。
[145] 李楠,“青岛市文化产业发展研究”,西北大学硕士学位论文,2011。
[146] 闫琨,“促进我国创意产业发展的政策研究”,东北师范大学硕士学位论文,2009。
[147] 吴声怡、许慧宏、谢向英、郑淼茜,“福建文化产业的发展模式及运行机制研究”,《技术经济》,2007,(3)。
[148] 魏然,“加快发展福建文化产业研究”,《福建论坛》,2002,(2)。
[149] 严耕、杨志华等,“2009年各省生态文明建设评价快报”,《北京林业大学学报(社会科学版)》,2010,(3)。
[150] 胡廷兰、杨志峰、何孟常等,“一种城市生态系统健康评价方法及其应用”,《环境科学学报》,2005,25(2)。
[151] 吴琼、王如松、李宏卿、徐晓波,“生态城市指标体系与评价方法”,《生态学报》,2005,25(8)。
[152] 宋永昌、戚仁海、由文辉、王祥荣、祝龙彪,“生态城市的指标体系与评价方法”,《城市环境与城市生态》,1999,12(5)。
[153] 高珊、黄贤金,“基于绩效评价的区域生态文明指标体系构建——以江苏省为例”,《经济地理》,2010,30(5)。
[154] 俞可平,“科学发展观与生态文明”,《马克思主义与现实》,2005,(4)。
[155] 潘岳,“论社会主义生态文明”,《绿叶》,2006,(10)。
[156] 王慧敏,“对建设生态文明的思考”,《学习论坛》,2003,(8)。
[157] 燕乃玲,“生态文明”,《解放日报》,2007-10-24。
[158] 白杨、黄宇驰、王敏、黄沈发、沙晨燕、阮俊杰,“我国生态文明建设及其评估体系研究进展”,《生态学报》,2011,31(20)。
[159] 于维民,“生态文明建设初探”,《开发研究》,2008,(3)。
[160] 薛惠锋,“生态文明:中国环境与发展战略的抉择”,http://www.npc.gov.cn/npc/xinwen/rdlt/sd/2008-07/11/content_1437523.htm。
[161] 马拥军,“生态文明:马克思主义理论建设的新起点”,《理论视野》,2007,(12)。

[162] 张云飞,“试论生态文明在文明系统中的地位和作用”,《教学与研究》,2006,(5)。
[163] 姬振海,《生态文明论》,北京：人民出版社,2007。
[164] Juozas Ruževičius,“Ecological Footprint as An Indicator of Sustainable Development”, *Economics and Management*,2010,(15).
[165] Jeremy S. Brooks, “Economic and Social Dimensions of Environmental Behavior: Balancing Conservation and Development in Bhutan”, *Conservation Biology*,2010,Vol. 24,(6).
[166] Emiel F. M. Wubben, *The Dynamics of the Eco-efficient Economy*, Edward Elgar Publishing Limited, 2000.
[167] I. Mohan, *Environmental Crisis: New Dimensions and Challenges*, Daryaganj: Anmol Publications Pvt. Ltd., 2007.
[168] 戴淑庚等,“闽台经贸交流与合作可持续发展研究”,《台湾研究集刊》,1999,(1)。
[169] 戴淑庚等,“两岸贸易对台湾经济影响的计量分析”,《台湾研究集刊》,1998,(1)。
[170] 戴淑庚等,“厦门与台湾高科技产业发展合作研究”,《台湾研究集刊》,2001,(2)。
[171] 戴淑庚等,“海西经济发展与闽台经贸合作的关系研究”,载叶文振,《海西建设与两岸和谐互动研究》,厦门:厦门大学出版社,2010。
[172] 戴淑庚等,“大陆台商投资地区的空间关联性与影响因素分析”,《台湾研究集刊》,2008,(4)。
[173] 戴淑庚、曾维翰,“祖国大陆台资集中区与台湾经贸合作的经济发展绩效比较”,《国际贸易问题》,2011,(4)。
[174] 戴淑庚、林捷泉,“后 ECFA 时期祖国大陆银行业面临的冲击与因应对策”,《福建金融》,2011,(1)。
[175] 戴淑庚、曾维翰,“大陆台商投资相对集中地区与台湾制造业竞争力之比较”,《综合竞争力》,2011,(2)。
[176] 戴淑庚、曾维翰,“大陆台商投资集中地区与台湾贸易之就业效应研究”,《商业研究》,2011,(6)。
[177] 戴淑庚、林捷泉,“后 ECFA 时期粤台经贸合作可持续发展研究”,《商业研究》,2011,(11)。
[178] 戴淑庚、曾维翰,“祖国大陆台资集中区与台湾地区贸易的经济增长效应”,《台湾研究》,2011,(5)。
[179] 戴淑庚、廖家玲,“后 ECFA 时期‘长三角’与台经贸合作可持续发展研究”,《综合竞争力》,2011,(5)。
[180] 戴淑庚、曾维翰,“台商投资与大陆台资集中区的经济发展——基于面板资料模型分析”,《创新研发学刊》(台湾),2011,(12)。
[181] 戴淑庚,《海峡西岸和其他台商投资相对集中地区的经济发展——基于两岸经济整合的视角》,北京:北京大学出版社,2012。

后 记

本课题是洪永淼教授主持的中央高校基本科研业务费项目（项目批准号：2011231042）和教育部哲学社会科学系列发展报告培育项目（项目批准号：11JBGP006）“海峡西岸经济区发展研究报告”的研究成果。课题立项后，“海峡西岸经济区发展研究报告”课题组（以下简称海西课题组）成立了秘书处，由洪永淼教授直接领导，郑鸣教授、郑若娟副教授负责具体的组织协调工作，并迅速组建了一支精干的研究团队，团队成员由厦门大学经济学院各系、所的一线骨干教师组成。经过充分的酝酿和讨论，海西课题组确定了写作大纲及各板块的内容。为了解决数据问题，使研究能够顺利推进，海西课题组秘书处在短时间内先后购买了海西区 20 个城市近几年正式出版的统计年鉴。同时，为了促进相互之间学术思想的沟通与交流，探讨海西区发展与两岸经济合作问题，为海西区经济发展和两岸经济合作献计献策，由厦门大学经济学院、王亚南经济研究院与台湾逢甲大学金融学院、台湾竞争力论坛联合主办、海西课题组承办的首届“海峡西岸经济区发展与两岸经济合作学术研讨会”于 2012 年 5 月 26 日在厦门大学隆重举行。研讨会为两岸专家、学者提供了一个高水平的、开放的学术交流平台。

在研究过程中，本课题得到了厦门大学社科处的大力支持，课题组秘书处秘书、研究助理铉率也为本课题付出了辛勤的汗水，在此一并致谢。

本课题的最后统稿工作由戴淑庚教授、张兴祥副教授负责。各章内容的撰写具体分工如下：

前　言（戴淑庚）

第一章，海西区基础设施（张传国、年江、赵玮）

第二章，海西区现代制造业（林民书、刘名远）

第三章，海西区现代农业（丁长发）

第四章，海西区现代流通业（刘根荣）

第五章，海西区旅游业（刘雅南）

专题：高铁时代海西区旅游业发展的战略思考（蔡晶晶）

第六章，海西区贸易与投资（陈焰、郑若娟、铉率、刘家利、李小娇、陈晓华）

第七章，海西区金融服务业（郑鸣、蔡伟毅、戴淑庚）

专题 7.1：后 ECFA 时代两岸货币兑换清算的合作（郑鸣、陈福生、段梅）

专题 7.2：海西区两岸区域性金融中心的构建和发展战略（戴淑庚、曾维翰）

专题 7.3：两岸金融投资合作（蔡伟毅、张伯超）

第八章，海西区海洋经济（赖小琼、方芳）

第九章，海西区文化产业（赵建、许梦奇）

专题：平潭文化产业发展研究（林细细、郑倩、曾静）

第十章，海西区生态文明（任力、程泽南、辜鹏、林建、沈洁）

后　记（张兴祥）

课题组主要成员（以英文姓氏为序）：

蔡晶晶，厦门大学经济学院经济系助理教授，中国人民大学与美国印第安纳大学联合培养博士

蔡伟毅，厦门大学经济学院金融系助理教授，经济学博士

陈　焰，厦门大学经济学院国际经济与贸易系教授，经济学博士，现任厦门大学经济学院院长助理

戴淑庚，厦门大学经济学院金融系教授、博士生导师，经济学博士、博士后，现任厦门大学金融系国际金融教研室主任

丁长发，厦门大学经济学院经济系副教授，经济学博士

洪永淼，美国康奈尔大学 Ernest S. Liu 经济学与国际研究讲席教授，首批中央"千人计划"入选者，教育部首届人文社会科学"长江学者"讲座教授，博士生导师，美国加州大学圣地亚哥校区经济学博士，现任厦门大学经济学院、王亚南经济研究院院长

赖小琼，厦门大学经济学院经济系教授、博士生导师，经济学博士，现任厦

门大学王亚南经济研究院副院长

林民书,厦门大学经济学院经济系教授、博士生导师,经济学博士

林细细,厦门大学经济学院财政系副教授,经济学博士

刘根荣,厦门大学经济学院经济研究所副教授,经济学博士、博士后

刘雅南,厦门大学经济学院经济系助理教授,经济学博士

任　力,厦门大学经济学院经济系教授,经济学博士、博士后

张传国,厦门大学经济学院经济系教授,经济学博士、博士后

张兴祥,厦门大学经济学院经济系副教授,经济学博士,现任厦门大学劳动经济研究中心副主任

赵　建,厦门大学经济学院经济系副教授,经济学博士,现任厦门大学经济学院经济系主任助理

郑　鸣,厦门大学经济学院金融系教授、博士生导师,经济学博士,现任厦门大学—新加坡管理大学中国资本市场研究中心副主任

郑若娟,厦门大学经济学院经济系副教授,经济学博士,现任厦门大学企业社会责任与企业文化研究中心常务副主任